敦煌与丝绸之路研究丛书

郑炳林 主编

『法华经·普门品』多语种文本比较研究

红梅 著

『十三五』国家重点图书出版规划项目

教育部人文社会科学重点研究基地兰州大学敦煌学研究所项目

甘肃文化出版社

甘肃·兰州

图书在版编目（CIP）数据

《法华经·普门品》多语种文本比较研究 / 红梅著. -- 兰州 : 甘肃文化出版社, 2023.11
(敦煌与丝绸之路研究丛书 / 郑炳林主编)
ISBN 978-7-5490-2835-1

Ⅰ. ①法… Ⅱ. ①红… Ⅲ. ①《法华经》—研究 Ⅳ. ①B942.1

中国国家版本馆CIP数据核字(2023)第222831号

《法华经·普门品》多语种文本比较研究

FAHUAJING PUMENPIN DUOYUZHONG WENBEN BIJIAO YANJIU

红 梅 | 著

策　　划 | 郧军涛
项目负责 | 甄惠娟
责任编辑 | 丁庆康
封面设计 | 马吉庆

出版发行 | 甘肃文化出版社
网　　址 | http://www.gswenhua.cn
投稿邮箱 | gswenhuapress@163.com
地　　址 | 兰州市城关区曹家巷 1 号 | 730030(邮编)

营销中心 | 贾　莉　王　俊
电　　话 | 0931-2131306

印　　刷 | 甘肃发展印刷公司
开　　本 | 787 毫米 × 1092 毫米　1/16
字　　数 | 300 千
插　　页 | 2
印　　张 | 33.75
版　　次 | 2023 年 11 月第 1 版
印　　次 | 2023 年 11 月第 1 次
书　　号 | ISBN 978-7-5490-2835-1
定　　价　99.00 元

国家科技支撑计划国家文化科技创新工程项目“丝绸之路文化主题创意关键技术研究”

（项目编号：2013BAH40F01）

2023年中央高校基本科研业务费专项资金项目“观世音三十三种化身翻译探析——以多语种《法华经·普门品》为例”

（项目编号：31920230112）

国家社会科学基金重大招标项目“海外藏回鹘文献整理与研究”

（项目编号：20&ZD211）

国家社会科学基金重大招标项目“俄藏蒙古文文献目录译介与研究”

（项目编号：18ZDA323）

兰州大学中央高校基本科研业务费专项资金重点研究基地建设项目“甘肃石窟与历史文化研究”

（项目编号：2022jbkyjd006）

总　序

丝绸之路是东西方文明之间碰撞、交融、接纳的通道，丝绸之路沿线产生了很多大大小小的文明，丝绸之路文明是这些文明的总汇。敦煌是丝绸之路上的一个明珠，它是丝绸之路文明最高水平的体现，敦煌的出现是丝绸之路开通的结果，而丝绸之路的发展结晶又在敦煌得到了充分的体现。

敦煌学，是一门以敦煌文献和敦煌石窟为研究对象的学科，由于敦煌学的外缘和内涵并不清楚，学术界至今仍然有相当一部分学者否认它的存在。有的学者根据敦煌学研究的进度和现状，将敦煌学分为狭义的敦煌学和广义的敦煌学。所谓狭义的敦煌学也称之为纯粹的敦煌学，即以敦煌藏经洞出土文献和敦煌石窟为研究对象的学术研究。而广义的敦煌学是以敦煌出土文献为主，包括敦煌汉简，及其相邻地区出土文献，如吐鲁番文书、黑水城出土文书为研究对象的文献研究；以敦煌石窟为主，包括河西石窟群、炳灵寺麦积山陇中石窟群、南北石窟为主的陇东石窟群等丝绸之路石窟群，以及关中石窟、龙门、云冈、大足等中原石窟，高昌石窟、龟兹石窟以及中亚印度石窟的石窟艺术与石窟考古研究；以敦煌历史地理为主，包括河西西域地区的历史地理研究，以及中古时期中外关系史研究等。严格意义上说，凡利用敦煌文献和敦煌石窟及其相关资料进行的一切学术研究，都可以称之为敦煌学研究的范畴。

敦煌学研究是随着敦煌文献的发现而兴起的一门学科，敦煌文献经斯坦因、伯希和、奥登堡、大谷探险队等先后劫掠，王道士及敦煌乡绅等人为流散，现分别收藏于英国、法国、俄罗斯、日本、瑞典、丹麦、印度、韩国、美国等国家博物馆和图书馆中，因此作为研究敦煌文献的敦煌学一开始兴起就是一门国际性的学术研究。留存中国的敦煌文献除了国家图书馆之外，还有十余省份的图书馆、博物馆、档案馆都收藏有敦煌文献，其次台北图书馆、台北故宫博物院、台湾“中央研究院”及香港也收藏有敦煌文献，敦煌文献的具体数量没有一个准确的数字，估计在五万卷号左右。敦煌学的研究随着敦煌文献的流散开始兴起，敦煌学一词随着敦煌学研究开始在学术界使用。

敦煌学的研究一般认为是从甘肃学政叶昌炽开始，这是中国学者的一般看法。而20世纪的敦煌学的发展，中国学者将其分为三个阶段：1949年前为敦煌学发展初期，主要是刊布敦煌文献资料；1979年中国敦煌吐鲁番学会成立之前，敦煌学研究停滞不前；1979年之后，由于中国敦煌吐鲁番学会的成立，中国学术界有计划地进行敦煌学研究，也是敦煌学发展最快、成绩最大的阶段。目前随着国家“一带一路”倡议的提出，作为丝路明珠的敦煌必将焕发出新的光彩。新时期的敦煌学在学术视野、研究内容拓展、学科交叉、研究方法和人才培养等诸多方面都面临一系列问题，我们将之归纳如下：

第一，敦煌文献资料的刊布和研究稳步进行。目前完成了俄藏、英藏、法藏以及甘肃藏、上博藏、天津艺博藏敦煌文献的刊布，展开了敦煌藏文文献的整理研究，再一次掀起了敦煌文献研究的热潮，推动了敦煌学研究的新进展。敦煌文献整理研究上，郝春文的英藏敦煌文献汉文非佛经部分辑录校勘工作已经出版了十五册，尽管敦煌学界对其录文格式提出不同看法，但不可否认这是敦煌学界水平最高的校勘，对敦煌学的研究起了很大的作用。其次敦煌经部、史部、子部文献整理和俄藏敦煌文献的整理正在有序进行。专题文献整理研究工作也出现成果，如关于敦煌写本解梦书、相书的整理研究，郑炳林、王晶波在黄正建先生的研究基础上已经有了很大进展，即将整理完成的还有敦煌占卜文献合集、敦煌类书合集等。文献编目工作有了很大进展，编撰《海内外所藏敦煌文献联合总目》也有了初步的可能。施萍婷先生的《敦煌遗书总目索引新编》在王重民先生目录的基础上，增补了许多内容。荣新江先生的《海外敦煌吐鲁番文献知见录》《英国国家图书馆藏敦煌汉文非佛经文献残卷目录（6981—13624）》为进一步编撰联合总目做了基础性工作。在已有可能全面认识藏经洞所藏敦煌文献的基础上，学术界对藏经洞性质的讨论也趋于理性和全面，基本上认为它是三界寺的藏书库。特别应当引起我们注意的是，甘肃藏敦煌藏文文献的整理研究工作逐渐开展起来，甘肃藏敦煌藏文文献一万余卷，分别收藏于甘肃省图书馆、甘肃省博物馆、酒泉市博物馆、敦煌市博物馆、敦煌研究院等单位，对这些单位收藏的敦煌藏文文献的编目定名工作已经有了一些新的进展，刊布了敦煌市档案局、甘肃省博物馆藏品，即将刊布的有敦煌市博物馆、甘肃省博物馆藏品目录，这些成果会对敦煌学研究产生很大推动作用。在少数民族文献的整理研究上还有杨富学《回鹘文献与回鹘文化》，这一研究成果填补了回鹘历史文化研究的空白，推动了敦煌民族史研究的进展。在敦煌文献的整理研究中有很多新成果和新发现，如唐代著名佛经翻译家义净和尚的《西方记》残卷，就收藏在俄藏敦煌文献中，由此我们可以知道义净和尚在印度巡礼的情况和遗迹；其次对《张议潮处置凉州进表》拼接复原的研究，证实敦煌文献的残缺不但是在流散中形成的，而且在唐五代的收藏中为修补佛经就已经对其进行分割，这个研究引起了日本著名敦煌学家池田温先生的高度重视。应当说敦煌各类文献的整理研究都有类似的发现和研究成果。敦煌学论著的出版出现了一种新的动向，试图对敦煌学进行总结性的出版计划正在实施，如2000年甘肃文化出版社出版的《敦煌学百年文库》、甘肃教育出版社出版的“敦煌学研究”丛书，但都没有达到应有的目的，所以目前还没有一部研究丛书能够反映敦煌学研究的整个进展情况。随着敦煌文献的全部影印刊布和陆续进行的释录工作，将敦煌文献研究与西域出土文献、敦煌汉简、黑水城文献及丝绸之路石窟等有机结合起来，进一步拓展敦煌学研究的领域，才能促生标志性的研究成果。

第二，敦煌史地研究成果突出。敦煌文献主要是归义军时期的文献档案，反映当时敦煌政治经济文化宗教状况，因此研究敦煌学首先是对敦煌历史特别是归义军历史的研究。前辈学者围绕这一领域做了大量工作，20世纪的最后二十年间成果很多，如荣新江的《归义军史研究》等。近年来敦煌历史研究围绕归义军史研究推出了一批显著的研究成果。在政治关系方面有冯培红、荣新江同志关于曹氏归义军族属研究，以往认为曹氏归义军政权是汉族所建，经过他们的详细考证认为曹议金属于敦煌粟特人的后裔，这是目前归义军史研究的最大进展。在敦煌粟特人研究方面，池田温先生认为敦煌地区的粟特人从吐蕃占领之后大部分闯到粟特和回鹘地区，少部分成为寺院的寺户，经过兰州大学各位学者的研究，认为归义军时期敦煌地区的粟特人并没有外迁，还生活在敦煌地区，吐蕃时期属于丝棉部落和行人部落，归义军时期保留有粟特人建立的村庄聚落，祆教赛神非常流行并逐渐成为官府行为，由蕃部落使来集中管理，粟特人与敦煌地区汉族大姓结成婚姻联盟，联合推翻吐蕃统治并建立归义军政权，担任了归义军政权的各级官吏。这一研究成果得到学术界的普遍认同。归义军职官制度是唐代藩镇缩影，归义军职官制度的研究实际上是唐代藩镇个案研究范例，我们对归义军职官制度的探讨，有益于这个问题的解决。归义军的妇女和婚姻问题研究交织在一起，归义军政权是在四面六蕃围的情况下建立的一个区域性政权，因此从一开始建立就注意将敦煌各个民族及大姓团结起来，借助的方式就是婚姻关系，婚姻与归义军政治关系密切，处理好婚姻关系归义军政权发展就顺利，反之就衰落。所以，归义军政权不但通过联姻加强了与粟特人的关系，得到了敦煌粟特人的全力支持，而且用多妻制的方式建立了与各个大姓之间的血缘关系，得到他们的扶持。在敦煌区域经济与历史地理研究上，搞清楚了归义军疆域政区演变以及市场外来商品和交换中的等价物，探讨出晚唐五代敦煌是一个国际性的商业都会城市，商品来自于内地及其中亚南亚和东罗马等地，商人以粟特人为主并有印度、波斯等世界各地的商人云集敦煌，货币以金银和丝绸为主，特别值得我们注意的是棉花种植问题，敦煌与高昌气候条件基本相同，民族成分相近，交往密切，高昌地区从汉代开始种植棉花，但是敦煌到五代时仍没有种植。经研究，晚唐五代敦煌地区已经开始种植棉花，并将棉花作为政府税收的对象加以征收，证实棉花北传路线进展虽然缓慢但并没有停止。归义军佛教史的研究逐渐展开，目前在归义军政权的佛教关系、晚唐五代敦煌佛教教团的清规戒律、科罚制度、藏经状况、发展特点、民间信仰等方面进行多方研究，出产了一批研究成果，得到学术界高度关注。这些研究成果主要体现在《敦煌归义军史专题研究续编》《敦煌归义军史专题研究三编》和《敦煌归义军史专题研究四编》中。如果今后归义军史的研究有新的突破，主要体现在佛教等研究点上。

第三，丝绸之路也可以称之为艺术之路，景教艺术因景教而传入，中世纪西方艺术风格随着中亚艺术风格一起传入中国，并影响了中古时期中国社会生活的方方面面。中国的汉文化和艺术也流传到西域地区，对西域地区产生巨大影响。如孝道思想和艺术、西王母和伏羲女娲传说和艺术等。通过这条道路，产生于印度的天竺乐和中亚的康国乐、安国乐和新疆地区龟兹乐、疏勒乐、高昌乐等音乐舞蹈也传入中原，迅速在中原传播开来。由外来音乐舞蹈和中国古代清乐融合而产生的西凉乐，成为中古中国乐舞的重要组成部分，推进了中国音乐舞蹈的发展。佛教艺术进入中原之后，形成自己的特色又回传到河西、敦煌及西域地区。丝绸之路上石窟众多，佛教艺术各有特色，著名的有麦积山石窟、北石窟、南石窟、大象山石窟、水帘洞石窟、炳灵寺石窟、天梯山石窟、马蹄寺石窟、金塔寺石窟、文殊山石窟、榆林窟、莫高窟、西千佛洞等。祆教艺术通过粟特人的墓葬石刻表现出来并保留下来，沿着丝绸之路和中原商业城市分布。所以将丝绸之路称之为艺术之路，一点也不为过，更能体现其特色。丝绸之路石窟艺术研究虽已经有近百年的历史，但是制约其发展的因素并没有多大改善，即石窟艺术资料刊布不足，除了敦煌石窟之外，其他石窟艺术资料没有完整系统地刊布，麦积山石窟、炳灵寺石窟、榆林窟等只有一册图版，北石窟、南石窟、拉梢寺石窟、马蹄寺石窟、文殊山石窟等几乎没有一个完整的介绍，所以刊布一个完整系统的图册是学术界迫切需要。敦煌是丝绸之路上的一颗明珠，敦煌石窟在中国石窟和世界石窟上也有着特殊的地位，敦煌石窟艺术是中外文化交融和碰撞的结果。在敦煌佛教艺术中有从西域传入的内容和风格，但更丰富的是从中原地区传入的佛教内容和风格。佛教进入中国之后，在中国化过程中产生很多新的内容，如报恩经经变和报父母恩重经变，以及十王经变图等，是佛教壁画的新增内容。对敦煌石窟进行深入的研究，必将对整个石窟佛教艺术的研究起到推动作用。20世纪敦煌石窟研究的专家特别是敦煌研究院的专家做了大量的工作，特别是在敦煌石窟基本资料的介绍、壁画内容的释读和分类研究等基础研究上，做出很大贡献，成果突出。佛教石窟是由彩塑、壁画和建筑三位一体构成的艺术组合整体，其内容和形式，深受当时、当地的佛教思想、佛教信仰、艺术传统和审美观的影响。过去对壁画内容释读研究较多，但对敦煌石窟整体进行综合研究以及石窟艺术同敦煌文献的结合研究还不够。关于这方面的研究工作，兰州大学敦煌学研究所编辑出版了一套“敦煌与丝绸之路石窟艺术”丛书，比较完整地刊布了这方面的研究成果，目前完成了第一辑20册。

第四，敦煌学研究领域的开拓。敦煌学是一门以地名命名的学科，研究对象以敦煌文献和敦煌壁画为主。随着敦煌学研究的不断深入，敦煌学与相邻研究领域的关系越来越密切，这就要求敦煌学将自身的研究领域不断扩大，以适应敦煌学发展的需要。从敦煌石窟艺术上看，敦煌学研究对象与中古丝绸之路石窟艺术密切相关，血肉相连。敦煌石窟艺术与中原地区石窟如云冈石窟、龙门石窟、大足石窟乃至中亚石窟等关系密切。因此敦煌学要取得新的突破性进展，就要和其他石窟艺术研究有机结合起来。敦煌石窟艺术与中古石窟艺术关系密切，但是研究显然很不平衡，如甘肃地区除了敦煌石窟外，其他石窟研究无论是深度还是广度都还不够，因此这些石窟的研究前景非常好，只要投入一定的人力物力就会取得很大的突破和成果。2000年以来敦煌学界召开了一系列学术会议，这些学术会议集中反映敦煌学界的未来发展趋势，一是石窟艺术研究与敦煌文献研究的有力结合，二是敦煌石窟艺术与其他石窟艺术研究的结合。敦煌学研究与西域史、中外关系史、中古民族关系史、唐史研究存在内在联系，因此敦煌学界在研究敦煌学时，在关注敦煌学新的突破性进展的同时，非常关注相邻学科研究的新进展和新发现。如考古学的新发现，近年来考古学界在西安、太原、固原等地发现很多粟特人墓葬，出土了很多珍贵的文物，对研究粟特人提供了新的资料，也提出了新问题。2004年、2014年两次“粟特人在中国”学术研讨会，反映了一个新的学术研究趋势，敦煌学已经形成多学科交叉研究的新局面。目前的丝绸之路研究，就是将敦煌学研究沿着丝绸之路推动到古代文明研究的各个领域，不仅仅是一个学术视野的拓展，而且是研究领域的拓展。

第五，敦煌学学科建设和人才培养得到新发展。敦煌学的发展关键是人才培养和学科建设，早在1983年中国敦煌吐鲁番学会成立初期，老一代敦煌学家季羡林、姜亮夫、唐长孺等就非常注意人才培养问题，在兰州大学和杭州大学举办两期敦煌学讲习班，并在兰州大学设立敦煌学硕士学位点。近年来，敦煌学学科建设得到了充分发展，1998年兰州大学与敦煌研究院联合共建敦煌学博士学位授予权点，1999年兰州大学与敦煌研究院共建成教育部敦煌学重点研究基地，2003年人事部博士后科研流动站设立，这些都是敦煌学人才建设中的突破性发展，特别是兰州大学将敦煌学重点研究列入国家985计划建设平台——敦煌学创新基地得到国家财政部、教育部和学校的1000万经费支持，将在资料建设和学术研究上以国际研究中心为目标进行重建，为敦煌学重点研究基地走向国际创造物质基础。同时国家也在敦煌研究院加大资金和人力投入，经过学术队伍的整合和科研项目带动，敦煌学研究呈现出一个新的发展态势。随着国家资助力度的加大，敦煌学发展的步伐也随之加大。甘肃敦煌学发展逐渐与东部地区研究拉平，部分领域超过东部地区，与国外交流合作不断加强，研究水平不断提高，研究领域逐渐得到拓展。研究生的培养由单一模式向复合型模式过渡，研究生从事领域也由以前的历史文献学逐渐向宗教学、文学、文字学、艺术史等研究领域拓展，特别是为国外培养的一批青年敦煌学家也崭露头角，成果显著。我们相信在国家和学校的支持下，敦煌学重点研究基地一定会成为敦煌学的人才培养、学术研究、信息资料和国际交流中心。在2008年兰州“中国敦煌吐鲁番学会”

年会上，马世长、徐自强提出在兰州大学建立中国石窟研究基地，因各种原因没有实现，但是这个建议是非常有意义的，很有前瞻性。当然敦煌学在学科建设和人才培养中也存在问题，如教材建设就远远跟不上需要，综合培养中缺乏一定的协调。在国家新的“双一流”建设中，敦煌学和民族学牵头的敦煌丝路文明与西北民族社会学科群成功入选，是兰州大学敦煌学研究发展遇到的又一个契机，相信敦煌学在这个机遇中会得到巨大的发展。

第六，敦煌是丝绸之路上的一颗明珠，敦煌与吐鲁番、龟兹、于阗、黑水城一样出土了大量的文物资料，留下了很多文化遗迹，对于我们了解古代丝绸之路文明非常珍贵。在张骞出使西域之前，敦煌就是丝绸之路必经之地，它同河西、罗布泊、昆仑山等因中外交通而名留史籍。汉唐以来敦煌出土简牍、文书，保留下来的石窟和遗迹，是我们研究和揭示古代文明交往的珍贵资料，通过研究我们可以得知丝绸之路上文明交往的轨迹和方式。因此无论从哪个角度分析，敦煌学研究就是丝绸之路文明的研究，而且是丝绸之路文明研究的核心。古代敦煌为中外文化交流做出了巨大的贡献，在今天也必将为“一带一路”的研究做出更大的贡献。

由兰州大学敦煌学研究所资助出版的《敦煌与丝绸之路研究丛书》，囊括了兰州大学敦煌学研究所这个群体二十年来的研究成果，尽管这个群体经历了很多磨难和洗礼，但仍然是敦煌学研究规模最大的群体，也是敦煌学研究成果最多的群体。目前，敦煌学研究所将研究领域往西域中亚与丝绸之路方面拓展，很多成果也展现了这方面的最新研究水平。我们将这些研究成果结集出版，一方面将这个研究群体介绍给学术界，引起学者关注；另一方面这个群体基本上都是我们培养出来的，我们有责任和义务督促他们不断进行研究，力争研究出新的成果，使他们成长为敦煌学界的优秀专家。

郑炳林

目 录

绪 论

一、选题缘由

（一）研究目的

《妙法莲华经》简称《法华经》，是古代丝绸之路上各民族推崇的经典之一，与《金光明经》《护国仁王经》构成镇护国家的三部经，对中国佛教，特别是隋唐以后的中国佛教影响很大。《法华经》原为梵文，名为सद्धर्मपुण्डरीकसूत्र，saddharma puṇḍarīka sūtra，藏文名作དམ་པའི་ཆོས་པད་མ་དཀར་པོ་འི་མདོ，回鹘文名为 quanšï im pusar nom bitig，蒙古文为 čaɣan lingqu-a neretü yeke kölgen sudur 。梵语中的“saddharma”指“妙法”，与藏语的“དམ་པའི་ཆོས”和蒙古语的“yeke kölgen”相对应，比喻佛的教法精妙绝伦，深不可测；梵语的“puṇḍarīka”指“白莲花”，与藏语的“པད་མ་དཀར་པོ་འི”和蒙古语的“čaɣan lingqu_a”相对应，比喻佛教经典似白莲花洁白高雅，花开即佛因，莲结即佛果。梵语中的“sūtra”，汉译为“经”，与藏语的“མདོ”，回鹘语的“nom bitig”及蒙古语的“sudur”相对应。此经纪元前后在印度成书，最晚不迟于 1 世纪，为大乘佛教初期经典之一。因经中宣讲内容至高无上，明示不分贫富贵贱，人人皆可成佛，所以《法华经》也被誉为“经中之王”。该经曾在古印度、尼泊尔等地长期广泛流行，已发现的有分布在克什米尔、尼泊尔和中国新疆、西藏等地的梵文写本（包括残片在内）60余种。这些写本大致可分为尼泊尔体系、克什米尔体系（基尔基特）和中国新疆体系。具体如下：

尼泊尔体系：19世纪初，英国驻尼泊尔公使布莱恩·霍顿·霍奇森（B.H.Hodgson）收集的梵语佛经写本，其中有关《法华经》的有二十几本，都是11世纪到12世纪时的写本。该梵文原典，经过荷兰肯恩（H.Kern）和日本南条文雄（Nanjō Bunyū）校订后，1908—1912年，在日本出版。目前为止，该写本已出版5种校订本，包括贝叶本和纸本。在中国西藏萨迦寺发现的梵文《法华经》，是从尼泊尔传入的贝叶本，根据现代学者的研究判断，大约是在11世纪写成的。这些写本，是迄今为止数量最多、保存最完整的《法华经》梵文写本。1983年，中国北京民族文化宫图书馆用珂罗版彩色复制出版。

克什米尔体系：1932年6月，在克什米尔基尔基特北方大约20公里处的佛塔遗址发现了许多梵文佛典写本，其中就有《法华经》梵文原典写本，书写材料是桦树皮，多数是断片。

中国新疆体系：喀什本是1903年在中国新疆喀什噶尔发现的，大多数是残片，内容与尼泊尔抄本比较接近。从字体上看，大约是7到8世纪的作品，早于尼泊尔写本，但晚于克什米尔写本。

西晋时期，竺法护将此经译成汉文，传入中原。此外，还有姚秦时期鸠摩罗什（Kumarajiva）①汉译本和隋代阇那崛多（Jnanagupta）、

①鸠摩罗什（344—413），十六国时期后秦高僧，祖籍天竺。佛经翻译家，佛经史上“四大翻译家”之一。其翻译风格兼具“信、达、雅”，译文注重简约，关照整体，典雅质朴，妙义自然。

达摩岌多（Dharmagupta）汉译本。其中鸠摩罗什译本最为流行，影响最大。之后，又出现了于阗文、西夏文、回鹘文、藏文、蒙古文等多语种的译本，还被传入日本、法国、英国等国家。日本译本有河口慧海的《藏梵传译法华经》（1924 年），南条文雄（Nanjō Bunyū）的《梵汉对照·新译法华经》（1913 年），荻原云来（U.Wogihara）和土田胜弥（C.Tsuchida）校订本《改订梵本〈法华经〉》（1934—1935 年）等。法译本有巴尔诺夫的《法译法华经》（1852 年）。英译本是美国学者唐纳德·基恩（Donald Keene）根据汉译本《正法华经》翻译而成，在 1884 年被编入《东方圣书》第二十一卷。除此之外，在英文界到现在为止，至少有 8 个以上的英译本，其中基恩和布墩瓦盾（Burton Watson）的英译本最为权威。此外，基恩和南条文雄还用梵文出版了《法华经》（《佛教文库》第 10 卷，彼得堡，1908—1912 年）。

本书探讨的《法华经·普门品》是二十八品中最为人所熟悉，为广大僧人持诵最多的一品。该品主要讲述了观世音菩萨救七难、解三毒、应二求、普现三十三种应化身，千处祈求千处应，苦海常作渡人舟的事迹。

那么，为何要比较研究蒙古、汉、藏、回鹘四种语言的《法华经·普门品》呢？

众所周知，语言的魅力是无穷尽的。它是用以表达情意的声音，是人类最重要的交际工具，是人们进行沟通交流的各种表达方式，是人们借以保存和传递人类文明成果的载体，是民族的重要特征之一。翻译从古至今都是不同民族之间沟通的桥梁，是人们建立情感的纽带。佛教文化源远流长，距今已有两千多年的历史，它对中国文化产生了深远的影响。因此，出于对这些古老语言的探索之心，出于对不同译作的崇敬之

心,出于对佛教的好奇之心本书选择了蒙古、汉、藏、回鹘文《法华经·普门品》进行比较研究。具体如下:

首先，本书要研究的回鹘语和蒙古语都属于阿尔泰语系，具有许多相同的语法特点和共同词汇。至于阿尔泰语系中的语言是不是同源关系，阿尔泰语系存在与否，学界至今有争议。一部分学者认为有亲缘关系，他们认为阿尔泰语系的语言有一个共同的原始阿尔泰语，并对原始阿尔泰语进行构拟。另一部分语言学家认为阿尔泰语系的各语言之间没有同源关系，这些语言虽然有许多相同的语法特点和共同词汇，但这是长期的民族交融过程中产生的结果，而不是原始语遗留下来的原始特征，并认为蒙古语借用了回鹘语词汇和语法形态。不管两者是否有同源关系，回鹘语和蒙古语在语法方面的共同特征却是不容忽视的。例如:

1. 人称代词很相似。

人称	回鹘语	蒙古语
第一人称单数	bän/män	bi
第二人称单数	sän	či
第一人称复数	biz	ba
第二人称复数	siz	ta

2. 蒙古语和古突厥语有相似的复数后缀(蒙古语 -nar / -ner、突厥语 -lar /-lär)和构词后缀。

回鹘语		蒙古语	
后缀	功能	后缀	功能
-či/-čï	加名词后表示行为者	-či	加名词后表示行为者
-ɤu/-gü	加动词后表示动作的结果	-ɤu/-gü	加动词后表示动作的结果

还有一些形式相同，但用法不同的构词后缀。例如，古蒙古语的构成名词后缀 -liɤ/-lig，加在名词词根后表示某样东西丰富、充裕。而回鹘语中构成名词后缀的 -lig/-lïɤ，-lik/-lïq，加在名词后表示具有、占有某事物等意义。

3. 两种语言还有很多相同的词语。因为生活环境和生活习惯的相同或相似性，两种语言中存在诸多相同的词语。例如：

回鹘语		蒙古语	
词语	解释	词语	解释
bars	老虎	bars	老虎
asïɤ	利益	asiɤ	利益
tusu	利益	tusa	利益

其次，日本学者松川节在论文《蒙古语译〈佛说北斗七星延命经〉中残存的回鹘语因素》中说：“属于 13、14 世纪的吐鲁番出土蒙古文文献含有两种文化因素。首先是蒙古文化与回鹘文化的混合形态。此后，至 15、16 世纪时，这种形态不复存在。17 世纪以后，蒙古地区被蜂拥而至的藏传佛教文化所渗透，蒙古文化被外来因素即‘藏族模式’所替代。但另一方面，直到 17、18 世纪，蒙古文佛教文献中仍残存着一种‘古风’，即通过回鹘语借用佛教术语的形式……因此，我们认为，从历史的脉搏讲蒙古佛教产生于回鹘佛教而成长于藏传佛教。”①

那么，蒙古文《法华经》（本文选用的是明末抄本）与藏文《法华经》（8 世纪中叶）、回鹘文《法华经》（10—13 世纪）之间是否有关联呢？如果有的话，会是怎样的联系？受哪一方的影响更多一些？出

①松川节著，杨富学、秦才郎加译：《蒙古语译〈佛说北斗七星延命经〉中残存的回鹘语因素》，《甘肃民族研究》2007 年第 2 期，第 75—80 页。

于这样的考虑，本书选择了藏、回鹘、蒙古文《法华经·普门品》进行比较。至于汉译本的选择，牛汝极曾说："……几乎所有西域的语言都与汉语发生过接触，并对汉语产生了影响……"[①]因此本书把汉译本也作为比较的对象。按理说《法华经》的原文是梵文，这些译本最应该与原文进行比较。可是由于本人的能力有限，未能将梵文《法华经》纳入研究范围之内。

本书拟通过整理和比较《法华经·普门品》蒙古、汉、藏、回鹘文译本内容的同时，分析蒙古语和回鹘语词汇结构及语法特点，以此来展现四语种译本间的异同及相互影响，进而探索这些民族在历史长河中语言文化交流交融的情况。

（二）研究方法

历史文献是丰富的宝藏，徜徉其中方知奥妙。历史研究离不开科学的方法。本书首先对四种语言译本的《法华经·普门品》进行目录学的编辑，即搜集掌握基本的资料内容。其次，根据译者、翻译时间、内容选取最适合本选题的版本。在此基础上，从不同角度对四种语言进行比较研究，因此必然涉及语言学、翻译学、文献学等学科的内容与研究方法。最后，从整体上综合分析，解释四语种译本中出现的异同。本书的基本立足点是通过比较研究，尽可能地找出和解释四语种译本所能够给我们展现出的深层次历史信息，进而为《法华经》研究寻找相同的理论指导。以上是从宏观角度说明了本书的研究方法，若从选题本身而言，本书采用了以下五种研究方法：

---

①牛汝极：《西域语言接触概说》，《中央民族大学学报》（哲学社会科学版）2000年第27卷，第122—125页。

1. 调查法

调查法是科学研究中常用的方法之一。它是一种有目的、有计划、有系统地搜集有关研究对象、现实状况或历史状况材料的方法。因此，若想做好蒙古、汉、藏、回鹘文等多语言的古籍文献比较研究，必须要克服语言障碍，克服人力、物力、财力等方面的种种困难，竭尽全力搜集古今中外与《法华经》相关的文献资料，为确定版本信息、译者、翻译时间等打好基础。此方法的应用主要体现在绪论部分。

2. 分类法

分类法是指将类或组按照相互间的关系，组成系统化的结构，并体现为许多类目按照一定的原则和关系组织起来的体系表，作为分类工作的依据和工具。本书涉及四语种，因此必须对材料进行语言分类，再对不同语言进行内部分类，从而由此及彼、由表及里，达到认识事物本质、揭示内在规律的效果。此方法的应用贯穿全文。

3. 比较分析法

比较分析法也叫对比分析法或者对比法，是把客观事物加以比较，以达到认识事物的本质和规律并做出正确评价的一种分析方法。此方法在本书中主要体现在内容比较、结构比较、语法比较等方面，见于第二章、第三章及第四章。

4. 跨学科研究法

此方法是运用多学科的理论、方法和成果从整体上对研究对象进行综合研究的方法，也称“交叉研究方法”。科学发展运动的规律表明，科学在高度分化中又高度综合，形成一个统一的整体。因此，本书除了用文献学研究方法之外，还运用翻译学的方法，对《法华经·普门品》蒙古、汉、藏、回鹘文译本的翻译方法、翻译风格等进行探究，主要见于第二章；运用语言学的理论，对《法华经·普门品》回鹘、蒙古文译本的词汇结构和语法特点度进行分析，主要见于第三、四章；运用宗教学的方法分析《法华经·普门品》四语种译本的文化意义，此方法贯穿于全文；运用历史学的方法研究《法华经·普门品》四语种译本的历史背景，此方法主要见于绪论、章节小结及结语。

5. 综合分析法

综合分析法是指运用各种统计综合指标来反映和研究社会现象总体的一般特征和数量关系的研究方法。本书用此方法在对各章节基本问题研究的基础上，以综合考察的方法探讨《法华经·普门品》四种语言译本研究中的一些带有综合性意义的问题。该方法在各章节研究中均有体现。

二、文献综述

《法华经》最早由西晋竺法护译入中国。此经刚被译出，就被视为“诸佛之秘藏，众经之实体”，极为流行，产生较大影响。下面将对该文献馆藏情况作以梳理。

（一）汉文《法华经》译本及馆藏

中国佛教史上，汉文《法华经》有三个重要译本。最早的译本是西晋竺法护于太康七年（286年）所译，名为《正法华经》，共十卷二十七品；姚秦鸠摩罗什于弘始八年（406年）译，名为《法华经》，共七卷二十八品；隋代阇那崛多和达摩岌多于仁寿元年（601年）译，名为《添品法华经》，共七卷二十七品。三个译本中，鸠摩罗什译本的内容和文风最佳，流传最广。其馆藏情况如下：

英国

藏刻本《法华经观世音菩萨普门品第二十五》残页，英藏编号

[Or.8212/1314 [k.k.III.021.ss (ii-iii)], 收录于《斯坦因第三次中亚考古所获汉文文献(非佛教部分)》(第二册)第135—136页，编者拟题为《印本残片》。本文书，郭锋著《斯坦因第三次中亚探险所获甘肃新疆出土汉文文书——未经马斯伯乐刊布的部分》中未收录。文书共2纸残片，残片(ii)现存文字2行，残片(iii)现存文字3行。从内容来看，本文书应为刻本《法华经观世音菩萨普门品第二十五》残片，且残片(ii)可与残片(iii)拼合，其应接于残片(iii)第2、3行上方。

藏元《法华经观世音菩萨普门品第二十五》残片，本件文书英藏编号为[K.K.II.0276 (hhh)], 收录于《斯坦因在中亚细亚第三次探险所获中国古文书考释》第225页。沙知著《斯坦因第三次中亚考古所获汉文文献(非佛经部分)》未收录该图版。马斯伯乐指出其为元代文献，释读一行文字“法华经观世音菩萨普门品第二十五”。

日本

京都国立博物馆[①]

藏《法华经》观世音菩萨普门品(装饰经)，高23.5厘米，长290.5厘米，在起首处有赋彩浓艳的大和绘，接着在白、打昙、紫、缥、薄茶五种颜色的色纸上书写经文。起首处的大和绘描写朝日缓缓升上山际，映照着连绵的重山、树林以及清凉的莲池，夜空将明的景色。大和绘之中可见苇手书的做法，即将文字本身视为一种装饰图案，巧妙地镶嵌在画面的不同位置。这一幅大和绘所用的文字乃是取自经文最后的偈颂“无垢清静光”“惠日破诸暗”“普明照世间”三句。

①施萍婷:《日本公私收藏敦煌遗书续录(一)》,《敦煌研究》1993年第2期,第74—91页。

北三井文库[①]

藏编号 025-10-6《法华经》，首题“法华经观世音菩萨普门品第二十五”，尾题“法华经卷第七”。中有子目：法华经陀罗尼品第二十六、法华经庄严王本事品第二十七、法华经普贤菩萨劝发品第二十八。纸数 14。每纸 25.4 厘米 ×47.5 厘米，31 行，行 17 字。“单抄双晒”纸，质量极佳，字亦好。中有破孔 13 处。

大东急记念文库[②]

藏编号 24-163-1000《法华经卷第七》（尾题），题记：菩萨戒弟子令狐文达为父母造。中有品题：法华经药王菩萨本事品第二十三、妙音菩萨品第二十四。尺寸缺。经文前有朱印一方，印文不清。此件包装有一盒，盒上有“古梓唐文库”小条一张。

藏《观世音菩萨经》残片，8.5 厘米 ×8.7 厘米，前、后、上、下残，存 1 行，残存“观世音菩萨经”6 字。

东京书道博物馆藏吐鲁番文书[③]北凉写《法华经·药王菩萨品、妙音菩萨品》残片，幅 8 寸 5 分，长 10 尺，由 8 张纸粘贴，隶书，存 183 行。旧题“吐鲁番出土”，原为王树枬所藏。

中国

国家图书馆

馆藏敦煌遗书[④]，法华经卷第七妙音菩萨品第二十四，卷轴规格：25.5 厘米 ×205.8 厘米。

①施萍婷:《日本公私收藏敦煌遗书续录(二)》,《敦煌研究》1994 年第 3 期,第 90—107 页。

②施萍婷:《日本公私收藏敦煌遗书续录(三)》,《敦煌研究》1995 年第 4 期,第 51—70 页。

③陈国灿、刘安志主编:《吐鲁番文书总目》(日本收藏卷),武汉:武汉大学出社，2005 年。

④方广锠:《〈中国国家图书馆藏敦煌遗书总目录〉的编纂》,《敦煌研究》2013 年第 3 期,第 133—143 页。

故宫博物院[①]

藏编号138354《法华经》，纸质，26.5厘米×97.3厘米，二级乙，1960年盛毓贤捐。原定名“晚唐人写经”。首尾残缺，楷书，起“欲求男，礼拜供养观世音菩萨，便生福德智之男”，止“众生皆发无等等阿耨多罗三藐三菩提心”。知为《法华经》，原定时代晚唐，又原注“中唐晚期”。

藏编号152093《法华经》，背面为黄巢起义记事，纸质，25.5厘米×31厘米，一级甲。原定名“唐人写经残片”。封签“唐人书黄巢起义记残片”，双面写。首尾残缺，楷书。正面起“世音菩萨言，仁者愍我等故受此”，止“念彼观音力，波浪不能没”。知为《法华经》。背面起“阿耨陀树下，得所传多罗三藐三菩提记”，接着从“高祖皇帝”依次记到“僖宗皇帝”，然后记“乾符岁在甲午（874年）七月，黄巢于淮北起称帝，以尚让为丞相，天下沸腾，改元广明元年岁在庚子（880年）矣”。再后残缺漫漶。

藏编号153381《法华经》，纸质，26厘米×558厘米，二级乙，徐石雪家属赠。原定名“唐人写法华经嘱累品第二十二卷”。前钤“无畏居士”朱印一方。首尾完整，起“法华经嘱累品第二十二”，中题“药王菩萨本事品第二十三”“妙音菩萨品第二十四”等，止“法华经卷第七”，楷书。后钤“绍兴周氏鉴藏”朱印一方。

藏《法华经》《佛说阿弥陁经》《阿弥陁佛说咒》《维摩诘所说经》，编号154415，纸质，24.3厘米×70.4厘米、24.4厘米×236厘米、24.2厘米×113.2厘米、24.4厘米×77.5厘米。二级乙。1964年6月收购。原

①王素、任昉、孟嗣徽：《故宫博物院藏敦煌吐鲁番文献目录》，《敦煌研究》2006年第6期，第173—182页。

定名“唐人写维摩诘经等四段卷”。前钤“敦煌县政府印”朱印一方。凡四段，第一段首尾均残，起“银琉璃砗渠马瑙珊瑚虎珀诸妙珍宝”，止“尔时世尊欲重宣此义而说偈言”，知为《法华经》。其他三段分别为《佛说阿弥陁经》《阿弥陁佛说咒》《维摩诘所说经》。据形制及书法，第一段为盛唐，第二段为中唐，第三、四段为晚唐。

南京图书馆①

藏编号 1292《观音经》②，纸质，149.8 厘米 ×26.4 厘米，5 纸，78 行，行 17 字。首残尾全，有乌丝栏。首纸为引首，已划有乌丝栏。有近代裱补。纸厚 0.17 毫米 ~0.18 毫米。首残→大正 262，9/57A8；尾全→ 9/58B7。《观世音经》一卷（尾），归义军时期（9—10 世纪）。楷书。卷首、卷尾各有长方形朱印“国立南京图书馆藏”一方，1.4 厘米 ×2.3 厘米。卷背粘有黄色虎皮纸签。上书“观音普门品，敦煌石室发现之唐代写本，德真题”。并钤有方形朱印“蔡德真印”一方，1.6× 厘米 1.6 厘米，数字为苏州码子。

重庆市博物馆③

藏《法华经》目录，卷轴装，缺木轴，首尾均存。首题“法华经观世音菩萨普门品第二十五卷十”。尾题“法华经卷第十”。卷长 818.5 厘米，高 26 厘米。用纸 19 张，硬黄纸，每纸长 43 厘米。乌丝栏，栏宽 2 厘米。卷心高 19.5 厘米。上界 3.2 厘米，下界 3.3 厘米。每纸 22 行，每行 17 字。楷书，墨色黑，书法佳。卷边有水渍、裂痕。为

---

①方广锠、徐忆农:《南京图书光所藏敦煌遗书目录》,《敦煌研究》1998 年第 4 期,第 134—143 页。

②《观音经》是观世音信仰中重要的一部经典,经文内容是《法华经》之“普门品”。

③杨铭:《重庆市博物馆藏敦煌吐鲁番写经目录》,《敦煌研究》1996 年第 1 期,第 121—124 页。

唐人写经。

上海图书馆[①]

藏《观世音经》，编号812566，唐开元二十五年（737年）写本。首缺。尾题观世音经。题记“开元五年二月八日弟子支师师为身亡写观音经一卷”。全件仅25行。

（二）藏文《法华经》译本及馆藏

《法华经》藏译本是8世纪中叶，由藏族译师班迪祥纳南·叶喜德和印度佛学智达酥冉陀罗菩提由梵文译成的[②]。经几次校勘修订后已刻成木刻版刊行，并早已收集在大藏经《甘珠尔》中。其共有十三卷二十七品。其馆藏情况如下：

法国[③]

藏编号为P.T.1239《法华经·普门品》。存于4盒内，有6行，有两段，系《普门品》开头部分，写在带纹纸上的卷子。背面为汉文《大般若第五百七十八品》之结尾。可参见：

A. 西门华德《藏译汉文文献释读》，载《东方和非洲研究学院通报》第21卷12期，1958年伦敦大学版。周达甫汉译文，《现代佛学》1959年第12期。

B. 藤枝晃《吐蕃统治时期的敦煌》，载《东方学报》第31期，1961年京都版，第199—292页。

---

①吴织、胡群耘：《上海图书馆藏敦煌遗书目录——附传世本写经及日本古写本》，《敦煌研究》1986年第2期，第93—107页。

②祥纳南叶喜德，是公元8世纪中叶藏王赤松德赞时期的藏族译师，他和噶哇拜泽、焦若鲁坚赞三人自年轻时就成为著名梵藏翻译家，藏族历史上“九大译师”中的三位年轻译师。他们先后翻译、审定了很多显密佛教经典，因而藏族历史上就有“噶焦祥三译师”之称。

③王尧主编：《法藏敦煌藏文文献解题目录》（第4册），北京：民族出版社，1999年。

C. 高田时雄《论藏语声调的起源》(1979 年巴黎国际敦煌学会提交的论文)。

D. 今枝由郎、麦克唐纳夫人《〈敦煌吐蕃文献选〉第二辑序言及注记》(法文),1979 年巴黎版。

E. 耿升汉译文,载王尧主编《国外藏学研究译文集》第三辑,1987 年西藏人民出版社(15–64),第 18、21、38 页。

F. 汤山明《根据法华经的藏写音写的敦煌出土写本断简二点觉书》,刊《云井昭善博士古稀纪念·佛教与异文化》,1985 年东京。

G. 高田时雄《中国语史研究(据敦煌史料)——九、十世纪的河西方言》,东洋学丛刊,1988 年创文社版。

H. 王尧《藏汉佛典对勘释读举要——〈金刚经〉》,原刊拉萨《西藏研究》,后收入作者文集《藏学零墨》,1992 年台北佛光出版社,第 198 页。

藏编号为 P.T.1262《法华经·普门品》(藏文音写),存于 5 盒内。是汉藏对音本残卷。一本由折叠起来的 3 叶纸并在中央装订而成的小书(7 厘米 ×13 厘米)(可参阅《伯希和和敦煌汉文写本特藏目录》第 2935 号)。可参见:

A. 罗常培《唐五代西北方音》,1933 年上海商务印书馆,1961 年北京科学出版社再版。

B. 西门华德《藏译汉文文献释读》,载《东方和非洲研究学院通报》第 21 卷 12 期,1958 年伦敦大学版。

C. 周达甫汉译文,载《现代佛学》1959 年第 12 期。

D. 今枝由郎、麦克唐纳夫人《〈敦煌吐蕃文献选〉第二辑序言及注记》(法文),1979 年巴黎版。

E. 耿升汉译文载王尧主编《国外藏学研究文集》第三辑，1987 年西藏人民出版社（15-64），第 18、40 页。

F. 高田时雄“Sur la naissance des du tibetain”，刊《亚细亚学报》，1981 年法国巴黎版。

G. 同上，《中国语史研究（据敦煌史料）——八、九世纪的河西方言》，东洋学丛书，1988 年日本创文社。

H. 王尧、陈践《敦煌本〈瑜伽师地论·菩萨地〉藏汉对照词汇考诠校录》，载《敦煌吐鲁番文书论文集》，1988 年成都四川民族出版社，第 65—73 页。

I. 麦克唐纳夫人《敦煌吐蕃历史文书考释》（耿升汉译作者 1971 年论文），1991 年西宁青海人民出版社，第 148—149 页。

J. 王尧《藏汉佛典对勘释读举要——〈金刚经〉》，原刊拉萨《西藏研究》，后收入作者文集《藏学零墨》，1992 年台北佛光出版社，第 185—198 页。

中国

北京大学藏编号为 D051《法华经观世音菩萨普门品第二十五》，有四行藏文《佛教咒语》[①]。

（三）回鹘文《法华经》译本及馆藏

回鹘文《法华经》保留至今者，均为该经的《观世音菩萨普门品》，学者们一般称之为“quanšï im pusar”（观世音菩萨）。据目前所知，回鹘文《法华经·普门品》现残存五件。具体如下：

①萨仁高娃：《国内藏敦煌汉文文献中的非汉文文献》，《文津学志》2007 年第 1 期，第 98—117 页。

日本[①]

日本散见吐鲁番文书[②]藏回鹘文《法华经·普门品》断片，6.4 厘米 ×12.3 厘米，梵夹式，下残，两面书写，正面存 21 行，背面存 22 行，上部 3—5 行间有穿绳用的小孔。

俄罗斯圣彼得堡东方学研究所

藏无原编号回鹘语《法华经·观世音菩萨普门品》，原件为卷子式，285 厘米 ×27 厘米。224 行。迪雅科夫（Djakov）发现于吐鲁番。有些残损，目前发现的保存最好、内容最多的一件。

德国国家图书馆

藏编号美因茨（Mainz）（T II Y 51-a）回鹘语《法华经观世音菩萨普门品》残卷 1 叶，卷子式，17 厘米 ×16 厘米，11 行。交河故城出土。原藏于美因茨科学院。

美因茨科学与文学院藏编号为 733[③]（ TIlY、32、39、60 ）回鹘语《法华经·普门品》，103 厘米 ×30.5 厘米，卷子式，61 行，开头和中间部分残损较少，后部分残损严重。

此外，还有两件残页，一个是新疆吐鲁番附近出土，2 页 61 行，纸质量呈黄色，黑墨书写；另一个是橘瑞超（Tachibana Zuicho）在吐鲁番发现，梵夹式，残存一叶两面 43 行，上方第 3—5 行中间有一个穿绳用的小孔。

---

①陈国灿、刘安志:《吐鲁番文书总目》（日本收藏卷），武汉：武汉大学出版社，2005 年，第 593—594 页。

②陈国灿、刘安志:《吐鲁番文书总目》（日本收藏卷），武汉：武汉大学出版社，2005 年，第 593—594 页。

③该文献现已转移至柏林布兰登保科学院吐鲁番学研究所。

1911 年，拉德洛夫（W.Radloff）将藏于圣彼得堡东方学研究所的回鹘文《法华经·普门品》进行整理，用回鹘文铅印，刊布于《佛教文库》（Bibliotheca Buddhica）第十四种，并对回鹘文进行了德文翻译和注释。1984 年，台湾弥勒出版社又将这套《佛教文库》影印出版。本选题回鹘文《法华经·普门品》将以该件作为底本进行研究。

新疆吐鲁番附近出土,2 页 61 行的残页,1911 年，由缪勒（F.W.K.Mueller）刊布，列出了汉文原文，并进行了德文翻译。

藏于德国的两件残卷，1960 年由土耳其学者特肯（S.Tekin）首次刊布研究。

日本学者羽田亨对橘瑞超在吐鲁番发现的残卷进行了研究。①

经学者研究，以上回鹘文《法华经·普门品》残卷均译自汉文译本。

（四）蒙古文《法华经》译本及馆藏

蒙古文《法华经》有两种不同译本：第一种为北元晚期额尔顿莫日根台吉所译 28 部《法华经》，1711、1736 年北京木刻版传播。第二种为 27 部《法华经》，1720 年北京木刻版，译者不详。其版本情况具体如下：

中国

《中国蒙古文古籍总目》收录了《法华经》9 种不同版本。即：

编号	年代及版本	页数	大小（cm）	收藏单位	备注
00487	清康熙北京木刻本	137	12.7 × 45.8	内蒙古自治区图书馆 内蒙古自治区档案馆（残缺）	—
00488	清中期写本	19	9.5 × 31	内蒙古自治区图书馆	—
00489	清初期写本	291	9.5 × 60	内蒙古自治区图书馆	—

续表

编号	年代及版本	页数	大小（cm）	收藏单位	备注
00490	清初期写本	—	—	内蒙古大学图书馆	—
00491	清康熙九年金字写本	536	22.5 × 68.5	北京故宫博物院图书馆	有佛像和附图
00492	清康熙五十年北京木刻本	272	15 × 49.5	中国国家图书馆 内蒙古自治区图书馆	有佛像和附图
00493	清雍正初年木刻本	219	14.5 × 44.5	中国国家图书馆 内蒙古大学图书馆	有佛像和附图
00494	清中期北京木刻本	274	7 × 45	中国国家图书馆	有佛像和附图
00495	清中期北京木刻本	—	14.4 × 47.2	内蒙古大学图书馆	有佛像和附图

此外，内蒙古社会科学院藏有《法华经》六种版本，分别是：

1.čaγan linqu_a neretü degedü nom-un uran arγ_a kemegdekü nögüge bülüg，译者、年代不详。

2. čaγan linqu_a-in sudur，金字抄本，抄写年代根据字体和书写格式判断为清初。

3.čaγan linqu_a neretü yeke külgen sudur orušibai，译者不详，抄写年代根据字体和书写格式判断为明末。

4.qudugtu degedü nom-tu čaγan linqu_a neretü yeke külgen sudur，译者、年代不详。

5.qudugtu degedü nom-tu čaγan linqu_a neretü yeke külgen sudur，译者不详，康熙六年写本。

6.qudugtu degedü nom-tu čaγann linqu_a neretü yeke külgen sudur，译者不详，康熙六年写本。

三、研究概况

有关《法华经》的研究硕果累累，国外要早于国内。其研究成果特点可以概括为以下几个方面：

1.《法华经》残卷的辨认和释读。如张铁山的《回鹘文〈法华经·普门品〉校勘与研究》，即属于此类性质。

2.《法华经》不同版本的比较研究。这是《法华经》研究的一个重点，也是目前研究中较为成熟的领域。如土耳其学者西纳斯·特肯（Şinasi Tekin）在题为《回鹘文献第一册——观世音菩萨（听到声音的神）名叫佛花的经书——〈法华经〉》一文中，参考了列宁格勒（彼得格勒）和柏林收藏的两个版本，并进行了比较研究。

3.《法华经》内容的研究。这也是目前学界较为关注的热点问题。如昌莲的《读〈观世音菩萨普门品〉有感——依观音菩萨的慈济之道与普门教育思想略谈和谐》一文，以《观世音菩萨普门品》为蓝本，从五个方面说明观音菩萨的慈济之道的原理与特性，及其慈济的宗旨与精神，乃至普门教育思想与构建和谐的目的与意义。

4.《法华经》词汇研究。王彩丽在题为《〈观世音菩萨普门品〉的修辞过程分析》一文中，尝试摆脱传统以语言为中心的修辞研究分析模式，以佛教典籍中有深远影响并广为流传的《观世音菩萨普门品》为分析对象，借鉴西方修辞学中的经典范畴和修辞研究的方法，从修辞策略的运用过程关注佛教文本内容的修辞特征，从而探析佛教义理如何修辞发明、布局安排等问题。

下面对蒙古、藏、回鹘、汉四语种《法华经》国内外研究情况作以整理。

（一）《法华经》汉译本研究

1. 国外研究

1992 年，日本福岛大学教授长尾光之、许仰民发表于《驻马店师专学报》（社会科学版）上的题为《鸠摩罗什译〈法华经〉中的六朝时期的中国口语》一文中，以鸠摩罗什译《法华经》为例，研究了六朝时期口语的语法现象。

2001 年，日本学者辛岛静志著有《〈法华经〉词典》（国际佛教学高级研究所，东京）。该词典用英文汇释了《法华经》中的一些常用词语和疑难词语。

2. 国内研究

1986 年，张锡文发表于《法音》上的题为《〈法华经〉讲经文二种》一文中，对《敦煌变文集》收录的《法华经讲经文》二种进行了解读。

1987 年，《理论信息报》发表于《法音》上的题为《宋代金银字〈法华经〉被列为希世国宝》一文中，对宋代金银字《法华经》进行了详细介绍。

1987 年，青岛市文物管理委员会发表于《文物》上的题为《青岛发现北宋金银书〈法华经〉》一文中，对青岛发现的北宋金银书《法华经》进行了详细介绍。

1987 年，罗华庆发表于《敦煌研究》上的题为《敦煌艺术中的〈观音普门品变〉和〈观音经变〉》一文中，对敦煌石窟艺术中绘制和塑造《观音普门品变》和《观音经变》做了详细的介绍。

1992 年，庄恒发表于《文物》上的题为《元代刺绣〈法华经〉卷》中，对上海博物馆藏的元代刺绣《法华经》卷进行了详细的介绍。

1994年，葛维钧发表于《东南文化》上的题为《曲从方言，趣不乖本——谈〈法华经〉的灵活译笔》一文中，从翻译的角度对鸠摩罗什译《法华经》进行了分析研究。

1994年，葛维钧发表于《南亚研究》上的题为《文虽左右，旨不违中——谈〈法华经〉的灵活译笔》一文中，从翻译的角度对鸠摩罗什译《法华经》进行了分析研究。

1994年，姚长寿发表于《世界宗教研究》上的题为《从中亚地区对佛教典籍的接受情况来看罗什汉译〈法华经〉的特色》一文中，对鸠摩罗什译《法华经》翻译特点进行了分析研究。

1994年，胡湘荣发表于《古汉语研究》上的题为《鸠摩罗什同支谦、竺法护译经中语词的比较及鸠摩罗什同支谦、竺法护译经中语词的比较（续）》中，对《法华经》和其他四种经文词语进行了比较研究。

1998年，楼宇烈发表于《世界宗教研究》上的题为《〈法华经〉与观世音信仰》一文中，就中国的观世音菩萨信仰作了简要的探讨。

2001年，陈开勇、吴定泫发表于《文史知识》上的题为《〈北征〉与〈法华经〉》一文中，对杜甫的《北征》与《法华经》进行了比较。

2005年，王丽洁在博士学位论文《〈法华经〉的一乘思想及其文学特征》中，从佛学与文学结合的立场，对《法华经》进行了佛经文学研究。全文分为三个部分：《法华经》的原典及其翻译与注疏弘传、法华义学宗旨、《法华经》的文学性研究。

2005年，程杰发表于《文物》上的题为《浙江平湖发现署名郑和的〈法华经〉长卷》一文中，对2002年9月在维修始建于明嘉靖的报本塔时发现的明高僧圆瀞为郑和抄录的《法华经》进行了年代考释。

2005年，朱冠明、段晴发表于《古汉语研究》上的题为《梵汉本

〈法华经〉语词札记》一文中，通过对勘《法华经》的两个汉译本与梵文本，对《法华经》汉译本中出现的一些词语及其理据进行了解释。这些具体的词语考释例证可以进一步证明梵汉对勘对汉译佛典语言研究的重要性。

2006年，陈源源发表于《汉语史学报》上的题为《〈法华经释文〉所引慧苑〈华严经音义〉考》一文中，以《法华释文》所引慧苑《华严经音义》为例，对其中的一些条目进行探讨，试图对出现的问题加以解决，为佛典音义书的研究提供更多资料。

2007年，姜南发表于《中国语文》上的题为《汉译佛经中增译的话题转移标记——以〈法华经〉的梵汉对勘为基础》一文中，通过对《法华经》进行梵汉对勘和异译比较，发现汉译佛经话题结构的一个特点，即不管梵文原典中有没有直接对应词，只要遇到话题转换，在译文的句首话题位置经常会添加诸如"尔时""今(者、日)""复次(次复)""(复)有"等显性标记词，借以开启新话题，使得句子或子句之间原本隐含的界限更加明晰。并称译经有意添加话题转移标记的倾向并未违反汉语自身结构的组织原则，反而突显了汉语的类型特征，加速了汉语句子话题化的进程，即向话语概念结构化语言迈进。

2008年，曹树明、姜春兰发表于《广东海洋大学学报》上的题为《从〈法华经〉看鸠摩罗什的佛经翻译特征》一文中，以鸠摩罗什代表译作《法华经》为轴心，通过与相关的竺法护译本比较后，认为鸠摩罗什翻译主要特征为"注重简约、关照整体和语句通畅"。

2008年，高人雄发表于《新疆社会科学》上的题为《什译〈法华经〉故事艺术探析》一文中，提出鸠摩罗什所译《法华经》文本以叙述文体阐述佛经教义，其中包含许多故事。一些故事的事件、情节、人物、场景等设置巧妙，具有完美的叙事文学的特性。

2008 年，陈源源发表于《江南大学学报》上的《〈法华经释文〉音韵研究价值初探》一文中，拟就轻重、避讳改读等问题列举实例，进行初步探讨，揭示了《法华经释文》在音韵方面所具有的研究价值。

2009 年，昌莲收入《寒山寺文化研究院会议论文集》的题为《读〈观世音菩萨普门品〉有感——依观音菩萨的慈济之道与普门教育思想略谈和谐》一文中，以《观世音菩萨普门品》为蓝本，从五个方面说明观音菩萨慈济之道的原理与特性，及其慈济的宗旨与精神，乃至普门教育思想与构建和谐的目的与意义。

2009 年，甘岚发表于《中原文物》的题为《谈谈唐代〈法华经卷〉的修复》一文中，阐述了修复河南博物院藏唐代《法华经卷》的过程中，借鉴西方国家在纸质品文物保护方面的一些经验，结合中国传统的古旧书画揭裱修复技术，对经卷进行了现代科学手段与传统修复技术相结合的综合修复工程，较为合理地修复了这件珍贵纸质文物。

2009 年，赵红发表于《西域研究》上的题为《南师大文学院藏 03 号〈法华经〉卷第三研究与校勘》一文中，笔者研究并校勘了南京师范大学文学院新公布的敦煌写本《法华经》残卷，从俗字的角度论证了此写本为古写本的真实性，并从避讳字、书法等方面对写本时代进行了初步推断。

2009 年，李际宁发表于《版本目录学研究》的题为《中村不折藏吐鲁番出土小字刻本〈法华经〉雕版年代考》一文中，对日本学者收藏的《法华经》雕刻版进行了年代考证。

2009 年，易咸英在硕士学位论文《〈法华经〉异文研究》中，对《法华经》不同异本进行了研究和辩证。

2009年，曲丽明在硕士学位论文《宗教视域中的〈法华经〉》中，试图通过对《法华经》“会三归一”的阐释，为宗教对话提供一个新的思路，倡导一种低标准的宗教对话。

2009年，邓氏华在硕士学位论文《〈法华经〉的文学解读》中，通过对《法华经》佛教思想的阐释和文学性的分析，尝试建构一种佛经文学的研究思路，找到宗教思想与文学审美特征相结合的方式。

2010年，高人雄发表于《西域研究》上的题为《试析什译〈法华经〉的文学艺术特色（上）——繁缛的艺术风格》一文中，指出鸠摩罗什译《法华经》浓厚的文学色彩和复迭、层递的修辞手法，形成了繁缛的艺术风格，增强了文学审美特性。这种风格与宣传宗教的目的结合，达到了内容与形式的完美统一。

2010年，高人雄发表于《西域研究》的题为《试析什译〈法华经〉的文学艺术特色（下）——想像夸饰的奇特风貌》一文中，对鸠摩罗什译《法华经》翻译风格给予分析后认为，该译文情节叙述多以想象夸饰铺陈，营造雄伟奇异的佛世界，状写强大无比的佛法力。其想象与夸饰手法迥异于传统文学的表现方式，在时空转换中任意挥洒，虚构的情节奇异纷呈，夸饰中数字的运用尤为奇特，夸饰又常借助比喻使虚实相连，增强了实感性，诸此种种构成《法华经》想象夸饰手法的独特风貌。

2010年，张秀清发表于《科技信息》上的题为《敦煌写〈法华经〉断代》一文中，详细分析了敦煌写《法华经》在时间上的分布规律，并运用这些规律为同类敦煌写经进行了定位。

2010年，李琳在硕士学位论文《〈法华经〉的空间叙事研究》中，研究了《法华经》中由于其自身的特色所表现出的空间性特征和中国人的传统思维习惯的契合之处，而这也是这部经文能够大面积传播的重要原因，同时也达到了对佛教的时空观以及相关理念进行传播的初衷。

2010年，钱蓉、周蓓发表于《江汉论坛》上的题为《唐代宫廷佛经出版考略——以敦煌写卷〈法华经〉为例》一文中，以武周时期抄写《法华经》为例，考略唐代写本出版的概貌。

2011年，储泰松发表于《古汉语研究》上的《窥基〈法华经玄赞〉所据韵书考》一文中，窥基《法华经玄赞》共有345条注音，其中反切注音318条，与其所著《法华音训》有同有异。通过对《玄赞》所注反切的特点及注音来源的分析，并将其与《音训》反切进行比较，大致可以断定《玄赞》注音所据韵书是《切韵》。借助相关文献提供的信息，考订出《切韵》风行学林乃至成为定音标准的时间是660—680年之间。

2011年，绥远、智兴发表于《藏外佛教文献》上的题为《〈法华经〉度量天地品》一文中，对该品译者、品名等进行了详述。

2011年，沙武田发表于《法音》上的题为《〈观世音菩萨普门品〉与〈观音经变〉图像》一文中，对《观世音菩萨普门品》与《观音经变》图像的联系与区别做了详细的解读。

2012年，李锋在硕士学位论文《〈法华经〉虚词研究》中，专对《法华经》虚词进行了研究。

2012年，张瑞敏在硕士学位论文《西夏文〈添品法华经〉（卷二）译释》中，对1917年，出土于宁夏灵武，今藏国家图书馆，收录在《中国藏西夏文献》第六卷的《西夏文〈添品法华经〉（卷二）》进行了全文释读。

2012年，赵婕发表于《北方文学》的题为《由〈法华经忏文〉谈陈文帝的佛教信仰》一文中，以《法华经忏文》为切入点，探讨忏文的演变，并针对陈文帝是否有佛教信仰的问题进行了探究。

2012年，王岩菁发表于《故宫博物院院刊》的题为《北宋金银书〈法华经〉卷的修复保护》一文中，介绍2008年故宫博物院对即墨市（区）六卷《法华经》的修复工作的同时，分析了修复的难点及修复技术。

2012年，姬艳芳在博士学位论文《从归化和异化角度看苏慧廉的典籍英译》中，以归化和异化的翻译策略为基点，阐述了影响译者对翻译策略取舍的因素，分别从语言和文化层面分析了传教士译者苏慧廉在翻译中国经典文化著作《论语》和《法华经》时所采取的翻译策略。从而说明了作为译者、传教士的苏慧廉翻译中国的经典时，在翻译策略的取舍上如何处理语言与文化的差异问题。

2012年，发表于《文物春秋》上的题为《宋金银书〈法华经〉复制工艺探索》一文中，以宋代金银书《法华经》的复制工作为例，讨论分析了复制古书画作品常用的两种工艺数字喷绘与人工临摹的优劣特点，论述了这两种复制工艺相结合运用于《法华经》复制工作中的主要工艺流程。

2012年，陈源源发表于《合肥师范学院学报》上的题为《〈大正藏〉本〈法华经释文〉校勘十例》一文中，指出《大正新修大藏经》第五十六册《法华经释文》的录文依据是“国宝醍醐寺藏古写本”，但该录文讹误甚多，对研究者多有不利。录文讹误的原因主要有不识俗字、形近而讹等方面。同时，拟校正《大正藏》的部分录文，以期对阅读《法华经》及研究《法华释文》的学者有所裨益。

2012年，柴冠羽在硕士学位论文《〈法华经〉研究》中，以建构佛教文献学的研究思路，找到宗教思想与文献学研究特征相结合的方式为宗旨，对《法华经》佛教思想的阐释与语言特色进行了分析。

2012年，姬艳芳在硕士学位论文《从归化和异化角度看苏慧廉的典籍英译》中，从翻译的角度分析了传教士译者苏慧廉在翻译中国经典文化著作《论语》和《法华经》时所采取的翻译策略。

2013年，冯翠在硕士学位论文《〈法华经〉词汇研究》中，运用传统的训诂方法与现代词汇理论相结合的方式，从专书词汇构成、造词特点、新词新义、新词新义演变途径四个方面对《法华经》词汇系统作了研究。

2013年，陈婕发表于《黎明职业大学学报》上的题为《唐写本〈法华经卷六后记〉考释》一文中，对池田温《中国古代写本识语集录》收录的No.107《法华经卷六后记》经过考证，得出该文献内容存在几处重要错误：记载的鸠摩罗什译经时间有误，记载的鸠摩罗什译经地点有误，将《观世音忏悔咒》与《提婆达多品》的情况混淆。据此得出这份唐代写本文献并不能作为考证《法华经·提婆达多品》成立问题的可靠依据的结论。

2013年，黄仁瑄发表于《汉语学报》的题为《〈法华经〉之玄应"音义"校勘举例》一文中，指出《法华经》之玄应"音义"存在文字讹、脱、倒的情况，并称勘正这些讹失，对深化玄应《大唐众经音义》的研究有积极的意义。

2013年，张元林发表于《敦煌学辑刊》(第4期)的题为《敦煌〈法华经变·药王菩萨本事品〉及其反映的"真法供养"观》一文中，对敦煌《法华经变》中的《药王菩萨本事品》画面进行系统梳理的基础上，对该品画面中“焚身”“燃臂”情节所反映的敦煌法华信仰的供佛观作了探讨，认为其着重表现了“真法供养”的供佛观。

2013年，周保明发表于《上海高校图书情报工作研究》上的题为《华东师大图书馆藏唐写本〈法华经〉〈大般涅槃经〉介绍》一文中，对华东师范大学图书馆藏唐写本《大般涅槃经》（卷六至七）、《法华经》（卷三）两份残卷的收藏与鉴定情况做了介绍。

2013年，陈秀兰发表于《中国俗文化研究》上的题为《汉译佛典“S，N是”句的“是”表示判断——以梵、汉本〈撰集百缘经〉、〈金光明经〉、〈维摩诘经〉、〈法华经〉的对勘为例》一文中，根据“S,N是”句在汉译佛典中的使用情况，对勘梵、汉本《撰集百缘经》《金光明经》《维摩诘经》《法华经》中的“S，N是”句。

2013年，陈婕发表于《法音》上的题为《唐写本法华经卷六后记考释》一文中，对日本学者池田温先生编著的《中国古代写本识语集录》中收录的No.107《法华经卷六后记》进行考释。

2013年，赵和平发表于《敦煌研究》上的题为《俄藏三件敦煌宫廷写经初步研究》一文中，通过对俄藏敦煌文献中唐代咸亨至仪凤中（670—679）的三件宫廷写经残本（分别是Дx.00160、Дx.04930和Дx.11013+Дx.11014）进行研究后，判定Дx.00160、Дx.04930可能同为《法华经》卷七，并对Дx.11013+Дx.11014两号《金刚般若经》五个残片进行了重新排列。

2013年，朱凤玉发表于《敦煌吐鲁番研究》上的题为《羽153v〈法华经讲经文〉残卷考论——兼论讲经文中因缘譬喻之运用》一文中，对羽田亨所藏《法华经讲经文》残卷进行考释的同时，对讲经文中因缘譬喻的运用也进行了解读。

2013年，王彩丽收入《全球修辞学会会议论文集》的题为《〈观世音菩萨普门品〉的修辞过程分析》一文中，尝试摆脱传统以语言为中心的修辞研究分析模式，以佛教典籍中有深远影响并广为流传的《观世音菩萨普门品》作为分析对象，借鉴西方修辞学中的经典范畴和修辞研究的方法，从修辞策略的运用过程关注佛教文本内容的修辞特征，从而探析佛教义理如何在修辞发明、布局安排等。

2014年，赵纪彬发表于《中华文化论坛》上的题为《〈法华经〉与六朝之比丘尼关系考略》一文中，提出《法华经》于六朝比丘尼中广泛流传、备受青睐，主要表现为：一、为时之比丘尼广泛诵读，将其视为出家遁入佛门的必备；二、实践其中的教义，如焚身供佛。《法华经》之所以备受六朝比丘尼青睐，源于下述因素所致：一、《法华经》的某些内容满足了比丘尼之所需，如众生皆有佛性、“八岁龙女成佛”故事等；二、佛陀对《法华经》所给予的赞誉；三、《法华经》良好的受众氛围；四、六朝比丘尼所持的观音信仰。

2014年，李琛在硕士学位论文《〈法华经〉与〈正法华经〉词汇比较研究》中，选取《法华经》的两个重要译本《正法华经》《法华经》作为研究对象，对二者的词汇进行了一个比较研究，从而反映了两种经典在词汇方面的差异，并揭示其中的规律。

2014年，魏郭辉发表于《黑龙江史志》上的题为《敦煌写本佛经题记内容探析》一文中，对敦煌写本佛经题记内容进行了探析，此文对于研究中古时期敦煌历史、宗教等具有重要的学术价值。

2014年，蒋维金、李新德发表于《浙江万里学院学报》的题为《论苏慧廉对〈法华经〉的英译与诠释》一文中，以传教士苏慧廉的汉学家身份为切入点，对其《法华经》英译本进行探析。试图表明：以一名严谨的职业汉学家的身份翻译此经，苏氏相对于先前其他的一些传教士译者而言，已摈弃固有的基督偏见，翻译更加客观、准确、简明，进而揭示其翻译的真正动因是为西方学者研习佛经之用，为了达到中西宗教文化的密切交流。

2014 年，陈婕发表于《福建师范大学》的题为《〈法华经·提婆达多品〉研究》一文中，以“文献”和“思想”两个方面为切入点，从文献学的角度探讨了《提婆达多品》的成立和独立问题。

2015 年，李铭敬发表于《日本学习与研究》上的题为《〈法华经〉灵验记中的女性信仰故事及其在东亚的传播》一文中，探讨了这些灵验记中对于女性《法华经》信仰者的描写与叙述，进而考察了这些女性信仰故事在东亚的传播。

2015 年，钱玲发表于《文物天地》上的题为《馆藏敦煌文献述略》一文中，对馆藏敦煌文献进行了详细的介绍。

2015 年，刘芬在硕士学位论文《津艺藏〈法华经〉五代写卷异文研究》中，以《大正新修大藏经》为底本，比较天津市艺术博物馆收藏的《法华经》五代写卷，从文字学和校勘学的角度探究了异文类型、形成原因及意义。

2015 年，王英芝发表于《长江师范学院学报》上的题为《六根清净与理性认知之比较——基于〈法华经·法师功德品〉》一文中，以《法华经·法师功德品》为基点，详细探讨了六根清净与理性认知的区别与联系。

2015 年，崔红芬发表于《普陀学刊》上的题为《英藏西夏文本〈法华经〉研究》一文中，对英藏西夏文《法华经》或《观世音菩萨普门品》进行解读和考证，并结合其他文献，考证《法华经》西夏文译本的翻译时间，为学界全面了解西夏时期佛经的流行和发展提供了依据。

2015年，宋曦发表于《现代语文》上的题为《〈法华经〉对音研究——以鸠摩罗什译经为例》一文中，以鸠摩罗什对音的《法华经》第七卷为个案，分析姚秦时期汉语的辅音、元音以及其他音系的特征。从而探究梵汉两种语言的差异以及姚秦时期上古音向中古音转变的一些显著特点。

2015年，李泓实在硕士学位论文《〈法华经〉异读字研究》一文中，通过研究《法华经》中的异读字后，认为《法华经》中异读字比重高达十分之一，但重复率非常高。该文选取其中七十一个异读字，通过查找资料给予定音，确定字义，进而确定该字在佛经中的真实意义。

2015年，蒋维金在博士学位论文《苏慧廉对〈法华经〉的翻译与诠释》中，以“翻译史研究方法中的‘译者为中心’理论”和“比较文学形象学中的‘自我’与‘他者’”为方法论指导，并以苏慧廉的汉学家身份为视角，试图探究苏慧廉翻译《法华经》的真正动机，揭示出以一名严谨的职业汉学家的身份翻译此经，苏慧廉相对于先前其他的一些传教士译者而言，已摈弃固有的基督教偏见，翻译更加客观、准确、简明，进而揭示其翻译的真正动因是为西方学者研习佛经之用。

2016年，何金兰发表于《西夏学》上的题为《甘肃省博物馆藏西夏文〈法华经心〉考释》一文中，对发现于甘肃武威张义修行洞，现保存于甘肃省博物馆的《法华经心》进行了全文释读。

2016年，李致忠发表于《图书情报论坛》上的题为《古书版本鉴定——以宋刻颜体〈法华经〉考证为例》一文中，对宋刻颜体《法华经》考证为例，进行了古书版本鉴定。

2016年，黄唤平在博士学位论文《敦煌文献〈法华经讲经文〉研究》中，对敦煌文献中的讲经文的创作及抄写年代进行了考释，并考证了佛经原典里观世音菩萨的形象。

2016年，黄唤平发表于《绵阳师范学院学报》的题为《北6204号〈法华经解〉实为〈法华经讲经文〉押座文考辨》一文中，解析了北图题名为《法华经解》的北6204(制49)号敦煌写卷，实际上应该是《法华经讲经文》的押座文。且此篇是从S.2440《维摩经押座文》和《三身押座文》合辑而来，北6204号写卷的创作者(抄写者)的身份极有可能是学徒。

2016年，王小蕾发表于《文化学刊》上的题为《大乘佛教中菩萨"布施"思想研究——以〈普门品〉为例》一文中，对以观世音为核心的大乘菩萨"布施"思想，观音慈悲布施救渡思想进行了研究。

2016年，王小蕾发表于《黑河学院学报》上的题为《〈普门品〉六度思想研究》一文中，对《观世音菩萨普门品》六度思想进行了阐述。

2017年，张炎发表于《敦煌研究》上的题为《敦煌佛经残卷的缀合与定名——以〈法华经〉为例》一文中，通过全面普查目前已公布的敦煌文献，将其中39号缀合为10组，以示缀合对于敦煌佛经残卷定名之作用。

2017年，李尚全发表于《兰州大学学报》的题为《敦煌唐代皇家写本〈法华经〉残卷考述》一文中，对敦煌唐代皇家写本《法华经》残卷进行了考释。

2017年，钟书林发表于《江汉论坛》上的题为《敦煌吐鲁番文书的又一新发现——"冯氏藏墨"中的〈重译法华经〉长卷及题跋》一文中，对历史学家冯永轩藏《法华经》做了考释和介绍。

2017 年，史金波发表于《文献》上的题为《泥金写西夏文〈法华经〉的流失和考察》一文中，称八国联军入侵北京时，法国人毛里斯等将西夏文泥金写经《法华经》6 卷掠往法国，伯希和参与其事。其中 3 卷（第二六八卷）藏于法国吉美国立亚洲艺术博物馆，其他辗转藏于德国。据考证该经从汉译本译为西夏文的时间为西夏前期的惠宗时期，后又校正。该写本为八百多年前西夏时期的古籍，其装帧考究，缮写精绝。该经版本为八卷本，与流行的七卷本不同。利用西夏时期的西夏文本和汉文本，可考知八卷本的结构及两种版本所含各品的异同。伯希和与毛里斯都曾介绍、研究过此经，而清末的鹤龄可能是最早破译此经并取得较大成果的专家，也是近代国内外识读西夏文字的第一人。此后罗福成、邓隆都有新的建树。1932 年出版的《国立北平图书馆馆刊》“西夏文专号”刊登了此经卷第一卷首经图和两面序言的照片，保存了珍贵资料。

2017 年，邢鹏发表于《文物天地》上的题为《首都博物馆藏赵孟小楷〈法华经·卷五〉的流传与收藏经历》一文中，对首都博物馆藏赵孟小楷〈法华经·卷五〉的流传过程与收藏经历做了详细梳理。

2017 年，黄唤平发表于《国学》上的题为《〈法华经讲经文〉的讲唱情形考》一文中，认为《法华经讲经文》的创作、抄写时间大致在唐天宝年间（754 年左右）至五代时期，甚至晚于五代时期。

2017 年，张丽香发表于《西域研究》上的题为《中国人民大学博物馆藏和田新出〈法华经〉梵文残片二叶》一文中，对中国人民大学博物馆藏和田新出《法华经》梵文残片二叶进行了转写及比定，并对相关梵文写本的情况进行了说明。

（二）藏文《法华经》研究

自17世纪20年代至1959年，先后有欧洲天主教教士、匈牙利学者乔玛（Alexander Csoma de körös）、英国驻尼泊尔代办何德逊（Houghton Hodgson）、英印政府雇佣的印度文人达斯（S·C·Das）、英国的斯坦因（A·Stein）、法国的伯希和（P·Pelliot）以及俄国、德国、日本、瑞典等国探险家从喜马拉雅山外或从我国内地进入青藏高原，劫掠走了大批藏文资料。因此，藏文资料散落于世界各地，如英国伦敦大英博物馆、法国国立图书馆、捷克东方学研究所图书馆、日本东洋文库、印度西藏文献图书馆等地都收藏了众多的藏文文献。此外，匈牙利的乔玛、俄国的马洛夫（S. Ye. Malov）两位个人收藏的藏文文献也有上百件。除此之外，藏有藏文文献的国家和地区还有美国、德国、意大利、丹麦、奥地利、比利时、荷兰、挪威、瑞典、波兰、新加坡、加拿大、澳大利亚、尼伯尔、锡金、缅甸、蒙古国、克什米尔等。

西方人着手研究藏学始于19世纪。其中较著名的研究者是匈牙利人乔玛。他在1834年编著了《藏英词典》和《藏文文法》，其后也撰写了有关介绍《甘珠尔》《丹珠尔》的论文。在他之后，西藏僧人多罗那它的《印度佛教史》于19世纪中叶被译成俄文、德文。布敦的《佛教史大宝藏论》被译成英文。在此时期，法国的巴黎大学开始设立了中国以外的第一个西藏教学中心，意大利的图齐（Giuseppe·Tucci）先后8次到过西藏，撰专著十几部，论文近百篇。另外，还有被称为西藏古代史研究新阶段的《敦煌文书中之吐蕃史料》［法国巴考（J. Bacot）、英国托马斯（F. W. Thomas）、法国杜散（Ch. Toussaint）1940—1946年合译］、对古藏文木简和其他文书写卷译释的《新疆的藏文史料》(英国托马斯 1935 年编),以及吐蕃时期重要古文献《巴协》校订本的出版(1961 年法国石泰安校订)等。近 50 年来,国外的藏学研究队伍和研究范围日益扩大,研究成果也越来越多。自 1976 年在匈牙利召开第一次国际研究西藏的专家学术会议以来,许多国家相继成立了藏学研究中心,藏学逐步形成为国际性学科。但由于本人力薄才疏,未找到与藏文《法华经》相关的国外研究,国内研究的搜集也只局限于馆藏和译文研究方面的论文及著作。具体如下:

1981 年,陈庆英发表于《敦煌学辑刊》上的题为《〈斯坦因劫经录〉、〈伯希和劫经录〉所收汉文写卷中夹存的藏文写卷情况调查》一文中,对斯坦因劫经录、伯希和劫经录所收汉文写卷中夹存的藏文写卷进行调查研究,并列出相对应的汉语词汇的语音和翻译。

1999 年,王尧在其著作《法藏敦煌藏文文献解题目录》中,对法国藏敦煌藏文文献进行了目录学编辑。

2011 年,黄维忠发表于《中国藏学》上的题为《〈国家图书馆藏敦煌遗书〉条记目录中的藏文转写问题》一文中,对国家图书馆藏敦煌遗书条记目录中的藏文转写中存在的遗漏、错误等问题进行了探讨。

2010 年,桑德发表于《中国藏学》上的题为《西藏梵文〈法华经〉写本及〈法华经〉汉藏文译本》一文中,梳理西藏所存的《法华经》梵文写本的同时,对《法华经》汉藏译本卷品目录进行了比较研究。

(三)回鹘文《法华经》研究

世界各国研究回鹘文文献的热潮是随着 19 世纪末 20 世纪初新疆南部和甘肃敦煌等地出土的大量回鹘文文献而开始的。近一个世纪以来,各国学术界刊布了数以千计的回鹘文文献,其中代表人物有德国的冯加班(A.von Gabain)、勒柯克(Albertvon Le Coq),俄国的拉德洛夫（W.W.Radloff）、马洛夫（Malov）、吐古舍娃（Tugusheva），土耳其的拉赫马提（Resid Rahmeti Arat），日本的山田信夫、庄垣内正弘等。《法华经·普门品》作为出土的较完整的回鹘文佛教文献，很快引起了学者们的关注。具体如下：

1. 国外研究

1910年，德国语言学家缪勒（F.W.K.Müller）的题为《关于回鹘语〈法华经〉研究》一文收录于《回鹘语》（第二册，APAW，柏林，14—20页）中。文中回鹘文转写对应的汉语翻译部分他采用了萨缪尔（Samuel）的研究。此文特点为回鹘文下方有对应的汉语翻译；对回鹘文的解读很到位；对回鹘文与汉文文献进行了比较。

1911年，俄罗斯突厥学家（Wilhelm Radloff）出版了题为《观世音菩萨：汉语〈法华经〉第25品的突厥语翻译》（圣彼得堡，佛教丛书，科学院）的专著。他首先将回鹘语《法华经·普门品》以木刻的形式进行重印，并用德语进行了翻译。该文3—17页是文献，19—28页是德语翻译，29—68页是注释部分。此外，还有回鹘语词尾开头的索引、换写和转写，由于只参考了一个抄本，所以有讹误是难免的。但该研究是关于《观世音菩萨》的第一个研究，具有很大的参考价值。

1966年，土耳其学者西·特肯（Sinasi Tekin）在题为《回鹘文献第一册——观世音菩萨（听到声音的神）名叫佛花的经书——〈法华经〉》（土耳其，埃尔祖鲁姆（Erzurum），阿塔图克（Ataturk）大学出版社研究系列图书中的《文学与语言学》第二册）中，参考了列宁格勒（彼得格勒）和柏林收藏的两个版本，并进行了比较研究。研究分为：一、交代了文献信息；二、对比研究文献；三、注释部分。研究中最引人瞩目的是给出了回鹘语词汇对应的梵语解释，虽然西·特肯对梵语的理解不太准确，但有很大的参考价值。

1976 年，学者霍维茨（Leon Hurvitz）出版了专著《法华经的文字》（纽约哥伦比亚大学出版）。在该书中，他根据鸠摩罗什的汉译本英译《法华经》，为之后的研究者能够更清楚地了解文献内容起到了重要作用。书中还配有注释，同时对梵语的写法也很重视。

1985 年，德国学者彼得·茨默（Peter Zieme）在题为《回鹘人的佛教压头韵诗歌》（柏林，吐鲁番文献第十三册，121—126 页）一文中，对压头韵诗歌（共 80 行）进行了研究。

1986 年，法国学者汉密尔顿（James Hamilton）在专著《敦煌出土的 9 到 10 世纪的回鹘文献》中，收录了一篇关于观世音菩萨的论文（《敦煌出土的 9 到 10 世纪的回鹘文献》第一册，巴黎，27—31 页），此研究包括了注释、文献和汉语比较。

1989 年，德国学者彼得·茨默在题为《两个新发现的〈法华经〉研究》（古代东方学研究，第十六册，370—379 页，图片在 20—22 页）一文中，将 40 行的文献与汉语进行了比较研究。

1994 年，土耳其学者杕杜·菲达克尔（Fedaker Durdu）在题为《粟特文古突厥语文献和文字》（乌拉尔 – 阿尔泰学年鉴，新文档的 13、133—157 页）一文中，展示了不同文献的图片，其中 6、7、8、11 页是关于观世音菩萨的图片。

1996 年，日本学者小田寿典（Oda.Juten）著有《回鹘文〈观世音菩萨经〉残卷研究》[《吐鲁番、和田，敦煌》，额麦瑞克（Emmerick）、孙德尔曼（Sundermann）、英格丽·皖尔克（Ingrid Warnke）、彼得·茨默四人合编，柏林，学术出版社，229—238 页]和《〈观世音菩萨经〉影印》（《吐鲁番、和田，敦煌》，额麦瑞克、孙德尔曼、英格丽·皖尔克、彼得·茨默四人合编，柏林，学术出版社，239—242 页）。

2017 年，土耳其的凯达·欧孜扻迪沃尔资（Ceyda Özcan Devrez）在硕士学位论文《回鹘语〈观世音菩萨〉研究：文本、翻译、注释、索引》（该著作已出版）中，首先交代了文献的来源，其次与汉语翻译进行比较，再次对两种语言的版本进行注释，最后附有索引。本文的回鹘文转写部分参考了凯达·欧孜扻迪沃尔资的学位论文。

1990 年，张铁山发表于《喀什师范学院学报》的题为《回鹘文〈法华经·普门品〉校勘与研究》一文中，对回鹘文《法华经·普门品》进行了校勘研究。

（四）蒙古文《法华经》研究

在国外，随着蒙古学研究的发展，许多国家都设立了蒙古学研究机构，在蒙古学方面取得了诸多研究成果，涌现出了一些成绩卓越的蒙古学学者。比如，德国的海涅什（Haenisch Erich）、海西希（Walther Heissig）、伊·雅·施密特（Wilhelm Schmidt），法国的伯希和（Paul Pelliot），匈牙利的李盖提（L. FrancisW.Ceaves Ligeti）、卡拉（G. Kara），日本的小林高四郎、小泽重男，美国的柯立甫（ FrancisW Clea ves）、比利时的田清波（Mostaert Antoine），蒙古国的策·达木丁苏荣、舍·嘎丹巴、达·策仁曹德那木等。由于《法华经》的传播范围有限以及民众的普遍接受度远远不及《金光明经》，所以国内外关于蒙古文《法华经》的研究几乎为零。

纵观《法华经》蒙古、汉、藏、回鹘文文本国内外研究，虽然专项研究成果较多，但大多数属于文献释读、《法华经》单一语言的版本研究或语言分析之类，《法华经》多语种文本比较研究成果尚付阙如。因此，本文以《法华经》经典故事之一的“普门品”，即著名的观世音菩萨的故事作为研究对象，对蒙古、汉、藏、回鹘文四语种文本进行比较研究，从而探究四种语言的相互影响及其作用。

四、选题意义

（一）理论意义

《法华经》作为古代丝绸之路上各民族推崇的佛教经典之一，曾在丝绸之路沿线的各民族间广泛流传。因此，本选题《〈法华经·普门品〉多语种文本比较研究》有助于体现丝绸之路河西走廊一带各民族间的语言文化接触。

（二）应用意义

1. 本选题旨在保护古籍文献，传承历史文明，并为学界提供准确可靠的版本信息。

2. 通过对比分析《法华经·普门品》不同语种文本内容，进一步明确其翻译背景、流传途径等问题，并展现这些民族在历史上的语言文化接触。这对史学研究和语言学研究具有重要的理论意义和学术价值。

3.《法华经》的研究目前只停留在一种或两种文献的对比分析。因此，本选题有望为这方面研究的深入和拓展起到抛砖引玉的作用。

4. 文后，以附录形式出现的词汇表，不仅有助于语言的学习，而且方便学者直接引用和查阅。

五、研究重点及难点

（一）重点

1. 搜集相关资料，对版本信息、国内外收藏状况及研究现状进行详细分类，并选择确定适用本选题的版本。

2. 比较研究四语种《法华经·普门品》的内容，分析其相同和差异。

3. 从语音、词汇结构及形态、句法等方面入手，对蒙古文和回鹘文《法华经·普门品》进行深入比较研究，探究两者的联系。

4. 综合分析四语种《法华经》之间的相互关系及影响。

（二）难点

1. 本选题作为多民族语言文字《法华经》的搜集、整理及比较研究，首先要过语言关，加之关于该选题缺乏可供借鉴的研究模式和研究成果，所以要一步一步摸索。

2. 本选题作为多民族语言文字《法华经》的比较研究，不管是哪一种语言的哪一种版本，完整流传下来的不多，多数是残卷，要将其内容一一对照，需要大量的时间和精力。

3. 由于本选题所用的文献都属于古代的语言文字，在撰写过程中，需要咨询相关专家。

六、选题创新点

（一）研究范围的突破：本选题研究涉及的语言种类多，这在《法华经》体系研究中当属空白。以往的研究都只是单一语言的不同版本或两种语言的比较研究，研究范围也只局限于国内的各种藏本。所以本选题研究范围已超越了现有的相关研究。

（二）研究视野的开阔：通过对四语种“普门品”进行比较，理清相互关系及影响，为研究古代不同民族间的语言文化接触找到科学依据。

七、凡例与说明

（一）关于拉丁字母转写

本书涉及汉、藏、回鹘、蒙古文四语种文本，其中需要拉丁字母转写的有藏、回鹘、蒙古文三种，现将转写方式介绍如下：

1. 蒙古文转写

本书对蒙古文文本进行转写时采用了李盖提（Lajos Ligeti）和栗林均（Kuribayashi）的转写方法，并根据本文特点做了相应的调整。

序号	词首	词中	词尾	换写或大写	转写（小写）
1	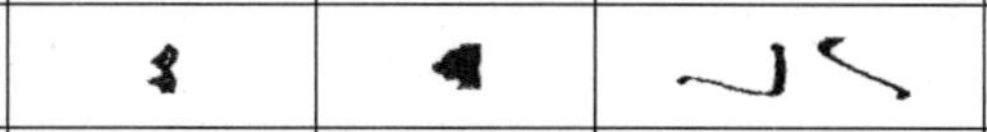			A/’	a
2	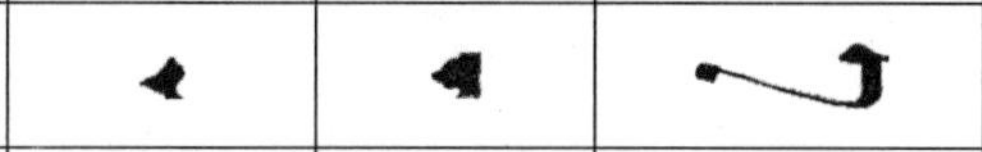			E	e
3				I	i
4	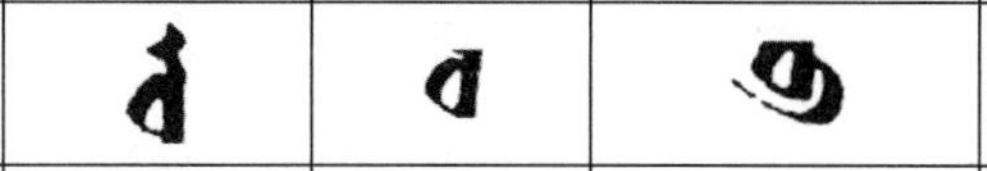			O/U	o/u
5	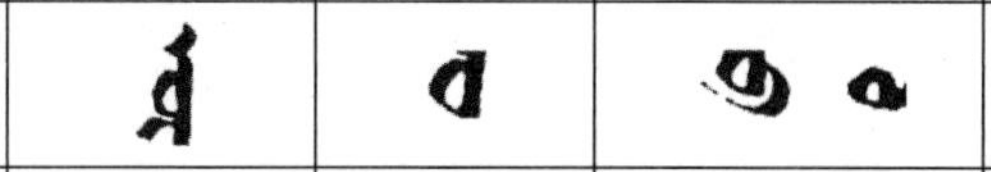			Ö/Ü	ö/ü
6				B	b
7	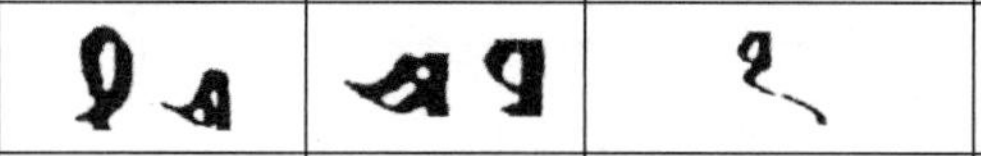			D/T	d/t
8	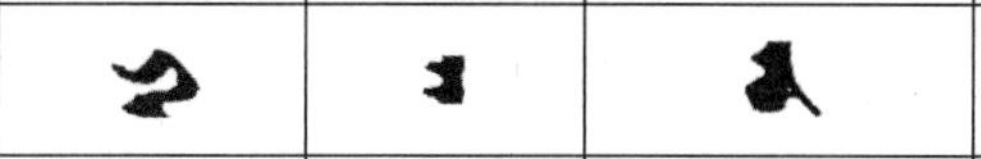			Γ/Q	γ/q
9	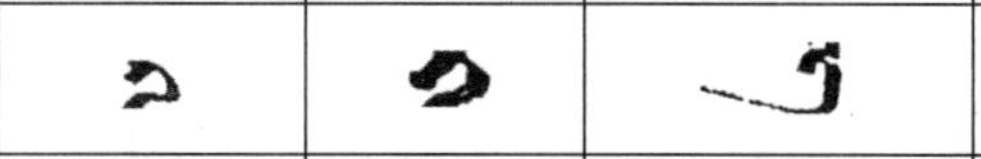			G/K	g/k
10				Ǯ/Č	ǰ/č
11				L	l
12				M	m
13				N	n
14				-	ŋ
15				R	r

续表

序号	词首	词中	词尾	换写或大写	转写（小写）
16				S	s
17				V	v
18				Y	y
19				Ž	ž
20				H	h

2. 回鹘文转写

本文对回鹘文文本进行转写时，主要采用了国际上通用的转写符号。具体如下：

序号	词首	词中	词尾	换写或大写	转写（小写）
1			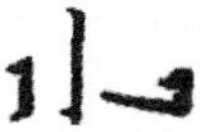	A/’	a
2			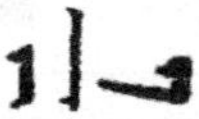	Ä	ä
3				I	i
4				O/U	o/u
5				Ö/Ü	ö/ü
6				B/P	b/p
7				Č	č
8		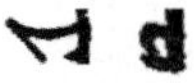		D	d
9				G/K	g/k（阴性）

序号	词首	词中	词尾	换写或大写	转写（小写）
10				G/K/H	g/k/h（阴性）
11				L	l
12				M	m
13				N	n
14				–	ŋ
15				R	r
16				S/Š	s/š
17		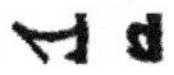		T	t
18				V	v
19				Y	y
20				Z/Ž	z/ž

3. 藏文转写

本文对藏文文本进行转写时，主要采用了美国学者威利（Turell wylie）的转写符号。具体如下：

藏文	威利	藏文	威利	藏文	威利	藏文	威利
ཀ	ka	ཁ	kha	ག	ga	ང	nga
ཅ	ca	ཆ	cha	ཇ	ja	ཉ	nya
ཏ	ta	ཐ	tha	ད	da	ན	na
པ	pa	ཕ	pha	བ	ba	མ	ma
ཙ	tsa	ཚ	tsha	ཛ	dza	ཝ	wa
ཞ	zha	ཟ	za	འ	’a	ཡ	ya
ར	ra	ལ	la	ཤ	sha	ས	sa
ཧ	ha	ཨ	a	—	—	—	—

（二）符号说明与略语表

1. 符号说

1a 1b 2a.....	表示所转写文本在原文所处卷之叶数。a 表示正面，b 表示反面
001、002.....	转写文本所在总行数
01、02........	转写文本所在叶之行数
–	表示某一词借至某一语言
<	表示某一词借自某一语言
–	表示格变化，分解词缀和词根
///////	表示原文残缺，且无法补入
< –	拉丁字母中表示原文遗漏的部分
[ ]	原文残损或残缺，通过其他途径补入相应
( )	回鹘人的习惯而不写，撰写时填上的字母；表示词性；此外，在某种情况下可表示别称

（二）词汇表缩略语

1. 关于图书的缩略语

ADAW　Abhanndlungen der Deutschen Akademie der Wissenschaften

APAW　Abhanndlungen der Preussischen Akademie der Wissenschaften

AOF　Altorientalische Forschungen

AOH　Acta Orientalia Academiae Scientiarum Hungaricae

BSOAS　Bulletin of the School of Oriental and African Studies/University of London

BTT　Berliner Turfantexte

2. 关于语言的缩略语

Chin.	汉语	Gr.	希腊语
Mong.	蒙古语	Sog.	粟特语
Skr.	梵语	Toch.	吐火罗语

Tibe.	藏语	Tur.	突厥语
Uy.	回鹘语		

3. 关于语言的缩略语

名	名词	动	动词
形	形容词	代	代词
数	数词	副	副词
动名	动名词	副动	副动词
形动	形容动词		

第一章 《法华经·普门品》拉丁字母转写、汉译及词语解释

第一节 汉文《法华经·普门品》原文

001. 尔时[1]无尽意菩萨[2]即从座起。偏袒右肩[3]合
002. 掌向佛而作是言。世尊[4]。观世音菩萨[5]以何
003. 因缘名观世音。佛告无尽意菩萨。善男子[6]。
004. 若有无量百千万亿众生[7]受诸苦恼。闻是
005. 观世音菩萨。一心称名。观世音菩萨即时观
006. 其音声皆得解脱。若有持是观世音菩萨
007. 名者。设入大火火不能烧。由是菩萨威神
008. 力故。若为大水所漂。称其名号即得浅
009. 处。若有百千万亿众生。为求金银琉璃[8]砗磲[9]
010. 玛瑙[10]珊瑚[11]琥珀[12]真珠。等宝入于大海假
011. 使黑风吹其船舫。飘堕罗刹鬼[13]国。其中若
012. 有乃至一人。称观世音菩萨名者。是诸人
013. 等。皆得解脱罗刹之难。以是因缘名观世
014. 音。若复有人。临当被害。称观世音菩萨

015. 名者。彼所执刀杖。寻段段坏。而得解脱。若
016. 三千大千国土满中夜叉[14]罗刹。欲来恼人。
017. 闻其称观世音菩萨名者。是诸恶鬼[15]。尚不
018. 能以恶眼视之。况复加害。设复有人。
019. 若有罪若无罪。杻械[16]枷锁[17]检系[18]其身。称
020. 观世音菩萨名者。皆悉断坏即得解脱。若三
021. 千大千国土满中怨贼。有一商主将诸商
022. 人。赍持重宝经过险路。其中一人作是唱
023. 言。诸善男子勿得恐怖。汝等。应当一心称
024. 观世音菩萨名号。是菩萨能以无畏[19]施于
025. 众生。汝等。若称名者。于此怨贼当得
026. 解脱。众商人闻俱发声言南无观世音菩萨。
027. 称其名故即得解脱。无尽意。观世音菩萨
028. 摩诃萨[20]。威神之力巍巍如是。若有众生多
029. 于淫欲。常念恭敬观世音菩萨。便得离欲。
030. 若多嗔恚[21]。常念恭敬观世音菩萨。便得离
031. 嗔。若多愚痴。常念恭敬观世音菩萨。便
032. 得离痴。无尽意。观世音菩萨。有如是等
033. 大威神力多所饶益。是故众生常应心念。
034. 若有女人设欲求男。礼拜供养观世音菩
035. 萨。便生福德智慧之男。设欲求女。便生端
036. 正有相之女。宿植德本众人爱敬。无尽意。
037. 观世音菩萨。有如是力。若有众生。恭敬
038. 礼拜观世音菩萨。福不唐捐[22]。是故众生。皆

039. 应受持观世音菩萨名号。无尽意。若有人

040. 受持六十二亿恒河沙[23]菩萨名字。复尽形供

041. 养饮食衣服卧具医药。于汝意云何。是

042. 善男子善女人功德多不。无尽意言。甚多世

043. 尊。佛言。若复有人受持观世音菩萨名号。

044. 乃至一时礼拜供养。是二人福正等无异。于

045. 百千万亿劫[24]不可穷尽。无尽意。受持观世

046. 音菩萨名号。得如是无量无边福德之利。

047. 无尽意菩萨白佛言。世尊。观世音菩萨。云

048. 何游此娑婆世界。云何而为众生说法。方

049. 便之力。其事云何。佛告无尽意菩萨。善男

050. 子。若有国土众生应以佛身得度者[25]。观世

051. 音菩萨。即现佛身而为说法。应以辟支佛[26]

052. 得度者。即现辟支佛身而为说法。应

053. 以声闻[27]身得度者。即现声闻身而为说法。

054. 应以梵王[28]身得度者。即现梵王身而为说

055. 法。应以帝释[29]身得度者。即现帝释身而

056. 为说法。应以自在天[30]身得度者。即现自

057. 在天身而为说法。应以大自在天[31]身得度

058. 者。即现大自在天身而为说法。应以天大

059. 将军[32]身得度者。即现天大将军身而为说

060. 法。应以毗沙门身[33]得度者。即现毗沙门

061. 身而为说法。应以小王[34]身得度者。即现小

062. 王身而为说法。应以长者[35]身得度者。即

063. 现长者身而为说法。应以居士[36]身得度者。

064. 即现居士身而为说法。应以宰官[37]身得度

065. 者。即现宰官身而为说法。应以婆罗门[38]身

066. 得度者。即现婆罗门身而为说法。应以比

067. 丘[39]比丘尼[40]优婆塞[41]优婆夷[42]身得度者。即现比

068. 丘比丘尼优婆塞优婆夷身而为说法。应

069. 以长者居士宰官婆罗门妇女身得度者。即

070. 现妇女身而为说法。应以童男童女身得

071. 度者。即现童男童女身而为说法。应以

072. 天龙[43]夜叉乾闼婆[44]阿修罗[45]迦楼罗[46]紧那罗[47]摩睺

073. 罗伽[48]人非人[49]等身得度者。即皆现之而为说

074. 法。应以执金刚[50]身得度者。即现执金

075. 刚身而为说法。无尽意。是观世音菩萨。成

076. 就如是功德。以种种形游诸国土度脱众

077. 生。是故汝等。应当一心供养观世音菩萨。

078. 是观世音菩萨摩诃萨。于怖畏急难之中能

079. 施无畏[51]。是故此娑婆世界。皆号之为施无

080. 畏者。无尽意菩萨白佛言。世尊。我今当供

081. 养观世音菩萨。即解颈众宝珠璎珞[52]。价值

082. 百千两金。而以与之。作是言。仁者。受此

083. 法施珍宝璎珞。时观世音菩萨不肯受之。无

084. 尽意复白观世音菩萨言。仁者。愍我等故

085. 受此璎珞

086. 尔时佛告观世音菩萨。当愍此无尽意菩萨

087. 及四众[53]天龙夜叉乾闼婆阿修罗迦楼罗紧那
088. 罗摩睺罗伽人非人等故。受是瓔珞。即时观
089. 世音菩萨愍诸四众及于天龙人非人等。受
090. 其瓔珞。分作二分。一分奉释迦牟尼佛[54]。一
091. 分奉多宝佛塔。无尽意。观世音菩萨。有如
092. 是自在神力。游于娑婆世界。尔时无尽意菩
093. 萨。以偈[55]问曰
094. 世尊妙相具 我今重问彼
095. 佛子何因缘 名为观世音
096. 具足[56]妙相尊 偈答无尽意
097. 汝听观音行 善应诸方所
098. 弘誓深如海 历劫不思议
099. 侍多千亿佛 发大清净愿
100. 我为汝略说 闻名及见身
101. 心念不空过 能灭诸有苦
102. 假使兴害意 推落大火坑
103. 念彼观音力 火坑变成池
104. 或漂流巨海 龙鱼诸鬼难
105. 念彼观音力 波浪不能没
106. 或在须弥峰[57]为人所推堕
107. 念彼观音力 如日虚空住
108. 或被恶人逐 堕落金刚山
109. 念彼观音力 不能损一毛
110. 或值怨贼绕 各执刀加害

111. 念彼观音力 咸即起慈心
112. 或遭王难苦 临刑欲寿终
113. 念彼观音力 刀寻段段坏
114. 或囚禁枷锁 手足被杻械
115. 念彼观音力 释然得解脱
116. 咒诅诸毒药 所欲害身者
117. 念彼观音力 还著于本人
118. 或遇恶罗刹 毒龙诸鬼等
119. 念彼观音力 时悉不敢害
120. 若恶兽围绕 利牙爪可怖
121. 念彼观音力 疾走无边方
122. 蚖蛇[58]及蝮蝎[59]气度烟火燃
123. 念彼观音力 寻声自回去
124. 云雷鼓掣电 降雹澍大雨
125. 念彼观音力 应时得消散
126. 众生被困厄 无量苦逼身
127. 观音妙智力 能救世间苦
128. 具足神通力 广修智方便
129. 十方诸国土 无刹不现身
130. 种种诸恶趣 地狱鬼畜生
131. 生老病死苦 以渐悉令灭
132. 真观清净观 广大智慧观
133. 悲观及慈观 常愿常瞻仰
134. 无垢清净光 慧日破诸暗

135. 能伏灾风火 普明照世间

136. 悲体戒雷震 慈意妙大云

137. 澍甘露法雨 灭除烦恼焰

138. 诤讼经官处 怖畏军阵中

139. 念彼观音力 众怨悉退散

140. 妙音观世音 梵音海潮音

141. 胜彼世间音 是故须常念

142. 念念勿生疑 观世音净圣

143. 于苦恼死厄 能为作依怙[60]

144. 具一切功德 慈眼视众生

145. 福聚海无量 是故应顶礼

146. 尔时持地菩萨即从座起。前白佛言。世尊。

147. 若有众生。闻是观世音菩萨品自在之业普

148. 门示现神通力者。当知是人功德不少。佛

149. 说是普门品时。众中八万四千众生。皆发

150. 无等等阿耨多罗三藐三菩提心[61]

第二节 《法华经·普门品》回鹘文文本拉丁字母转写及汉译

一、拉丁字母转写

A（001）namo[62] but[63] namo d（a）rm[64] namo sang[65]

(002) quanšï im pusar[66] alqudïn sïnɤar ät'öz körkin

(003) körgitip tïnl (ï) ɤlarqa asïɤ tuso qïlmaqï bäš otuzunč

(004) ///ornïnta

C_1 (4a) ün äšidgüči tep atantï///////////////

C_2 (005) tesär tözün//////////////////////////tesär äšidgäli ärkig

C_{2-3} (006) tep tetir bo yertinčüdäki kim ämgäklig tïnl (ï) ɤlar atasar ol

C_3 (007) saw yo q kim käntü äšidmäsär anï üčün bo bodis (a) w (a) t[67] arya-

C_4 (008) -wlokdešw (a) r[68] tep atanur tawɤačča[69] quanšï im tetir inčä

C_5 (009) tep y (a) rlïqadï tözünüm birök////////////////bo yertinčüdä sansïz

C_{5-6} (010) tümän[70] tïnl (ï) ɤlar ämgänsär ol ämgäkintä

C_{6-7} (10a) quanšï im pusarqa umuɤ ïnaɤ tutup atasar

C_7 (10b) bo bodis (a) w (a) t k (ä) ntüni atamïš üčün anta oq äšidür o

C_8 (011) ötrü ol äm gäklärintä antaɤ käčip qutɤarur ol qamaɤ[71]

C_{8-9} (012) ämgäkliglär ämgäkintä antaɤ qutrulurlar anï üčün bo

C_{9-10} (013) bodis (a) w (a) t quanšï im tep atanur taqï ymä kim qayu

C_{10} (014) tïnl (ï) ɤ bo quanšï im pusar atïn atasar uzun turqaru

C_{11} (015) ...tmatïn tünlä küntüz/////////////////////////atanur antaɤ

C_{11} (016) ...bir uɤrï bir uluɤ////////// otqa kirsär///////////////////////

C_{12} (017) uluɤ suwqa kirsär ölimägäy sïɤta tägip üngäy taqï ymä ming

C_{13} (018) ...tümän//////umaz//////tïnl (ï) ɤlar altun kümüš ärd (i) ni[72] mončuq

C_{13-14}（019）satïɤsïz ärd（i）nilär tilägäli…taloy[73]//////////ügüzkä kirsär

C_{14-15}（020）taloy ičintäki q（a）ra yel kälip ärmäzčä kämisin toqïp yäklär[74]

C_{15}（021）ärgüsi otruɤlarïnta ölüm yerkä tägürsär anïng

$C1_{5-16}$（022）ara bir bilgä kiši quanšï im pusar atïn ata-

C_{16-17}（023）-sar ol qamaɤ tïnl（ï）ɤlar taloydakï tiši yäklärdä ozar qutrulur äsän

C_{17}（024）tükäl öz yerintä ärür taqï ymä anï üčün bo bodis（a）w（a）t

C_{17-18}（025）quanšï im pusar tep atanur taqï ymä kim

C_{18}（026）//////////////qayu tïnl（ï）ɤ bäglärdä aɤïr yazuqluɤ bolup

C_{19}（027）////////////tutup ölürgäli azu q［ïn］aɤalï saqïnsar qïlïnčï saqïnč qïltï

C_{19-20}（028）tsun[75] tsun sïnar uwšanur näng bat qïlu umaz

C_{20}（029）qutrulur taqï ymä birök bo üč ming uluɤ ming

C_{20-21}（030）yer suwda tolu yawlaq yäk ičgäk ärsär kälip

C_{21-22}（031）ol kišig ölürgäli örlätgäli saqïnsar anta

C_{22}（032）ötrü quanšï im pusar atïn atasar//////////////ol qamaɤ yäk-

C_{22-23}（033）lär ol kiši///////////tapa qïngïrtï yawlaq közin körü umaɤay-

C_{23-24}（034）lar anï taqï////////////////nä temiš k（ä）rgäk kim ol kišig ölürü

C_{24}（035）usar, azu adïn qor yas qïlu usar

C_{24-25}（036）taqï ymä kim qayu tïnl（ï）ɤ bäglärdä aɤïr yazuq-

C_{25}（037）-luɤ un yazuqsuzun yana bolup yoqïla kälip qïnlïqta kirip ba-

C_{26}（038）///////////////////mïš baɤda buqaɤuda yatïp ämgäk ämg（ä）nsär, ol

C_{26-27}（039）ämgäkintä quanšï im pusar atïn atasar qut

C_{27}（040）qolu yalwaru ötünsär baɤda buqaɤuda ymä tïnl（ï）ɤ bšunur

$C_{27\text{-}28}$（041）qutrulur taqï ymä bo üč ming uluɤ ming

C_{28} （042）yer suwda sansïz tümän yaɤï yawlaq ara quwrap

C_{29} （043）ol qalïn yaɤï yawlaq ara qalïn satïɤčïlar yolayu ärtgäli saqïnsar qorqïnč-

$C_{29\text{-}30}$ （044）-l（ï）ɤ busušluɤ ärsär yana ol beš yüz satïɤčïlarda bir

$C_{30\text{-}31}$（045）bilür uluɤ är sartbaw[76] satïɤčï［lar］uluɤï är ol qalïn satïɤ- čï-

C_{31} （046）-larïg bašlap yolčï yärči bolup ärtingü ülüš aɤï b（a）rïm

$C_{31\text{-}32}$（047）aɤïr yüklär////birlä ol yaɤïlar ara uduz ïp ärtür-

$C_{32\text{-}33}$（048）-gäli saqïnsar////ärtingü alp ärür birök ol sartdaw

C_{33} （049）satïɤčïlar uluɤï är ol qalïn satïɤčïlarqa

$C_{33\text{-}34}$（050）inčä tep tesär sizlär qamaɤ qorqmanglar arïɤ

C_{34} （051）süzük kertegüč könglin quanšï im pusar

$C_{34\text{-}35}$（052）atïn atanɤlar ol üdün bodis（a）w（a）t sizlärkä qorqunčsuz

$C_{35\text{-}36}$（053）bušï bärgäy sizlär qamaɤun atamïšqa ol qalïn

C_{36} （054）yaɤï yawlakta ozɤay sizlär tep tesär ol qamaɤ

$C_{36\text{-}37}$（055）satïɤčïlar äšidip tözü bir ünin namo quanšï

$C_{37\text{-}38}$（056）im pusar tep atamïšta ol qamaɤ satïɤčïlar

C_{38} （057）ol qalïn ärüš yaɤï yawlaqta ozar qutrulurlar

$C_{38\text{-}39}$（058）anï üčün quanšï im pusar tep atanur anï üčün

$C_{39\text{-}40}$（059）sizalqïnčsïz kögüzlüg bodis（a）w（a）t inčä biling uqung

C_{40} （060）quanšï in pusar qutadmaq ärdämi antaɤ qašïnčïɤ uluɤ

$C_{40\text{-}41}$（061）tetir taqï ymä kim qayu tïnl（ï）ɤ amranmaq uwutsuz

$C_{41\text{-}42}$（062）biligi küčlüg ärsär quanšï im pusar atïn

C_{42} （063）atasar ol uwutsuz biligdä ketär amrïlur kim qayu

$C_{42\text{-}43}$ (064) tïnl（ï）ɤ artoq küčlüg öwkäči ärsär quanšï im pusar atïn ata-

C_{43} （ 065) sar, öwkäsi qorayur ögrünčülüg köngüllüg bolur

(066) birök kim ayïɤ qïlïnčlïɤ qararïɤ biligsiz kögüz-

(067) -lüg ärsär uzun turqaru quanšï im pusar atïn

(068) atayu tapïnu udunu täginsär ärüš qar ［arïɤ biligsiz bilig-

(069) intä kitär kögüzi bolur y（a）ruq bilgä alqïnčsïz

B_{1} （ 070) kögüzlüg bodis（a）w（a）t quanšï im pusar［n］ïng

$B_{1\text{-}2}$(071) qutadmaq küči ärdämi antaɤ uluɤ tetir anï üčün

B_{2} (072) qamaɤ yalnɤuqlar ayayu aɤïrlayu tutmïš k（ä）rgäk kim

$B_{2\text{-}3}$(073) tünlä küntüz unïtmasar taqï ymä kim qayu tiši

$B_{3\text{-}4}$(074) tïnl（ï）ɤ urï oɤul tiläsär quanšï im pusarqa tap-

B_{4} (075) ïnu udunu täginip atïn üzügsüz atasar ötrü

$B_{4\text{-}5}$ (076) köngültäki täg urï körklä qutluɤ ülüglüg oɤul kälürür birök qïz tiläsär

$B_{5\text{-}6}$ (077) ymä körkläqïz kälürür ärtingü üküš ädgü qïlïnč qazɤanč

$B_{6\text{-}7}$ (078) qazɤanur alqu kišikä amraq bolur kim qayu kiši

B_{7} (079) quanšï im pusarqa tapiɤ uduɤ ayamaq čiltämäk atamaq

B_{8} (080) kertgünmäkdä ulatï tägürgäli ämgäk ämgänsär ol ämgäki tölüki näng

$B_{8\text{-}9}$ (081) yoqsuz bolmaz, anï üčün q（a）maɤ yalnɤuqlar alquɤun

$B_{9\text{-}10}$ (082) quanšï im pusar atïn atamïš k（ä）rgäk taqï ymä

$B_{10\text{-}11}$ (083) alqïnčsïz kögüzlüg bodis（a）w（a）t siz inčä biling kim qayu tïnl（ï）ɤ

$B_{11\text{-}12}$ (084) altmïš iki kolti sanï qum sanïnča ɤang ügüz ičintäki bodis (a)

w（a）tlar atïn

B_{12}（085）atayu tapïnu udunu qataɤlansar ölüm küningä atayu

$B_{12\text{-}13}$（086）tapïnu udunu ägsütmäsär ašïn ičgü sin tonïn tonanɤusïn

$B_{13}C_{44}$（087）…töltin tösäkin otïnga ämingä tägi alqu tükäti tägürsär

$B_{14}C_{45}$（088）ol ädgü qïlïnč ärüš mü tetir alqïnčsïz kögüzlüg bodis（a）w（a）t

$B_{14\text{-}15}C_{45\text{-}46}$（089）ol ädgü qïlïnč ärtingü üküš tetir t（ä）ngrim tep ötünür t（ä）ngri

$B_{15\text{-}16}C_{46}$（090）burxan yana inčä tep y（a）rlïqadï, birök taqï bir kiši bir täk quanšï

$B_{16\text{-}17}C_{47}$（091）im pusar atïn atayu täk bir üdün tapïnu atayu täginsär

$B_{17\text{-}18}C_{48}$（092）ol k（ï）ši ädgü qïlïnčï öngräki k（ï）ši ädgü qïlïnčï birlä tüz

$B_{18}C_{49}$（093）tetir bo iki k（i）šining ädgü qïlïnčï bir täg tüz adroqsuz

$B_{18\text{-}19}C_{50}$（094）tetir ming tümän q（a）lp üd nomlansar taqï alqïnmaɤay, quanšï

$B_{19\text{-}20}C_{50}$（095）im pusar atïn atamïš uɤrïnta ädgü qïlïnčl（ï）g asïɤï

$B_{20\text{-}21}C_{51}$（096）tusošï antaɤ tetir taqï ymä alqïnčsïz kögüzlüg

$B_{21\text{-}22}C_{51\text{-}52}$（097）bodis（a）w（a）t t（ä）ngri burxanqa inčä tep ötüg ötünti, t（ä）ngrim

$B_{22\text{-}23}C_{52\text{-}53}$（098）bo quanšï im pusar näčükin nä alïn čäwišin bo čambud（i）wip yer suwda

$B_{23\text{-}24}C_{53}$（099）yorïyur tïnl（ï）ɤlarqa asïɤ tuso qïlur nom nomlayur alï

$B_{24\text{-}25}C_{54}$（100）čäwiši nätäg ärki, t（ä）ngri burxan[77] inčä tep y（a）rlïqadï, alqïnč

$B_{25-26}C_{54-55}$（101）sïz kögüzlüg bodis（a）w（a）t siz inčä biling bo yertinčü[78] yer suw

$B_{26}C_{55-56}$（102）dakï tïnl（ï）ɤlar, birök burxanlar körkin körü qurtulɤu

$B_{26-27}C_{56}$（103）tïnl（ï）ɤlar ärsär quanšï im pusar ol tïnl（ï）ɤlarqa, burxanlar

$B_{27-28}C_{56-57}$（104）körkin körgitü nomlayu qutɤarur;birök prateqabutlar

$B_{28-29}C_{57-58}$（105）körkin körü qurtulɤu tïnl（ï）ɤlar ärsär quanšï im pusar ol tïnl（ï）ɤlarqa prateqabutlar

$B_{29}C_{58-59}$（106）körkin körgitür nomlayur qutɤarur birök širawaklar

$B_{30-31}C_{59-60}$（107）körkin körü qurtulɤu tïnl（ï）ɤlar ärsär，quanšï im pusar ol tïnl（ï）ɤlarqa- š（i）rawaqalar körkin

$B_{31-32}C_{60}$（108）körgitür nomlayur qutɤarur, birök äzrua[79] t（ä）ngri körkin

$B_{32-33}C_{61}$（109）körü qurtulɤu tïnl（ï）ɤlar ärsär quanšï im pusar ol tïnl（ï）ɤlarqa äzrua t（ä）ngri bo körkin

$B_{33-34}C_{61}$（110）körgitür nomlayur qutɤarur, birök hormuzta t（ä）ng-ri körkin

B_{34}（111）körü qurtulɤu tïnl(ï)ɤlar ärsär quanšï im pusar ol tïnl(ï)ɤ-larqa hormuzta

（112）t（ä）ngri körkin körgitür nomlayur qutɤarur birök uluɤ

（113）ärklig t（ä）ngri körkin körü qurtulɤu tïnl（ï）ɤlar ärsär quanšï im pusar ol

（114）tïnl（ï）ɤlarqa uluɤ ärklig t（ä）ngri körkin nomlayur

B_{35}（115）qutɤarur birök mahešv（a）r[80] uluɤ t（ä）ngri körkin körü qurtulɤu tïnl（ï）ɤ-

B_{36} (116) -lar ärsär quanšï im pusar-ol tïnl（ï）ɤlarqa mahešv（a）r t（ä）ngri körkin körgitür

B_{37} (117) nomlayur qutɤarur bo birök t（ä）ngri yerintäki sü bašï tay sängün

(118) körkin körü qurtulɤu tïnl（ï）ɤlar ärsär quanšï im pusar ol tïnl（ï）ɤlarqa

B_{1} (119) tay sängün körkin körgitür nomlayur qutɤarur, birök

B_{2} (120) bišamn[81] t（ä）ngri körkin körü qurtulɤu tïnl（ï）ɤlar ärsär quanšï im pusar ol

B_{3}（121）tïnl（ï）ɤlarqa bišamn t（ä）ngri körkin körgitü nomlayu qut-

$B_{3\text{-}4}$ (122) ɤarur, birök kičig iliglär körkin körü qurtul-

$B_{4\text{-}5\text{-}6}$（123）-ɤu tïnl（ï）ɤlar ärsär quanšï im pusar ol tïnl（ï）ɤlarqa kičig kičig iliglär

B_{6} (124) körkin körgitü nomlayur qutɤarur birök uluɤ amančlar

$B_{7\text{-}8}$ (125) atl（ï）ɤlar körkin körü qurtulɤu tïnl（ï）ɤlar ärsär quanšï im pusar ol tïnl（ï）ɤlarqa

$B_{8\text{-}9}$（126）uluɤ amančlar körkin körgitür nomlayur qutɤarur birök igil

$B_{9\text{-}10}$ (127) nomčï töröči körkin körü qurtulɤu tïnl（ï）ɤlar ärsär quanšï im pusar ol

$B_{10\text{-}11}$（128）tïnl（ï）ɤlarqa igil nomčï töröči körkin körgitü nomlayur

B_{11} (129) qutɤarur birök elči bilgälär körkin körü qurtulɤu tïnl（ï）ɤ-

B_{12}（130）-lar ärsär quanšï im pusar ol tïnl（ï）ɤlarqa elči bilgälär körkin körgitür

$B_{12\text{-}13}$（131）nomlayur qutɤarur birök bram（a）nlar körkin körü qurtulɤu

$B_{13\text{-}14}$ (132) tïnl (ï) ɤlar ärsär quanšï im pusar ol tïnl (ï) ɤlarqa bram (a) nlar körkin

$B_{14\text{-}15}$ (133) körgitür nomlayur qutɤarur birök toyïn š (a) mnanč upasi

$B_{15\text{-}16}$ (134) upasančlar körkin körü qurtulɤu tïnl (ï) ɤlar ärsär quanšï im pusar ol tïnl (ï) ɤ-

$B_{16\text{-}17}$ (135) larqa toyïn[82] š (a) mnanč[83] upasi upasančlar körkin körgitü

$B_{17\text{-}18}$ (136) nomlayu qutɤarur, birök adïn adïn ügä bilgä atl (ï) ɤ yüz-

$B_{18\text{-}19}$ (137) lüg är körkin körü qurtulɤu tïnl (ï) ɤlar ärsär quanšï im pusar ol

$B_{19\text{-}20}D_1$ (138) tïnl (ï) ɤlarqa adïn adïn ügä bilgä atl (ï) ɤ yüzlüg är äwči

$B_{20}D_{1\text{-}2}$ (139) körkin körgitür nomlayu qutɤarur birök känč urïlar känč

$B_{20\text{-}21}D_{2\text{-}3}$ (140) qïzlar körkin körü qurtulɤu tïnl (ï) ɤlar ärsär quan-šï im pusar ol tïnl (ï) ɤlar-

$B_{21\text{-}22}D_4$ (141) qa känč urï känč qïzlar körkin körgitü nomlayu qutɤarur

$B_{22\text{-}23}D_5$(142)birök t(ä)ngrilär yäklär luular[84] ɤantar[85] gintirwlär[86] asur(i) lär[87] talïm q (a) ra qušlar kinarä

$B_{23\text{-}24}D_{6\text{-}7}$ (143) xanlarï maharoklar kišili k (i) ši ärmäzlilär körkin körü qurtulɤu tïnl (ï) ɤ-

$D_{7\text{-}8}$ (144) -lar äsär quanšï im pusar ol tïnl (ï) ɤlarqa alquqa yarašï ät'öz körkin

D_9 (145) körgitü nomlayu qutɤarur birök w (a) čir (a) panlar[88] körkin

$D_{9\text{-}10}$ (146) körü qurtulɤu tïnl (ï) ɤlar ärsär quanšï im pusar ol tïnl (ï) ɤ-

D_{11} (147) -larqa w (a) čir (a) panlar körkin körgitü nomlayur qutɤarur;

(148) alqïnčs (ï) z kögüzlüg bodis (a) w (a) t siz inčä biling uqung, bo quanšï im

（149）pusar munčulayu tang adïnčïɤ alp ärdämin q（a）maɤ tïnl（ï）ɤlarqa

（150）asïɤ tuso qïlu qutɤarur adrok adrok ät'öz körgitip

（151）bo s（a）w atl（ï）ɤ yer suwda yorïyur tïnl（ï）ɤlarïg qutɤarur asïɤ

（152）tuso qïlur anïn q（a）maɤ tïnl（ï）ɤlar ayayu aɤïrlayu tapïnu

（153）udunu atayu tutmïš k（ä）rgäk alquqa qorqunčsuz buši[89] birgüči

（154）tetir üčün ol üdün alqïnčs（ï）z kögüzlüg bodis（a）w（a）t inčä

（155）tep ötüg ötünti t（ä）ngrim biz amtï quanšï im pusarqa

（156）tapïɤ uduɤ tägürälim ötrü k（ä）ntününg tükäl törlüg

（157）satïɤs（ï）z ärd（i）nilig küntägüsin alïp quanšï im pusarqa

（158）tutdï inčä tep tedi tözünüm alïng bo nom bušïsï

（159）tetir, quanšï im pusar alɤalï unamadï alqïnčsïz kögüzülüg

（160）bodis（a）w（a）t tana ikiläy ötünti tözünüm bizingä y（a）rlïq-an-

（161）čučï köngül turɤurung bo bušïm（ï）znï alïp asïɤ tuso

（162）qïlïng tep ötünti ol üdün t（ä）ngri burxan quanšï im

（163）pusarqa inčä tep y（a）rlïqadï tözünüm bo alqïnčsïz

（164）kögüzlügbodis（a）w（a）t ulatï t（ä）ngrili kišili qalïn quwaraɤqa

（165）y（a）rlïqančučï köngül turɤurung bo bušïsïn alïng asïɤ tuso

（166）qïlu biring tep y（a）rlïqasar ötrü quanšï im pusar ol bušï

（167）birmiš ärd（i）nilig küntägüg alïp iki ülüš qïltï bir ülüšin

（168）ärüš ärd（i）ni burxanqa tutdï bir ülüšin t（ä）ngri šakimun（i）

（169）burxanqa tutdï quanšï im pusar antaɤ uz al čäwišin

（170）timin bo yertinčüdä asïɤ tuso qïlu yorïyur ol üdün

（171）alqïnčsïz kögüzlüg bodis（a）w（a）t šlok[90] taqšutïn t（ä）ngri burxan-

（172）qa inčä tep ayïtu täginti suqančïɤ körkingä tükäl（l）ig-

（173）im t（ä）ngrim ikiläyü ayïtu täginür m（ä）n bo bodis（a）w（a）t nä

（174）üčün nä tïltaɤïn quanšï im pusar tep atantï t（ä）ngri

（175）burxan ymä šlok takšutïn inčä tep kikinč y（a）rlïqadï

（176）qoduru tïnglang siz ol quanšï im bodis（a）w（a）t yorïgïn

（177）nomlayïn qut qolup ant antïkmïšï taloy ügüzdä

（178）täringräk ol q（a）lp üdün qolulasar bilgülük ärmäz qolti

（179）sanïnča burxanlarqa tapïnïp antïqa qut qolmïš

（180）ärür m（ä）n amtï sizingä azk（ï）ya nomlayïn atïn äšidsär

（181）ät özin körsär saqïnmïšï yoqsuz bolmaz qop tör-

（182）lüg ämgäkintä qutɤarur bo yertinčüdäki q（a）maɤ yalnɤuqlar

（183）adroq adroq mungïnta alqu törlüg ämgäkintä ozɤurur

（184）yilwikip aɤuqup ölürgäli saqïnsar yana ol oq qïltačï-

（185）-qa tägir ayïɤ irinč y（a）rlïɤ umuɤsuz magsïz ämagäklig

（186）tïnl（ï）ɤlar ögintä qangïnta taqï yigräk adasïnta

（187）tudasïnta ara kirür ozɤurur al čäwiš bilgä bilig

（188）qazɤanč ärtingü üküš qazɤanmïš üčün bügülüg

（189）ärdämkä tïdïɤs（ï）z ärür ontun sïnɤar ät öz körgütür ol

（190）yer suw yoq kim k（ä）ntü özi tägmäsär k（ä）ntüni atamïš

（191）ünüg anta oq äšidür tamu[91] pret[92] yïlqï ažunta[93] özi

（192）kirip ämgäklärintä ozäurur quanšï im pusar tïnl（ï）ɤrïg

（193）qolulamïšï čïn kertü qolulamaq tetir arïɤ turuɤ qolulamaq

（194）tetir king bilgä bilig qolulamaq tetir uluɤ y（a）rlïqančučï

（195）qolulamaq tetir uluɤ ädgü ögli qolulamaq tetir m（ä）n

（196）qut qolur m（ä）n qulq（ï）ya uluɤ y（a）rlïqančučï qolulamaq biligin

（197）mäni qolulayu buyanlayu y（a）rlïqazun arïɤ turuɤ y（a）rlïqanč-učï y（a）ruq-

（198）unɤuz kün t（ä）ngri täg bilgä biliglig y（a）ruqunɤuz qop q（a）maɤ

（199）yalnɤuqlar kögüzin yarutïr siz mäning ymä q（a）rarïgïmïn

（200）yarutï berzün tsuyumta[94] yazuqumta bošuyu berzün tözü

（201）yertinčü yer suwda uluɤ y（a）rlïqančučï bulït öritir siz t（ä）ngrim

（202）noš[95] täg tatïɤl（ï）ɤ yaɤmur suwïn yaɤïtïp yalnɤuqlarnïng

（203）nizwani[96] otïn öčürür siz bo bodis（a）w（a）t suqančïɤ ünlüg

（204）tetir äzrua ünlüg tetir taloy ünlüg tetir yertin-

（205）-čüdä yigädmiš ünlüg tetir anï üčün turqaru ata-

（206）mïš k（ä）rgäk atamïš sayu sezik qïlmanglar ämgäktä ara

（207）kirmägäy tep quanšï im pusar bügü biligin alqunï körür

（208）bügülänür y（a）rlïqančučï közin körüp umuɤï ïnagï bolu

（209）birür kop törlüg ädgü qïlïnč qazɤančï taloy ügüzdä

（210）täringräk tetir aɤlaq tüzgärinčsiz ärdämi ol ärür qanta

（211）atasar anta oq äšidür ïčɤïnmaz mungïnta ämgäkintä ara

（212）kirür ozɤurur anïn tïnl（ï）ɤlar atamïš tapïnmïš k（ä）rgäk

（213）ol üdün yer tutar bodis（a）w（a）t ornïnta turup t（ä）ngri burxan-

（214）qa inčä tep ötüg ötünti, kim qayu tïnl（ï）ɤ bo quanšï

（215）im pusar ärdämin bügülänmäkin qutadmaqïn äšidsär atïn

（216）atayu tutsar m（ä）n inčä qolulayur m（ä）n ol tïnl（ï）ɤnïng

（217）ädgü qïlïnč utlïsï ärtingü üküš tetir t（ä）ngrisi

（218）burxan quanšï im pusarnïng alqudïn sïnɤar qutadmaq

（219）ärdämin nomlayu widyag kïlmïšïn äšidigli quwraɤda säkiz

（220）tümän tört ming tïnl（ï）ɤlar alquɤun tüzgärinčs（i）z

（221）burxan qutïnɤa köngül turɤurdïlar

（222）namo but;namo d（a）rm namo sang

（223）d（a）rmuruč šäli upase qulq（ï）ya küšüšingä bitid（i）m ägsük

（224）////////-mäki bolur//

二、汉译

［001-4a］观世音菩萨从四面八方显示自己的容颜，使众生脱离苦海的内容在 //////// 二十五 //////// 位置。

［005-009］如果在这尘世被称为痛苦的众生，观世音的话除了自己谁都听不到，所以观世音被称之为观世音菩萨，汉语称作观世音。善男子这样说。

［010-011］但是，在这个尘世上无数个众生受苦难的时候，此时，向观世音求救喊观世音的名字，这个菩萨因为听到了自己的名字，马

上听到。然后她（他）把他们从痛苦中拯救。

[010-013] 他们都会脱离所有的痛苦，所以这个菩萨被称为观世音。

[014-015] 还有谁（哪个众生）把观世音的名字经常昼夜 ////////// 称之为。

[016-017]一个男孩 /////// 进入大火中, /////// 进入水中, 不会被弄湿，可到达岸边。

[018-025] 无数个众生为了寻找金子、银子、宝石、珍珠等无价之宝到大海，被黑风打倒船只，被夜叉带到死亡的路上，在这个时候，其中一个智者就喊观世音的名字，从大海中的众多母夜叉中被拯救出来，回到自己的地方。所以她（他）被称之为观世音菩萨。

[026-029] 还有谁在官前有重罪，要被体罚或判死刑的时候，只要想（观世音），（对方的）刀刃就会段段碎，不会被插入，可逃脱。

[029-034] 还有三千大千水土充满夜叉和吸血鬼，他们来想把他杀死，这时呼喊观世音的名字，所有的夜叉会看不见这个人。

[034-041] 还需要说的是，有人想把他杀了，或者想伤害他，还有无罪的情况下，官员想对他用刑罚，手脚被绑起来受罪的时候，呼喊观世音请求救助，便会逃脱枷锁。

[041-058] 三千大千水土无数个敌人坏人来包围，在众多敌人坏人中，众多商人想要逃脱，却担心又害怕，在这个五百个商人当中有一位年老的有智慧的商人，作为他们的向导，他们还带着很多财宝。他（向导）想带领他们穿越敌人的包围，这个勇敢的、年老的商人对众多的商人说："你们所有人不要害怕，用纯洁的话语，真心地呼喊观世音的名字。这时菩萨给你们不恐惧的布施，你们所有人呼喊（观

世音）的时候，你们就会逃脱众多的敌人的包围。”所有的商人听到同声呼喊观世音的名字的时候，所有的商人逃脱了敌人的包围。所以她（他）被称之为观世音。

[059–061] 所以，你们用不减少的胸怀，要知道懂得观世音菩萨带来幸福的品质如此伟大。

[061–063] 还有哪个众生的喜爱、不要脸的欲望特别强大的时候，呼喊观世音的名字欲望就会消散减弱。

[064–065] 哪个众生过度生气时，呼喊观世音的名字，他的气会消散，变得高兴。

[066–069] 如果谁有恶毒的行为，或者黑暗的胸怀，经常呼喊观世音菩萨的名字，他黑暗的胸怀会消失。

[069–071] 明亮的智慧，宽广的胸怀的观世音菩萨带来幸福的力量品德如此伟大。

[072–078] 还有谁昼夜不忘记她（他），还有谁想要生男孩或者女孩，要跪拜观世音菩萨，不停地呼喊观世音的名字，就会得到自己想要的容貌的、幸福的男孩。还会得到想要的容貌的女孩。（他们）会是非常善行的所有人爱戴的（孩子）。

[078–082] 还有谁为了随从爱戴呼喊观世音的时候受到苦难，这个苦难不会使他们变得贫穷。所以，人类应该呼喊观世音的名字。

[083–089] 还有宽广胸怀的菩萨，你们应该知道是谁，或者哪个众生呼喊着六十二亿万沙子的恒河里的菩萨的名字，随从精进，一直到死亡的那一天。吃饭、穿衣、睡觉的时候，不停止呼喊观世音的名字，（这些善行）多吗？宽广胸怀的菩萨回答，这个善行非常多，我的世尊。

[090–096] 世尊这样说：“有人只念观世音的名字，同时跪拜她

（他），这个人的善行跟前人的善行对等。这两个人的功德是平等无异的。千万劫时诵经，不可穷尽，称观世音菩萨名，其功德之力就是这样。”

［096-100］无尽意菩萨对佛这样说道：“世尊，这个观世音菩萨用什么方法游于此瞻布洲？为何对众生谋利益、说法？其方法是什么？”

［100-121］佛这样说道：“无尽意菩萨，你要知道，这个世界上的众生若是见佛身而得度的众生，观世音菩萨就给那些众生显示佛身，说法，使之得度。若是见辟支佛身而得度的众生，就显示辟支佛身，说法，使之得度。若是见声闻身而得度的众生，就显示声闻身，说法，使之得度。若是见梵天身而得度的众生，就显示梵天身，说法，使之得度。若是见帝释身而得度的众生，就显示帝释身，说法，使之得度。若是见自在天身而得度的众生，就给那些众生显示自在天身，说法，使之得度。若是见大自在天身而得度的众生，就给那些众生显示大自在天身，说法，使之得度。若是见天大将军身而得度的众生，就给那些众生显示天大将军身，说法，使之得度。若是见毗沙门身而得度的众生，就给那些众生显示毗沙门身，说法，使之得度。

［122-129］若是见小王身而得度的众生，就给那些众生显示小王身，说法，使之得度。若是见长者身而得度的众生，就给那些众生显示长者身，说法，使之得度。若是见居士身而得度的众生，就给那些众生显示居士身，说法，使之得度。若是见宰官身而得度的众生，

［130-141］就给那些众生显示宰官身，说法，使之得度。若是见婆罗门身而得度的众生，就给那些众生显示婆罗门身，说法，使之得度。若是见比丘、比丘尼、优婆塞、优婆夷身而得度的众生，就给那些众生显示比丘、比丘尼、优婆塞、优婆夷身，说法，使之得度。若是见

各种不同有名的智者、尊敬的男女身而得度的众生，就给那些众生显示各种不同有名的智者、尊敬的男女身，说法，使之得度。若是见童男童女身而得度的众生，就给那些众生显示童男童女身，说法，使之得度。

［142–147］若是见天、鬼、乐神（紧那罗）、恶神、凶猛黑鸟（迦楼罗）、大蟒神（摩睺罗伽）、人、非人身而得度的众生，就给那些众生皆现其身，说法，使之得度。若是见执金刚身而得度的众生，观世音菩萨就给那些众生显示执金刚身，说法，使之得度。

［148–153］无尽意菩萨，你要知道，这个观世音菩萨就是这样对众生成就特别困难的功德，使之得度，显示各种身形游于这个名叫娑婆的世界，使众生得度，施利益。因此，众生应当尊敬供养称颂。皆称之为施无畏者。

［154–157］那时无尽意菩萨这样进言道："世尊，我们现在供养观世音菩萨，而后拿下自己各种无价之宝项链给予观世音菩萨，

［158–169］这样说了。我的善人，拿去吧，这是此法的布施，观世音菩萨不肯拿。"无尽意菩萨再次说道："我的善人，请对我们发仁慈之心，请收下我们的这个布施而施利益。"（如此说了）那时佛对观世音菩萨这样说道："请对此无尽意菩萨及天、人之众发仁慈之心，请接受此布施，施利益。"（这样）说了之后，观世音菩萨收下了那个赐给的无价项链，分成了两份。将一份给了多宝佛，一份给了释迦牟尼佛。观世音菩萨就是用这样的好力、法

［170–175］施利益而游于这个世界。那时无尽意菩萨以诗歌的形式向佛这样问道："具有美妙身形的世尊，我再次询问，此菩萨以何因缘称为观世音菩萨？"佛也用诗歌的形式这样回答道：

[176–179]你注意听，我说那个观世音菩萨的祈福，发誓比海还深。劫时祈求不可思议，供养数以亿计的诸佛，发愿。

[180–183]我现在为你略说法，若听其名，若见其身，心想不空，就能摆脱诸种，痛苦，这个世界的众生能脱离种种痛苦。

[184–188]假有人想谋害，就反而害己。（观世音菩萨）进入遇到不幸、无助无援受苦众生的灾难之中，比父母还好地使之脱离灾难，具有许多办法和智慧，威力无边。

[189–193]在十方世界无不显身，听到称自己名的声音，亲自进入地狱、鬼、畜生世界使之脱离苦难。观世音菩萨救众生所发的愿 是真正的愿，是清净之愿，

[194–196]是广大智慧之愿，是大仁慈之愿，是善友之愿。我发愿：我以可怜的仁慈之愿，

[197–208]让我发愿并积功德。你的清净仁慈之光像太阳一样，你的智慧之光照亮众生之身，也请照亮我的阴暗，请饶恕我的罪过。你在整个世界上起大仁慈之云，世尊下起甘美的雨水，灭除众生的烦恼之火。此菩萨是妙音，是梵音，是海音，是超过世间之音。因此应当经常称颂。每次称颂时不要生疑。为了不进入痛苦之中，观世音菩萨能以大智看到一切，能以仁慈之眼看到并予以帮助。

[209–212]所得诸种功德比大海还深，威力是如此之大，怎样称名都能听见，进入不可逃脱的痛苦之中使之解脱，因此众生应当称名、供奉。”

[213–221]那时，持地菩萨从座位上站起，对佛，这样进言道：“若有人听此观世音菩萨显示威力，称颂其名，我发如是愿：那人的功德很多，佛说普门品时，众中八万四千众生都信奉了无限佛果。”

［222-224］南无佛，南无僧。我 darmuruč 高僧根据 upase qulq（ï）ya 的请求而抄写 ///////////////。无法，

第三节 《法华经·普门品》藏文文本拉丁字母转写及汉译

一、拉丁字母转写

001. de nas byang chub[97] sems dpa' sems dpa' chen po[98] blo gros mi zad ba[99] stan las langs te/ bla gos phrag gcig tu gzar nas pus mo gyas pa'i lha nga sa la btshugs te/ bcom ldan 'das ga la ba de logs su thal mo sbyar ba btud nas bcom ldan 'das la 'di skad ces gsol to//

002. bcom ldan 'das byang chub sems dpa' sems dpa' chen po spyan ras gzigs dbang phyug ci'i slad du spyan ras gzigs[100] dbang phyug ces bgyi/ de skad ces gsol ba dang/bcom ldan 'das kyis byang chub sems dpa' sems dpa' chen po blo gros mi zid pa la 'di skad ces bka' stsal to//

003. rigs kyi bu 'di la sems can bye ba khrag khrig brgya ston ji snyed cig sdug bsngal gang dag myong bar gyur pa de dag gis/gal te byang chub sems dpa' sems dpa' chen po spyan ras gzigs dbang phyug gi ming thos na/ de dag thams cad sdug bsngal gyi phung po de nas yongs su thar bar 'gyur ro//

004. rigs kyi bu sems can gang dag byang chub sems dpa' sems dpa' chen po spyan ras gzigs dbang phyug gi ming 'dzin pa de dag/gal te me'i phung po chen por lhung na yang/ de dag thams cad byang chub sems dpa' sems dpa'

chen po spyan ras gzigs dbang phyug gi gzi brjid kyis/ me'i phung po chen po de las rab tu 'bar ba las thar bar 'gyur ro//

005. rigs kyi bu gal te chu klung dag gis khyer la/ byang chub sems dpa' sems dpa' chen po dpyan ras gzigs dbang phyug la bos na/ chu klung de dag thams cad kyis sems can de dag thams cad gting tshugs par byed do//

006. rigs kyi bu gal te sems can bye ba khrag khrig brgya stong rgya mth so'i nang du grur zhugs te/gron bu dang/ gser dang/ nor bu dang/ mu tig dang/ baidurya dang/ dung dang/ man shel dang/ rdo'i snying po dang/ byi ru dang/ spug dang/ mi tig dmar po la sogs pa'i phyir dong ba de rnams/ rlung nag pos srin mo'i gling du 'phangs par 'gyur la/ de na sems can gcig 'ga' zhig gis dpyan ras gzigs dbang phyug la bos na/ de dag thams cad srid mo'i glig de nas thar bar 'gyur ro//

007. rigs kyi bu de'i phyir byang chub sems dpa' sems dpa' chen po spyan ras gzigs dbang phyug spyan ras gzigs dbang phyug ces btags so//

008. rigs kyi bu gal te bsad par bkri ba las spyan ras gzigs dbang phyug la bos na/ gzhed ma de dag gi mtshon de dag dum bu dum bur chag cing grugs par gyur ro//

009. rigs kyi bu gal te stong gsum gyi chen po'i 'jig rten gyi khams 'di gnod sbyin dang srin pos gang bar gyur kyang/ byang chub sems dpa' sems dpa' chen po spyan ras gzigs dbang phyug gi ming 'dzin pa la/ de dag thams cad kyi sdang ba'i sems kyis lta yang mi phod do//

010. rigs kyi bu sems can la la lcags sgrog dang/ shing sgorg tu bcug par gyur na nyes yod kyang rung nyes med kyang rung na/ byang chub sems dpa' sems dpa' chen spyan ras gzigs dbang phyug gi ming nas phyung bas/ lcags

sgrog dang shing sgrog tu bcug pa de dag gi bu ga bye bar ‘gyur ro//

011. rigs kyi bu byang chub sems dpa’ sems dpa’ chen po spyan ras gzigs dbang phyug gi mthu ni de ‘dra’o//

012. rigs kyi bu gal te stong gsum gyi stong chen po’i ‘jig rten gyi khams adi g·yon can dang chom rkun dang dgra lag na mtshon thogs pas sa gang bar gyur te/ der ded dpon gcig gis ‘dron po mang po phal po che rin po ches phyug pa ded de dong ba las/ ‘dong ba de dag gis gyon can chom rkun dang dgra lag na mtshon thogs pa de dag mthong ste/ mthong nas kyang ‘jigs shing skrag ste bdag cag skyabs med par shes pa las ded dpon des ‘dron po mang po la ‘di skad ces ma ‘jigs shig//

013. rigs kyi bu dag ma ‘jigs shig mi ‘jigs pa sbyin pa/ byang chub sems dpa’ sems spa’ chen po spyan ras gzigs dbang phyug la sgra skad gcig tu bos shig dang/ des khyod cho rkun gyis ‘jigs pa dang dgra’i ‘jigs pa ‘di las yongs su thar bar ‘gyur ro zhes bsgo la/ de nas ‘dron po mang po thams cad kyis sgra skad gcig tu sbyan ras gzigs dbang phyug la bos te/ ‘jigs pa med pa’i sbyin pa byang chub sems dpa’ sems dpa’ chen po spyan raas gzigs dbang phyug de la phyag ‘tshal lo phyag ‘tshal lo zhes ming nas phyung ma thag tu/ ‘dron po phal po che de dag thams cad ‘jigs pa thams cad las yongs su thar bar ‘gyur te//

014. rigs kyi bu byang chub sems dpa’ sems dpa’ chen po spyan ras gzigs dbang phyug gi mthu ni de ‘dra’o//

015. rigs kyi bu sems can gang dag ‘dod chags spyod pa de dag gis/ byang chub sems dpa’ chen po spyan ras gzigs dbang phyug la phyag byas na ‘dod chags dang bral bar ‘gyur ro//

016. sems can gang dag zhe sdang spyod pa de dag gis / byang chub sems

dpa' sems dpa' chen po spyan ras gzigs dbang phyug la phyag byas na zhe sdang dang bral bar 'gyur ro//

017. sems can gang dag gti mug spyod pa de dag gis / byang chub sems dpa' sems dpa' chen po spyan ras gzigs dbang phyug la phyag byas na gti mug dang bral bar 'gyur ro//

018. rigs kyi bu/ bud med bu pho 'dod pa gang la la byang chub sems dpa' sems dpa' chen po spyan ras gzigs dbang phyug la phyag 'tshal na de las bu po 'byung ste/ gzugs bang ba mdzes pa blta na sdug pa khye'u'i mtshan dang ldan pa/ skye bo mang po'i yid du 'ong zhing sdug pa dge ba'i rtsa ba bskyed par 'byung ngo//

019. gang bu mo 'dod pa de yang bu mo 'byung ste/ gzugs bang ba mdzes pa blta na sdug pa bu mo'i mtshan dang ldan pa/ skye bo mang po'i yid du 'ong zhing sdug pa dge ba'i rtsa ba bskyed pa 'byung ngo//

020. rigs kyi bu byang chub sems dpa' sems dpa' chen po spyan ras gzigs kyi dbang phyug gi mthu ni de 'dra'o//

021. gang dag byang chub sems dpa' sems dpa' chen po rpyan ras gzigs dbang phyug la phyag 'tshal ba de dag don yod pa'i 'bras bur 'gyur ro//

022. rigs kyi bu gang zhig byang chub sems dpa' sems dpa' chen po spyan ras gzigs dbang phyug la phyug la phyag 'tshal zhing ming 'dzin la/ gang zhig sangs rgyas bcom ldan 'das gang ga'i klung drug cu rtsa gnyis kyi bye ma snyed dag la phyag 'tshal zhing ming 'dzin pa dang/ yang gang zhig gis sangs rgyas bcom ldan 'das gang ga'i klung drug cu rtsa gnyis kyi bye ma snyed bzhugs te/ 'tsho zhing gzhes pa de dag la na bza' dang/ bsod snyoms dang/ gzims cha dang/ snyun gyi gsos sman dang/ yo byad kyis mchod pa byed

na/ rigs kyi bu 'di ji snyam du sems/ rigs kyi bu'm rigs kyi bu mo de dag bsod nams mngon par 'du byed pa de tsam zhig skyed/ de skad ces bka' stsal nas/ byang chub sems dpa' sems dpa' chen po blo gros mi zad pas/ bcom ldan 'das la 'di skad ces gsol to//

023. rigs kyi bu'm rigs kyi bu mo de dag gzhi de las bsod nams bskyed pa ni bcom ldan 'das mang lags so//

024. bde bar gshegs pa mang lags so//

024. bcom ldan 'das kyis bka' stsal pa/ rigs kyi bu gang gis sangs rgyas bcom ldan 'das de snyed la bkur sti byas pa'i bsod nams mngon par 'du byed pa dang/ gang gis tha na byang chub sems dpa' sems spa' chen po spyan ras gzigs dbang phyug la phyag lan gcig byas pa dang/ ming 'dzin pa'i bsod nams mngon par 'du byed pa gnyi ga mnyam ste lhag pa yang med 'phags pa yang med do//

025. gang gis sangs rgyas bcom ldan 'das gang ga'i klung drug cu rtsa gnyis kyi bye ma snyed la phyag 'tshal zhing ming 'dzin pa dang/ gang byang chub sems dpa' sems dpa' chen po spyan ras gzigs dbang phyug la phyag 'tshal zhing 'dzin pa'i bsod nams kyi phung po de gnyi ga bskal pa bye ba khrag khrig brgya stong du yang zad par bya ba sla ba ma yin no//

026. rigs kyi bu byang chub sems dpa' sems dpa' chen po spyan ras gzigs dbang phyug gi ming 'dzin pa'i bsod nams de ltar dpag tu med to/de nas bcom ldan 'das la/ byang chub sems dpa' sems dpa' chen po blo gros mi zad pas 'di skad ces gsol to//

027. bcom ldan 'das ji ltar byang chub sems dpa' sems dpa' chen po spyan ras gzigs dbang phyug 'jig rten gyi khams mi mjed 'di na rnam par rgyu/ ji ltar

sems can rnam la chos ston/ byang chub sems dpa' sems dpa' chen po spyan ras gzigs dbang phyug gi thabs mkhas pa'i yul ni ci 'dra bzhig lags/ de skad ces gsol pa dang/bcom ldan 'das kyis byang chub sems dpa'sems dpa' chen po blo gros mi zad la 'di skad ces bka' stsal to/ rigs kyi bu gang dag na byang chub sems dpa' sems dpa' chen po spyan ras gzigs dbang phyug sangs rgyas kyi gzugs kyis sems can rnam la chos ston pa'i 'jig rten gyi khams dag yod do//

028. gang dag na byang chub sems dpa' sems dpa' chen po spyan ras gzigs dbang phyug byang chub sems dpa' sems dpa' chen po'i gzugs kyis chos ston pa'i 'jigs rten kyi khams dag kyang yod do//

029. sems can kha cig la ni byang chub sems dpa' sems dpa' chen po spyan ras gzigs dbang phyug rang sangs rgyas kyi gzugs kyis chos ston to//

030. kha cig la nyan thos kyi gzugs kyis/ kha cig la tshangs pa'i gzugs kyis/ kha cig la brgya byin gyi gzugs kyis/ sems can kha cig la ni byang chub sems dpa' chen po spyan ras gzigs dbang phyug dri za'i gzugs kyis chos ston to//

031. gnod sbyin gyis 'dul ba'i sems can rnam la ni gnos sbyin gyi gzugs kyis chos ston to//

032. dbang phyug gis 'dul ba'i sems can rnams la ni dbang phyug gi gzugs kyis chos ston to//

033. dbang phyug chen pos 'dul ba'i sems can rnams la ni dbang phyug chen po'i gzugs kyis chos ston to//

034. 'khor lo sgyur ba'i rgyal pos 'dul ba'i sems can rnam la ni 'khor los sgyur ba'i rgyal po'i gzugs kyis chos ston to//

035. sha zas 'dul ba'i sems can rnam la ni sha za'i gzugs kyis chos ston to//

036. mchog gis ‘dul ba’i sems can rnam la ni mchog gi gzugs kyis chos ston to//

037. dmag dpon gyis ‘dul ba’i sems can rnam la ni bram ze’i gzugs kyis chos ston to//

038. bram zes ‘dul ba’i sems can rnams na ni bram ze’i gzugs kyis chos ston to//

039. lag na rdo rjes ‘dul ba’i sems can rnam la ni lag la rdo rje’i gzugs kyis chos ston to//

040. rigs kyi bu de ltar byang chub sems dpa’ sems dpa’ chen po spyan ras gzigs dbang phyug yon tan bsam gyis mi khyab pa dang ldan no//

041. risg kyi bu de lta bas na byang chub sems dpa’ sems dpa’ chen po spyan ras gzigs dbang phyug la mchod cig//

042. rigs kyi bu byang chub sems dpa’ sems dpa’ chen po spyan ras gzigs dbang phyug ‘di ‘jigs pa’i sems can rnams la ni mi ‘jigs pa spyan pa ste/ de’i phyir ‘jigs rten gyi khams mi mjed ‘di na mi ‘jigs pa sbyin pa zhes kun gyis shes so//

043. de nas bcom ldan ‘das la blo gros mi zad pas ‘di skad ces gsol to//

044. bcom ldan ‘das bdag gis byang chub sems dpa’ sems dpa’ chen po spyan ras gzigs dbang phyug la chos kyi dgab pa stsal bar bgyi’o//

045. bcom ldan ‘das kyis bka’ stsal pa/ rigs kyi bu de’i dus la bab par shes na byin cig//

046. de nas byang chub sems dpa’ sems dpa’ chen po blo gros mi zad pas bdag gi mgul nas brgya ston ri ba’i mu tig gi do shal bkrol nas/ byang chub sems dpa’ sems dpa’ chen po spyan ras gzigs dbang phyug la chos kyi bgab par

byin te/ skyes bu dam pa bdag las chos kyi bgab pa ‘di longs shig//

047. des ma blangs nas de nas byang chub sems dpa’ sems dpa’ chen po blo gros mi zad pas/ byang chub sems dpa’sems dpa’ chen po spyan ras gzigs dbang phyug la ‘di skad ces smras so//

048. rigs kyi bu khyod kyis mu tig go do shal ‘di bdag la snying brtse ba’i phyir longs shig/de nas byang chub sems dpa’ sems dpa’ chen po spyan ras gzigs dbang phyug gis/ byang chub sems dpa’ sems dpa’ chen po blo gros mi zad pa la ni snying brtse ba dang/ ‘khor bzhi po de dag dang/ lha dang/ klu dang/ gnod sbyin dang/ bri za dang/ lha ma yin dang/ nam mkha ldang dang/ mi’m ci dang/ lho ‘phye chen po dang/ mi dang/ mi ma yin pa la snying brtse ba’i phyir/ byang chub sems dpa’ sems dpa’ chen po blo gros mi zad pa las mu tig gi dol shal blangs so//

049. blangs nas cha gnyis su bkos te bgos nas cha gcig ni bcom ldan ‘das shAkya thub pa la phul lo//

050. cha gcig ni de bzhin gshags pa dgra bcom pa yang dag par rdzogs pa’i sangs rgyas rin chen mang gi rin po che’i mchod rten la phul lo//

051. rigs kyi bu byang chub sems dpa’ sems dpa’ chen po spyan ras gzigs dbang phyug ‘jig rten gyi khams mi mjed ‘di na de lta bu’i rnam par ‘phrul pas rnam par rgyu’o//

052. de na de’i chos nyid ni ‘di skad ces bya’o//

053. rgal mtshan khra bos blo gros mi zad la//

054. de yi don gyi rgyu ni kun dris pa//

055. rgyal ba’i sras po ‘di ltar ci yis phyir//

056. spyan ras gzigs kyi dbang po zhes ‘di bgyi//

057. de nas de yis phyogs rnams kun bltas te//

058. smon lam rgya mtsho blo gros mi zad pas//

059. rgyal mtshan khra bo de la ‘di skad smras//

060. spyan ras gzigs kyi dbang po’i spyod pa nyon//

061. bskal pa bsam yas bye ba du ma brgyar//

062. sangs rgyas stong phrag bye ba mang po la//

063. smon lam ji ltar rab tu rnam par sbyangs//

064. de dag kho bos rab tu bshad kyis nyon//

065. mnyan par byed cing lta bar byed pa dang//

066. rim gyis de ltar rjes su dran pa yang//

067. srog chags rnams ni ‘bras bu yod par ‘gyur//

068. sdug bsngal dang ni mya ngan thams cad sol//

069. gal te gsod pas me yis dong du yang//

070. gsad par bya ba’i phyir ni bor ba’i mis//

071. spyan ras gzigs kyi dbang po dran na ni//

072. chus btab bzhin du me dag zhi bar ‘gyur//

073. rgya mtsho dang ni mya ngam rgal na yang//

074. klu dang ‘byung po lha ma yin gnas su//

075. spyan ras gzigs kyi dbang po dran na ni//

076. chu yi nang du nam yang mi nub bo//

077. rab tu sdang ba’i yid kyis gsad ba’i phyir//

078. ri rab lhun po’i rtse nas bor na yang//

079. spyan ras gzigs kyi dbang po dran na ni//

080. nyi ma lta bur nam mkha’ gnas par ‘gyur//

081. gal te rdo rje yi ni ri dag kyang//

082. gsad pa'i phyir ni spyi bor 'ongs na yang//

083. spyan ras gzigs kyi dbang po dran na ni//

084. ba spu'i khung tsam gtses par mi nus so//

085. gsad pa'i sems kyis lag na mtshon thogs te//

086. dgra tshogs mang pos kun tu bskor na yang//

087. spyan ras gzigs kyi dbang po dran na ni//

088. de ma thag tu byams pa'i sems su 'gyur//

089. gal te gsod pa nye bar 'ongs nas su//

090. gshed ma mi yi dbang du gyur na yang//

091. spyan ras gzigs kyi dbang po dran na ni//

092. de yi mtshon cha dum bu dum bur 'gyur//

093. de ste shing ngam lcags las byas pa yi//

094. khong sgril dang ni gdos kyis bcings na yang//

095. spyan ras gzigs kyi dbang po dran na ni//

096. bcings pa myur du rnam par bcad par 'gyur//

097. sngags dang stobs dang sman dang rig sngags dang//

098. ro langs dang 'byung po lus 'jigs pa//

099. spyan ras gzigs kyi dbang po dran na ni//

100. gang nas rab tu btang ba de sler 'gro//

101. gnod sbyin lha min 'byung po klu 'bar ba//

102. mdangs 'phrog pa yis yongs su bskor na yang//

103. spyan ras gzigs kyi dbang po dran na ni//

104. ba spu'i khung tsam gtses par yong mi nus//

105. mche ba sen rnon rab tu ‘jigs pa yi//

106. gcan gzan ma rungs pa yis bkor na yang//

107. spyan ras gzigs kyi dbang po dran na ni//

108. myur bar phyogs kun tu yang ‘gro bar ‘gyur//

109. mig ‘jigs me lce lta bur ‘od ‘phro ba//

110. mig dug can gyis yongs su bskor na yang//

111. spyan ras gzigs kyi dbang po dran na ni//

112. shin tu myur bar gdug pa med par ‘gyur//

113. bzang po’i glog kyang ‘byung zhing stug pa yi//

114. sprin las lce dang ser ba cher ‘bab pa//

115. spyan ras gzigs kyi dbang po dran na ni//

116. de ma thag tu myur bar rab tu zhi//

117. sdug bsngal mang po brgya yis gtses pa dang//

118. sdug bsngal mang pos gzir ba’i sems can mthong//

119. ye shes dge ba’i stobs kyis spyan ras gzigs//

120. de bas lhar bcas ‘gros ba skyob pa po//

121. rdzul ‘phrul stobs kyis pha rol song ba ste//

122. thabs dang ye shes yangs pa bslabs pas na//

123. phyogs bcu’i ‘gro ba mang po thams cad dang//

124. ma lus zhing kun du yang rab tu snang//

125. srog chags rnams kyi ngan ‘gro’i ‘jigs pa dang//

126. mi khom pa dang sems can dmyal ba dang//

127. byol song dang ni gzhin rjes bskor ba yang//

128. skye rga na bas gzir ba mthar zhi byed//

129. shin tu dge ba'i spyan de byams pa'i spyan//

130. thabs dang shes rab khyad par yod pa'i spyan//

131. snying rje'i spyan dang byams pa'i spyan dang ldan//

132. zhal bzang spyan bzang shin tu lta 'dod pa//

133. dri ma med pa dri ma dral ba'i 'od//

134. rab rib med pa ye shes nyi ma'i 'od//

135. sprin gyis chod par gyur pa med pa'i 'od//

136. jig rten dag na lhang nger mdzes//

137. snying rje las byung tshul khrims grags pa ste//

138. dge ba'i yon tan byams yid sprin chen po//

139. srog chags rnams kyi nyon mongs me zhi byed//

140. chos kyi char pa bdud rtsi rab tu 'bebs//

141. thab mo dang ni rtsod cing 'gyed pa yi//

142. jigs chen g·yul ngor skyes bu song na yang//

143. spyan ras gzigs kyi dbang po dran na ni//

144. de ma thag tu dgra rnams rab tu zhi//

145. sprin gyi sgra dang rnga bo che yi sgra//

146. brug gi sgra dang tshangs pa'i dbyangs snyan pa//

147. dbyangs kyi dkyil 'khor pha rol phyin pa ste//

148. spyan ras gzigs kyi dbang po dran par bya//

149. dag pa'i sems dpa' spyan ras gzigs dbang po//

150. the tshom ma za dran byos dran par gyis//

151. chi ba'i tshe dang nyon mongs gtses pa'i tshe//

152. mgon dang skyab dang dpung gnyen du yang 'gyur//

153. yon tan thams cad kyi ni pha rol phyin//

154. sems can kun la snying rje byams pa'i spyan//

155. yang dag yon tan yon tan rgya mtsho che//

156. spyan ras gzigs kyi dbang por phyag byar 'os//

157. di ltar 'gro ba rnams la snying brtse ba//

158. phyi ma'i dus na sangs rgyas su yang 'gyur//

159. jigs dang mya ngan thams cad 'jig byed pa//

160. spyan ras gzigs dbang de ni dran par bya//

161. jig rten dbang gi rgyal po gtso bo ste//

162. dge slong chos kyi 'byung gnas 'jig rten mchod//

163. bskal pa brgya phrag mang po spyad nas su//

164. rdul bral bla na med pa'i byang chub 'thob//

165. dren pa snang ba mtha' yas gyas g·yon nas//

166. bsil yab thogs te de bzhin gyob cing 'dug//

167. sgyu ma lta bu'i ting nge 'dzin gyis kyang//

168. zhing rnams kun tu song nas rgyal ba mchod//

169. nub kyi phyogs na bde ba'i 'byung gnas te//

170. rdul bral'jig rten khams 'di bde ba can//

171. de na sems can kha lo sgyur ba yi//

172. dren pa tshe mtha' yas pa'ng da ltar bzhugs//

173. der ni bud med rnams kyang mi 'byung ste//

174. rnam pa kun tu g·yem pa'i chos med do//

175. rgyal ba'i sras po de dag rdzus te skye//

176. dri ma med pa'i pad ma'i snying por 'dug//

177. dren pa tshe mtha'yas pa de nyid kyang//

178. pad ma'i snying po dri ma med dga' ba la//

179. seng ge'i khri la rab tu bzhugs pa yang//

180. sala'i rgyal po lta bur rnam par mdzes//

181. jig rten 'dren pa 'di yang de bzhin te//

182. srid pa gsum na de 'dra yong med do//

183. gang gis spyan ras gzigs dbang ming thos pa//

184. de yis bsod nams dag ni zad mi 'gyur//

185. de nas byang chub sems dpa' sems dpa' chen po sa 'dzin stan ls langs te/ bla gos phrag pa gcig tu gzar nas pus mo gyas pa'i lha nga sa la btshugs te/ bcom ldan 'das ga la ba bde logs du thal mo sbyar ba btud nas/ bcom ldan 'das la 'di skad ces gsol to//

186. bcom ldan 'das su dag byang chub sems dpa' sems dpa' chen pos pyan ras gzigs dbang phyug gi le'u/ byang chub sems dpa' sems dpa' chen po spyan ras gzigs dbang phyug gi rnam par 'phrul pa bstan pa kun nas sgo'i le'u/ spyan ras gzigs dbang phyug gi rnam par sprul pa'i cho 'khrul 'di thos pa'i sems can de dag ni dge ba'i rtsa ba ngan ngon dang ldan pa ma lags so//

187. kun nas sgo'i le'u bstan pa 'di bcom ldan 'das kyis bshad pa na/ 'khor de las srog chags brgyad khri bzhi stong gis mi mnyam pa dang mnyam pa/ bla na mes pa yang dag par rdzogs pa'i byang chub tu sems bskyed par gyur to//

188. dam pa'i chos pad ma dkar po las spyan ras gzigs dbang phyug gi rnam par 'phrul pa bstan pa kun nas sgo'i le'u zhes bya ba ste nyi shu rtsa bzhi pa'o//

二、汉译

［001–002］尔时，菩提萨埵摩诃萨埵观世音菩萨即从座起，右膝跪地，向世尊合掌行礼后，如此说。“世尊，为何将菩提萨埵摩诃萨埵观世音菩萨命名为观世音菩萨？”如此说。世尊向观世音菩萨命令称：

［003］“善男子，这里的千万千亿百千众生不管遇到多少痛苦者，他们如果听到菩提萨埵摩诃萨埵观世音菩萨的名字，那些所有的痛苦就会完全消失。”

［004］善男子，若有众生进入大火，呼喊观世音菩萨的名字就会从熊熊大火中脱身。

［005］善男子，若被大水冲走，呼喊观世音菩萨的名字就不会被大水淹没。

［006］若善男子千万千亿百千众生，商人为了拿金、如意宝、珍珠、海螺、水晶、玛瑙、红珊瑚、白珊瑚、红珍珠等入大海，被狂风吹入夜叉国。其中一人若呼喊观世音菩萨的名字，就会脱离夜叉世界。

［007］善男子为此名字观世音菩萨为观世音。

［008］若善男子被遇害，呼喊观世音菩萨的名字，那些屠夫的刃具就会粉碎。

［009］若善男子三千大千世界住满夜叉和罗刹鬼，呼喊观世音菩萨的名字，他们不敢愤怒地视之。

［010］善男子，若有些众生被铁枷锁和木枷锁羁绊，哪怕无罪，呼喊观世音菩萨的名字就会解脱枷锁。

［011］善男子，观世音菩萨的威力如此。

［012］若三千大千世界充满狡猾、强盗、手握刃具的敌人，有一

个商主带领众商人携带诸宝经过险路，那些谋略者看到那些手握刀刃的敌人后惧怕无救，商主嘱咐诸商人不要害怕，

［013］善男子不要害怕，只要同声呼喊观世音菩萨的名字就能脱离危险。此后诸商人齐声呼喊观世音菩萨的名字，叩拜施无畏观世音菩萨，当即诸商人脱离了危险。

［014］善男子,若有众生贪念淫欲,叩拜观世音菩萨就会远离淫欲。

［015］善男子，若有众生易恼怒，叩拜观世音菩萨就会远离愤怒。

［016］善男子,若有众生变得愚痴,叩拜观世音菩萨就会远离愚痴。

［017］善男子，观世音菩萨的魔法如此之大。

［018］善男子，若有女人求子，跪拜观世音菩萨，她就会生英俊的，被所有人称赞的儿子。若求女，跪拜观世音菩萨，就会生美丽的，有福气的女儿。善男子，观世音菩萨的威力如此也。就会有跪拜观世音菩萨的回报。

［019］善男子，若有人跪拜观世音菩萨时呼喊名字，若有人受持六十二亿恒河沙菩薩名字。复尽形供养饮食衣服卧具医药。于汝意云何。是善男子善女人多积功德。如此命令。

［020］菩提萨埵摩诃萨埵观世音菩萨如此奉告世尊：善男子的功德很多，善行很多。

［021］佛告无尽意菩萨。善男子。若有国土众生应以佛身得度者。观世音菩萨。即现佛身而为说法。

［022］应以辟支佛得度者。即现辟支佛身而为说法。

［023］应以声闻身得度者。即现声闻身而为说法。

［024］应以梵王身得度者。即现梵王身而为说法。

［025］应以帝释身得度者。即现帝释身而为说法。

［026］应以自在天身得度者。即现自在天身而为说法。

［027］应以大自在天身得度者。即现大自在天身而为说法。

［028］应以天大将军身得度者。即现天大将军身而为说法。

［029］应以毘沙门身得度者。即现毘沙门身而为说法。

［030］应以小王身得度者。即现小王身而为说法。

［031］应以长者身得度者。即现长者身而为说法。

［032］应以居士身得度者。即现居士身而为说法。

［033］应以宰官身得度者。即现宰官身而为说法。

［034］应以婆罗门身得度者。即现婆罗门身而为说法。

［035］应以比丘、比丘尼、优婆塞、优婆夷身得度者。即现比丘、比丘尼、优婆塞、优婆夷身而为说法。

［036］应以长者居士宰官婆罗门妇女身得度者。即现妇女身而为说法。

［037］应以童男童女身得度者。即现童男童女身而为说法。

［038］应以天龙夜叉干闼婆阿修罗迦楼罗紧那罗摩睺罗伽人非人等身得度者。即皆现之而为说法。

［039］应以执金刚身得度者。即现执金刚身而为说法。

［040–042］无尽意。是观世音菩萨。成就如是功德。以种种形游诸国土度脱众生。是故汝等。应当一心供养观世音菩萨。是观世音菩萨摩诃萨。于怖畏急难之中能施无畏。是故此娑婆世界。皆号之为施无畏者。

［043–052］无尽意菩萨白佛言。世尊。我今当供养观世音菩萨。即解颈众宝珠璎珞。价直百千两金。而以与之。作是言。仁者。受此法施珍宝璎珞。时观世音菩萨不肯受之。无尽意复白观世音菩萨言。

仁者。愍我等故受此璎珞，尔时佛告观世音菩萨。当愍此无尽意菩萨及四众天龙夜叉干闼婆阿修罗迦楼罗紧那罗摩睺罗伽人非人等故。受是璎珞。实时观世音菩萨愍诸四众及天龙人非人等。受其璎珞。分作二分。一分奉释迦牟尼佛。一分奉多宝佛塔。无尽意。观世音菩萨。有如是自在神力。游于娑婆世界。

[053–059]尔时无尽意菩萨。以偈问曰:世尊妙相具,我今重问彼，佛子何因缘，名为观世音。

[060–065]具足妙相尊，偈答无尽意，如厅观音行，善应诸方所，弘誓深如海，历劫不思议。

[066–071]侍多千亿佛，发大清净愿，我为汝略说，闻名及见身，心念不空过，能灭诸有苦。

[072–079]假使兴害意，推落大火坑，念彼观音力，火坑变成池。或漂流巨海，龙鱼诸鬼难，念彼观音力，波浪不能没。

[080–087]或在须弥峰，为人所推堕，念彼观音力，如日虚空住，或被恶人逐，堕落金刚山，念彼观音力，不能损一毛。

[088–091]或值怨贼绕，各执刀加害，念彼观音力，咸即起慈心。

[092–095]或遭王难苦，临刑欲寿终，念彼观音力，刀寻叚叚坏。

[096–099]或囚禁枷锁，手足被杻械，念彼观音力，释然得解脱。

[100–103]咒诅诸毒药，所欲害身者，念彼观音力，还着于本人。

[104–107]或遇恶罗刹，毒龙诸鬼等，念彼观音力，时悉不敢害。

[108–111]若恶兽围遶，利牙爪可怖，念彼观音力，疾走无边方。

[112–115]蚖蛇及蝮蝎，气度烟火燃，念彼观音力，寻声自回去。

[116–119]云雷鼓掣电，降雹澍大雨，念彼观音力，应时得消散。

[120–123]众生被困厄，无量苦逼身，观音妙智力，能救世间苦。

［124–127］具足神通力，广修智方便，十方诸国土，无刹不现身。

［128–135］种种诸恶趣，地狱鬼畜生，生老病死苦，以渐悉令灭，真观清净观，广大智慧观，悲观及慈观，常愿常瞻仰。

［136–159］无垢清净光，慧日破诸闇，能伏灾风火，普明照世间，悲体戒雷震，慈意妙大云，澍甘露法雨，灭除烦恼焰，诤讼经官处，怖畏军阵中，念彼观音力，众怨悉退散。妙音观世音，梵音海潮音，胜彼世间音，是故须常念，念念勿生疑，观世音浄圣，于苦恼死厄，能为作依怙，具一切功德，慈眼视众生，福聚海无量，是故应顶礼。

［185–188］尔时，菩提萨埵摩诃萨埵观世音菩萨即从座起，偏袒右肩，右膝跪地，向世尊四面八方合掌行礼后，如此说。若有众生。闻是观世音菩萨品自在之业普门示现神通力者。当知是人功德不少。佛说是普门品时。众中八万四千众生。皆发无等等阿耨多罗三藐三菩萨心。

第四节 《法华经·普门品》蒙古文文本拉丁字母转写及汉译

一、拉丁字母转写

VII-12a-

001-1. tendeče bodisṯw[101] maqasṯw[102] baraši ügei

002-2. oyuṯu[103] debüsger-eče-gen bosču degedü

003-3. degel-iyen mörü-ṯür-iyen qombiǰu baraɣun

004-4. ebüdüg-ün mandal-iyar ɣaǰar-tur sögüdüged

005-5.ilaǰu tegüs n̲ögčigsen[104] qamiɣ̣_a bükü tere ǰüg-tür

VII-12b-

006-1.alaɣ̣a-ban qamtudaqan böküiged ilaǰu tegüś

007-2.n̲ögčigsen-t̲ür ein kemen öčirün ilaǰu tegüś

008-3.n̲ögčigsen bodist̲w maqast̲w n̲idü-ber üǰegči

009-4.erketü[105]-yi yaɣ̣un-u tula-da n̲idü-ber üǰegči erke

010-5.-tü kemen n̲ereidübei tein kemen öčiged ilaǰu

011-6.tegüś n̲ögčigsen-ber bodist̲w maqast̲w baraši ügei

012-7. oyutu-t̲ur ein kemen ǰarliɣ bolrun iǰaɣ̣ur tan-u

013-8. köbegün̲-e egün-tür kedüi büküi ǰaɣ̣un min̲gɣ̣an n̲ayud

014-9. költi[106] amitan ali ǰobalan̲g-ud-iyar kürtegsed

015-10. tedeger ber kerber bodist̲w maqast̲w ariy_a

016-11. awalukidi išwari[107] n̲idü-ber üǰegči erketü-in n̲ere-yi

017-12. son̲usbasu tedeger büküde tere ǰobalan̲g-ud-un

018-13. čogča-ača saitur ton̲ilqu boluyu iǰaɣ̣ur tan-u

019-14. köbegün̲_e[108] ali amitan bodist̲w maqast̲w n̲idü-ber

020-15. üǰegči erketü-yin n̲ere-yi n̲erelegči tedeger-ber

021-16. ɣ̣al-un yeke čogča-t̲ur un̲abasu-bar tedeger

022-17. büküde bodist̲w maqast̲w n̲idü-ber üǰegči erketü-yin

023-18. čog ǰibqulan̲g mašita šitaɣagsan ɣ̣al-un

024-19. tere čogča-ača ton̲ilqu boluyu iǰaɣ̣ur tan-u

025-20. köbegün̲_e kerber müren-u usun̲-a urustaqui-t̲ur

026-21. bodist̲w maqast̲w n̲idü-ber üǰegči erketü-yi

027-22. daɣ̣udabusu tedeger müred ber tedeger amitan-i

028-23. urusq̱an ülü čidayu iǰaɣ̣ur tan-u köbegüṉ_e

029-24. kerber ǰaɣ̣un miṉgɣ̣an ṉayud költi amitan ber

030-25. dalai[109] dotur_a oṉgɣ̣uča-ṯur oruǰu ele ǰibaqu

VII-13a-

031-1. altan čindamaṉi subud aidurya labai megšil alam_a kerbi

032-2. baširu isbir ulaɣ̣an subud terigüten-u tulada

033-3. odugsad tede-ber dogšin kei-ber keisteǰü

034-4. em_e raɣšaś-un tiib-tur uṉaqui bolugsan-tur

035-5. tede ičeged amitan ber ṉidü-ber üǰegči erketü-yi

036-6. daɣ̣udabasu ele tedeger büküde em_e raɣšaś[110]-un

037-7. tere tiib-eče toṉilqu boluyu iǰaɣ̣ur tan-u

038-8. köbegüṉ-e tegün-u tulada bodisṯw maqasṯw ariy_a

039-9. awalukida isuri-yi ṉidü-ber üǰegči erketü kemen

040-10. ṉereidgsen bolai iǰaɣ̣ur tan-u köbegüṉ-e

041-11. kerber alan tuɣ̣urbigsan-tur ṉidü-ber üǰegči

042-12. erketü-yi daɣ̣udabasu ele tedeger alaɣ̣čin-u

043-13. tede mesen keseg keseg quɣuran kemkerekü boluyu

044-14. iǰaɣ̣ur tan-u köbegüṉ-e kerber ɣ̣urban miṉgɣ̣an

045-15. yeke miṉgɣ̣an yirtinčüs-ün orud-tur yaɣšas

046-16. raɣšas ṉuɣ̣ud dügürbesü bodisṯw maqasṯw

047-17. ariy_a awalukidi išwari-yin ṉere-yi ṉerelegči-ṯür

048-18. tede büküdeger urilaqui sedkil-iyer üǰen

049-19. ülü čidayu iǰaɣur tan-u köbegüṉ-e ǰarim amitan

050-20. temür čider kiged modun čider-iyer čiderleküi

051-21. -t̲ür gem-tü ba taki gem ügei bögesü bodist̲w

052-22. maqast̲w ariy_a awalukidi išuri-yin n̲ere-yi

053-23. n̲ereidgsen-iyer temür čider kiged modun čider-iyer čiderlegsed

054-24. aldaraqu boluyu iǰaɣ̣ur tan-u köbegün̲-e bodist̲w

055-25. maqast̲w ariy_a awalukidi išuri-yin küčün

VII-13b-

056-1. an̲u tere metü boluyu iǰaɣ̣ur tan-u

057-2. köbegün̲-e kerber ɣ̣urban min̲gɣ̣an yeke

058-3. min̲gɣ̣an yirtinčüś-ün en̲e orud-tur arɣ̣atan

059-4. kiged buliyan qulaɣ̣ai daisun ɣ̣ar-tur

060-5. mese barigsad bar dügürčü ele tende ɣ̣agča

061-6. sartawaki[111]-bar olan̲gki ǰiɣ̣ulčid arad luɣ̣_a

062-7. erdeni-t̲ü bayan tere sartawaki odugsan-t̲ur-i

063-8. tedeger odugsad-bar arɣ̣atan buliyan qulaɣ̣ai

064-9. daisun ɣ̣ar-tur mese barigsad teden-i üǰeǰü

065-10. ele üǰeged ayuǰu emiyeǰü bide bükün-ber

066-11. itegel abural ügkün kemegsen-t̲ür tere

067-12. sartawaki-bar tedeger olan ǰiɣ̣ulčid-tur

068-13. -bar ein kemen buu ayugtun iǰaɣ̣ur tan-u

069-14. köbegün̲-e buu ayugtun ayul ügei-yi

070-15. öggügči bodist̲w maqast̲w ariy_a awalukidi

071-16. asuri-yi n̲igen daɣ̣un-iyar daɣ̣udagtun tegün-iyer

072-17. ta-bar buliyan qulaɣ̣an-u ayul kiged en̲e daisun-u ayul

073-18. -ača saitur ton̲ilqu boluyu kemen ügülegsen-tür

074-19. tendeče tedeger olan ǰiɣ̣ulčid-bar ṉigen daɣ̣un-iyar

075-20. ariy_a awalukidi asuri-yi daɣ̣udaǰu ele ayul ügei

076-21. öglige-ṯü bodisṯw maqasṯw ariy_a awalukidi isuri

077-22. tegün-ṯür mörgümüi kemen ṉere-yi ṉereidüged sača

078-23. tedeger bükü olan ǰiɣ̣ulčid qamuɣ ayul ud saitur

079-24. toṉilbai iǰaɣ̣ur tan-u köbegüṉ-e bodisṯw

080-25. maqasṯw ariy_a awalukidi isuri-yin küčün aṉu

VII-14a-

081-1. tere metü bolai iǰaɣ̣ur tan-u köbegüṉ-e tačiyaṉgɣ̣ui

082-2. -bar yabuqui ali tedeger amitan bar bodisṯw maqasṯw

083-3. ariy_a awalukidi isuri-ṯur mörgübesü tačiyaṉgɣ̣ui

084-4. -ača qaɣ̣ačaqu boluyu urin[112]-iyar yabugči ali tedeger

085-5. amitan bar bodisṯw maqasṯw ariy_a awalukidi

086-6. isuri-ṯur mörgübesü urin-ača qaɣ̣ačaqu boluyu

087-7. ali amitan muṉgqag-iyar yabugči ali tedeger amitan

088-8. bar bodisṯw maqasṯw ariy_a awalukidi asuri

089-9. -ṯur mörgübesü muṉgqag-ača qaɣ̣ačaqu boluyu

090-10. iǰaɣ̣ur tan-u köbegüṉ-e tere metü bodisṯw

091-11. maqasṯw ariy_a awalukidi isuri kemebesü yeke

092-12. ridi qubilɣ̣an-tu bolai iǰaɣ̣ur tan-u köbegüṉ-e

093-13. qatugtai-bar ṉuɣ̣un köbegün-i küsegčid ked ber

094-14. bodisṯw maqasṯw ariy_a awalukidi isuri

095-15. -ṯur mörgübesü tegün-ṯür ṉuɣ̣un köbegün

096-16. törüǰü ele öṉgge saitai kebeken üǰebesü

097-17. ɣ̣owa_a köbegün-u belge luɣ̣_a tegüsügsen olan

098-18. arad-un sedkil-tür taɣ̣alaqu metü üǰesgülen̲g

099-19. -tei buyan-u ündüsün-i egüsgegsen ber törükü

100-20. boloyu ken ökin-i küsegčid tegün-t̲ür ökin

101-21. törüǰü ele ön̲gge saitai kebeken üǰebesü

102-22. ɣ̣owa_a ökin-u belge luɣ̣_a tegüsügsen olan

103-23. arad-un sedkil-t̲ür oruqu metü üǰesgülen̲g

104-24. -tei buyan-u ündüsün-i egüsgegsed-ber

VII-14b-

105-1. törükü boluyu iǰaɣ̣ur tan-u köbegün̲-e

106-2. bodist̲w maqast̲w ariy_a awalukidi isuri-yin

107-3. küčün an̲u tere metü bolai ken bodist̲w

108-4. maqast̲w ariy_a awalukidi isuri-t̲ur

109-5. mörgügsen tedeger ɣ̣abiy_a tusatai ači ür_e

110-6. -t̲ü boluyu iǰaɣ̣ur tan-u köbegün̲-e ked ber

111-7. bodist̲w maqast̲w ariy_a awalukidi isuri

112-8. -t̲ur mörgüged n̲ere-yi n̲ereidügsen ba ked ber

113-9. ǰiran qoyar ken̲gke müren-u qumaki-yin toɣ̣atan

114-10. ilaǰu tegüś n̲ögčigsen burqan-n̲uɣ̣ud ta mörgüged

115-11. n̲ere-yi n̲ereidügsen ba basa ked ber ǰiran

116-12. qoyar ken̲gke müren-u qumaki-yin toɣ̣atan

117-13. ilaǰu tegüś n̲ögčigsen burqan n̲uɣ̣ud saɣ̣un

118-14. amiduraǰu agsan teden-t̲ür debel binwad[113] idegen

119-15. oron debüsger ebedčin-tür kereglekü em ud kereg

120-16. ǰarag-ud-iyar takin üiledbesü ele iǰaɣ̣ur tan-u

121-17. köbegün̲-e egün̲ai ker ele sedkimü iǰaɣ̣ur tan-u

122-18. köbegüd ba iǰaɣ̣ur tan-u n̲öküd tedeger buyan-i

123-19. ilete bolɣ̣aqui an̲u tedüi čin̲egenkü egüsgekü bolai

124-20. tein kemen ǰarliɣ boluɣ̣ad bodist̲w maqast̲w

125-21. baraši ügei oyutu-bar ilaǰu tegüś n̲ögčigsen

126-22. -t̲ür ein kemen öčirün iǰaɣ̣ur tan-u köbegüd ba

127-23. iǰaɣ̣ur tan-u nöküd tedeger tere šitüken-eče

128-24. buyan-i egüsgeküi an̲u ilaǰu tegüś n̲ögčigsen̲-e

VII-15a-

129-1. olan bolai saibar odugsan̲-a olan bolai

130-2. ilaǰu tegüś n̲ögčigsen ǰarliɣ bolurun iǰaɣ̣ur

131-3. tan-u köbegün̲-e kedber tedüi toɣ̣atan ilaǰu

132-4. tegüś n̲ögčigsen burqad-tur takil kündülel-i

133-5. üiledügsen buyan-i ilete bolɣ̣aqui kiged ked

134-6. ber ai ese bögesü bodist̲w maqast̲w ariy͟a

135-7. awalukidi isuri-t̲ur n̲igenta mörgügsen ba

136-8. n̲ere-yi n̲ereidügsen buyan-i ilete bolɣ̣aqui

137-9. qoyaɣ̣ula adali bolai ilegü-ber ügei ülegsen

138-10. ber ügei bolai ked ber ǰiran qoyar ken̲gke

139-11. müren-u qumaki-yin toɣ̣atan ilaǰu tegüś n̲ögčigsen

140-12. burqad ta mörgüged n̲ere-yi n̲ereidügsen ba

141-13. ken bodist̲w maqast̲w ariy͟a awalukidi isuri

142-14. -t̲ur mörgüged n̲ere-yi n̲ereidügsen buyan-u

143-15. tere qoyar čogčaś-bar ǰaɣ̣un miṉgɣ̣an ṉayud költi

144-16. qalab-tur ber baragdaquy-a kilber bosu buyu

145-17. iǰaɣ̣ur tan-u köbegüd bodisṯw maqasṯw

146-18. ariy_a awalukidi isuri-yin ṉere-yi ṉereidügsen

147-19. buyan aṉu tere metü čaglaši ügei bolai

148-20. tendeče ilaǰu tegüś ṉögčigsen-tür bodisṯw

149-21. maqasṯw baraši ügei ṉeretü-ber ein kemen

150-22. öčirün ilaǰu tegüś ṉögčigseṉ-e kerkiǰü

151-23. bodisṯw maqasṯw ariy_a awalukidi isuri

152-24. sab yirtinčü-yin eṉe oron-ṯur tein böged

153-25. yabuyu kerkiǰü amitan büküṉ-e ṉom-i üǰügülümü

VII-15b-

154-1. bodisṯw maqasṯw ariy_a awalukidi isuri-yin

155-2. uran arɣ̣_a-yin oron iṉu yambarčilan ele buyu

156-3. tein kemen öčiged ilaǰu tegüś ṉögčigsen

157-4. ber bodisṯw maqasṯw baraši ügei

158-5. oyutu-ṯur ein kemen ǰarliɣ̣ bolurun

159-6. iǰaɣ̣ur taṉ-u köbegüṉ-e ali qamiɣ̣_a

160-7. bodisṯw maqasṯw ariy_a awalukidi isuri

161-8. burqan-u bey_e-ber amitan büküṉ-e ṉom[114]-i

162-9. üǰügülügsen yirtinčüś-ün oron-bar

163-10. buyu ali qamiɣ̣_a bodisṯw maqasṯw ariy_a

164-11. awalukidi isuri bodisṯw maqasṯw-un bey_e-ber

165-12. ṉom-i üǰügülügsen yirtinčüś-üan oron-bar

166-13. buyu ṉigen ǰarim amitan-ṯur bodisṯw

167-14. maqasṯw ariy_a awalukidi isuri bradiqabud[113]-un

168-15. bey_e-ber ṉom-i üǰügülbei ṉigen ǰarim-ṯur

169-16. širawaṉg[115]-un bey_e-ber̦ ṉigen ǰarim-ṯur

170-17. esru_a[116]-yin bey_e-ber ṉigen ǰarim-ṯur

171-18. qurmusta[117]-yin bey_e-ber ṉigen ǰarim amitan

172-19. -ṯur bodisṯw maqasṯw ariy_a awalukida

173-20. isuri qandari[118]-yin bey_e ber ṉom_i üǰügülbei

174-21. yagšaś-iyar ṉomudqaqui amitan bükün-ṯür yagšaś-un

175-22. bey_e-ber ṉom-i üǰügülbei erketü-ber ṉomudqaqui

176-23. amitan bükün-ṯür erketü-yin bey_e-ber ṉom-i üǰügülbei

177-24. makišwari[119]-bar ṉomuidqaqui amitan bükün-ṯür

VII-16a-

178-1. makišwari-yin bey_e ber ṉom_i üǰügülbei čakirwad[120]-un

179-2. qaɤ̣an-iyar ṉomudqaqui amitan bükün-ṯür

180-3. čakirwad-un qaɤ̣an-u bey_e-ber ṉom-i üǰügülbei

181-4. bisači-bar ṉomudqaqui amitan bükün-ṯür bisači-yin

182-5. bey_e-ber ṉom-i üǰügülbei erkin-iyer ṉomudq̱aqui

183-6. amitan bükün-ṯür erkin-u bey_e-ber ṉom-i üǰügülbei

184-7. čerig-ün uran-iyar ṉomudq̱aqui amitan bükün

185-8. -ṯür čerig-ün uran-u bey_e-ber ṉom-i üǰügülbei

186-9. biraman[121]-iyar ṉomudq̱aqui amitan bükün-ṯür

187-10. biraman-u bey_e-ber ṉom-i üǰügülbei wčirbaṉi[122]

188-11. -bar ṉomudq̱aqui amitan bükün-ṯür wčirbaṉi-yin

189-12. bey_e-ber n̲om-i üǰügülbei iǰaɣ̣ur tan-u

190-13. köbegün̲-e tere metü bodist̲w maqast̲w ariy_a

191-14. awalukidi isuri-yin erdem an̲u sedkiši

192-15. ügei luɣ̣_a tegüsügsen bolai iǰaɣ̣ur tan-u

193-16. köbegün̲-e tere metü-ber bodist̲w maqast̲w

194-17. ariy_a awalukidi isuri-t̲ur takigtun

195-18. iǰaɣ̣ur tan-u köbegün̲-e bodist̲w maqast̲w

196-19. ariy_a awalukidi isuri en̲e-ber ayul tan

197-20. amitan bükün-t̲ür ayul ügei-yi ögkü bolai

198-21. tegün-u tulada sab yirtinčü-yin en̲e oron-t̲ur

199-22. ayul ügei öglige kemen büküde-ber medekü

200-23. bolai tendeče ilaǰu tegüś n̲ögčigsen-t̲ür

201-24. baraši ügei oyutu-bar ein kemen öčirün

202-25. ilaǰu tegüś n̲ögčigsen bi-ber bodist̲w

VII-16b-

203-1. maqast̲w ariy_a awalukidi isuri-t̲ur

204-2. n̲om-un bürkül beleg-i ögsügei ilaǰu tegüś

205-3. n̲ögčigsen ǰarliɣ bolurun iǰaɣ̣ur tan-u

206-4. köbegün̲-e tegün-i čag-tur kürügsen-i

207-5. medebesü ögkügtün tendeče bodist̲w

208-6. maqast̲w baraši ügei oyutu-bar öberün

209-7. küǰügün t̲eki ǰaɣ̣un min̲gɣ̣an subud-un erikeś-i

210-8. tailuɣ̣ad bodist̲w maqast̲w ariy_a

211-9. awalukidi isuri-t̲ur n̲om-un bürkül

212-10. beleg-i ögčü ele törülkitü bogda ṉadača

213-11. ṉom-un bürkül beleg egüṉ-i abuɣ̣ad tere ese

214-12. abuɣ̣ad tendeče bodisṯw maqasṯw baraši

215-13. ügei oyutu-bar bodisṯw maqasṯw ariy_a

216-14. awalukidi isuri-ṯur ein kemen ügülerün

217-15. iǰaɣ̣ur tan-u köbegüṉ-e či-ber eṉe subud

218-16. erikeś-i ṉama-yi örüšiyeküi-yin tulada

219-17. abuɣ̣ad tendeče bodisṯw maqasṯw ariy_a

220-18. awalukidi isuri-bar bodisṯw maqasṯw baraši

221-19. ügei oyutu-yi ṉigüleskü i kiged tedeger

222-20. dörben ṉöküd ba tṉgri luuś yakš_a

223-21. qandari asuri qarudi[123] kiṉari[124] maɣ̣uraki kümün ba

224-22. kümün busu bükün-i ṉigüleskü i-yin tulada

225-23. bodisṯw maqasṯw baraši ügei oyutu-ača

226-24. subud-un erkeś-i abubai abuɣ̣ad qoyar

227-25. qubi qubiyaǰu ele qubiyaɣ̣ad ṉigen aṉu

VII-17a-

228-1. ilaǰu tegüś ṉögčigsen šagimuṉi[125]-ṯur ergübei ṉigen

229-2. qubi aṉu tegünčilen iregsen dayin-i darugsan

230-3. üṉeker tuɣ̣ulugsan olan erdeṉi-ṯü burqan-u erdeṉi-ṯü

231-4. suburɣ̣an-ṯur ergübei iǰaɣ̣ur tan-u köbegüṉ-e

232-5. bodisṯw maqasṯw ariy_a awalukidi isuri sab yirtinčü

233-6. -yin eṉe oron-ṯur tere metü qubilɣ̣an-iyar

234-7. tein böged yabuqu buyu tegün-u ṉom-un čiṉar

235-8. aṉu ein kemegdekü bolai alag tuwača[126]-bar

236-9. baraši ügei oyutu bodisṯw-ača tegün-u udqas-un

237-10. edügülbüri bükün-i asaɣ̣urun ilaɣ̣ugsad-un

238-11. köbegün eṉe metü yaɣ̣un-u tulada ariy_a

239-12. awalukidi isuri kemen ṉereidbei tendeče tere

240-13. -ber ǰüg bükün-i üǰeǰü ele irüger-ün

241-14. dalai baraši ügei oyutu-bar alag tuwača

242-15. -ṯur ein kemen ügülerün ariy_a awalukidi isuri

243-16. -yin yabudal-i sonu sedkiši ügei ǰaɣ̣un költi

244-17. qalab-ud-tur olan költi miṉgɣ̣an burqad-un

245-18. irüger-i yambar saitur tein böged bišilugsan

246-19. tedeger-i bi-ber saitur ṉomlasuɣ̣ai soṉuś činglen

247-20. üiledüged üǰen üiledküi ba ǰerge-ber tere

248-21. metü daɣ̣an duradqui-bar amitan bükün-i ači ür_e

249-22. büküi olqu boluyu ǰobalaṉg kiged ɣ̣asalaṉg

250-23. bükün-i arilɣ̣ayu kerber alaqui-bar ɣ̣al-ṯu

251-24. uqumal-ṯur-bar alaqui-yin tulada tebčigsen tere

252-25. kümün-ber ariy_a awalukidi isuri-yi

VII-17b-

253-1. duradbasu usun sačugsan metü ɣ̣al-ber sönükü

254-2. boluyu dalai-yi getülküi-ṯür-ber salkiṉ-a tuɣ̣ugdaǰu

255-3. alad luuś bodi asuriś-un oron-ṯur-i ariy_a

256-4. awalukidi isuri-yi duradbasu usun-u

257-5. dotura keǰiy_e-ber ülü ǰibkü boluyu maši

258-6. urilaqui sedkil-iyer alaqui-yin tulada sömbür

259-7. aɤ̣ula-yin orui-ača aɤ̣urbasu-bar ariy_a

260-8. awalukidi isuri-yi duradbasu ṉaran metü

261-9. ogtarɤ̣ui-ṯur aṉu boluyu kerber wčir[127] kiged

262-10. aɤ̣ulaś-bar alaqui-yin tulada orui-ača baɤ̣ubasu

263-11. ber ariy_a awalukidi isuri-yi duradbasu

264-12. šira üsün-u ṉüke-yin tedüiken köṉügen ülü

265-13. čidayu alaqui sedkil-iyer ɤ̣ar-tur mese bariǰu

266-14. ele olan daisun-u čiɤ̣ulɤ̣an qamuɤ-ača

267-15. küriyelebesü ariy_a awalukidi isuri-yi

268-16. duradbasu sača darui-ṯur asaraqui sedkilten

269-17. boluyu kerber alaqui-yin oir_a ireǰü ele

270-18. alagčin-u erke-ṯür orubasu-bar ariy_a awalukidi

271-19. isuri-yi duradbasu tegün-u mesen keseg keseg

272-20. boluyu tein kiǰü kiliṉglen modun kiged temür

273-21.-iyer egüdügsen čider tušiɤ̣an-iyar kölügdebesü

274-22. -ber ariy_a awalukidi isuri-yi duradbasu

275-23. küliyesün öḏter tein böged tasuraqu

276-24. boluyu tarṉi-yin küčün kiged em ariwasun

277-25. tarṉi[128] ba witar ba taki bodi[129] bey_e-ber

VII-18a-

278-1. ayuɤ̣ulugčid ba ariy_a awalukidi isuri-yi

279-2. duradbasu alin-ača maši talbigsad

280-3. tere ǰiči qarin odyu yagš_a asuri büdi

281-4. luuś badaraṉgɣ̣ui öṉgge buliyagčid-bar saitur

282-5. küriyelebesü ariy_a awalukidi isuri-yi

283-6. duradbasu šira üsün-u tedüiken köṉügen

284-7. ülü čidayu qurča ariy_a qomusutan

285-8. ayuɣulugči dogšin ariya tan küriyelebesü

286-9.-ber ariy_a awalukidi isuri-yi duradbasu

287-10. öḏter türgeṉ-e ǰüg bükün-ṯür buruɣ̣uridču

288-11. oḏqu boluyu ayul-tu ṉidüten ɣ̣al metü

289-12. gerel ɣ̣arɣ̣agči qoron ṉidüten-iyer saitur

290-13. küriyelebesü-ber ariy_a awalukidi isuri-yi

291-14. duradbasu maši türgeṉ-e qoor ügei boluyu

292-15. maši čakilɣ̣an-bar čakilɣ̣ad ǰobalaṉg-tu egüled

293-16. -ün ayuṉgɣ̣_a kiged möndür qur_a oruqui-ṯur

294-17. ariy_a awalukidi isuri-yi duradbasu sača

295-18. darui-ṯur öḏter saitur amurliyu olan ǰaɣ̣un

296-19. ǰobalaṉg-ud-iyar köṉügegdekün ba olan ǰaɣ̣un

297-20. ǰobalaṉg-ud-iyar egeregdegsen amitan üǰebesu

298-21. ele belge bilig-un buyan-u küčün-iyer ariy_a

299-22. awalukidi isuri-bar tegün-eče tṉgri selte

300-23. amitan-i aburaqu boluyu ridi qubilɣ̣an-u

301-24. küčün-iyer čiṉatu qiǰaɣ̣ar-a odču arɣ̣_a

302- 25. kiged inwaɣ_a-yi aɣ̣uda surugsan-iyar arban

VII-18b-

303-1. ǰüg-ün olan qamuɣ amitan ba qočurli ügei

304-2. qamuɤ orud bükün-i-ber saitur geigülyü

305-3. qamuɤ amitan-u maɤ̣ui ǰayaɤ̣an-u ayul kiged

306-4. čölege ügei-ber taki amitan tamu[130] ba

307-5. aduɤ̣usun ba taki erlig-iyer küriyelegsen

308-6. -eče ba törököüi ötelküi ebedküi-ber

309-7. egeregdegsen-i ečüś-t̠ür amurliɤ̣ulugči maši

310-8. buyan-t̠ur n̠idün kiged asaraqui-yin n̠idün

311-9. ba arɤ̣_a bilig ülemǰi bolugsan n̠idün kiged

312-10. n̠igüleskü̈i n̠idün ba takin asaraqui n̠idün-iyer

313-11. ba sain isuri n̠idün luɤ̣_a mašida üǰen

314-12. küsekü̈i ba kir ügei kir-eče qaɤ̣ačagsan

315-13. gerel ba bürküg ügei belge bilig n̠aran-u

316-14. gerel kiged egülen-iyer ülü bürkügdekü̈i gerel

317-15. -iyer yirtinčü-t̠ür gilbelkü̈i-ber geigülün

318-16. n̠igüleskü̈i-eče bolugsan šagsabad-iyar

319-17. aldarašigsan bolai buyan-u erdem kiged

320-18. asaraqui sedkilten yeke egülen-eče qamuɤ

321-19. amitan-u n̠iswan̠is[131]-un ɤ̣al-i amurliɤ̣ulugči n̠om-un

322-20. rašiyan-u qur_a-yi saitur oruɤ̣ulyu

323-21. kereldün temečeldün qudɋuldugsan-iyar yeke

324-22. ayul-tu qadɤ̣ulduɤ̣an-t̠ur orugsan eren

325-23. ber ariy_a awalukidi isuri-yi duradbasu

326-24. sača darui-t̠ur daisud mašida amurliyu

327-25. egüleś-ün daɤ̣un kiged kögürge[132]-yin

VII-19a-

328-1. daɣ̣un ba luu-yin daɣ̣un kiged esru_a

329-2. -yin sain egešig ba egešig-ün mandal-un

330-3. čin̲atu kürügsen bolai ariy_a awalukidi

331-4. isuri-yi duraddaqui ariɣ̣un sedkil-tü

332-5. ariy_a awalukidi isuri-yi seǰig ügei-ber

333-6. duradču duradugdaqui üküküi čag kiged

334-7. n̲iswan̲iś-iyar kön̲ügeküi čag-tur itegel abural

335-8. ibegen saišiyan boluyu qamuɤ erdem-ün čin̲atu

336-9. kürügsen qamuɤ amitan-t̲ur n̲igülesküi

337-10. asaraqui n̲idü-tü ün̲eker erdem-tü erdem-ün

338-11. yeke dalai ariy_a awalukidi isuri-t̲ur

339-12. mörgügdeküi yosutu bolai en̲e metü amitan

340-13. bükün-i n̲igülesüged qoitu čag-tur

341-14. burqan bolqu boluyu ayul kiged ɣ̣salan̲g

342-15. bükün-i üǰegči ariy_a awalukidi isuri-yi

343-16. duradugdaqui yirtinčü-yin erketü

344-17. terigülegči qaɣ̣an-u bolai ayaɤq_a tekimlig[133]

345-18. n̲om-un ɣ̣arqui-yin oron ele yirtinčü dakin

346-19. -t̲ur takigdayu olan ǰaɣ̣un q̣alab-tur

347-20. yabuǰu ele kir-eče qaɣ̣ačagsan degere ügei

349-21. büdi qutuɤ[134]-i olbai uduridugči abida

349-22. burqan-u ǰegün baraɣ̣un eteged-eče degegür-i

350-23. bariǰu ele tegünčilen tabin ayu yelwi[135]

351-24. metü diyan[136]-iyar-bar orud bükün-t̲ür oduɣ̣ad

352-25. ilaɣ̣ugsad-i takiyu örün̲_e ǰüg-tür

VII-19b-

353-1. amuɣ̣ulan̲g ɣ̣arqui-yin oron ele kir-eče

354-2. qaɣ̣ačagsan yirtinčü-yin oron sügewadi kemekü

355-3. tende amitan-i ǰiluɣ̣adugči abida[137] burqan

356-4. edüge-ber saɣ̣un amu tende emegtei ber ülü

357-5. törükü bolai bükü-yi ǰüil-iyer qubin̲iqui n̲om-ud

358-6. -bar ügei bolai tedeger ilaɣ̣ugsad-un köbegüd

359-7. -ber lin̲gqu_a[138] taǰa törüǰü ele kir ügei lin̲gqu_a

360-8. -yin ǰirüken-t̲ür ayu uduridugči abida mün

361-9. böged-ber kir ügei bayasɣ̣ulan̲g-tu lin̲gqu_a-yin

362-10. ǰirüken-tur arslan-t̲u tabčan̲g-t̲ur saitur saɣ̣un

363-11. ele sala-yin qaɣ̣an metü dalai kebeken buyu

364-12. irtinčü-yi uduridugči en̲e-ber tegünčilen kü bolai

365-13. ɣ̣urban sansar-tur tere metü boi bosu

366-14. ked ber ariy_a awalukidi isuri-yin n̲ere-yi

367-15. son̲usbasu tegün-u buyan an̲u baraši ügei

368-16. boluyu tendeče bodist̲w maqast̲w ɣ̣aǰar-i

369-17. barigči debüsger-eče-ben bosuɣ̣ad degedü

370-18. debil-iyen n̲igen mürü-tür qomibiǰu baraɣ̣un

371-19. ebüdüg-ün mandal-iyar ɣ̣aǰar-tur sögödöged

372-20. ilaǰu tegüś n̲ögčigsen qamiɣ̣_a bükü tere ǰüg-tü

373-21. alaɣ̣a-ban qamtudqan böküiǰü ele ilaǰu tegüś

374-22. n̲ögčigsen̲-e ein kemen öčirün ilaǰu tegüś

375-23. n̲ögčigsen̲-e ken bodis̲tw maqas̲tw ariy_a

376-24. awalukidi isuri-yin bülüg bodis̲tw

377-25. maqas̲tw ariy_a awalukidi isuri-yin

VII-20a-

378-1. qubilɤ̣an-i üǰügülügsen büküi-eče egüden

379-2. bolugsan bülüg bodis̲tw maqas̲tw ariy_a

380-3. awaluqidi isuri-yin tein böged qubilugsan

381-4. en̲e n̲om-un qubilɤ̣an-i son̲usugsan tedeger

382-5. amitan-u buyan-u ündüsün an̲u edüi tedüi

383-6. maɤ̣uqan-bar bolqu bosu bolai qamuɤ-ača

384-7. egüden bolugsan en̲e bölüg-i ilaǰu tegüś

385-8. n̲ögčigsen-e n̲omlagsan-tur tere n̲öküd

386-9. eče n̲aiman tümen[139] dörben min̲gɤ̣an amitan

387-10. ber sača bosu luɤ̣_a sačuɤ̣u degere ügei

388-11. ün̲eker tuɤulugsan büdi qutuɤ-tur sedkil

389-12. egüsgeldübei čaɤ̣an lin̲gqu_a n̲ere-tü degedü

390-13. n̲om-ača ariy_a awalukidi isuri-yin

391-14. qubilɤan-i üǰügülügsen büküi-eče egüden

392-15. bolugsan n̲ere-tü qorin tabdaɤ̣ar

393-16. bülüg

二、汉译

［001–007］尔时，菩提萨埵摩诃萨埵观世音菩萨即从座起，偏袒右肩，右膝跪地，向世尊四面八方合掌行礼后，如此说。

[008-010]“世尊，为何将菩提萨埵摩诃萨埵观世音菩萨命名为观世音菩萨？”如此说。

[011-018] 世尊如此命令观世音菩萨：“善男子，如此千万千亿百千众生不管遇到多少痛苦者，他们如果听闻菩提萨埵摩诃萨埵观世音菩萨的名字，那些所有的痛苦就会完全消失。”

[019-024] 善男子，众生哪一个成为观世音菩萨的名字。若进入大火，呼喊观世音菩萨的名字就会从熊熊大火中脱身。

[025-028] 善男子，若被河水冲走，呼喊观世音菩萨的名字就不会被河水淹没。

[029-037]若善男子百千众生为了拿金、如意宝、珍珠、海螺、水晶、玛瑙、红珊瑚、白珊瑚、红珍珠等乘船入大海，被狂风吹入夜叉国时，他们若呼喊观世音菩萨的名字，就会脱离夜叉世界。

[038-040] 善男子，为此将观世音菩萨命名为观世音。

[040-043] 若善男子遇害，呼喊观世音菩萨的名字，那些屠夫的刃具就会碎成一段段。

[044-049] 若善男子三千大千世界住满夜叉和罗刹鬼，呼喊观世音菩萨的名字，他们不敢恶眼视之。

[050-054] 善男子，若有些众生被铁枷锁和木枷锁羁绊，无论有罪或无罪，呼喊观世音菩萨的名字，那些被铁枷锁和木枷锁羁绊者就会解脱枷锁。

[054-056] 善男子，观世音菩萨的威力如此。

[056-073] 善男子，若三千大千世界充满狡猾、强盗、手握刃具的敌人，有一个商主带领众商人携带诸宝经过险路，那些谋略者看到那些手握刀刃的敌人后惧怕无救，商主嘱咐诸商人不要害怕，善男子

不要害怕，只要同声呼喊消除危险的观世音菩萨的名字，你们就会脱离强盗和敌人的危险。

[074–079] 此后诸商人齐声呼喊观世音菩萨的名字，叩拜施无畏观世音菩萨，当即诸商人脱离了危险。

[079–084] 善男子，观世音菩萨的威力如此也。善男子，若有众生贪念淫欲，叩拜观世音菩萨就会远离淫欲。

[084–086] 若有众生易恼怒，叩拜观世音菩萨就会远离愤怒。

[087–089] 善男子，若有众生变得愚痴，叩拜观世音菩萨就会远离愚痴。

[090–092] 善男子，观世音菩萨的魔法如此之大。

[092–100] 善男子，若有女人求子，跪拜观世音菩萨，她就会生儿子。若看到俊秀的男孩，就会生英俊的，被所有人称赞的儿子。

[100–105] 若求女，跪拜观世音菩萨，就会生女孩。若看到美貌的女孩，就会生被所有人称赞的美丽的，有福气的女儿。

[105–107] 善男子，观世音菩萨的威力如此也。

[107–110] 谁跪拜观世音菩萨就会得到回报。

[110–121] 善男子，若有人跪拜观世音菩萨时呼喊名字，若有人受持六十二亿恒河沙菩萨名字，又若向六十二亿恒河沙菩萨复尽形供养饮食、衣服、卧具、治病医药。善男子怎样想?

[121–124] 是善男子善女人多积功德。如此命令。

[124–129] 菩提萨埵摩诃萨埵观世音菩萨如此奉告世尊：善男子和善女人的功德很多，善行很多。

[130–147] 世尊命令，善男子若祭拜世尊，或一次跪拜菩提萨埵摩诃萨埵观世音菩萨，呼喊观世音菩萨的名字，二者的福报是一样的，

不多不少。若跪拜六十二恒河世尊，呼喊名字和若谁跪拜观世音菩萨，呼喊名字后的福报很难在百千无量劫中完结。善男子呼喊观世音菩萨名字的福气如此宽广。

［148–156］尔时，无尽意菩萨进言世尊，在这无机的尘世观世音菩萨是如何存在？如何为众生说法？观世音菩萨高明的方法是什么？

［156–166］佛告无尽意菩萨，善男子若有国土众生应以佛身得度者。观世音菩萨。即现佛身而为说法。

［166–168］应以辟支佛得度者。即现辟支佛身而为说法。

［168–169］应以声闻身得度者。

［169–170］应以梵王身得度者。

［170–171］应以帝释身得度者。

［171–173］应以乾闼婆身得度者。即现乾闼婆身而为说法。

［174–175］应以夜叉身得度者。即现夜叉天身而为说法。

［175–176］应以宰官身得度者。即现宰官身而为说法。

［177–178］应以大自在天身得度者。即现大自在天身而为说法。

［178–180］应以转轮王身得度者。即现转轮王身而为说法。

［181–182］应以毗沙门身得度者。即现毗沙门身而为说法。

［182–183］应以居士身得度者。即现居士身而为说法。

［184–185］应以天大将军身得度者。即现天大将军身而为说法。

［186–187］应以婆罗门身得度者。即现婆罗门身而为说法。

［187–189］应以执金刚身得度者。即现执金刚身而为说法。

［189–192］善男子，无尽意。是观世音菩萨，成就如是功德。

［192–194］善男子，应如此供养观世音菩萨。

［195–200］善男子，是观世音菩萨摩诃萨。于怖畏急难之中能施

无畏。是故此娑婆世界。皆号之为施无畏者。

[200-219] 尔时，无尽意菩萨进言道，世尊，我今当供养观世音菩萨，即解颈百千宝珠璎珞，给予观世音菩萨。作是言，仁者，受此法施珍宝璎珞。时观世音菩萨不肯受之。无尽意复白观世音菩萨言。仁者，愍我等故受此璎珞尔时佛告观世音菩萨。

[219-231] 当愍此无尽意菩萨及四众天龙夜叉乾闼婆阿修罗迦楼罗紧那罗摩睺罗伽人非人等故。受是璎珞。实时观世音菩萨愍诸四众及于天龙人非人等。受其璎珞。分作二分。一分奉释迦牟尼佛。一分奉多宝佛塔。

[231-235] 无尽意，观世音菩萨，有如是自在神力，游于娑婆世界。尔时无尽意菩萨。

[235-239] 以偈问曰：世尊妙相具，我今重问彼，佛子何因缘，名为观世音。

[235-249] 具足妙相尊，偈答无尽意，如厅观音行，善应诸方所，弘誓深如海，历劫不思议。侍多千亿佛，发大清净愿，我为汝略说，闻名及见身，心念不空过，能灭诸有苦。

[249-257] 假使兴害意，推落大火坑，念彼观音力，火坑变成池。或漂流巨海，龙鱼诸鬼难，念彼观音力，波浪不能没。

[258-265] 或在须弥峰，为人所推堕，念彼观音力，如日虚空住，或被恶人逐，堕落金刚山，念彼观音力，不能损一毛。

[265-269] 或值怨贼绕，各执刀加害，念彼观音力，咸即起慈心。

[269-272] 或遭王难苦，临刑欲寿终，念彼观音力，刀寻段段坏。

[272-276] 或囚禁枷锁，手足被杻械，念彼观音力，释然得解脱。

[276-280] 咒诅诸毒药，所欲害身者，念彼观音力，还着于本人。

［280–284］或遇恶罗刹，毒龙诸鬼等，念彼观音力，时悉不敢害。

［284–288］若恶兽围遶，利牙爪可怖，念彼观音力，疾走无边方。

［288–291］蚖蛇及蝮蝎，气度烟火燃，念彼观音力，寻声自回去。

［292–295］云雷鼓掣电，降雹澍大雨，念彼观音力，应时得消散。

［296–300］众生被困厄，无量苦逼身，观音妙智力，能救世间苦。

［300–304］具足神通力，广修智方便，十方诸国土，无刹不现身。

［305–326］种种诸恶趣，地狱鬼畜生，生老病死苦，以渐悉令灭，真观清净观，广大智慧观，悲观及慈观，常愿常瞻仰。无垢清净光，慧日破诸暗，能伏灾风火，普明照世间，悲体戒雷震，慈意妙大云，澍甘露法雨，灭除烦恼焰，诤讼经官处，怖畏军阵中，念彼观音力，众怨悉退散。

［327–368］妙音观世音，梵音海潮音，胜彼世间音，是故须常念，念念勿生疑，观世音净圣，于苦恼死厄，能为作依怙，具一切功德，慈眼视众生，福聚海无量，是故应顶礼。

［368–393］尔时，菩提萨埵摩诃萨埵观世音菩萨即从座起，偏袒右肩，右膝跪地，向世尊四面八方合掌行礼后，如此说。若有众生。闻是观世音菩萨品自在之业普门示现神通力者。当知是人功德不少。佛说是普门品时。众中八万四千众生。皆发无等等阿耨多罗三藐三菩萨心。法华经展示观世音菩萨威力的普门品，第二十五章。

第五节　词语解释

1. 尔时：佛经里的时间用语，犹言其时或彼时。印度人写文章不善于纪年，故用尔时表示某个时间。

2. 无尽意：又作“无尽慧菩萨”“无量意菩萨”。“贤 劫十六尊”之一。为密教金刚界曼荼罗三昧耶会外坛北方五尊中西端之菩萨。此菩萨因观一切事象之因缘果报皆为无尽，而发心上求无尽之诸佛功德，下度无尽之众生，故称“无尽意菩萨”。密号“定惠金刚”，“无尽金刚”。

3. 偏袒右肩：又作偏露右肩、偏袒一肩、偏露一膊，略称偏袒。为“通肩”一词之相对语。即披袈裟时袒露右肩，覆盖左肩。

4. 世尊：梵语薄伽梵或婆伽婆（lokadjyechyha 或 Bhagavat），蒙古语作“ilaǰu tegüs n̠ögčigsen”。对佛陀的尊称，佛的十号之一，一个三千大千世界便有一尊佛住世，佛是最尊贵的，所以用世尊来称呼佛，又含有自在、炽盛、端严、名称、尊贵、吉祥六义，又称有德、有名声等，为世间最尊贵的人。阿弥陀佛和释迦牟尼佛都可称为“世尊”。我们在佛经上常见的“世尊”是指释迦牟尼佛。

5. 观世音菩萨：梵文 Avalokiteśvara。“观世音”一词是鸠摩罗什的旧译，玄奘新译为“观自在”，中国略称为“观音”。观世音菩萨是佛教中慈悲和智慧的象征。

6. 善男子：梵语为 kulaputra，蒙古语作 iǰaɤur tan u köbegün̠-e, 藏语作 rigs-kyi bu，指良家之男子。善女人亦同，乃良家女子之义。经典中对在家的信男、信女，每用善男子、善女人之称呼。此时的“善”，系对信佛、闻法、行善业者之美称。

7. 众生：指一切生物，多指普通人。

8. 琉璃：物名，佛教七宝之一。译言远山宝，不远山宝等。青色之宝石也。就产出之山名之。远山为须弥山之异名。不远山者去波罗奈城不远之山也。

9. 砗磲：物名，佛教七宝之一。

10. 玛瑙：物名，佛教七宝之一。

11. 珊瑚：物名，佛教七宝之一。

12. 琥珀：物名，佛教七宝之一。

13. 罗刹鬼：三十六鬼之一。

14. 夜叉：梵语为 Yakśa，又为阅叉。新作药叉、夜乞叉。译为能嗽鬼、捷疾鬼、勇健、轻捷、秘密等。佛教指一种吃人的恶魔，后用于比喻相貌丑陋、凶恶的人。

15. 恶鬼：罗刹，佛教中指恶鬼，食人肉之恶鬼。

16. 杻械：脚镣手铐，泛指刑具。蒙古语 čidür。

17. 枷锁：旧时的两种刑具。比喻所受的压迫和束缚。“枷”是旧时套在罪犯脖子上的刑具，用木板制成“锁”是旧时套在罪犯手上和脚上的刑具又称人身锁，用以锁铁链、木枷的铁质锁具，是惩罚性的特种锁具。

18. 检系：检：约束；系：约束。用枷锁束缚。

19. 无畏：自信，梵语为 vaiśāradya。

20. 摩诃萨：摩诃萨埵之略。梵语为 mahāsattva 的音译。旧译为大心、大众生。新译为大有情。有作佛大心之众生，即菩萨之通称。意译为大士、圣士、超士、高士等，指长期修行、进入圣位的大菩萨，一般认为指七地以上的菩萨。摩诃萨埵修行的时间很长，达到的阶位很高，已经救度无量无边的众生，所以具有广大无比的神通，备受苦难众生和初级修士的崇拜。威光显赫、家喻户晓的八位摩诃萨埵，八大菩萨为文殊菩萨、普贤菩萨、观世音菩萨、大势至菩萨、虚空藏菩萨、地藏菩萨、弥勒菩萨、除盖障菩萨。

21. 嗔恚：佛教毒之一。忿怒怨恨。嗔：睁大眼睛瞪人。嗔目叱之。同“瞋”。恚：恨、怒：恚恨。佛教有十恶，“嗔恚”是其中之一，十恶为“身业三种，杀生、偷盗、邪淫；口业四种，妄语、两舌、恶口、绮语；意业三种，贪欲、嗔恚、邪见”。

22. 唐捐：唐：徒然、空；捐：舍弃。指落空，虚耗，虚掷。

23. 恒河沙：恒河为恒伽河的简称，恒河又名克伽河，是印度三大河流之一。河中多细沙，佛教用语，每以恒河之细沙来形容数目极多。

24. 劫：梵语“Kalpa”（劫簸）之略。意译分别时分、分别时节、长时、大时、时。原为古代印度婆罗门教极大时限之时间单位。佛教沿之，而视之为不可计算之长大年月，故经论中多以譬喻故事喻显之。

25. 得度者：谓得以渡过生死之海而进入涅盘境界。

26. 辟支佛：辟支迦佛陀的简称。即辟支迦佛陀的简称，又音译作“钵罗翳迦佛陀”，或简称“辟支迦佛”“辟支”等。指过去生曾经种下因缘，进而出生在无佛之世，因性好寂静，或行头陀，无师友教导，而以智慧独自悟道，通说为观察十二因缘，进而得到证悟而解脱生死、证果之人。所以亦称为“独觉”（新译）或“缘觉”（旧译）。

27. 声闻：融三世间十身之第四。是指亲身听闻佛祖言教的觉悟者，以达到自身解脱为目的，最终可成为罗汉。阿难、迦叶等著名的佛陀十大弟子就都是声闻。

28. 梵王：大梵天王之异称也。指色界初禅天的大梵天王。亦泛指此界诸天之王。

29. 帝释：亦称“帝释天”。梵语为 Sakra devanam Indra，音译释迦提桓因陀罗，又作天帝释、天主，在佛教中是忉利天之主。佛教护法神之一，天龙八部之一的天众之首领，佛家称其为三十三天（忉利天）

之主，居须弥山顶善见城。常与天龙八部之一的阿修罗部众发生战争。梵文音译名为“释迦提桓”，其根源自雅利安人最崇拜的雷雨之神因陀罗。作为护法神，他的主要职责是保护佛陀、佛法和出家人。

30. 自在天：或称自在王，梵语为Īśvaradeva，“Śiva”的头衔，提婆国王。

31. 大自在天：梵语为Maheśvara的意译（Mahā为大，iśvara表自在），音译为摩醯首罗。据说他住在色界之顶，为三千大千世界之主，在三千界中得大自在，故有此称。

32. 天大将军：即帝释天主之大将军。

33. 毗沙门：毗沙门四天王之一。又作毗沙门天(天名)，又云多闻天。佛教中的护法天神。

34. 小王：除转轮王外，余悉为小王，所谓粟散王是也。

35. 长者：积财具德者之通称。

36. 居士：梵语为Kulapati。音译迦罗越、伽罗越。居家之士，居财之士。在家志佛道者。

37. 宰官：古代官名。《法华经·普门品》曰：“应以宰官身得度者。即现宰官身而为说法。”

38. 婆罗门：天竺四姓之一。具云婆罗贺摩拏，又云没啰憾摩。译为外意、净行、净志、静志等。奉事大梵天而修净行之一族。[又]国名，即婆罗门国。

39. 比丘：指和尚。梵语为bhiksu。意译为“乞士”，俗称“和尚”。佛家指年满二十岁，受过具足戒的男性出家人。

40. 比丘尼：中国对比丘尼的俗称为“尼姑”，梵语Bhikssuni的音译。意译为“乞士女”、“除女”或“薰女”；亦称“沙门尼”或简称“尼”。

略不合佛教规仪，是结合中国民俗产生的称谓。

41. 优婆塞：梵文为 Upāsaka，在家信佛、行佛道并受了三皈依的男子，曾译作邬波索迦、乌婆塞、伊蒲塞等。意译清信士、近事男、近善男、善宿男等。受了三皈依及五戒并戒行圆满的人，称为满分优婆塞。严格地讲，优婆塞应该以《优婆塞戒经》为行动准则。

42. 优婆夷：梵文为 Upasika，在家信佛的女子叫优婆夷，又译“优婆私柯”。意译为近善女、善宿女、清信女等，凡受了三归五戒的女子，都叫做优婆夷，在中国将她们称为“女居士”。

43. 天龙：诸天与龙神。为八部众之二众。天者，梵天帝释等也，龙者难陀跋难陀等也。《法华经序品》曰：“天龙夜叉……人非人。”

44. 乾闼婆：梵文为 Gandharva，又作健达婆、犍达缚、健闼婆、干沓和、干沓婆、彦达缚、犍陀罗等。译曰：香神、嗅香、香阴、寻香行。乐人之称。又八部众之一。乐神名。不食酒肉，唯求香以资阴身，又自其阴身出香，故有香神乃至寻香行之称。与紧那罗同，奉侍帝释而司奏伎乐。紧那罗者法乐，干闼婆者修乐。

45. 阿修罗：梵语为 Asura，又作阿须罗。旧称阿修罗，阿须伦，阿苏罗，阿素罗。译曰：无端，容貌丑陋之义。又曰：无酒，其果报无酒之义。新称阿素洛。译曰非天。其果报胜似天而非天之义。为常与帝释战斗之神。六道之一，八部众之一。

46. 迦楼罗：梵语为 Garuḍa，动物，天龙八部之一，其形象随佛教传入东亚，中文常译为金翅鸟或大鹏金翅鸟。在中亚和南西伯利亚受到藏传佛教影响的地区也存在此鸟的神话。

47. 紧那罗：梵语为 Kinnara，又名“乐天”，意为“音乐天”“歌神”，是佛教天神“天龙八部”之一。

48. 摩睺罗伽：梵语为 Mahorāga，天龙八部之一，意译大蟒神，一种人身蛇首的神。普济寺中摩睺罗迦的塑像为头顶几条蛇的贵族，或是蛇面，手持笙或腰系花鼓，手持鼓槌。

49. 人非人：法华文句二曰："紧那罗，亦云真陀罗，此云疑神，似人而有一角，故号人非人。"[又]天龙等八部众之总称，以彼等本非人而诣佛所皆现人体也。舍利弗问经曰："八部皆曰人非人。"《法华经义疏》曰："人非人者，八部鬼神本悉非人，而变作人形来听说法，故云人非人也。"

50. 执金刚：梵语作 Vajra。金中之精者。世所言之金刚石是也。

51. 施无畏：梵语作 Abhayanda，又曰施无畏者，施无畏萨埵等。观音菩萨之异名。彼菩萨为众生之依怙而使不畏怖者，即是施以无畏也，故名。《法华经·普门品》曰："此娑婆世界皆号之为施无畏者。"楞严经六曰："十方微尘国土皆名之为施无畏者。"观音玄义记一曰："是观世音菩萨摩诃萨，于怖畏急难之中能施无畏，是故此娑婆世界皆号之为施无畏者。"

52. 璎珞：物名，古代用珠玉串成的装饰品，多用为颈饰。

53. 四众：一发起众，如《法华经》会座因舍利弗三请，而发起本经之说法，击扬发动，令如来有所说，是曰发起众；二当机众，正当座之机众也，如诸声闻正闻本经得证悟之益者；三影响众，如文殊观音来自他方，助佛化，庄严法座者；四结缘众，薄福众生，今无证悟之益，而结见佛闻法之因缘，作未来得道之因缘者。见《法华文句》二。[又]有僧伽之四众：一比丘，二比丘尼，三优婆塞，四优婆夷。《药师经》曰："若有四众苾刍，苾刍尼，邬波素迦，邬波斯迦。"见《法华玄赞一》。[又]一比丘，二比丘尼，三沙弥，四沙弥尼，即出家之四众也。

《光宅法华疏一》曰："虽有天龙八部，莫过四类，出家四众也。"[又]一龙象众，大天之流也。二边鄙众，大天门徒也。三多闻众，凡夫随顺学人圣者而多闻法者。四大德众，即四果之圣众也。见宗轮论述记。

54. 釋迦牟尼佛：梵语为 Śākyamuni，华言能仁寂默。能仁是姓，寂默是字。以寂默故，不住生死。以能仁故，不住涅槃。悲智双运，利物无穷，故立此号也。人寿减至一百岁时，出世，为贤劫中第四佛。

55. 偈：译曰"颂"。定字数结四句者。不问三言四言乃至多言，要必四句。

56. 具足：杂语，具备满足也。《金刚经》曰："如来具足五眼。"无量寿经上曰："具足五劫思惟。"《法华经》曰："此大良药，色香美味皆悉具足。"

57. 须弥峰："须弥"一词原是梵文音译，相传是古印度神话中的名山。据佛教观念，它是诸山之王，世界的中心，为佛教的宇宙观。须弥的意思是"妙高""妙光""善积"等,因此须弥山有时又译为"妙高山"等。须弥山梵语为 Sumeru，汉译为"高山"。

58. 蚖蛇：亦作"蚖虵"；土虺蛇，亦泛指毒蛇；旧说生女之兆。

59. 蝮蠍：蝮蛇与蝎子。泛指毒蛇、毒虫。

60. 依怙：即依恃之意，如子女之依赖父母。于佛教中，转指众生因贪瞋等无明缠身，造作各种恶业而堕于轮回中，须依赖佛、菩萨之慈心悲愿，予以济度，始能出离苦厄，故称依怙。

61. 阿耨多罗三藐三菩萨心：即"阿耨多罗三藐三菩提"，意为无上正等正觉，即最高的智慧觉悟。阿耨多罗是"无上"之意（阿为无，耨多罗为上），三藐是"上而正"之意，三菩提是"普遍的智慧和觉悟"，简称菩提。修行人要做的发菩提心，就是发成就阿耨多罗三藐三菩提的心愿，即成佛的心，度众生的心。

62. namo：梵语作 Namas、Namah 等。意为“归命”。

63. but：梵语作 Buddha。

64. darm：梵语作 Dharma，意为“佛法”。

65. sang：意为“僧”。

66. quanšï im pusar：观世音菩萨。

67 . bodisawat：梵语作 Bodhisattva，即“菩萨”。

68. wlokdešwar：梵语作 Avalokiteśvara，即“正观音”。

69. tawɤača：指“汉语”和“桃花石”（唐朝）。

70. tümän：吐火罗语借词，意为“万”。蒙古语为 tümen。

71. qamaɤ：粟特语借词，意为“全部”“所有”。蒙古语为 qamuɤ。

72. ärdini：梵语借词，意为“宝贝”。蒙古语为 erdeni。

73. taloy：汉语“大流”而来，意为“大海”。蒙古语为 dalai。

74. yäklär：梵语借词，梵语为 Yakśa，指“夜叉”。

75. tsun tsun：对偶词，意为“段段”，源自汉语的“寸寸”。

76. sartbaw：梵语借词，梵语为 Sartha，意为“商人”。

77. burxan：佛祖。据学者分析，bur 源自汉语的“佛”，xan 源自回鹘语“可汗”。

78. yertinčü：梵语借词，意为“尘世”“世界”。

79. äzrua：八部众之一，参见 45。

80. mahešvar：梵语为 Maheśvara，汉译为“大自在天”，参见 31。

81. bišamn：参见 33。

82. toyïn：来自汉语的“道人”。

83. šamnanč：指“尼姑”，参见 40。

84. luular：八部众之一。“luu”来自汉语的“龙”,“lar”为复数后缀。

85. ɤantar：参见 47。

86. gintirwlär：八部众之一，参见 44。

87. asuri：八部众之一，参见 45。

88. wačirapanlar：金刚神，-lar 为复数。

89. buši̇̈：源于汉语的“布施”，梵语为 Dānas。

90. šlok：梵语借词，梵语为 śloka，意为“诗”。

91. tamu：粟特语借词，意为“地狱”。

92. pret：梵语借词，梵语为 Pereta，意为“鬼”。

93. ažunta：粟特语借词。

94. tsuy：源于汉语的“罪”。

95. noš：梵语借词，梵语为 amrita，意为“甘露”。

96. nizwani：梵语借词，意为“烦恼”。

97. byang chub：菩提萨埵。

98. sems dpa' sems dpa' chen po：摩诃萨埵。

99. blo gros mi zad ba：观世音菩萨。

100. spyan ras gzigs：意为以慈悲的眼光看待众生者，指观世音。“spyan ras”为“目”，是眼睛的敬语，“gzigs”为观者。

101. bodis̱tw：汉语的“菩提萨埵”，又作“菩萨”，佛教术语。源于 bodi（意为菩提、正觉、善良，《蒙古语词根词典》，765 页）。梵语 bodhisattva 的音译。

102. maqas̱tw：汉语的“摩诃萨埵”，佛教术语，梵语为 Mahāsattva 的音译。

103. baraši ügei oyuṯu：观世音菩萨。

104. ilaǰu tegüs n̲ögčigsen：汉语的“世尊”，佛教术语，梵语为“lokadjyechyha”或“Bhagavat”，即薄伽梵或婆伽婆。对佛陀的尊称，佛的十号之一，一个三千大千世界便有一尊佛住世，佛是最尊贵的，所以用世尊来称呼佛，又含有自在、炽盛、端严、名称、尊贵、吉祥六义，又称有德、有名声等，为世间最尊贵的人。阿弥陀佛和释迦牟尼佛都可称为“世尊”。我们在佛经上常见的“世尊”是指释迦牟尼佛。

105. n̲idüber üǰegči erketü：即观世音菩萨，梵语为 Avalokiteśvara。观世音是鸠摩罗什的旧译，玄奘新译为观自在。观世音菩萨是佛教中慈悲和智慧的象征。观世音菩萨具有平等无私的广大悲愿，当众生遇到任何的困难和苦痛，如能至诚称念观世音菩萨，就会得到观世音菩萨的救护。而且，观世音菩萨最能适应众生的要求，对不同的众生，便现化不同的身相，说不同的法门。

106. n̲ayud költi：n̲ayud 为汉语中的“那由他”，又称“那由多”，梵语“nayuta”之音译，意为多到没有数目可以计算。n̲ayud költi 意为“不可思量”“无量”。

107. ariy-a awalukidi išwari：观世音菩萨。

108. iǰaɤur tan u köbegün̲-e：梵语为 kula-putra；藏 rigs-kyi bu，指良家之男子。善女人亦同，乃良家女子之义。经典中对在家的信男、信女，每用善男子、善女人之称呼。此时的‘善’，系对信佛、闻法、行善业者之美称。

109. dalai：源自汉语的“大流”，从回鹘语传入蒙古语。

110. raɤšaś：梵名为 Rākṣasa，佛教中指食人肉之恶鬼，又称罗刹。

111. sartawaki：梵语借词，梵语为 Sartha，该词从梵语借入粟特语，从粟特语借入回鹘语，再从回鹘语借入蒙古语。

112. urin：意为嗔恚（愤怒），参见 21。

113. binwad：佛教术语，汉语中的“布施”。

114. ṉom：源自希腊语 noms，意为书、经、学问、道。

115. širawaṉg：梵语为 śrāvaka，与汉语中的“声闻”对应。音译为舍罗婆迦。指听闻佛陀声教而证悟之出家弟子。为二乘之一,三乘之一。

116. esru_a：汉译为“梵天”。

117. qurmusta：粟特语借词，为 Xormuzta tängri，指玉皇、上帝。

118. qandari：与汉语中的“乾闼婆”相对应，梵语为 Gandharva，参见 44。

119. makišwari：与汉语中的“大自在天”相对应，参见 31。

120. čakirwad：与汉语中的“转轮王”相对应，又作遮迦越罗；转轮圣王、转轮圣帝、轮王；司掌人道等。梵语为 Cakravarti-raja。

121. biraman：与汉语中的“婆罗门”相对应。梵语借词，为“brāhemaṇ”。

122. wčirbaṉi：金刚神。

123. qarudi：八部众之一，与汉语中的“迦楼罗”相对应，梵语“ɤaruḍa”的音译。参见 46。

124. kiṉari：八部众之一，与汉语中的“紧那罗”相对应，梵语“kinnara”的音译。参见 47。

125. šagimuṉi：释迦牟尼，梵语为 śākyamuni，意为“释迦族之圣者”，古印度著名思想家，佛教创始人。被后世尊称为佛陀、世尊等，汉地尊称他为佛祖，即“佛教祖师”。

126. alag tuwača：花色的宝幢，常以诸宝严饰，又称法幢，即庄严佛菩萨之旗帜。

127. wčir：梵语为 vajra 的音译，意为“缚日罗”“伐折罗”。佛教密宗中表示伏魔、断烦恼、坚利智的法器。

128. tarṉi：意为咒语，梵语为 dhāraṇi。

129. bodi：梵语为 bodha。

130. tamu：意为“地狱”，粟特语借词，为 tamu、tamuğ。

131. ṉiswaṉis：意为“烦恼”，梵语为 nizwanï。

132. kögürge：意为“大鼓”，又作 kegürge，回鹘语为 keyrge。

133. ayaɤq‗a tekimlig：汉译为“比丘”，参见 39。

134. qutuɤ：意为“福”“禄”，回鹘语为 qutuluq。

135. yelwi：意为“魔术”“预言”，回鹘语为 yalay。

136. diyan：意为“禅”。

137. abida：指“阿弥陀佛”，梵语为 amitābha。大意为无量觉、无量光、无量寿等（阿译作“无”；弥陀译作“量”；佛译作“觉”“光”“寿”等）。“阿弥陀佛”是原文音译。

138. liṉgqu‗a：汉语借词。

139. tümen：吐火罗语借词，意为万、万众的、许多的、万户等。通过回鹘语进入蒙古语，回鹘语作 tymæn。

第二章 《法华经·普门品》四语种文本内容比较

《法华经·普门品》汉、藏、回鹘、蒙古文文本虽然内容相同，但译者在翻译时所参考的底本不同，故在细节上存在诸多差异。本章分三个部分，从翻译学的角度，将《普门品》蒙古文文本分别与汉、藏、回鹘文文本进行比较研究。需要注明的是文中字母下方的横线表示两种译文对应的部分。

第一节 《法华经·普门品》蒙古与汉文文本内容比较

001. tendeče bodisṯw maqasṯw baraši ügei oyuṯu debüsger-ečegen bosču ḏegedü degel-iyen ṉigen mörü-ṯür-iyen qombiǰu baraɤun ebüdüg-un mandal -iyar ɤaǰar-tur sögüdüged. ilaǰu tegüs ṉögčigsen qamiɤ_a bükü tere ǰüg-tür alaɤaban qamtudqan böküiged ilaǰu tegüśṉögčigsen-ṯür ein kemen öčirün. ilaǰu tegüɤś ṉögčigsen bodisṯw maqasṯw ṉidüber üǰegči erketü-yi yaɤun-u tulada ṉidü-ber üǰegči erketü kemen ṉereidübei.

001. 尔时无尽意菩萨即从座起。偏袒右肩合掌向佛而作是言。世尊。观世音菩萨以何因缘名观世音。

分析 001：蒙译本中的“debüsger-ečegen”意为“从垫子上”，“baraɤun ebüdüg-un mandal-iyar ɤaǰar-tur sögüdüged”意为“用右膝跪地”，“qamiɤ_a bükü tere ǰüg-tür”意为“向四面八方”。而汉译本中未出现这些内容。蒙译本中的“n̲idü-ber üǰegči”和汉译本中的“观世音”均指“观世音菩萨”。蒙译本中的“n̲idü-ber üǰegči”为“用眼睛观看者”，其中“n̲idü”为“眼睛”，“ber”为凭借格，“üǰegči”为“观看者”。汉译本中的“观世音”一词从字面意思去分析的话，为“观看尘世间声音”。因此，两种译本的翻译略有差异。

002. tein kemen öčiged.ilaǰu tegüś n̲ögčigsen ber bodist̲w maqast̲w baraši ügei oyutu-t̲ur ein kemen ǰarliɤ bolrun iǰaɤurtan-u köbegün̲-e egün-tür kedüi büküi ǰaɤun min̲gɤ̣an n̲ayud költi amitan ali ǰobaln̲g-ud-iyar kürtegsend tedeger ber kerber bodist̲w maqast̲w ariy_a awalukidi išwari n̲idü-ber üǰegči erketü-yin n̲ere-yi son̲usbasu tedeger büküde tere ǰobalan̲g-ud-un čogča-ača saitur ton̲ilqu boluyu.

002. 佛告无尽意菩萨。善男子。若有无量百千万亿众生受诸苦恼。闻是观世音菩萨。一心称名。观世音菩萨即时观其音声皆得解脱。

分析 002：蒙译本中的“tein kemen öčiged”意为“如此说”。“ein kemen”意为“如此”。“egün-tür”意为“在这里”。“tedeger ber”中的“tedeger”为“那些”。“kerber”意为“若是”。“n̲ere -yi”中的“n̲ere”意为“名字”，“-yi”为“宾格”。“tere ǰobalan̲g-ud-un čogča-ača saitur”中的“tere”为“那”，“ǰobalan̲g”为“苦恼”，“-ud”为“复数”，“-un”为“领格”，“čogča”为“躯体、体”，“-ača”为“从比格”，“saitur”为“很好地”。汉译本中未出现这些内容。汉译本中的“一心称名”

和“观世音菩萨即时观其音声”在蒙译本中未出现。蒙译本中的“n̠ayud költi”为梵语借词，音译为“那由他”，是数量单位，即指“千亿”，汉译本中译作“万亿”。

003. iǰaɤur tan-u köbegün̠-e ali amitan bodist̠w maqast̠w n̠idü-ber üǰegči erketü-in n̠ere-yi n̠erelegči tedeger ber ɤal-un yeke čogča-t̠ur un̠abasu-bar tedeger büküde bodist̠w maqast̠w n̠idü-ber üǰegči erketü-yin čog ǰibqulan̠g-iyar mašita šitaɤagsan ɤal-un tere čogča-ača ton̠ilqu boluyu.

003. 若有持是观世音菩萨名者。入大火火不能烧。由是菩萨威神力故。

分析 003:蒙译本中的“iǰaɤurtan-u köbegün̠-e”意为“善男子”。“ali”意为“哪个”。“amitan”意为“生灵、众生”。“tedeger ber”中的“tedeger”为“那些”。“büküde”意为“全部”。“mašita”意为“非常”。“šitaɤagsan”意为“燃烧”。“tere”为“那”。“čogča”为“躯体、体”,“-ača”为“从比格”。这些内容未在汉译本中出现。汉译本中的“若有”是具有假设意义的连词，在蒙译本中未出现。

004. iǰaɤur tan-u köbegün̠-e kerber müren-u usun̠-a urustaqui-t̠ur bodist̠w maqast̠w n̠idü-ber üǰegči erketü-yi daɤudabusu tedeger müred ber tedeger amitan-i urusqan ülü čidayu.

004. 若为大水所漂。称其名号即得浅处。

分析 004:蒙译本中的“iǰaɤurtan-u köbegün̠-e”意为“善男子”。“tedeger müred ber tedeger amitan-i”中的“tedeger”为“那些”,“müred”为“müren”的复数,“müren”为“江”,汉译本中译为“大水”。“tedeger”为“那些”,“amitan”意为“生灵、众生”,“-i”为“宾格”。这些内容汉译本中未出现。蒙译本中的“urusqan ülü čidayu”意为“不会飘走”，汉译本中

译作“既得浅处”，意为“已经脱离险境”。

005. ijaɤur tan-u köbegün̠-e kerber ǰaɤun min̠gɤan n̠ayud költi amitan ber dalai dotur_a on̠gɤuča-t̠ur oruǰu ele ǰibaqu altan čindaman̠i subud aidurya labai megšil alam_a kerbi baširu isbir ulaɤan subud terigüten-u tulada odugsad tede -ber dogšin kei-ber keisteǰü em_e raɤšaś-un tiib-tur un̠aqui bolugsan-tur tede ičeged amitan ber n̠idü-ber üǰegči erketü-yi daɤudabasu ele tedeger büküde em_e raɤšaś-un tere tiib-eče ton̠ilqu boluyu.

005. 若有百千万亿众生。为求金银琉璃砗磲玛瑙珊瑚琥珀真珠。等宝入于大海假使黑风吹其船舫。飘堕罗刹鬼国。其中若有乃至一人。称观世音菩萨名者。是诸人等。皆得解脱罗刹之难。

分析 005：蒙译本中的“ijaɤur tan-u köbegün̠-e”意为“善男子”，汉译本中未出现。蒙译本中的“n̠ayud költi”为梵语借词，音译为“那由他”，是数量单位，即“千亿”，汉译本中译作“万亿”。蒙译本中出现的“altan、čindaman̠i、subud、aidurya、labai、megšil、alam_a、kerbi、baširu、isbir、ulaɤan subud”指“金子、如意宝、珍珠、琉璃、海螺、碧玉、玛瑙、红珊瑚、白珊瑚、红珍珠”等宝物名称，汉文文本中只出现了“金、銀、琉璃、砗磲、玛瑙、珊瑚、琥珀、真珠”等。蒙译本的“em_e raɤšaś-un tere tiib-eče ton̠ilqu boluyu”在汉译本中减译为“皆得解脱罗刹之难”。

006. ijaɤur tan-u köbegün̠-e tegün-u tulada bodist̠w maqast̠w ariy_a awalukida isuri-yi n̠idü-ber üǰegči erketü kemen n̠ereidgsen bolai.

006. 以是因缘名观世音。

分析 006：蒙译本中的“ijaɤur tan-u köbegün̠-e”意为“善男子”，“bodist̠w maqast̠w ariy_a awalukida isuri”是“观世音菩萨”，汉译本中未

出现。

007. ijaɤur tan-u köbegün̠-e kerber alan tuɤurbigsan-tur n̠idü-ber üǰegči erketü-yi daɤudabasu ele tedeger alaɤačin-u tede mesen keseg keseg quɤuran kemkerekü boluyu.

007. 若复有人。临当被害。称观世音菩萨名者。彼所执刀杖。寻段段坏。而得解脱。

分析 007：蒙译本中的“ijaɤur tan-u köbegün̠-e”意为“善男子”，“tede”为“他们”，汉译本中未出现。汉译本中的“有人”和“临当”在蒙译本中未出现。“而得解脱”也在蒙译本中未出现。

008. ijaɤur tan-u köbegün̠-e kerber ɤurban min̠gɤan yeke min̠gɤan yirtinčüś-un orud-tur yaɤšaś raɤšaś n̠uɤud dügürbesü bodist̠w maqast̠w ariy_a awalukidi išwari-yin n̠ere-yi n̠erelegči-t̠ur tede büküdeger urilaqui sedkil-iyer üǰen ülü čidayu.

008. 若三千大千国土满中夜叉罗刹。欲来恼人。闻其称观世音菩萨名者。是诸恶鬼。尚不能以恶眼视之。

分析 008：蒙译本中的“ijaɤur tan-u köbegün̠-e”意为“善男子”，“tede büküdeger”意为“他们全部”，指“诸恶鬼”，汉译本中译作“诸恶鬼”。汉译本中的“欲来恼人”在蒙译本中未出现。

009. ijaɤur tan-u köbegün̠-e ǰarim amitan temür čider kiged modun čider-iyer čiderleküi-t̠ür gem tü ba taki gem ügei bögesü bodist̠w maqast̠w ariy_a awalukidi išuri-in n̠ere-yi n̠ereidgsen-iyer temür čider kiged modun čider-iyer čiderlegsed aldaraqu boluyu. ijaɤur tan-u köbegün̠-e bodist̠w maqast̠w ariy_a awalukidi išuri-yin küčün an̠u tere metü boluyu.

009. 况复加害。设复有人。若有罪若无罪。杻械枷锁检系其身。

称观世音菩萨名者。皆悉断坏即得解脱。

分析 009：蒙译本中的“iǰaɤur tan-u köbegün̲-e”意为“善男子”，“ǰarim”意为“有些”，“amitan”为“生灵、众生”。汉译本中未出现这些内容。蒙译本中的“iǰaɤur tan-u köbegün̲-e bodist̲w maqast̲w ariy_a awalukidi išuri-yin küčün an̲u tere metü boluyu.”在汉译本中未出现。

010. iǰaɤur tan-u köbegün̲-e kerber ɤurban min̲gɤan yeke min̲gɤan yirtinčüś-un en̲e orud-tur arɤatan kiged buliyan qulaɤai daisun ɤar-tur mese barigsad ber dügürčü ele.

010. 若三千大千国土满中怨贼。

分析 010：蒙译本中的“iǰaɤur tan-u köbegün̲-e”为“善男子”，汉译本中未出现。汉译本中的“ɤar-tur mese barigsand ber”意为“手里抓利器者”，在汉译本中未出现。其中“ɤar”为“手”，“-tur”为“向位格”，“mese”为“刀刃”，“barigsad”的“barigsa”为“手握者”，“d”为复数。

011. tende ɤagča sartawaki-ber olan̲gki ǰiɤulčid arad luɤ_a erdenit̲ü bayan tere sartawaki odugsan-t̲ur-i tedeger odugsad ber arɤatan buliyan qulaɤai daisun ɤar-tur mese barigsad teden-i üǰeǰü ele üǰeged ayuǰu emiyeǰü bide bükün ber itegel abural ügkün kemegsen-t̲ür

011. 有一商主将诸商人。赍持重宝经过险路。

分析 011：蒙译本中的“tende”意为“那里”，“erdenit̲ü bayan tere sartawaki odugsan-t̲ur-i tedeger odugsad ber arɤatan buliyan qulaɤai daisun ɤar-tur mese barigsad teden-i üǰeǰü ele.”意为“手握刀刃的怨贼看到了跟随富裕商人的诸商人”。“üǰeged ayuǰu emiyeǰü bide bükün ber itegel abural ügkün kemegsen t̲ür”意为“看到后惧怕，为我们赐予信任与救助”。此段内容在汉译本中未出现。

012. tere sartawaki-bar tedeger olan ǰiɤulčid-tur ber ein kemen buu ayugtun iǰaɤur tan-u köbegün-e buu ayugtun ayul ügei-yi öggügči bodistw maqastw ariy_a awalukidi asuri-yi nigen daɤun-iyar daɤudagtun tegün-iyer ta -bar buliyan qulaɤan-u ayul kiged ene daisun-u ayul-ača saitur tonilqu boluyu kemen ügülegsen-tür tendeče tedeger olan ǰiɤulčid ber nigen daɤun-iyar ariy_a awalukidi asuri-yi daɤudaǰu ele. ayul ügei öglige-tü bodistw maqastw ariy_a awalukidi isuri tegün-tür mörgümüi kemen nere-yi nereidüged sača tedeger bükü olan ǰiɤulčid qamuɤ ayul-ud saitur tonilbai.

012. 其中一人作是唱言。诸善男子勿得恐怖。汝等。应当一心称观世音菩萨名号。是菩萨能以无畏施于众生。汝等。若称名者。于此怨贼当得解脱。众商人闻俱发声言南无观世音菩萨。称其名故即得解脱。

分析 012：蒙译本中的“tere sartawaki”为“那个商人”，汉译本中译作“一人”。“tedeger olan ǰiɤulčid”为“诸商人”。“buu ayugtun”的“buu”为否定词，“ayugtun”为“害怕”，在蒙译本中重复出现。“ayul ügei öglige-tü bodistw maqastw ariy_a awalukidi isuri tegün tür mörgümüi kemen ”意为“跪拜施无畏观世音菩萨”，“tedeger bükü olan ǰiɤulčid”意为“诸商人”。这些内容在汉译本中未出现。

013. iǰaɤur tan-u köbegün-e bodistw maqastw ariy_a awalukidi isuri-yin küčün anu tere metü bolai.

013. 无尽意观世音菩萨摩诃萨。威神之力巍巍如是。

分析 013：蒙译本中的“iǰaɤur tan-u köbegün-e”意为“善男子”，汉译本中未出现。

以上出现的“设入大火、大水所漂、突遇黑风、罗刹鬼国、遭遇刀难、囚禁全身、满中怨贼”等灾难为佛教中的“火难、水难、刀难、风难、鬼难、囚难、贼难”七难。

014. ijaɤur tan-u köbegün̲-e tačiyan̲gɤui-bar yabuqui ali tedeger amitan ber bodist̲w maqast̲w ariy_a awalukidi isuri-t̲ur mörgübesü tačiyan̲gɤui-ačaqaɤačaqu boluyu.

014. 若有众生多于淫欲。常念恭敬观世音菩萨。便得离欲。

分析 014：蒙译本中的“ijaɤur tan-u köbegün̲-e”为“善男子”，汉译本中未出现。汉译本中的“常念”一词在蒙译本中未出现。

015. urin-iyar yabugči ali tedeger amitan ber bodist̲w maqast̲w ariy_a awalukidi isuri-t̲ur mörgübesü urin-ača qaɤačaqu boluyu.

015. 若多嗔恚。常念恭敬观世音菩萨。便得离嗔。

分析 015：蒙译本中的“ali tedeger amitan ber”意为“那些众生”，“ali”意为“哪个”，“tedeger”意为“那些”，“amitan”为“生灵、众生”。此段内容在汉译本中未出现。汉译本中的“常念”一词在蒙译本中未出现。

016. ali amitan mun̲gqag-iyar yabugči ali tedeger amitan ber bodist̲w maqast̲w ariy_a awalukidi asuri-t̲ur mörgübesü mun̲gqag-ača qaɤačaqu boluyu.

016. 若多愚痴。常念恭敬观世音菩萨。便得离痴。

分析 016：蒙译本中的“ali amitan”意为“那些众生”，“ali”意为“哪个”，“amitan”为“生灵、众生”。之后的“ali tedeger amitan ber”意为“那些众生”。这些内容在汉译本中未出现。汉译本中的“常念”一词在蒙译本中未出现。

以上三种，即“淫欲”“嗔恚”“愚痴”在佛教中被视为世间众生所染三种根本毒害。

017. iǰaɣur tan-u köbegün̠-e tere metü bodistw maqastw ariy_a awalukidi isuri kemebesü yeke ridi qubilɣan-tu bolai.

017. 无尽意。观世音菩萨。有如是等大威神力多所饶益。

分析 017：蒙译本中的“iǰaɣur tan-u köbegün̠-e”为“善男子”，汉译本中未出现。

018. iǰaɣur tan-u köbegün̠-e qatugtai-ber n̠uɣun köbegün-i küsegčid ked ber bodistw maqastw ariy_a awalukidi isuri-t̠ur mörgübesü tegün-t̠ür n̠uɣun köbegün törüǰü ele. ön̠gge sai-tai kebeken üǰebesü ɣowa_a köbegün-u belge luɣ_a tegüsügsen olan arad-un sedkil-t̠ür taɣalaqu metü üǰesgülen̠g-tai buyan-u ündüsün-i egüsgegsen ber törükü boloyu. ken ökin-i küsegčid tegün-t̠ür ökin törüǰü ele.ön̠gge sai-tai kebeken üǰebesü ɣowa_a ökin-u belge-luɣ_a tegüsügsen olan arad-un sedkil-t̠ür oroqu metü üǰesgülen̠g-tai buyan-u ündüsün-i egüsgegsed ber törükü boloyu.

018. 是故众生常应心念。若有女人设欲求男。礼拜供养观世音菩萨。便生福德智慧之男。设欲求女。便生端正有相之女。宿植德本众人爱敬。

分析 018：蒙译本中的“iǰaɣur tan-u köbegün̠-e”指“善男子”，汉译本中未出现。汉译本中的“福德智慧”和“端正有相”在蒙译本中未出现。汉译本中的“宿植德本众人爱敬”在蒙译本中，译者运用长句来形容，即“ön̠gge sai-tai kebeken üǰebesü ɣowa_a köbegün-u belge luɣ_a tegüsügsen olan arad-un sedkil-t̠ür taɣalaqu metü üǰesgülen̠gtai buyan-u ündüsün-i egüsgegsen”和“ön̠gge sai-tai kebeken üǰebesü ɣowa_a ökin-u belge luɣ_a tegüsügsen olan arad-un sedkil-t̠ür oruqu metü üǰesgülen̠g-tai buyan-u ündüsün-i egüsgegsed”，意为“若看到英俊的孩子，就会生象征俊朗的，

犹如被众人赞叹的、帅气的、有福源的男孩”和“若看到俊秀的孩子，就会生象征美丽的，犹如被众人赞叹的、美丽的、有福源的女孩”。

以上求男求女便是“普门品”中的应二求。

019. ǐjaɤur tan-u köbegün̲-e bodist̲w maqast̲w ariy_a awalukidi isuri-yin küčün an̲u tere metü bolai. ken bodist̲w maqast̲w ariy_a awalukidi isuri-t̲ur mörgügsen tedeger ɤabiy_a tusatai ači ür_e-t̲ü boloyu.

019. 无尽意。观世音菩萨。有如是力。若有众生。恭敬礼拜观世音菩萨。福不唐捐。

分析 019：蒙译本中的“ǐjaɤur tan-u köbegün̲-e”指“善男子”，汉译本中未出现。

020. ǐjaɤur tan-u köbegün̲-e ked ber bodist̲w maqast̲w ariy_a awalukidi isuri-t̲ur mörgüged n̲ere-yi n̲ereidügsen ba ked ber ǰiran qoyar ken̲gke müren-u qumaki-yin toɤatan ilaǰu tegüś n̲ögčigsen burqan-n̲uɤud ta mörgüged n̲ere-yi n̲ereidügsen ba basa ked ber ǰiran qoyar ken̲gke müren-u qumaki-yin toɤatan ilaǰu tegüś n̲ögčigsen burqan n̲uɤud saɤun amiduraǰu agsan teden-t̲ür debel binwad idegen oron debüsger ebedčin-tür kereglekü em-ud kereg ǰaraɤ-ud-iyar dakin üiledbesü ele. ǐjaɤur tan-u köbegün̲-e egün̲ai ker ele sedkimü.

020. 是故众生。皆应受持观世音菩萨名号。无尽意。若有人受持六十二亿恒河沙菩萨名字。复尽形供养饮食衣服卧具医药。于汝意云何。

分析 020：蒙译本中的“ǐjaɤur tan-u köbegün̲-e”指“善男子”，汉译本中未出现。蒙译本中的“mörgüged”为“叩拜”，该词在汉译本中未出现。蒙译本中的“ilaǰu tegüś n̲ögčigsen burqan -n̲uɤud ta mörgüged”意为“跪拜世尊”，“ba basa ked ber ǰiran qoyar ken̲gke müren-u qumaki-yin toɤatan ilaǰu tegüś n̲ögčigsen burqan-n̲uɤud saɤun amiduraǰu agsan teden-t̲ür" 意为"和又若驻足生活的六十二恒河沙诸观世音菩萨"，"kereg ǰaraɤ-ud-iyar"中的"kereg"为"事情"，"ǰaraɤ"为"事务"，"-ud"为"复数"，"-iyar"为"凭借格"。这几处内容在汉译本中均未出现。

021. iǰaɤur tan-u köbegüd ba iǰaɤur tan-u n̲öküd tedeger buyan-i ilete bolɤaqui an̲u tedüi čin̲egen kü egüsgekü bolai.tein kemen ǰarliɤ boluɤad bodist̲w maqast̲w baraši ügei oyutu-bar ilaǰu tegüś n̲ögčigsen-t̲ür ein kemen öčirün iǰaɤur tan-u köbegüd ba iǰaɤur tan-u nöküd tedeger tere šitüken-eče buyan-i egüsgeküi an̲u ilaǰu tegüś n̲ögčigsen̲-e olan bolai.saibar odugsan̲-a olan bolai. ilaǰu tegüś n̲ögčigsen ǰarliɤ bolurun iǰaɤur tan-u köbegün̲-e kedber tedüi toɤatan ilaǰu tegüś n̲ögčigsen burqad-tur takil kündülel-i üiledügsen buyan-i ilete bolɤaqui kiged ked ber ai ese bögesü bodist̲w maqast̲w ariy_a awalukidi isuri -t̲ur n̲igen ta mörgügsen ba n̲ere-yi n̲ereidügsen buyan-i ilete bolɤaqui qoyaɤula adali bolai ilegü-ber ügei ülegsen ber ügei bolai. ked ber ǰiran qoyar ken̲gke müren-u qumaki-yin toɤatan ilaǰu tegüś n̲ögčigsen burqad ta mörgüged n̲ere-yi n̲ereidügsen ba ken bodist̲w maqast̲w ariy_a awalukidi isuri-t̲ur mörgüged n̲ere -yi n̲ereidügsen buyan-u tere qoyar čogčaś ber ǰaɤun min̲gɤan-n̲ayud költi qalab -tur ber baragdaquy_a kilber bosu buyu. iǰaɤur tan-u köbegüd bodist̲w maqast̲w ariy_a awalukidi isuri-yin n̲ere-yi n̲ereidügsen buyan an̲u tere metü čaglaši ügei bolai.tendeče ilaǰu tegüś n̲ögčigsen-tür bodist̲w maqast̲w baraši ügei n̲eretü -ber ein kemen öčirün ilaǰu tegüś n̲ögčigsen̲-e kerkiǰü bodist̲w maqast̲w ariy_a awalukidi isuri sab yirtinčü-yin en̲e oron-t̲ur tein böged yabuyu kerkiǰü amitan bükün̲-e n̲om-i üǰügülümü bodist̲w maqast̲w ariy_a awalukidi isuri-yin uran arɤ_a -yin oron in̲u yambarčilan ele buyu tein kemen öčiged.

021. 是善男子善女人功德多不。无尽意言。甚多世尊。佛言。若复有人受持观世音菩萨名号。乃至一时礼拜供养。是二人福正等无异。于百千万亿劫不可穷尽。无尽意。受持观世音菩萨名号。得如是无量无边福德之利，无尽意菩萨白佛言。世尊。观世音菩萨。云何游此娑婆世界。云何而为众生说法。方便之力。其事云何。

分析 021：蒙译本中的“egüsgekü”为“发生、起始、起源”，汉译本中未出现。蒙译本中的“ijaɣur tan-u köbegüd ba ijaɣur tan-u nöküd tedeger tere šitüken-eče buyan-i egüsgeküi an̲u ilaǰu tegüś n̲ögčigsen̲-e olan bolai”意为“世尊，善男子和善女子从那些神祇发起福德者众多”。“saibar odugsan̲-a olan bolai”意为“善心者众多”。“ilaǰu tegüś n̲ögčigsen ǰarliɣ bolurun ijaɣur tan-u köbegün̲-e kedber tedüi toɣatan ilaǰu tegüś n̲ögčigsen burqad-tur takil kündülel-i üiledügsen buyan-i ilete bolɣaqui”意为“世尊言，善男子若祭拜诸多佛祖供养”。“ilegü-ber ügei ülegsen ber ügei bolai”意为“不多不少”。“ked ber ǰiran qoyar ken̲gke müren-u qumaki-yin toɣatan ilaǰu tegüś n̲ögčigsen burqad ta mörgüged n̲ere-yi n̲ereidügsen ba”意为“若叩拜和称名号六十二恒河沙观世音菩萨”，“ken bodist̲w maqast̲w ariy_a awalukidi isuri-t̲ur mörgüged n̲ere-yi n̲ereidügsen buyan-u tere qoyar čogčaś ber”意为“有人叩拜观世音菩萨称其名号二者”。以上几段内容未在汉译本中出现。蒙译本中的“n̲ayud költi”为梵语借词，音译为“那由他”，是数量单位，即指“千亿”，汉译本中译作“万亿”。“bodist̲w maqast̲w ariy_a awalukidi isuri-yin”和“tein kemen öčiged”在蒙译本中重复出现。

022. ilaǰu tegüś n̲ögčigsen ber bodist̲w maqast̲w baraši ügei oyutu-t̲ur ein kemen ǰarliɣ bolurun ijaɣur tan-u köbegün̲-e ali qamiɣ_a bodist̲w maqast̲w ariy_a awalukidi isuri burqan-u bey_e-ber amitan bükün̲-e n̲om-i üǰügülügsen

yirtinčüś-ün oron ber buyu.

022. 佛告无尽意菩萨。善男子。若有国土众生应以佛身得度者。观世音菩萨。即现佛身而为说法。

分析 022："佛"是观世音菩萨三十三种化身之一，蒙译本与之对应。"佛"一词在蒙译本为"burqan"，蒙古语中的"burqan"的本意为"borqai"或"boruqai"，即高祖的复数。转义为佛教中修行圆满的人；佛教徒将佛教创始人释迦牟尼称之为佛。

023.ali qamiɣ_a bodistw maqastw ariy_a awalukidi isuri bodistw maqastw -un bey_e-ber nom-i üǰügülügsen yirtinčüś-ün oron ber buyu.

023.//

分析 023：此段内容汉译本中未出现。

024. nigen ǰarim amitan-tur bodistw maqastw ariy_a awalukidi isuri bradiqabud-un bey_e-ber nom-i üǰügülbei.

024. 应以辟支佛得度者。即现辟支佛身而为说法。

分析 024："辟支佛"是观世音菩萨三十三种化身之一，两种译本对"辟支佛"的翻译均采取音译，即"bradiqabud"、"辟支佛"。另外，汉译本中的"说法"指宣说佛法、讲授佛法，以化导利益众生。蒙译本中译为"nom-i üǰügülbei"，"nom"为经，"üǰügülbei"为观、看之意。因此，"nom-i üǰügülbei"可以视为"观（看）佛法"。

025. nigen ǰarim-tur śirawang-un bey_e-ber

025. 应以声闻身得度者。即现声闻身而为说法。

026. nigen ǰarim-tur esru_a-yin bey_e-ber

026. 应以梵王身得度者。即现梵王身而为说法。

027.nigen ǰarim-tur qurmusta-yin bey_e-ber

027. 应以帝释身得度者。即现帝释身而为说法。

分析 025—027：汉译本中的“即现……身而为说法”，在蒙译本中未出现，显然蒙译本运用了缩译法。

028. n̠igen ǰarim amitan-t̠ur bodist̠w maqast̠w ariy_a awalukida isuri qandari-yin bey_e ber n̠om-i üǰügülbei .

028. ///

分析 028：蒙译本中的此段内容汉译本中未出现。

029. yagšaś-iyar n̠omudqaqui amitan bükün-t̠ür yagšaś-un bey_e-ber n̠om -i üǰügülbei.

029. ///

分析 029：蒙译本中的此段内容汉译本中未出现。

030.erketü-ber n̠omudqaqui amitan bükün-t̠ür erketü-yin bey_e-ber n̠om-i üǰügülbei.

030. 应以自在天身得度者。即现自在天身而为说法。

分析 030：“自在天”是观世音菩萨三十三种化身之一。汉译本对“自在天”采取意译，蒙译本中译为“erketü”。“erketü”的本意为权利者。

031. makišwari-bar n̠omudqaqui amitan bükün-t̠ür makišwari-yin bey_e-ber n̠om- üǰügülbei.

031. 应以大自在天身得度者。即现大自在天身而为说法。

分析 031：“大自在天”是观世音菩萨三十三种化身之一，汉译本对“大自在天”采取意译，蒙译本则音译，即“makišwari”。

032. čakirwad-un qaɣan-iyar n̠omudqaqui amitan bükün-t̠ür čakirwad-un qaɣan-u bey_e-ber n̠om-i üǰügülbei.

032. ///

分析 032：蒙译本中的此段内容汉译本中未出现。

033. //

033. 应以小王身得度者。即现小王身而为说法。

分析 033："小王"是观世音菩萨三十三种化身之一，蒙译本中未译该化身。汉译本采取了意译。

034. bisači-bar n̠omudqaqui amitan bükün-t̠ür bisači-yin bey_e-ber n̠om-i üǰügülbei.

034. 应以毗沙门身得度者。即现毗沙门身而为说法。

分析 034:毗沙门"是观世音菩萨三十三种化身之一,两种译本对"毗沙门"的翻译均采取音译，即"毗沙门"、"bisači"。

035. //

035. 应以长者身得度者。即现长者身而为说法。

分析 035："长者"是观世音菩萨三十三种化身之一，蒙译本中未译该化身。汉译本采取意译。

036. erkin-iyer n̠omudqaqui amitan bükün-t̠ür erkin-u bey_e-ber n̠om-i üǰügülbei.

036. 应以宰官身得度者。即现宰官身而为说法。

分析 036："宰官"是观世音菩萨三十三种化身之一。汉译和蒙译本均采用意译。汉译本中的"宰官"指官吏。蒙译本中译为"erkin"，该词可能是"erkim"的误写，意为尊贵的。

037. //

037. 应以居士身得度者。即现居士身而为说法。

分析 037："居士"是观世音菩萨三十三种化身之一，蒙译本中未译该化身。汉译本采取意译。汉译本中的"居士"为居财之士，居家之士，在家之佛道者。此段内容蒙译本中未出现。

038. čerig-un uran-iyar n̠omudq̡aqui amitan bükün-ṯür čerig-un uran-u bey_e-ber n̠om-i üǰügülbei.

038. 应以天大将军身得度者。即现天大将军身而为说法。

分析 038：此段内容相符。“天大将军”是观世音菩萨三十三种化身之一，蒙汉译本均采取意译。蒙古文译本中译为“čerig-un uran”，“čerig”为“军队、兵、卒”，“uran”为“号召”。

039. biraman-iyar n̠omudq̡aqui amitan bükün-ṯür biraman-u bey_e-ber n̠om-i üǰügülbei.

039. 应以婆罗门身得度者。即现婆罗门身而为说法。

分析 039：“婆罗门”是观世音菩萨三十三种化身之一，此处均采取音译。

040. wčirban̠i-bar n̠omudq̡aqui amitan bükün-ṯür wčirban̠i-yin bey_e-ber n̠om-i üǰügülbei.

040. 应以执金刚身得度者。即现执金刚身而为说法。

分析 040：“执金刚”是观世音菩萨三十三种化身中的最后一个化身，汉译本对“执金刚”采取意译，蒙译本采用音译。

041. //

041. 应以比丘比丘尼优婆塞优婆夷身得度者。即现比丘比丘尼优婆塞优婆夷身而为说法。

分析 041：“比丘”是观世音菩萨三十三种化身中的第十五种化身，指“乞士”，俗称“和尚”。佛家指年满二十岁，受过具足戒的男性出家人。“比丘尼”是观世音菩萨三十三种化身中的第十六种化身，中国对比丘尼俗称为“尼姑”。意译为“乞士女”、“除女”或“薰女”；亦称“沙门尼”或简称“尼”。略不合佛教规仪，是结合中国民俗产生的称谓。“优婆塞”是观世音菩萨三十三种化身中的第十七种化身，指在家信佛、行佛道并受了三皈依的男子，曾译作邬波索迦、乌婆塞、伊蒲塞等。“优婆夷”是观世音菩萨三十三种化身中的第十八种化身，为在家信佛的女子叫优婆夷，又译“优婆私柯”。意译为近善女、善宿女、清信女等，凡受了三归五戒的女子，都叫做优婆夷，在中国将她们称为“女居士”。蒙译本均未翻译以上化身。

042. //

042. 应以长者居士宰官婆罗门婦女身得度者。即現婦女身而為說法。

分析 042：此处的“长者”“居士”“宰官”“婆罗门”均以妇女身出现，即女性角色。此段蒙译本中未翻译。

043. //

043. 应以童男童女身得度者。即现童男童女身而为说法。

分析 043：蒙译本未翻译此两种化身。

044. //

044. 应以天龙夜叉乾闼婆阿修罗迦楼罗紧那罗摩睺罗伽人非人等身得度者。即皆现之而为说法。

分析 044：“天”“龙”“夜叉”“乾闼婆”“阿修罗”“迦楼罗”“紧那罗”“摩睺罗伽”均属于观世音菩萨三十三种化身，此段蒙译本中未翻译。

022 至 044 是观世音菩萨救苦救难的三十三种化身。这三十三种化身在蒙译本中只出现了十四种。汉译本中出现了三十三种。

045. ijaɤur tan-u köbegün̲-e tere metü bodist̲w maqast̲w ariy_a awalukidi

isuri-yin erdem an̲u sedkiši ügei luɤ_a tegüsügsen bolai.

045. 无尽意。是观世音菩萨。成就如是功德。

分析 045：蒙译本中的“ijaɤur tan-u köbegün̲-e”指“善男子”，汉译本中未出现。

046. ijaɤur tan-u köbegün̲-e tere metü ber bodist̲w maqast̲w ariy_a awalukidi isuri-t̲ur takigtun ijaɤur tan-u köbegün̲-e bodist̲w maqast̲w ariy_a awalukidi isuri en̲e-ber ayul tan amitan bükün-t̲ür ayul ügei-yi ögkü bolai.

046. 以种种形游诸国土度脱众生。是故汝等。应当一心供养观世音菩萨。是观世音菩萨摩诃萨。于怖畏急难之中能施无畏。

分析 046：蒙译本中的“ijaɤur tan-u köbegün̲-e”指“善男子”，此段出现了两次，汉译本中未出现。汉译本中的“一心”和“以种种形游诸国土度脱众生”在蒙译本中未出现。

047. tegün-u tulada sab yirtinčü-in en̲e oron-t̲ur ayul ügei öglige kemen büküde-ber medekü bolai.

047. 故此娑婆世界。皆号之为施无畏者。

分析 047：此段内容完全相符。

048. tendeče ilaǰu tegüś n̲ögčigsen-t̲ür baraši ügei oyutu-bar ein kemen öčirün ilaǰu tegüś n̲ögčigsen bi-ber bodist̲w maqast̲w ariy_a awalukidi isuri-t̲ur n̲om-un bürkül beleg-i ögsügei ilaǰu tegüś n̲ögčigsen ǰarliɤ bolurun ijaɤurtan-u köbegün̲-e tegün-i čag-tur kürügsen-i medebesü ögkügtün.

048. 无尽意菩萨白佛言。世尊。我今当供养观世音菩萨。

分析 048：蒙译本中的“ilaǰu tegüś n̲ögčigsen ǰarliɤ bolurun ijaɤur tan-u köbegün̲-e tegün-i čag-tur kürügsen-i medebesü ögkügtün”为“世尊言，善男子若知晓到那时便给”。此段在汉译本中未出现。

049. tendeče bodist̲w maqast̲w baraši ügei oyutu-bar öberün küǰügün t̲eki ǰaɤun min̲gɤan subud-un erikeś-i tailuɤad bodist̲w maqast̲w ariy_a awalukidi isuri-t̲ur n̲om-un bürkül beleg-i ögčü ele.törülkitü bogda n̲adača n̲om-un bürkül beleg egün̲-i abuɤad tere ese abuɤad tendeče bodist̲w maqast̲w baraši ügei oyutu-bar bodist̲w maqast̲w ariy_a awalukidi isuri-t̲ur ein kemen ügülerün. iǰaɤur tan-u köbegün̲-e či-ber en̲e subud erikeś-i n̲ama-yi örüšiyeküi-yin tulada abuɤad tendeče bodist̲w maqast̲w ariy_a awalukidi isuri-bar bodist̲w maqast̲w baraši ügei oyutu-yi n̲igüleskui kiged tedeger dörben n̲öküd ba tn̲gri luuś yakš_a qandari asuri qarudi kin̲ari maɤuraki kümün ba kümün busu bükün-i n̲igüleskui -yin tulada bodist̲w maqast̲w baraši ügei oyutu-ača subud-un erkeś-i abubai abuɤad qoyar qubi qubiyaǰu ele qubiyaɤad n̲igen an̲u ilaǰu tegüś n̲ögčigsen šagimun̲i-t̲ur ergübei n̲igen qubi an̲u tegünčilen iregsen dayin-i darugsan ün̲eker tuɤulugsan olan erden̲i-t̲ü burqan-u erden̲i-t̲ü suburɤan-t̲ur ergübei.iǰaɤur tan-u köbegün̲-e bodist̲w maqast̲w ariy_a awalukidi isuri sab yirtinčü-yin en̲e oron-t̲ur tere metü qubilɤan-iyar tein böged yabuqu buyu.

049. 即解颈众宝珠璎珞。价直百千两金。而以与之。作是言。仁者。受此法施珍宝璎珞。时观世音菩萨不肯受之。无尽意复白观世音菩萨言。仁者。愍我等故受此璎珞尔时佛告观世音菩萨。当愍此无尽意菩萨及四众 天龙 夜叉 干闼婆 阿修罗 迦楼罗 紧那罗 摩睺罗伽 人非人等故。受是璎珞。实时观世音菩萨愍诸四众及于天龙人非人等。受其璎珞。分作二分。一分奉释迦牟尼佛。一分奉多宝佛塔。无尽意。观世音菩萨。有如是自在神力。游于娑婆世界。

分析 049：蒙译本中的“bodist̲w maqast̲w baraši ügei oyutu”意为“观世音菩萨”，“-ber”为“凭借格”，“öberün”为“自己的”，“bodist̲w maqasṯw ariy_a awalukidi isuri-ṯur ṉom-un bürkül beleg-i ögčü ele” 为“给观世音菩萨法施珍宝璎珞”，“bodisṯw maqasṯw baraši ügei oyutu ”同上，“-ačat”为“从比格”，“ba”为“和”，“bükün”为“全部”，“-i”为“宾格”，“tegünčilen iregsen dayin-i darugsan üṉeker tuɤulugsan”为“那样而来的，镇压战争的，真正越过的”，“iǰaɤur tan-u köbegüṉ-e”指“善男子”。这些内容在汉译本中均未出现。汉译本中的“即时观世音菩萨愍诸四众及于天龙人非人等”在蒙译本中未出现。

050. tegün-u ṉom-un čiṉar aṉu ein kemegdekü bolai. alag tuwača-bar baraši ügei oyutu bodisṯw-ača tegün-u udqas-un edügülbüri bükün-i asaɤurun ilaɤugsad-un köbegün eṉe metü yaɤun-u tulada ariy_a awalukidi isuri kemen ṉereidbei.

050. 尔时无尽意菩萨。以偈问曰：世尊妙相具 我今重问彼 佛子何因缘 名为观世音

分析 050：蒙译本中的“tegün-u ṉom-un čiṉar aṉu ein kemegdekü bolai”意为“他的法德如此”，“baraši ügei oyutu bodisṯw-ača”为“从观世音菩萨”，“tegün-u udqas-un edügülbüri bükün-i”为“它的含义的开端等全部”。这几段内容在汉译本中未出现。“尔时无尽意菩萨。以偈问曰：世尊妙相具 我今重”此处内容蒙译本中未出现。

051. tendeče tere-ber ǰüg bükün-i üǰeǰü ele irüger-ün dalai baraši ügei oyutu-bar alag tuwača-ṯur ein kemen ügülerün ariy_a awalukidi isuri-yin yabudal -i sonuś sedkiši ügei ǰaɤun költi q̱alab-ud-tur

051. 具足妙相尊 偈答无尽意 如厅观音行 善应诸方所 弘誓深如海 历劫不思议

分析 051：蒙译本中的“ǰaɤun”为“百”，“költi”为梵语，为“亿”，

汉译本中未出现。汉译本中的“具足妙相尊”是指佛而言，在蒙译本中未出现。

052. olan költi mingɤan burqad-un irüger-i yambar saitur tein böged bišilugsan tedeger-i bi-ber saitur nomlasuɤai sonuś činglen üiledüged üǰen üiledküi ba ǰerge-ber tere metü daɤan duradqui-bar amitan bükün-i ači ür_e büküi-yi olqu boluyu. ǰobalang kiged ɤasalang bükün-i arilɤayu.

052 . 侍多千亿佛 发大清净愿 我为汝略说 闻名及见身 心念不空过 能灭诸有苦

分析 052：此段中译者的用词措辞存在一些差异，内容基本相符。如“ǰobalang kiged ɤasalang bükün-i arilɤayu”为“消除全部灾难与痛苦”，汉译本中则是“能灭诸有苦”，这里统称诸苦。

053. kerber alaqui-bar ɤal-tu uqumal-tur-bar alaqui-yin tulada tebčigsen tere kümün ber ariy_a awalukidi isuri-yi duradbasu usun sačugsan metü ɤal ber sönükü boluyu.

053. 假使兴害意 推落大火坑 念彼观音力 火坑变成池

分析 053：蒙译本中的“alaqui-yin tulada tebčigsen tere kümün”为“与死神抗争的那个人”，“-ber”为“凭借格”，汉译本中未出现。其他内容基本一致，只是在用词措辞方面有细小的差异，如蒙译本中的“usun sačugsan metü ɤal ber sönükü boluyu”为“如同洒水一般熄灭”，汉译本中则是“火坑变成池”。

054. dalai-yi getülküi-tür-ber salkin_a tuɤugdaǰu alad luuś büdi asuriś-un oron-tur-i ariy_a awalukidi isuri-yi duradbasu usun-u dotur_a keǰiy_e-ber ülü ǰibkü boluyu.

054. 或漂流巨海 龙鱼诸鬼难 念彼观音力 波浪不能没

分析 054：蒙译本中的“salkin̲_a tuɤugdaǰu”为“被风吹”，汉译本中未出现。

055. maši urilaqui sedkil-iyer alaqui-yin tulada sömbür aɤ̣ula-yin orui-ača aɤ̣urbasu-bar ariy_a awalukidi isuri-yi duradbasu n̲aran metü ogtarɤ̣ui-t̲ur an̲u boluyu.

055. 在须弥峰 为人所推堕 念彼观音力 如日虚空住

分析 055：蒙译本中的“maši urilaqui sedkil-iyer”为“以非常愤怒的心情”，汉译本中未出现。

056. kerber wčir kiged aɤulaś ber alaqui-in tulada orui-eče baɤubasu-ber ariy_a awalukidi isuri-yi duradbasu šira üsün-u n̲üke-in tedüiken kön̲ügen ülü čidayu.

056. 或被恶人逐 堕落金刚山 念彼观音力 不能损一毛

分析 056：此段意思基本相符，只是译者的用词措辞有一些差异，如蒙译中的“šira üsün-u n̲üke-yin tedüiken”为“汗毛孔那么大”，汉译本中则译作“一毛”。

057. alaqui sedkil-iyer ɤar-tur mese bariǰu ele olan daisun-u čiɤulɤan qamuɤ-ača küriyelebesü ariy_a awalukidi isuri-yi duradbasu sača darui-t̲ur asaraqui sedkilten boluyu.

057. 或值怨贼绕 各执刀加害 念彼观音力 咸即起慈心

分析 057：此段内容相符。

058. kerber alaqui-yin oir_a ireǰü ele alagčin-u erke-t̲ür orubasu-bar ariy_a awalukidi isuri-yi duradbasu tegün-u mesen keseg keseg boluyu.

058. 或遭王难苦 临刑欲寿终 念彼观音力 刀寻段段坏

分析 058：此段内容相符。

059. tein kiǰü kilinglen modun kiged temür-iyer egüdügsen čider tušiɤan -iyar kölügdebesü-ber ariy_a awalukidi isuri-yi duradbasu küliyesün ödter tein böged tasuraqu boluyu.

059. 或囚禁枷锁 手足被杻械 念彼观音力 释然得解脱

分析 059：蒙译本中的“tein kiǰü kilinglen”为“那样愤怒”，“egüdügsen”为“制作”，“küliyesün”为“羁绊”，“ödter”为“立即”。这些内容汉译本中未出现。汉译本中的“手足”一词蒙译本中未出现。

060. tarni-yin küčün kiged em ariwasun tarni ba witar ba taki büdi bey_e -ber ayuɤulugčid ba ariy_a awalukidi isuri-yi duradbasu alin-ača maši talbigsad tere ǰiči qarin odyu.

060. 咒诅诸毒药 所欲害身者 念彼观音力 还着于本人

分析 060：此段意思基本相符，只是译者在用词措辞方面有一些差异，如蒙译本中的“tarni-yin küčün”为“咒诅之力”，汉译本中则是“咒诅”。“em ariwasun tarni”汉译本中译作“诸毒药”。

061. yagš_a asuri büdi luuś badarangɤui öngge buliyagčid ber saitur küriyelebesü ariy_a awalukidi isuri-yi duradbasu šira üsün-u tedüiken könügen ülü čidayu.

061. 或遇恶罗刹 毒龙诸鬼等 念彼观音力 时悉不敢害

分析 061：此段意思基本相符，只是译者的用词措辞有细微的差异，如蒙译本中的“küriyelebesü”为“围绕”，汉译本中则译作“遇”。“šira üsün-u tedüiken könügen ülü čidayu”为“汗毛也不敢害”，而汉译本中则是“时悉不敢害”。

062. qurča ariy_a qomusutan ayuɤulugči dogšin ariyatan küriyelebesü-ber ariy_a awalukidi isuri-yi duradbasu ödter türgen-e ǰüg bükün-tür buruɤuridču

o̱dqu boluyu.

062. 若恶兽围绕 利牙爪可怖 念彼观音力 疾走无边方

分析 062：此段内容相符。

063. ayul-tu ṉidüten ɤal metü gerel ɤarɤagči qoron ṉidüten-iyer saitur küriyelebesü-ber ariy_a awalukidi isuri-yi duradbasu maši türgeṉ-e qoor ügei boluyu.

063. 蚖蛇及蝮蝎 气度烟火燃 念彼观音力 寻声自回去

分析 063：此段内容基本相符，只是译者的用词措辞有细微差异，如蒙译本中的“ayul-tu ṉidüten”和“ɤal metü gerel ɤarɤagči qoron ṉidüten”指的都是一种蛇，而汉译本中则用的是“蚖蛇”和“蝮蠍”。

064. maši čakilɤan ber čakiluɤad ǰobalaṉg-tu egüled-un ayuṉgɤ_a kiged möndür qur_a oruqui-ṯur ariy_a awalukidi isuri-yi duradbasu sača darui-ṯur öḏter saitur amurliyu.

064. 云雷鼓掣电 降雹澍大雨 念彼观音力 应时得消散

分析 064：此段内容相符。

065. olan ǰaɤun ǰobalaṉg-ud-iyar köṉügegdekün ba olan ǰaɤun ǰobalaṉg-ud-iyar egeregdegsen amitan üǰebesu ele belge bilig-un buyan-u küčün-iyer ariy_a awalukidi isuri-bar tegün-eče tṉgri selte amitan-i aburaqu boluyu.

065. 众生被困厄 无量苦逼身 观音妙智力 能救世间苦

分析 065：此段内容基本相符，只是译者的用词措辞有细微的差异，如蒙译本中的“olan ǰaɤun ǰobalaṉg-ud-iyar köṉügegdekün”意为“被诸苦难所侵害”，汉译本中则是“众生被困厄”。“amitan üǰebesu”和“tegün-eče”汉译本中未出现。

066. ridi qubilɤan-u küčün-iyer čiṉatu qiǰaɤar_a odču arɤ_a kiged inwaɤa

-yi aɤuda surugsan-iyar arban ǰüg-un olan qamuɤ amitan ba qočurli ügei qamuɤ orud bükün-i-ber saitur geigülyü.

066. 具足神通力 广修智方便 十方诸国土 无刹不现身

分析 066：此段内容基本相符，只是译者的用词措辞有细微的差异，如蒙译本中的“či̱natu qiǰaɤar_a odču”意为“到彼岸”，“olan qamuɤ amitan”意为“众生”，“saitur geigülyü”意为“很好地照耀”。这些内容在汉译本中未出现。汉译本中的“无刹不现身”蒙译本中未出现。

067. qamuɤ amitan-u maɤui ǰayaɤan-u ayul kiged čölege ügei-ber taki amitan tamu ba aduɤusun ba taki erlig-iyer küriyelegsen-eče ba töröküi ötelküi ebedküi-ber egeregdegsen-i ečüś-ṯür amurliɤulugči maši buyan-ṯur ṉidün kiged asaraqui-in ṉidün ba arɤ_a bilig ülemǰi bolugsan ṉidün kiged ṉigüleskür ṉidün ba takin asaraqui ṉidün-iyer ba sain isuri ṉidün luɤ_a mašida üǰen küsekür ba kir üge-eče qaɤačagsan gerel ba bürküg ügei belge bilig ṉaran-u gerel kiged egülen -iyer ülü bürkügdeküi gerel-iyer yirtinčü-ṯur gilbelküi-ber geigülün ṉigüleskür -eče bolugsan šagŝabad-iyar aldarašigsan bolai

067. 种种诸恶趣 地狱鬼畜生 生老病死苦 以渐悉令灭 真观清净观 广大智慧观 悲观及慈观 常愿常瞻仰 无垢清净光 慧日破诸暗 能伏灾风火 普明照世间 悲体戒雷震

分析 067：此段内容基本相符，只是译者的用词措辞有细微的差异，如蒙译本中的“törökür ötelküi ebedküi”为“生老病”三种，汉译本中则是“生老病死苦”。

068. buyan-u erdem kiged asaraqui sedkilten yeke egülen-eče qamuɤ amitan-u ṉiswaṉiś-un ɤal-i amurliɤulugči ṉom-un rašiyan-u qur_a-yi saitur oruɤulyu kereldün temečeldün qudquldugsan-iyar yeke ayultu qadɤulduɤan

-t̲ur orugsan eren-ber ariy_a awalukidi isuri-yi duradbasu sača darui-t̲ur daisud mašida amurliyu.

068. 慈意妙大云 澍甘露法雨 灭除烦恼焰 诤讼经官处 怖畏军阵中 念彼观音力 众怨悉退散

分析 068：此段内容相符。

069. egüleś-un daɤun kiged kögürge-yin daɤun ba luu-yin daɤun kiged esru_a-yin sain egešig ba egešig-ün mandal-un čin̲atu kürügsen bolai.

069. 妙音观世音 梵音海潮音 胜彼世间音

分析 069：此段内容基本相符，只是译者在用词措辞方面有细微的差异，如蒙译本中的“egüleś-ün daɤun”为“云的声音”，汉译本中为“妙音”,“kögürge-in daɤun”为“锣鼓的声音”,汉译本中为“观世音”,“luu-yin daɤun”为“龙的声音”，汉译本中为“海潮音”。

070. ariy_a awalukidi isuri-yi duraddaqui ariɤun sedkil-tü ariy_a awalukidi isuri-yi seǰig ügei-ber duradču duradugdaqui üküküi čag kiged n̲iswan̲iś-iyar kön̲ügeküi čag-tur itegel abural ibegen saišiyan boluyu.

070. 是故须常念 念念勿生疑 观世音淨圣 于苦恼死厄 能为作依怙

分析 070：此段内容相符。

071. qamuɤ erdem-un čin̲atu kürügsen qamuɤ amitan-t̲ur n̲igüleskü i asaraqui n̲idü-tü ün̲eker erdem-tü erdem-un yeke dalai ariy_a awalukidi isuri-t̲ur mörgügdeküi yosutu bolai.

071. 具一切功德 慈眼视众生 福聚海无量 是故应顶礼

分析 071：此段内容相符。

051 至 071 是以诗歌的形式将前面的故事重新重复了一遍。

072. en̲e metü amitan bükün-i n̲igülesüged qoitu čag-tur burqan bolqu

boluyu ayul kiged ɤsalan̲g bükün-i üǰegči ariy_a awalukidi isuri-yi duradugdaqui yirtinčü-yin erke-tü terigülegči qaɤan-u bolai ayaɤq_a tekimlig n̲om-un ɤarqui-yin oron ele yirtinčü dakin-t̲ur takigdayu olan ǰaɤun qalab-tur yabuǰu ele kir-eče qaɤačagsan degere ügei büdi qutug-i olbai uduridugči abida burqan-u ǰegün baraɤun eteged-eče degegür-i bariǰu ele tegünčilen tabin ayu yelwi metü diyan-iyar-bar orud bükün-t̲ür oduɤad ilaɤugsad-i takiyu örün̲_e ǰüg -tür amuɤulan̲g ɤarqui-yin oron ele kir-eče qaɤačagsan yirtinčü-yin oron sügewadi kemekü tende amitan-i ǰiluɤadugči abida burqan edüge-ber saɤun amu tende emegtei-ber ülü törükü bolai bükü-yi ǰüil-iyer qubin̲iqui n̲om-ud-bar ügei bolai tedeger ilaɤugsad-un köbegüd-ber lin̲gqu_a taǰa törüǰü ele kir ügei lin̲gqu_a-yin ǰirüken-t̲ür ayu uduridugči abida mün böged ber kir ügei bayasɤulan̲g-tu lin̲gqu_a-yin ǰirüken-tur arslan-t̲u tabčan̲g-t̲ur saitur saɤun ele sala-yin qaɤan metü dalai kebeken buyu yirtinčü-yi uduridugči en̲e-ber tegünčilen kü bolai.ɤurban sansar-tur tere metü boi bosu ked ber ariy_a awalukidi isuri-yin n̲ere-yi son̲usbasu tegün-u buyan an̲u barasi ügei boluyu.

072. //

分析 072：此段内容汉译本中未出现。

073. tendeče bodist̲w maqast̲w ɤaǰar-i barigči debüsger-eče-ben bosuɤad degedü debil-iyen n̲igen mür-tür qomibiǰu baraɤun ebüdüg-ün mandal-iyar ɤaǰar-tur sögödöged ilaǰu tegüś n̲ögčigsen qamiɤ_a bükü tere ǰüg-tü alaɤa-ban qamtudqan böküiǰü ele ilaǰu tegüś n̲ögčigsen̲-e ein kemen öčirün ilaǰu tegüś n̲ögčigsen̲-e ken bodist̲w maqast̲w ariy_a awalukidi isuri-yin bülüg bodist̲w maqast̲w ariy_a awalukidi isuri-yin qubilɤan-i üǰügülügsen bükü-eče egüden bolugsan bülüg bodist̲w maqast̲w ariy_a awalukidi isuri-yin tein

böged qubilugsan en̲e n̲om-un qubilɤan-i son̲usugsan tedeger amitan-u buyan-u ündüsün an̲u edüi tedüi maɤuqan ber bolqu bosu bolai. qamuɤ-ača egüden bolugsan en̲e bülüg-i ilaǰu tegüś n̲ögčigsen-e n̲omlagsan-tur tere n̲öküd-eče n̲aiman tümen dörben min̲gɤan amitan ber sača bosu luɤ_a sačuɤu degere ügei ün̲eker tuɤulugsan büdi qutuɤ-tur sedkil egüsgeldübei.

073. 尔时持地菩萨即从座起。前白佛言。世尊。若有众生。闻是观世音菩萨品自在之业普门示现神通力者。当知是人功德不少。佛说是普门品时。众中八万四千众生。皆发无等等阿耨多罗三藐三菩萨心。

分析073：蒙译本中的“degedü debil-iyen n̲igen mür-tür qomibiǰu baraɤun ebüdüg-un mandal-iyar ɤaǰar-tur sögödöged ilaǰu tegüś n̲ögčigsen qamiɤ_a bükü tere ǰüg-tü alaɤaban qamtudqan böküiǰü ele”为“偏袒右肩，右膝跪地，合掌向佛”。此段内容汉译本中未出现。

074. čaɤan lin̲gqu_a n̲ere-tü degedü n̲om-eče ariy_a awalukidi isuri-yin qubilɤan-i üǰügülügsen büküi-eče egüden bolugsan n̲ere-tü qorin tabdaɤar bülüg.

074. //

分析074：此段内容汉译本中未出现。

第二节 《法华经·普门品》蒙古与回鹘文文本内容比较

001. tend-eče bodist̲w maqast̲w baraši ügei oyut̲u debüsger ečegen bosču degedü degel-iyen n̲igen mörü-t̲ür-iyen qombiǰu.baraɤun ebüdüg-un mandal-iyar ɤaǰar-tur sögüdüged ilaǰu tegüs n̲ögčigsen qamiɤ_a bükü tere ǰüg-tür

alaɤaban qamtudaqan böküiged ilaǰu tegüś n̠ögčigsen-t̠ür ein kemen öčirün ilaǰu tegüś n̠ögčigsen bodist̠w maqast̠w n̠idü-ber üǰegči erketü-yi yaɤun-u tulada n̠idü-ber üǰegči erketü kemen n̠ereidübei.

001. namo but namo darm namo sang quanšï im pusar alqudïn sïnɤar ät'öz körkin körgitip tïnlïɤlarka asïg tuso qïlmaqï bäš otuzunč////////////////////// ornïnta.ün äšïdgüči tep atantï ////////////////////// tesär tözün ////////////////////// tesär äšidgäli ärkig tep tetir.

分析 001 ：回鹘译本中的"namo but namo darm namo sang"为"南无佛 南无法 南无僧"，是佛经开头的惯用法。"南无"是梵语 nanma 或 namo、namah 的音译，意为"皈依"。"佛、法、僧"是三宝，因此"南无佛、南无法、南无僧"即皈依佛法僧三宝。这种用法一般出现在整个佛教经典的开头部分，可是"普门品"是《法华经》的第二十五品，按理说品的开头不应该出现"南无佛 南无法 南无僧"，可是回鹘文"普门品"中却出现这种用法，这是回鹘文佛教文献的一个特点。例如，《金光明经》《大唐慈恩寺三藏法师传》等佛教文献的每个品都以"namo but namo darm namo sang"开头。"bäš otuzunč"为"二十五"，由此可以判断此经为《法华经》的第二十五品，即"普门品"。"ün äšïdgüči"的意思为"听音者"，指"观世音"，其中"ün"为"声音"，"äšïdgüči"为"听者"，此处的"či"是构词后缀。而蒙译本中是"n̠idü-ber üǰegči"，即"观者"。"n̠idü"为"眼睛"，"üǰegči"为"观者"。两个译本的译法刚好相反。

002. tein kemen öčiged.ilaǰu tegüś n̠ögčigsen ber bodist̠w maqast̠w baraši ügei oyutu-t̠ur ein kemen ǰarliɤ bolrun iǰaɤur tan-u köbegün̠-e egüntur kedüi bükü i ǰaɤun min̠gɤan n̠ayud költi amitan ali ǰobalan̠g-ud-iyar kürtegsed tedeger

ber kerber bodistw maqastw ariy_a awalukidi išwari nidü-ber üǰegči erketü-yin nere-yi sonusbasu tedeger büküde tere ǰobalang-ud-un čogča-ača saitur tonilqu boluyu.

002. bo yertinčüdäki kim ämgäklig tïnlïɤlar atasar ol saw yok kim käntü äšidmäsär anï üčün bo bodisawat aryawlokdešwar tep atanur tawɤača quanšï im tetir inčä tep yarlïqadï tözünüm birök///////////////bo yirtinčüdä sansïz bo bodisawat käntüni atamïš üčün anta oq äšidür o ötrü ol äm gäklärintä antag käčip qutɤarur ol qamaɤ ämgäkliglär ämgäkintä antaɤ qutrulurlar anï üčün bo bodisawat quanšï im tep atanur。

分析 002："tawɤačča quanšï im tetir"为"汉语称作观世音"，该内容明显是译者增译部分。"anï üčün bo bodisawat quanšï im tep atanur"为"所以这个菩萨被称为观世音菩萨"，此段内容在蒙译本中在观世音菩萨救七难之后出现。

003. //

003. taqï ymä kim qayu tïnlïɤ bo quanšï im pusar atïn atasar uzun turqaru///////////////tmatïn tünlä küntüz/////////////////////////atanur。

分析 003：此段内容的意思为"还有谁（哪个众生）把观世音的名字经常昼夜 /////////// 称之为"。在蒙译本中未出现。

004. iǰaɣur tan-u köbegün-e ali amitan bodistw maqastw nidü-ber üǰegči erketü-yin nere-yi nerelegči tedeger ber ɣal-un yeke čogča-tur unabasu-bar tedeger büküde bodistw maqastw nidü-ber üǰegči erketü-yin čog ǰibqulang-iyar mašita šitaɣagsan ɣal-un tere čogča-ača tonilqu boluyu.iǰaɣur tan-u köbegün-e kerber müre-u usun-a urustaqui-tur bodistw maqastw nidü-ber üǰegči erketü-yi daɣudabusu tedeger müred ber tedeger amitan-i urusqan ülü čidayu.

004. antaɤ //////bir uɤrï bir uluɤ////////// otka kirsär//////////////////////uluɤ suwka kirsär ölimägäy sïɤta tägip üngäy。

分析 004：回鹘译本的意思为“一个男孩 /////// 进入大火中，/////// 进入水中，不会被弄湿到达岸边”。与蒙译本的意思大致相同。可是由于回鹘译本中的内容残缺不全，所以对应的部分很少，无法做详细的比较。

005. iǰaɤur tan-u köbegün̲-e kerber ǰaɤun min̲gɤan n̲ayud költi amitan ber dalai dotur_a on̲gɤuča-t̲ur oruǰu ele ǰibaqu altan čindaman̲i subud aidurya labai megšil alam_a kerbi baširu isbir ulaɤan subud terigüten-u tulada odugsad tedeber dogšin kei-ber keisteǰü em_e raɤšaś-un tiib-tur un̲aqui bolugsan-tur tede ičeged amitan ber n̲idü-ber üǰegči erketü-yi daɤudabasu ele tedeger büküde em_e raɤšaś-un tere tiib-eče ton̲ilqu boluyu.

005. ming///tümän //////umaz//////tïnlïɤlar altun kümüš ärdini mončuk satïɤsïz ärdinilär tilägäli ///taloy//////////ügüzkä kirsär taloy ičintäki qara yel kälip ärmäzčä kämisin toqïp yäklär ärgüsi otiuglarïnta ölüm yerkä tägirlär tägürsä anïng ara bir bilgä kiši quanšï im pusar atïn atasar ol qamaɤ tïnlïɤlar taloydakï tiši yäklärdä ozar qutrulur äsän tükäl öz yerintä ärür.

分析 005：蒙译本中说“ǰaɤun min̲gɤan”，意为“百千”，回鹘译本中说“ming tümän”，意为“千万”。蒙译本中的“altan čindaman̲i subud aidurya labai megšil alam_a kerbi baširu isbir ulaɤan subud terigüten”是“金子、如意宝、珍珠、琉璃、海螺、碧玉、玛瑙、红珊瑚、白珊瑚、红珍珠等”，回鹘译本中译作“altun kümüš ärdini mončuk satïɤsïz ärdinilär tilägäli”，意为“金子、银子、宝石、珍珠等无价之宝”，显然译者运用了缩译。

006. iǰaɤur tan-u köbegün̲-e tegün-u tulada bodist̲w maqast̲w ariy_a

awalukida isuri-yi ṉidü-ber üǰegči erketü kemen ṉereidgsen bolai.

006. taqï ymä anï üčün bo bodisavat quanšï im pusar tep atanur.

分析 006：蒙译本中的“iǰaɤ̣ur tan-u”指“善男子”，回鹘译本中未出现。其他内容相符。

007. iǰaɤur tan-u köbegüṉ-e kerber alan tuɤurbigsan-tur ṉidüber üǰegči erketü-yi daɤudabasu ele tedeger alaɤčin-u tede mesen keseg keseg quɤuran kemkerekü boluyu.

007. taqï ymä kim//////////////qayu tïnlïɤ bäglärdä aɤïr yazuqlug bolup.////////////tutup ölürgäli azu qïnaɤalï saqïnsar qïlïnčï saqïnč qïltï tsun tsun sïnar uwšanur näng bat qïlu umaz qutrulur.

分析 007：蒙译本中的“iǰaɤur tan-u”指“善男子”，回鹘译本中未出现。蒙译本中的“daɤudabasu”为“呼喊、叫喊”，回鹘译本中译为“saqïnsar”，意思为“想”，两种文本中的翻译明显有区别。蒙译本中的“keseg keseg”为“一段一段”，该词是回鹘语借词，而回鹘译本中与之对应的是“tsun tsun”，是汉语借词。回鹘译本中的“uwšanur näng bat qïlu umaz qutrulur”意为“不会被插入，被逃脱”，此段内容蒙译本中未出现。由于回鹘译本的内容残缺不全，所以无法详细对比。

008. iǰaɤur tan-u köbegüṉ-e kerber ɤurban miṉgɤan yeke miṉgɤan yirtinčüś-ün orud-tur yaɤšas raɤšaś ṉuɤud dügürbesü bodisṯw maqasṯw ariy_a awalukidi išwari-yin ṉere-yi ṉerelegči-ṯür tede büküdeger urilaqui sedkil-iyer üǰen ülü čidayu.

008. taqï ymä birök bo üč ming uluɤ ming yer suwda tolu yawlaq yäk ičgäk ärsär kälip ol kišig ölürgäli üzüšgäli saqïnsar anta ötrü quanšï im pusar atïn atasar/////////////ol qamaɤ yäklär ol kiši//////////tapa qïngïrtï yawlaq közin

körü umaɤaylar.

分析 008：蒙译本中的“iǰaɤur tan-u”指“善男子”，回鹘译本中未出现。其余内容相符。

009. iǰaɤur tan-u köbegün̲-e ǰarim amitan temür čider kiged modun čider -iyer čiderleküi-t̲ür gem tü ba taki gem ügei bögesü bodist̲w maqast̲w ariy_a awalukidi išuri-yin n̲ere-yi n̲ereidgsen-iyer temür čider kiged modun čider-iyer čiderlegsend aldaraqu boluyu. iǰaɤur tan-u köbegün̲-e bodist̲w maqast̲w ariy_a awalukidi išuri-yin küčün an̲u tere metü boluyu.

009. anï taqï////////////////nä temiš kärgäk kim ol kišig ölürü usar azu adïn qor yas qïlu usar taqï ymä kim qayu tïnlïɤ bäglärdä aɤïr yazuqlug un yazuqsuzun yana bolup.yoqïla kälip kïnlïkta kirip ba-//////////////////mïš baɤda buqaɤuda yatïp ämgäk ämgänsär ol ämgäkintä quanšï im pusar atïn atasar qut qolu yalwaru ötünsär baɤda buqaɤuda ymä tïnlïɤ bošunur qutrulur.

分析 009：蒙译本中的“iǰaɤur tan-u”指“善男子”，回鹘译本中未出现。蒙译本中的“iǰaɤur tan-u köbegün̲-e bodist̲w maqast̲w ariy_a awalukidi išuri-yin küčün an̲u tere metü boluyu”为“善男子，观世音菩萨的威力如是也。”此段内容回鹘译本中未出现。

010. iǰaɤur tan-u köbegün̲-e kerber ɤurban min̲gɤan yeke min̲gɤan yirtinčüś-ün en̲e orud-tur arɤatan kiged buliyan qulaɤai daisun ɤar-tur mese barigsad ber dügürčü ele tende ɤagča sartawaki-bar olan̲gki ǰiɤulčid arad luɤ_a erdeni-t̲ü bayan tere sartawaki odugsan-t̲ur-i tedeger odugsad ber arɤatan buliyan qulaɤai daisun ɤar-tur mese barigsad teden-i üǰeǰü ele üǰeged ayuǰu emiyeǰü bide bükün ber itegel abural ügkün kemegsen-t̲ür tere sartawaki-bar tedeger olan ǰiɤulčid-tur-bar ein kemen buu ayugtun iǰaɤur tan-u köbegün̲-e buu

ayugtun ayul ügei-yi öggügči bodistw maqastw ariy_a awalukidi asuri-yi nigen daɤun-iyar daɤudagtun tegün-iyer ta-bar buliyan qulaɤan-u ayul kiged ene daisun-u ayul-ača saitur tonilqu boluyu kemen ügülegsen-tür tend-eče tedeger olan ǰiɤulčid ber nigen daɤun-iyar ariy_a awalukidi asuri-yi daɤudaǰu ele ayul ügei öglige-tü bodistw maqastw ariy_a awalukidi isuri tegün-tür mörgümüi kemen nere-yi nereidüged sača tedeger bükü olan ǰiɤulčid qamuɤ ayul-ud saitur tonilbai iǰaɤur tan-u köbegün-e bodistw maqastw ariy_a awalukidi isuri-yin küčün anu tere metü bolai.

010. taqï ymä bo üč ming uluɤ ming yer suwda sansïz tümän yaɤï yawlaq ara quwrap ol qalïn yaɤï yawlaq ara qalïn satïɤčïlar yolayu ärtgäli saqïnsar qorqïnčlïɤ busušlug ärsär yana ol beš yüz satïɤčïlarda bir bilür uluɤ är sartbaw satïɤčïlar uluɤï är ol qalïn satïɤčïlarïg bašlap yolčï yärči bolup ärtingü ülüš aɤï barïm aɤïr yüklär//// birlä ol yaɤïlar ara uduzïp ärtürgäli saqïnsar////ärtingü alp ärür birök ol sart daw satïɤčïlar uluɤï är ol qalïn satïɤčïlarka inčä tep tesär sizlär qamaɤ qorqmanglar arïɤ sözün kertegüč könglin quanšï im pusar atïn atanglar ol üdün bodisavat sizlärkä qorqunčsuz bušï bärgäy sizlär qamaɤun atamïška ol qalïn yaɤï yawlakta ozɤay sizlär tep tesär ol qamaɤ satïɤčïlar äšidip tözü bir ünin namo quanšï im pusar tep atamïšta ol qamaɤ satïɤčïlar ol qalïn ärüš yaɤï yawlaqta ozar qutrulurlar。

分析 010：蒙译本中的“iǰaɤur tan-u köbegün-e bodistw maqastw ariy_a awalukidi isuri-yin küčün anu tere metü bolai.”为“善男子，观世音菩萨的威力如是也”。此段内容回鹘译本中未出现。其他内容相符。

此处的“设入大火、大水所漂、突遇黑风、罗刹鬼国、遭遇刀难、囚禁全身、满中怨贼”等灾难为佛教中的“火难、水难、刀难、风难、鬼难、囚难、贼难”七难。

011. //

011. anï üčün kuanši im pusar tep atanur.

分析 011:回鹘译本中的“anï üčün kuanši im pusar tep atanur.”为“所以她被称之为观世音菩萨。”此段内容在蒙译本中未出现。

012. //

012. anï üčün quanšï im pusar tep atanur anï üčün siz alqïnčsïz kögüzlüg bodisavat inčä biling uqung quanšï im pusar qutadmak ärdämi antaɤ qašïnčïɤ uluɤ tetir.

分析 012：此段内容的意为“所以你们用不减不少的胸怀，要懂得观世音菩萨带来幸福的威力如此之大。所以她被称之为观世音菩萨。”此段内容在蒙译本中未出现。

013. iǰaɤur tan-u köbegüṉ-e tačiyaṉgɤui-bar yabuqui ali tedeger amitan ber bodisṯw maqasṯw ariy_a awalukidi isuri-ṯur mörgübesü tačiyaṉgɤui-ača qaɤačaqu boluyu.

013. taqï ymä kim qayu tïnlïɤ amranmaq uwutsuz biligi küčlüg ärsär quanšï im pusar atïn atasar ol uwutsuz biligdä ketär amrïlur.

分析 013：蒙译本中的“iǰaɤur tan-u köbegüṉ-e”指“善男子”，回鹘译本中未出现。其他内容相符。

014. urin-iyar yabugči ali tedeger amitan ber bodisṯw maqasṯw ariy_a awalukidi isuri-ṯur mörgübesü urin-ača qaɤačaqu boluyu.

014. kim qayu tïnlïɤ artoq küčlüg öwkäči ärsär quanšï im pusar atïn atasar öwkäsi qorayur, ögrünčülüg köngüllüg bolur.

分析 014：此段内容相符。

015. ali amitan mu̱ngqag-iyar yabugči ali tedeger amitan ber bodis̱tw maqas̱tw ariy_a awalukidi asuri-ṯur mörgübesü mu̱ngqag-ača qaɤačaqu boluyu.

015. birök kim ayïɤ qïlïnčlïg qararïg biligsiz kögüzlüg ärsär uzun turqaru quanšï im pusar atïn atayu tapïnu udunu täginsär ärüš qararïg biligsiz bilig intä kitär kögüzi bolur.

分析 015：此段内容相符。

以上三种，即“淫欲”“嗔恚”“愚痴”三毒，佛教中被视为世间众生所染三种根本毒害。

016. ij̆aɤur tan-u köbegü̱n-e tere metü bodis̱tw maqas̱tw ariy_a awalukidi isuri kemebesü yeke ridi qubilɤan-tu bolai.

016. yaruq bilgä alqïnčsïz kögüzlüg bodisavat quanšï im pusarnïng qutadmak küči ärdämi antaɤ uluɤ tetir.

分析 016：蒙译本中的“ij̆aɤur tan-u köbegü̱n-e”指“善男子”，回鹘译本中未出现。其他内容相符。

017. //

017. anï üčün qamaɤ yalnguqlar ayayu aɤïrlayu tutmïš kärgäk kim tünlä küntüz unïtmasar.

分析 017：此段内容意为“因此所有的人类要爱戴并尊敬她。”此句在蒙译本中未出现。

018. ij̆aɤur tan-u köbegü̱n-e qatugtai-bar ṉuɤun köbegün-i küsegčid ked ber bodis̱tw maqas̱tw ariy_a awalukidi isuri-ṯur mörgübesü tegün-ṯür ṉuɤun köbegün törüj̆ü ele ö̱ngge sai-tai kebeken üj̆ebesü ɤowa_a köbegün-u belge luɤ_a tegüsügsen olan arad-un sedkil-ṯür taɤalaqu metü üj̆esgüle̱ng-tai buyan-u ündüsün-i egüsgegsen ber törükü boluyu. ken ökin-i küsegčid tegün

-t̲ür ökin törüǰü ele ön̲gge sai-tai kebeken üǰebesü ɤowa_a ökin-u belge luɤ_a tegüsügsen olan arad-un sedkil-t̲ür oruqu metü üǰesgülen̲g-tei buyan-u ündüsün -i egüsgegsend ber törükü boluyu.

018. kim tünlä küntüz unïtmasar.taqï ymä kim qayu tiši tïnlïɤ urï oɤul tiläsär quanšï im pusarka tapïnu udunu täginip atïn üzügsüz atasar ötrü köngültäki täg urï körklä qutluɤ ülüglüg oɤul kälürür birök qïz tiläsär ymä körklä qïz kälürür ärtingü üküš ädgü qïlïnč qazɤanč qazɤanur alku kišikä amraq bolur

分析 018：回鹘译本中的“kim tünlä küntüz unïtmasar”为“还有谁昼夜不忘记她”，此段内容蒙译本中未出现。其他内容相符。

此处的求男求女便是“普门品”中的应二求。

019. iǰaɤur tan-u köbegün̲-e bodist̲w maqast̲w ariy_a awalukidi isuri-yin küčün an̲u tere metü bolai. ken bodist̲w maqast̲w ariy_a awalukidi isuri-t̲ur mörgügsen tedeger ɤabiy_a tusa-tai āči ür_e-t̲ü boluyu.

019. kim qayu kiši quanšï im pusarka tapiɤ uduɤ ayamak čiltämäk atamak kertgünmäkdä ulatï tägürgäli ämgäk ämgänsär ol ämgäki tölüki näng yoksuz boimaz.

分析 019：蒙译本中的“iǰaɤur tan-u köbegün̲-e bodist̲w maqast̲w ariy_a awalukidi isuri-yin küčün an̲u tere metü bolai”为“善男子，观世音菩萨的威力如是也”。回鹘译本中未出现此段内容。其他内容基本相符。

020. iǰaɤur tan- köbegün̲-e ked ber bodist̲w maqast̲w ariy_awalukidi isuri-t̲ur mörgüged n̲ere-yi n̲ereidügsen ba kedber ǰiran qoyar ken̲gke müren -u qumaki-yin toɤatan ilaǰu tegüś n̲ögčigsen burqan-n̲uɤud-ta mörgüged n̲ere -yi n̲ereidügsen ba basa ked ber ǰiran qoyar ken̲gke müren-u qumaki-yin toɤa

tan ilaǰu tegüś n̲ögčigsen burqan-n̲uɤud saɤun amiduraǰu agsan teden-t̲ür debel binwad idegen oron debüsger ebedčin-tür kereglekü em-üd kereg ǰaraɤ-ud-iyar dakin üiledbesü ele. iǰaɤur tan-u köbegün̲-e egün̲ai ker ele sedkimü.

020. anï üčün qamaɤ yalnguqlar alqugun quanšï im pusar atïn atamïš kärgäk taqï ymä alqïnčsïz kögüzlüg bodisavat siz inčä biling kim qayu tïnlïɤ altmïš iki kolti sanï qum sanïnča ɤang ügüz ičintäki bodisavatlar atïn atayu tapïnu udunu qataɤlansar ölüm küningä atayu tapïnu udunu ägsütmäsär ašïn ičgü sin tonïn tonanɤusïn//////////////töltin tösäkin otïnɤa ämingä tägi alqu tükäti tägürsär ol ädgü qïlïnč ärüš mü tetir.

分析 020：蒙译本中的“debel binwad idegen oron debüsger ebedčin-tür kereglekü em”为“衣服、饮品、食物、铺垫、药品”。回鹘译本中作“ašïn ičgü sin tonïn tonanɤusïn//////////////töltin tösäkin otïnɤa ämingä”，意思为“食物、饮品、铺垫、衣服、服装、褥子、铺盖、火、药品”等。可以看出回鹘译本中的内容相对丰富。蒙译本中的“iǰaɤur tan-u köbegün̲-e”指“善男子”，“iǰaɤur tan-u köbegün̲-e egün̲ai ker ele sedkimü.”的意思为“善男子对此如何思考”。该内容回鹘译本中未出现。

021. iǰaɤur tan-u köbegüd ba iǰaɤur tan-u n̲öküd tedeger buyan-i ilete bolɤaqui an̲u tedüi čin̲egen kü egüsgekü bolai.tein kemen ǰarliɤ boluɤad bodist̲w maqast̲w baraši ügei oyutu-ber ilaǰu tegüś n̲ögčigsen-t̲ür ein kemen öčirün iǰaɤur tan-u köbegüd ba iǰaɤur tan-u nöküd tedeger tere šitüken-eče buyan-i egüsgeküi an̲u ilaǰu tegüś n̲ögčigsen̲-e olan bolai saibar odugsan̲-a olan bolai.

021. alqïnčsïz kögüzlüg bodisavat ol ädgü qïlïnč ärtingü üküš tetir tängrim tep ötünür.

分析 021：此段，蒙译本的内容比回鹘译本明显丰富。

022. ilaǰu tegüś ṉögčigsen ǰarliɤ bolurun iǰaɤur tan-u köbegüṉ-e kedber tedüi toɤa tan ilaǰu tegüś ṉögčigsen burqad-tur takil kündülel-i üiledügsen buyan-i ilete bolɤaqui kiged ked ber ai ese bögesü bodisṯw maqasṯw ariy_a awalukidi isuri-ṯur ṉigen ta mörgügsen ba ṉere-yi ṉereidügsen buyan-i ilete bolɤaqui qoyaɤula adali bolai.ilegü ber ügei ülegsen ber ügei bolai.

022. tängri burxan yana inčä tep yarlïqadï birök taqï bir kiši bir täk quanšï im pusar atïn atayu täk bir üdün tapïnu atayu täginsär ol kïši ädgü qïlïnčï öngräki kïši ädgü qïlïnčï birlä tüz tetir.

分析 022：蒙译本中的 “ilegü-ber ügei ülegsen ber ügei bolai” 的意思为 “不多不少”，此段内容回鹘译本中未出现。

023. ked ber ǰiran qoyar keṉgke müren-u qumaki-yin toɤatan ilaǰu tegüś ṉögčigsen burqad ta mörgüged ṉere-yi ṉereidügsen ba ken bodisṯw maqasṯw ariy_a awalukidi isuri-ṯur mörgüged ṉere-yi ṉereidügsen buyan-u tere qoyar čogčaś ber ǰaɤun miṉgɤan ṉayud költi q̲alab-tur-bar baragdaquy_a kilber bosu buyu iǰaɤur tan-u köbegüd bodisṯw maqasṯw ariy_a awalukidi isuri-yin ṉere-yi ṉereidügsen buyan aṉu tere metü čaglaši ügei bolai.

023. bo iki kišining ädgü qïlïnčï bir täg tüz adroqsuz tetir.ming tümän qalp üd nomlansar taqï alqïnmaɤay quanšï im pusar atïn atamïš uɤrïnta ädgü qïlïnčlïg asïɤï tusošï antaɤ tetir.

分析 023：此段对应的部分不多，蒙译本的内容显然比回鹘译本要丰富。

024. ilaǰu tegüś ṉögčigsen ber bodisṯw maqasṯw baraši ügei oyutu-ṯur ein kemen ǰarliɤ bolurun iǰaɤur taṉ-u köbegüṉ-e ali qamiɤ_a bodisṯw maqasṯw

ariy_a awalukidi isuri burqan-u bey_e-ber amitan bükün̲-e n̲om-i üǰügülügsen yirtinčüś-ün oron ber buyu.

024. //

分析 024：此段内容回鹘译本中未出现。

025. tendeče ilaǰu tegüś n̲ögčigsen-tür bodist̲w maqast̲w baraši ügei n̲eretü -ber ein kemen öčirün ilaǰu tegüś n̲ögčigsen̲-e kerkiǰü bodist̲w maqast̲w ariy_a awalukidi isuri sab yirtinčü-in en̲e oron-t̲ur tein böged yabuyu.kerkiǰü amitan bükün̲-e n̲om-i üǰügülümü bodist̲w maqast̲w ariy_a awalukidi isuri-yin uran arɤ_a -yin orun in̲u yambarčilan ele buyu tein kemen öčiged.

025. taqï ymä alqïnčsïz kögüzlüg bodisavat tängri burxanka inčä tep ötüg ötünti tängrim bo quanšï im pusar näčükin nä alïn čäwišin bo čambudiwip-yer suwda yorïyur tïnlïɤlarka asïɤ tuso qïlur nom nomlayur alï čäwiši nätäg ärki.

分析 025：此段内容相符。

026. ilaǰu tegüś n̲ögčigsen ber bodist̲w maqast̲w baraši ügei oyutu-t̲ur ein kemen ǰarliɤ bolurun iǰaɤur tan̲-u köbegün̲-e ali qamiɤ_a bodist̲w maqast̲w ariy_a awalukidi isuri burqan-u bey_e-ber amitan bükün̲-e n̲om-i üǰügülügsen yirtinčüś-ün oron ber buyu.

026. tängri burxan inčä tep yarlïqadï alqïnč sïz kögüzlüg bodisavat siz inčä biling bo yertinčü yer suwdakï tïnlïɤlar birök burxanlar körkin körü qurtulgu tïnlïɤlar ärsär quanšï im pusar ol tïnlïɤlarka burxanlar körkin körgitü nomlayu qutɤarur.

分析 026："佛"是观世音菩萨三十三种化身中的第一种化身，蒙译本和回鹘译本均与之对应。"佛"一词在蒙译本和回鹘译本中译为"burqan"和"burxan"，蒙古语中的"burqan"一词上节已做解释，不再赘述。据学者推测，回鹘译本中的“burxan”的“bur”源于汉语的“佛”，“xan”为可汗。显然，在回鹘社会中佛教与统治阶级有着密切的关系。换言之，将统治阶级的最高领导者与佛相媲美。

027. ali qamiɣ_a bodisṯw maqasṯw ariy_a awalukidi isuri bodisṯw maqasṯw -un bey_e-ber n̲om-i üǰügülügsen yirtinčüś-un oron ber buyu.

027. //

分析 027：此段内容回鹘译本中未出现。

028. n̲igen ǰarim amitan-ṯur bodisṯw maqasṯw ariy_a awalukidi isuri bradiqabud-un bey_e ber n̲om-i üǰügülbei.

028. birök pratekabutlar körkin körü qurtulgu tïnlïɣlar ärsär quanšï im pusar ol tïnlïɣlarka pratekabutlar körkin körgitür nomlayur qutɣarur.

分析 028：此段内容相符。对“辟支佛”均音译，即“bradiqabud”和“pratekabutlar”。蒙译本译为“n̲om-i üǰügülbei”，“n̲om”为经，“üǰügülbei”为观、看之意。因此，“n̲om-i üǰügülbei”为“观（看）佛法”。回鹘译本译为“nomlayur”，为“布道、教导”。与汉译本中的“说法”略有不同。

029. n̲igen ǰarim-ṯur širawan̲g-un bey_e-ber

029. birök širawaklar körkin körü qurtulgu tïnlïɣlar ärsär quanšï im pusar ol tïnlïɣlarka širawakalar körkin körgitür nomlayur qutɣarur.

分析 029：内容相符。蒙古、回鹘译本中的“širawan̲g”和“širawaklar”均为音译，与汉译本的“声闻”对应。

030. n̲igen ǰarim-ṯur esru_a-yin bey_e-ber

030. birök äzrua tängri körkin körü qurtulgu tïnlïɣlar ärsär quanšï im pusar ol tïnlïɣlarka äzrua tängri bo körkin körgitür nomlayur qutɣarur

分析 030：内容相符。蒙古、回鹘文译本中的“esru_a”和“äzrua

tängri”均为音译，与汉译本的“梵王”对应。

031. n̲igen ǰarim-t̲ur qurmusta-yin bey_e-ber

031. birök hormuzta tängri körkin körü qurtulgu tïnlïɤlar ärsär quanšï im pusar ol tïnlïɤlarka hormuzta tängri körkin körgitür nomlayur qutɤarur.

分析 031：蒙古、回鹘译本中的“qurmusta”和“hormuzta tängri”均为音译，与汉译本的“帝释”对应。此外，蒙译本的第 029 至 031 运用了缩译法。而回鹘译本运用增译法，增加了词组“quanšï im pusar ol tïnlïɤlarka”，即观世音菩萨为众生。

032. n̲igen ǰarim amitan-t̲ur bodist̲w maqast̲w ariy_a awalukida isuri qandari-yin bey_e-ber n̲om-i üǰügülbei .

032. //

分析 032：此段内容回鹘译本中未出现。

033. yagšaś-iyar n̲omudqaqui amitan bükün-t̲ür yagšaś-un bey_e-ber n̲om -i üǰügülbei.

033. //

分析 033：此段内容回鹘译本中未出现。

034. erketü-bar n̲omudqaqui amitan bükün-t̲ür erketü-yin bey_e-ber n̲om-i üǰügülbei.

034. birök uluɤ ärklig tängri körkin körü qurtulgu tïnlïɤlar ärsär quanšï im pusar ol tïnlïɤlarka uluɤ ärklig tängri körkin nomlayur qutɤarur.

分析 034：蒙译本中译为“erketü”，本意为权利者。回鹘译本中译为“uluɤ ärklig tängri”，“uluɤ”指大，“ärklig”为有力的，“tängri”为天，即大而有力的天。与汉译本的“自在天”相对应。

035. makišwari-bar n̲omuidqaqui amitan bükün-t̲ür makišwari-yin bey_e

-ber n̲om-i üǰügülbei.

035. birök maheŝwar uluɤ tängri körkin körü qurtulgu tïnlïɤlar ärsär quanšï im pusar ol tïnlïɤlarka maheŝwar tängri körkin körgitür nomlayur qutɤarur.

分析 035：此段内容相符，回鹘译本译者运用增译。蒙古、回鹘译本中的“makiŝwari”和“maheŝwar”均为音译，与汉译本的“大自在天”对应。

036. čakirwad-un qaɤan-iyar n̲omudqaqui amitan bükün-t̲ür čakirwad-un qaɤan-u bey_e-ber n̲om-i üǰügülbei.

036. //

分析 036：此段内容回鹘译本中未出现。

037. bisači-bar n̲omudqaqui amitan bükün-t̲ür bisači-yin bey_e-ber n̲om-i üǰügülbei.

037. bišamn tängri körkin körü qurtulgu tïnlïɤlar ärsär quanšï im pusar ol tïnlïɤlarka bišamn tängri körkin körgitü nomlayu qutɤarur.

分析 037：此处出现的“bisači”和“bišamn tängri”均为音译。与汉译本的“毗沙门”对应。

038. erkin-iyer n̲omudqaqui amitan bükün-t̲ür erkin-u bey_e-ber n̲om-i üǰügülbei.

038. birök elči bilgälär körkin körü qurtulgu tïnlïɤlar ärsär quanšï im pusar ol tïnlïɤlarka elči bilgälär körkin körgitür nomlayur qutɤarur.

分析 038：此段内容相符。化身“erkin”和“elči bilgälär”为意译。与汉译本中的“宰官”相对应。蒙文译本中的“erkin”可能是“erkim”

的误写，意为尊贵的。回鹘译本中的“elči”为使节，“bilgälär”为智者，“elči bilgälär”为“有智慧的使节”。

039. čerig-ün uran-iyar n̲omudq̡aqui amitan bükün-t̲ür čerig-ün uran-u bey_e-ber n̲om-i üǰügülbei.

039. bo birök tängri yirintäki sü bašï taysukin körkin körü qurtulgu tïnlïɤlar ärsär quanšï im pusar ol tïnlïɤlarka taysukin körkin körgitür nomlayur qutɤarur.

分析 039：此段内容相符，回鹘译本运用了增译。对该化身两种译本均采取意译。蒙译本中译为“čerig-ün uran”，“čerig”为“军队、兵、卒”，“uran”为“号召”。回鹘译本中运用增译法译为“tängri yirintäki sü bašï taysukin”，即“天地的军队领袖天大将军”。

040. biraman-iyar n̲omudq̡aqui amitan bükün-t̲ür biraman-u bey_e-ber n̲om-i üǰügülbei.

040. birök bramanlar körkin körü qurtulgu tïnlïɤlar ärsär quanšï im pusar ol tïnlïɤlarka bramanlar körkin körgitür nomlayur qutɤarur.

分析 040：此段内容相符，回鹘译本运用了增译。对该化身两种译本均采取音译。与汉译本中的“婆罗门”相对应。

041. wčirban̲i-bar n̲omudq̡aqui amitan bükün-t̲ür wčirban̲i-yin bey_e-ber n̲om-i üǰügülbei.

041. birök wačirapanlar körkin körü qurtulgu tïnlïɤlar ärsär quanšï im pusar ol tïnlïɤlarka wačirapanlar körkin körgitü nomlayur qutɤarur.

分析 041：此段内容相符，回鹘译本运用了增译。对该化身两种译本均采取音译。与汉译本中的“执金刚”相对应。

042. //

042. birök kičig iliglär körkin körü qurtulgu tïnlïɤlar ärsär quanšï im pusar ol tïnlïɤlarka kičig kičig iliglär körkin körgitü nomlayur qutɤarur.

分析 042：此段内容蒙译本中未出现。

043. //

043. birök uluɤ amančlar atlïɤlar körkin körü qurtulgu tïnlïɤlar ärsär quanšï im pusar ol tïnlïɤlarka uluɤ amančlar körkin körgitür nomlayur qutɤarur.

分析 043：此段内容蒙译本中未出现。回鹘译本对该化身采取意译，译为“uluɤ amančlar atlïɤlar”，“uluɤ”为伟大的、崇高的，“amančlar”为尊贵的人，“atlïɤlar”为有名的人，即伟大、尊贵而著名的人。

044. //

044. birök igil nomčï töröči körkin körü qurtulgu tïnlïɤlar ärsär quanšï im pusar ol tïnlïɤlarka igil nomčï töröči körkin körgitü nomlayur qutɤarur.

分析 044：此段内容蒙译本中未出现。

045. //

045. birök toyïn šamnanč upase upasančlar körkin körü qurtulgu tïnlïɤlar ärsär quanšï im pusar ol tïnlïɤlarka toyïn šamnanč upasi upasančlar körkin körgitü nomlayu qutɤarur.

分析 045：此段内容蒙译本中未出现。回鹘译本中，“比丘”译为“toyïn”，即“道人”。“比丘尼”译为“šamnanč”，即“尼姑”。“优婆塞”译为“upase”，即在家男性。“优婆夷”译为“upasančlar”，即在家女性。蒙译本均未翻译以上化身。

046. //

046. birök adïn adïn ügä bilgä atlïɤ yüzlüg är körkin körü qurtulgu tïnlïɤlar ärsär quanšï im pusar ol tïnlïɤlarka adïn adïn ügä bilgä atlïɤ yüzlüg är

äwči körkin körgitür nomlayu qutɤarur.

分析 046：此段内容蒙译本中未出现。回鹘译本对该化身采取意译，即“ügä bilgä atlïɤ yüzlüg är”，“ügä”为知识、智力，“bilgä”为智者，“atlïɤ”为命名、名为，“yüzlüg”为面部、可敬、高贵，“är”为男人，即有知识、面相高贵的男性智者。

047. //

047. birök känč urïlar känč qïzlar körkin körü qurtulgu tïnlïɤlar ärsär quanšï im pusar ol tïnlïɤlarka känč urï känč qïzlar körkin körgitü nomlayu qutɤarur.

分析 047 ：此段内容蒙译本中未出现。回鹘译本中的“känč urïlar”为“童男”，其中“känč”为幼小、童年。“urïlar”为儿子。“känč qïzlar”为幼小、童年。“qïzlar”为女孩。

048.//

048.birök tängrilär luular yäklär ɤantar gintirwlär asurilär talïm qara qušlar kinarä xanlarï maharoklar kišili kišilar ärmäzlilär körkin körü qurtulɤu tïnlïɤlar äsär quanšï im pusar ol tïnlïɤlarqa alquqa yarašï ät’öz körkin körgitü nomlayu qutɤarur.

分析 048: 回鹘译本中的“tängrilär”为天，“luular”为龙，“yäklär”为夜叉，“ɤantar”为“紧那罗”，“gintirwlär”为“乾闼婆”，“asurilär”为“阿修罗”，“talïm qara qušlar kinarä”为“迦楼罗”，“xanlarï maharoklar”为“摩睺罗伽”。此处为观世音菩萨三十三种化身中的第二十五至第三十二种化身，此段蒙译本中未出现，回鹘译本则全部翻译。

026 至 048 是观世音菩萨救苦救难的三十三种化身。这三十三种化身在蒙译本中只出现了十四种。回鹘译本中翻译了二十九种。

049. ijaɤur tan-u köbegün̲-e tere metü bodist̲w maqast̲w ariy_a awalukidi isuri-yin erdem an̲u sedkiši ügei luɤ_a tegüsügsen bolai.ijaɤur tan-u köbegün̲-e tere metü-ber bodist̲w maqast̲w ariy_a awalukidi isuri-t̲ur takigtun ijaɤur tan-u köbegün̲-e bodist̲w maqast̲w ariy_a awalukidi isuri en̲e-ber ayul tan amitan bükün-t̲ür ayul ügei-yi ögkü bolai.tegün-u tulada sab yirtinčü-yin en̲e oron-t̲ur ayul ügei öglige kemen büküde-ber medekü bolai.

049. alqïnčsïz kögüzlüg bodisavat siz inčä biling uqung bo quanšï im pusar munčulayu tang adïnčïɤ alp ärdämin qamaɤ tïnlïɤlarka asïɤ tuso qïlu qutɤarur. adrok adrok ät'öz körgitip bo saw atlïɤ yer suwda yorïyur tïnlïɤlarïg qutɤarur asïɤ tuso qïlur anïn qamaɤ tïnlïɤlar ayayu aɤïrlayu tapïnu udunu atayu tutmïš kärgäk alquqa qorqunčsuz bušï birgüči tetir.

分析 049：蒙译本中的 "ijaɤur tan-u köbegün̲-e" 指 "善男子"，回鹘译本中未出现。其他内容相符。

050. tendeče ilaǰu tegüś n̲ögčigsen-t̲ür baraši ügei oyutu-ber ein kemen öčirün ilaǰu tegüś n̲ögčigsen bi-ber bodist̲w maqast̲w ariy_a awalukidi isuri-t̲ur n̲om-un bürkül beleg-i ögsügei ilaǰu tegüś n̲ögčigsen ǰarliɤ bolurun ijaɤur tan-u köbegün̲-e tegün-i čag-tur kürügsen-i medebesü ögkügtün.

050. üčün ol üdün alqïnčsïz kögüzlüg bodisawat inčä tep ötüg ötünti tängrim biz amtï quanšï im pusarqa tapïɤ uduɤ tägürälim ötrü käntününg tükäl törlüg satïɤsïz ärdinilig küntägüsin alïp quanšï im pusarqa tutdï inčä tep tedi.

分析 050：此段内容相符。

051. tendeče bodist̲w maqast̲w baraši ügei oyutu-ber öberün küǰügün t̲eki ǰaɤun min̲gɤan subud-un erikeś-i tailuɤad bodist̲w maqast̲w ariy_a awalukidi

isuri-t̲ur n̲om-un bürkül beleg-i ögčü ele törülkitü bogda n̲adača n̲om-un bürkül beleg egün̲-i abuɤad tere ese abuɤad

051. tözünüm alïng bo nom bušïsï tetir quanšï im pusar alɤalï unamadï,

分析 051：此段内容基本相符，蒙译本要比回鹘译本内容丰富，例如，蒙译本中说"öberün küǰügün t̲eki ǰaɤun min̲gɤan subud-un erikeś-i tailuɤad"，意思为"从自己脖子上解下百千珠宝"，而回鹘译本中未出现这样的内容。

052. tendeče bodist̲w maqast̲w baraši ügei oyutu-ber bodist̲w maqast̲w ariy_a awalukidi isuri-t̲ur ein kemen ügülerün ijaɤur tan-u köbegün̲-e či-ber en̲e subud erikeś n̲ama-yi örüšiyeküi-yin tulada abuɤad tend-eče bodist̲w maqast̲w ariy_a awalukidi isuri-bar bodist̲w maqast̲w baraši ügei oyutu-yi n̲igüleskü i kiged tedeger dörben n̲öküd ba tn̲gri luuś yakš_a qandari asuri qarudi kin̲ari maɤuraki kümün ba kümün busu bükün-i n̲igüleskü i-yin tulada bodist̲w maqast̲w baraši ügei oyutu-ača subud-un erkeś-i abubai.

052. alqïnčsïz kögüzülüg bodisavat tana ikiläy、ötünti tözünüm bizingä yarlïqančučï köngül turɤurung bo bušïmïznï alïp asïɤ tuso qïlïng tep ötünti ol üdün tängri burxan quanšï im pusarqa inčä tep yarlïqadï tözünüm bo alqïnčsïz kögüzlüg bodisavat ulatï tängrili kišili qalïn quwaragqa yarlïqančučï köngül turɤurung bo bušïsïn alïng asïɤ tuso qïlu biring tep yarlïqasar ötrü quanšï im pusar ol bušï birmiš ärdinilig küntägüg alïp

分析 052：此段内容基本相符，蒙译本要比回鹘译本内容丰富，例如蒙译本中的"tedeger dörben n̲öküd ba tn̲gri luuś yakš_a qandari asuri qarudi kin̲ari maɤuraki kümün ba kümün busu"指"四众及天龙八部"，回鹘译本中未出现该内容。

053. abuɤad qoyar qubi qubiyaǰu ele qubiyaɤad n̲igen an̲u ilaǰu tegüś n̲ögčigsen šagimun̲i-t̲ur ergübei n̲igen qubi an̲u tegünčilen iregsen dayin-i darugsan ün̲eker tuɤulugsan olan erden̲i-t̲ü burqan-u erden̲i-t̲ü suburɤan-t̲ur ergübei.iǰaɤur tan-u köbegün̲-e bodist̲w maqast̲w ariy_a awalukidi isuri sab yirtinčü-in en̲e oron-t̲ur tere metü qubilɤan-iyar tein böged yabuqu buyu.

053. iki ülüš qïltï bir ülüšin ärüš ärdini burxanka tutdï bir ülüšin tängri šakimuni burxanka tutdï quanšï im pusar antag uz al čäwišin timin bo yirtinčüdä asïɤ tuso qïlu yorïyur.

分析 053：两种译本有出入，例如蒙译本中说“n̲igen an̲u ilaǰu tegüś n̲ögčigsen šagimun̲i-t̲ur ergübei, n̲igen qubi an̲u tegünčilen iregsen dayin-i darugsan ün̲eker tuɤulugsan olan erden̲i-t̲ü burqan-u erden̲i-t̲ü suburɤan -t̲ur ergübei”，意思为“一份献给了释迦摩尼佛；一份献给了到来的，胜战的，多宝佛的宝塔”。回鹘译本中译作“bir ülüšin ärüš ärdini burxanka tutdï bir ülüšin tängri šakimuni burxanka tutdï”，意思为“一份献给了多宝佛；一份献给了释迦摩尼佛”。

054. tegün-u n̲om-un čin̲ar an̲u ein kemegdekü bolai.alag tuwača-bar baraši ügei oyutu bodist̲w-ača tegün-u udqas-un edügülbüri bükün-i asaɤurun ilaɤugsad-un köbegün en̲e metü yaɤun-u tulada ariy_a awalukidi isuri kemen n̲ereidbei.

054. ol üdün alqïnčsïz kögüzlüg bodisavat šlok takšutïn tängri burxanka inčä tep ayïtu täginti suqančïɤ körkingä tükälligim tängrim, ikiläyü ayïtu täginür män bo bodisavat nä üčün nä tïltaɤïn quanšï im pusar tep atantï.

分析 054：此段内容基本相符，蒙译本中的“tegün-u n̲om-un čin̲ar an̲u ein kemegdekü bolai”为“他的品德如此也”。回鹘译本中未出现此内容。回鹘译本中的"ikiläyü ayïtu"为"再次询问"，该词语蒙译本中未出现。

055. tendeče tere-ber ǰüg bükün-i üǰeǰü ele irüger-ün dalai baraši ügei oyutu-bar alag tuwača-t̲ur ein kemen ügülerün ariy_a awalukidi isuri-yin yabudal -i sonuś sedkiši ügei ǰaɤun költi q̲alab-ud-tur olan költi min̲gɤ̣an burqad-un irüger-i yambar saitur tein böged bišilugsan tedeger-i bi-ber saitur n̲omlasuɤai son̲uś

055. tängri burxan ymä šlok takšutïn inčä tep kikinč yarlïqadï qodnu tïnglang siz ol quanšï im bodisavat yorïgïn nomlayïn qut qolup.ant antïkmïšï taloy ügüzdä täringräk ol qalp üdün qolulasar bilgülük ämäz qolti sanïnča burxanlarka tapïnïp antïka qut qolmïš ärür, män amtï sizingä azkïya nomlayïn atïn äšidsär

分析 055：此段内容相符。

056. činglen üiledüged üǰen üiledküi ba ǰerge-ber tere metü daɤan duradqui-bar amitan bükün-i ači ür_e büküi-yi olqu boluyu. ǰobalan̲g kiged ɤasalan̲g bükün-i arilɤayu.

056. ät özin körsär saqïnmïšï yoqsuz bolmaz, qop törlüg ämgäkintä qutɤarur bo yirtinčüdäki qamaɤ yalnguqlar adroq adroq mungïnta alqu törlüg ämgäkintä ozɤurur

分析 056：蒙译本中的"duradqui"为"念"，回鹘译本中的"saqïnmïšï"为"想"，此处两种译本有细微的差异。其他内容基本相符。

057. kerber alaqui-bar ɤal-t̲u uqumal-t̲ur-bar alaqui-yin tulada tebčigsen tere kümün-ber ariy_a awalukidi isuri-yi duradbasu usun sačugsan metü ɤal ber sönükü boluyu.

057. //

分析 057：此段内容回鹘译本中未出现。

058. dalai-yi getülküi-t̲ür-ber salkin̲-a tuɤugdaǰu alad luuś büdi asuriś-un oron-t̲ur-i ariy_a awalukidi isuri-yi duradbasu usun-u dotur_a keǰiy_e-ber ülü ǰibkü boluyu

058. //

分析 058：此段内容回鹘译本中未出现。

059. maši urilaqui sedkil-iyer alaqui-in tulada sömbür aɤula-in orui-eče aɤurbasu-ber ariy_a awalukidi isuri-yi duradbasu n̲aran metü ogtarɤui-t̲ur an̲u boluyu.

059. //

分析 059：此段内容回鹘译本中未出现。

060. kerber wčir kiged aɤulaś ber alaqui-in tulada orui-ača baɤubasu-bar ariy_a awalukidi isuri-yi duradbasu šira üsün-u n̲üke-yin tedüiken kön̲ügen ülü čidayu.

060. //

分析 060：此段内容回鹘译本中未出现。

061. alaqui sedkil-iyer ɤar-tur mese bariǰu ele olan daisun-u čiɤulɤan qamuɤ-ača küriyelebesü ariy_a awalukidi isuri-yi duradbasu sača darui-t̲ur asaraqui sedkilten boluyu.

061. //

分析 061：此段内容回鹘译本中未出现。

062. kerber alaqui-yin oir_a ireǰü ele alagčin-u erke-t̲ür orubasu-bar ariy_a awalukidi isuri-yi duradbasu tegün-u mesen keseg keseg boluyu.

062. //

分析 062：此段内容回鹘译本中未出现。

063. tein kiǰü kiliṉglen modun kiged temü-iyer egüdügsen čider tušiɤan -iyer kölügdebesü-ber ariy_a awalukidi isuri-yi duradbasu küliyesün öḏter tein böged tasuraqu boluyu.

063. //

分析 063：此段内容回鹘译本中未出现。

064. tarṉi-yin küčün kiged em ariwasun tarṉi ba witar ba taki bodi bey_e -ber ayuɤulugčid ba ariy_a awalukidi isuri-yi duradbasu alin-ača maši talbigsad tere ǰiči qarin odyu.

064. //

分析 064：此段内容回鹘译本中未出现。

065. yagš_a asuri büdi luuś badaraṉgɤui öṉgge buliyagčid ber saitur küriyelebesü ariy_a awalukidi isuri-yi duradbasu šira üsün-u tedüiken köṉügen ülü čidayu.

065. //

分析 065：此段内容回鹘译本中未出现。

066. qurča ariy_a qomusutan ayuɤulugči dogšin ariya tan küriyelebesü-ber ariy_a awalukidi isuri-yi duradbasu öḏter türgeṉ-e ǰüg bükün-ṯür buruɤuridču oḏqu boluyu.

066. //

分析 066：此段内容回鹘译本中未出现。

067. ayul-tu ṉidüten ɤal metü gerel ɤarɤagči qoron ṉidüten iyer saitur küriyelebesü ber ariy_a awalukidi isuri-yi duradbasu maši türgeṉ-e qoor ügei

boluyu.

067. //

分析 067：此段内容回鹘译本中未出现。

068. maši čakilɤan ber čakiluɤad ǰobalan̲g-tu egüled-ün ayun̲gɤ_a kiged möndür qur_a oruqui-t̲ur ariy_a awalukidi isuri-yi duradbasu sača darui-t̲ur öd̲ter saitur amurliyu.

068. //

分析 068：此段内容回鹘译本中未出现。

069. olan ǰaɤun ǰobalan̲g-ud-iyar kön̲ügegdekün ba olan ǰaɤun ǰobalan̲g-ud-iyar egeregdegsen amitan üǰebesu ele belge bilig-un buyan-u küčün-iyer ariy_a awalukidi isuri-bar tegün-eče tn̲gri selte amitan-i aburaqu boluyu.

069. //

分析 069：此段内容回鹘译本中未出现。

070. ridi qubilɤan-u küčün-iyer čin̲atu qiǰaɤar_a odču arɤ_a kiged inwaɤa -yi aɤuda surugsan-iyar arban ǰüg-un olan qamuɤ amitan ba qočurli ügei qamuɤ orud bükün-i-ber saitur geigülyü.

070. //

分析 070：此段内容回鹘译本中未出现。

071. qamuɤ amitan-u maɤui ǰayaɤan-u ayul kiged čölege ügei-ber taki amitan tamu ba aduɤusun ba taki erlig-iyer küriyelegsen-eče ba töröküi ötelküi ebedküi-ber egeregdegsen-i ečüś-t̲ür amurliɤulugči maši buyan-t̲ur n̲idün kiged asaraqui-yin n̲idün ba arɤ_a bilig ülemǰi bolugsan n̲idün kiged n̲igüleskü̈i n̲idün ba takin asaraqui n̲idün-iyer ba sain isuri n̲idün luɤ_a mašida üǰen küsekü̈i ba kir ügei kir-eče qaɤačagsan gerel ba bürküg ügei belge bilig n̲aran-u gerel kiged

egülen-iyer ülü bürkügdeküi gerel-iyer yirtinčü-t̲ür gilbelküi-ber geigülün n̲igüleskü̈i-eče bolugsan šagsabad-iyar aldarašigsan bolai.

071. ontun sïnɤar ät, öz körgütür ol yer suw yok kim käntü özi tägmäsär käntüni atamïš ünüg anta oq äšidür tamu pret yïlqï ažunta özi kirip ämgäklärintä ozäurur, quanši im pusar tïnlïɤrïg qolulamïšï čïn kertü qolulamak tetir, arïɤ turuɤ qolulamak tetir, king bilgä bilig qolulamaq tetir uluɤ yarlïqančučï qolulamaq tetir, uluɤ ädgü ögli qolulamak tetir män qut qolur män qulqïya uluɤ yarlïkančučï qolulamaq biligin mini qolulayu buyanlayu yarlïqazun arïɤ turuɤ yarlïqančučï yaruqunguz kün tängri täg bilgä biliglig yaruqunguz qop qamaɤ yalnguqlar kögüzin yarutïr siz mäning ymä qararïgïmïn yarutï berzün tsuyumta yazuqumta bošuyu berzün tözü yirtinčü yer suwda uluɤ yarlïqančučï bulït öritir siz

分析 071：此段内容相符。

072. buyan-u erdem kiged asaraqui sedkilten yeke egülen-eče qamuɤ amitan-u n̲iswan̲iś-un ɤal-i amurliɤulugči n̲om-un rašiyan-u qur_a-yi saitur oruɤulyu.kereldün temečeldün qudquldugsan-iyar yeke ayul-tu qadɤulduɤan -t̲ur orugsan eren-ber ariy_a awalukidi isuri-yi duradbasu sača darui-t̲ur daisud mašida amurliyu.

072. tängrim noš täg tatïɤlïɤ yaɤmur suwïn yaɤïtïp yalnguqlarnïng nizwani otïn öčürür siz.

分析 072：蒙译本中的“temečeldün qudquldugsan-iyar yeke ayul-tu qadɤulduɤan-t̲ur orugsan eren ber ariy_a awalukidi isuri-yi duradbasu sača darui -t̲ur daisud mašida amurliyu”，意思为“争吵斗殴而陷入危机时，呼喊观世音菩萨的名号，敌人即刻安静”，此段内容回鹘译本中未出现。

073. egüleś-ün daɤun kiged kögürge-yin daɤun ba luu-yin daɤun kiged esru_a-yin sain egešig ba egešig-un mandal-un čin̲atu kürügsen bolai.

073. bo bodisawat suqančïg ünlüg tetir äzrua ünlüg tetir taloy ünlüg tetir yirtinčüdä yigädmiš ünlüg tetir,

分析 073：此段内容中"esru_a-yin egešig"和"äzrua ünlüg"相对应，指"梵音"。

074. ariy_a awalukidi isuri-yi duraddaqui ariɤun sedkil-tü ariy_a awalukidi isuri-yi seǰig ügei-ber duradču duradugdaqui ükükü i čag kiged n̲iswan̲iś-iyar kön̲ügeküi čag-tur itegel abural ibegen saišiyan boluyu.

074. anï üčün turqaru atamïš kärgäk atamïš sayu sezik qïlmanglar , ämgäktä ara kirmägäy tep, quanši im pusar bügü biligin alqunï körür bügülänür yarlïqančučï közin körüp umuɤï ïnagï bolu birür.

分析 074：此段内容相符。

075. qamuɤ erdem-ün čin̲atu kürügsen qamuɤ amitan-t̲ur n̲igüleskü i asaraqui n̲idü-tü ün̲eker erdem-tü erdem-ün yeke dalai ariy_a awalukidi isuri-t̲ur mörgügdeküi yosutu bolai.

075. //

分析 075：此段内容回鹘译本中未出现。

076. en̲e metü amitan bükün-i n̲igülesüged qoitu čag-tur burqan bolqu boluyu ayul kiged ɤsalan̲g bükün-i üǰegči ariy_a awalukidi isuri-yi duradugdaqui yirtinčü-yin erke-tü terigülegči qaɤan-u bolai ayaɤ_a tekimlig n̲om-un ɤarqui-yin oron ele yirtinčü dakin-t̲ur takigdayu olan ǰaɤun qalab-tur yabuǰu ele kireče qaɤačagsan degere ügei bodi qutug-i olbai uduridugči abida burqan-u ǰegün baraɤun eteged-eče degegür-i bariǰu ele tegünčilen tabin ayu yelwi metü diyan-

iyar-bar orud bükün-ṯür oduɤad ilaɤugsad-i takiyu örüṉ_e ǰüg -tür amuɤulaṉg̱ ɤarqui-yin oron ele kir-eče qaɤačagsan yirtinčü-yin oron sügewadi kemekü tende amitan-i ǰiluɤadugči abida burqan edüge-ber saɤun amu tende emegtei-ber ülü törükü bolai bükü-yi ǰüil-iyer qubiṉiqui ṉom-ud-bar ügei bolai tedeger ilaɤugsad-un köbegüd ber liṉg̱qu_a taǰa törüǰü ele kir ügei liṉg̱qu_a-yin ǰirüken-ṯür ayu uduridugči abida mün böged ber kir ügei bayasq̱ulaṉg̱-tu liṉg̱qu_a-yin ǰirüken-tur arslan-ṯu tabčaṉg̱-ṯur saitur saɤun ele sala-yin qaɤan metü dalai kebeken buyu yirtinčü-yi uduridugči eṉe-ber tegünčilen kü bolai ɤurban sansar-tur tere metü boi bosu ked ber ariy_a awalukidi isuri-yin ṉere-yi soṉusbasu tegün-u buyan aṉu baraši ügei boluyu.

076. //

分析 076：此段内容回鹘译本中未出现。

077. //

077. kop törlüg ädgü qïlïnč qazɤančï taloy ügüzdä täringräk tetir aɤlaq tüzgärinčsiz ärdämi ol ärür kanta atasar anta oq äšidür ïčɤïnmaz mungïnta ämgäkintä ara kirür ozɤurur, anïn tïnlïɤlar atamïš tapïnmïš k（ä）rgäk.

分析 077：此段内容蒙译本中未出现。

078. tend-eče bodisṯw maqasṯw ɤaǰar-i barigči debüsger-eče-ben bosuɤad degedü debil-iyen ṉigen mür-tür qomibiǰu baraɤun ebüdüg-un mandal-iyar ɤaǰar-tur sögödöged ilaǰu tegüś ṉögčigsen qamiɤ_a bükü tere ǰüg-tü alaɤaban qamtudq̱an böküiǰü ele. ilaǰu tegüś ṉögčigseṉ-e ein kemen öčirün ilaǰu tegüś ṉögčigseṉ-e ken bodisṯw maqasṯw ariy_a awalukidi isuri-yin bülüg bodisṯw maqasṯw ariy_a awalukidi isuri_yin qubilɤan_i üǰügülügsen büküi -eče egüden bolugsan bülüg bodisṯw maqasṯw ariy_a awalukidi isuri-yin tein böged

qubilugsan en̲e n̲om-un qubilɤan-i son̲usugsan tedeger amitan-u buyan-u ündüsün an̲u edüi tedüi maɤuqan-bar bolqu bosu bolai qamuɤ-ača egüden bolugsan en̲e bülüg-i ilaǰu tegüś n̲ögčigsen-e n̲omlagsan-tur tere n̲öküd-eče n̲aiman tümen dörben min̲gɤan amitan ber sača bosu luɤ_a sačuɤu degere ügei ün̲eker tuɤulugsan bodi qutug-tur sedkil egüsgeldübei.

078. ol üdün yer tutar bodisawat ornïnta turup tängri burxanka inčä tep ötüg ötünti, kim qayu tïnlïɤ bo quanši im pusar ärdämin bügülänmäkin qutadmakïn äšidsär atïn atayu tutsar män inčä qolulayur män ol tïnlïɤnïng ädgü qïlïnč utlïsï ärtingü üküš tetir, tängrisi burxan kuanši im pusarnïng alqudïn sïnɤar qutadmaq ärdämin nomlayu widyag kïlmïšïn äšidigli quwragda säkiz tümän tört ming tïnlïɤlar alqugun tüzgärinčsiz burxan qutïnɤa köngül turɤurdïlar, namo but ; namo darm ; namo sang.

分析 078：此段内容蒙译本比回鹘译本明显丰富。例如，蒙译本中的“degedü debil-iyen n̲igen mür-tür qomibiǰu baraɤun ebüdüg-ün mandal-iyar ɤaǰar-tur sögödöged ilaǰu tegüś n̲ögčigsen qamiɤ_a bükü tere ǰüg-tü alaɤaban qamtudqan böküiǰü ele ”，意思为“偏袒右肩，右膝跪地，四面八方合掌向佛而作是言”，此段内容回鹘译本中未出现。回鹘译本中的“namo but namo darm namo sang”的意思为“南无佛，南无法，南无僧”，此句蒙译本中未出现。

079. čaɤan lin̲gqu_a n̲ere-tü degedü n̲om-ača ariy_a awalukidi isuri-yin qubilɤan-i üǰügülügsen büküi-eče egüden bolugsan n̲ere-tü qorin tabdaɤar bülüg.

079. ///

分析 079：此段内容回鹘译本中未出现。

080. //

080. darmuruč šäli upase kulkïya küšüšingä bitidim ägsük//////////////-meki bolur////////////

分析 080：回鹘译本中的此段内容为"'darmuruč šäli'根据'upase kulkïya'的请求而抄写"。这里的"darmuruč šäli"和"upase kulkïya"均为人名。

经过分析，从蒙古译本和回鹘译本中的种种迹象可以推测，佛教最先可能是从上层阶级传入到回鹘和蒙古社会中。据史料记载，自 6 世纪起，佛教就在突厥和回鹘部落中传播。这一点葛玛丽在论文"佛教在突厥人中的使命"中就有所提及。《北齐书·斛律羌举传》载 6 世纪末刘世清曾受突厥可汗佗钵（Qayan Taspar，572—581）之命为其翻译佛经：

> 代人刘世清，祖拔，魏燕州刺史。父巍，金紫光禄大夫。世清，武平末侍中，开府仪同三司，任遇与孝卿相亚，情性甚整，周慎谨密，在孝卿之右。能通四夷语，为当时第一。后主命世清作突厥语翻《涅槃经》，以遗突厥可汗。应佗钵可汗之邀于574年入突厥传教，直到 584 年始得归还，前后历时十余年。

显然，佗钵可汗对其所从事的翻译佛经和传教布道工作是相当满意和支持的。从各种信息可以推断，佗钵可汗之子尔伏可汗（Niwar Qayan）也是相当虔信佛教的。[①]

①刘茂才：《东突厥汉文史料集》（德文），威斯巴登：奥托·哈拉索维茨出社，1958 年，第 34 页。

另外，刘茂才在著作中提到，“……木汗可汗的继承人佗钵可汗被汉文史料说成是一名虔诚的佛教徒。在北周汉族皇帝从574年起的禁佛期间，信徒们正是逃亡他那里避难，其中包括一名印度人阇那崛多（德智)，他在该可汗的庇护下研究和重译梵文经文”。[①]

种种迹象表明，佛教在回鹘人上层阶级中尤为得宠。唯独有偶，佛教在蒙古族上层社会中也十分受欢迎。例如，汉译本中的“善男子”指良家之男子。善女人亦同，乃良家女子之义。经典中对在家的信男、信女，用善男子、善女人之称呼。此时的‘善’，系对信佛、闻法、行善业者之美称。而蒙古译本中译为“ïǰaɤur tan-u köbegün̠-e”，“ïǰaɤur tan”同“kerkemten”为“贵族、名门”，“köbegün̠-e”指“孩儿、男孩”，因此“ïǰaɤur tan-u köbegün̠-e”指贵族公子。回鹘译本中未译该词语。显然，汉译本中的“善男子”没有阶级含义，而蒙古译本中的“ïǰaɤur tan-u köbegün̠-e”具有阶级意义，所以可以推测佛教在蒙古社会中从贵族、上层阶级开始传播。

据历史文献记载，蒙古帝国第四位大汗蒙哥死后，他的弟弟忽必烈自立为汗，并拜藏传佛教高僧八思巴为国师。直到这时，佛教才在蒙古人心目中占有一席之地。不过对于大部分普通蒙古民众来说，他们还是更加信奉萨满教，佛教虽然得到了少数蒙古贵族的支持，但并没有获得普及。姜馥蓉在论文中提到，“藏传佛教最初与蒙古社会发生联系，主要是在蒙古王室贵族中，并未对蒙古社会产生多大的影

①刘茂才：《东突厥汉文史料集》（德文），威斯巴登：奥托·哈拉索维茨出版社，1958 年，第 36—37 页。

响。这种状况一直持续到16世纪后半期，经过宗喀巴改革的格鲁派在阿勒坦汗的积极倡导下进入蒙古地区且在整个蒙古广泛传播……”①

此外，还有一个有趣的现象是关于观世音菩萨有三十三种化身的翻译。鸠摩罗什译《法华经》中观世音菩萨救苦救难的三十三种化身全部译出。额尔顿莫日根蒙译本中只出现了十四种，回鹘译本中出现了二十九种。至于观世音为什么会有三十三种化身，而不是其他数字呢？数字“33”在佛教中代表的是超脱现世的“涅槃”，即人们追求的极乐境界。因此，在佛教中数字33代表着灵性的平衡、智慧的升华，是一种高深的精神境界的体现。关于“三十三种化身”日本学者在其著作《观世音菩萨の研究》中提到“三十三这个数目只有在《呗陀》和印度教的背景中才有意义，这必定与三十三天或帝释天（Indra，因陀罗）有关。帝释天是《吠陀》最具威力的神祇之一，统领三十二位天神。三十三天位居六欲天的第二重，首府位于须弥山的顶峰，而须弥山则是整个宇宙的中心。 由此可知，这个数字具有一种象征意义,而非字面上的意义。”②这一点，于君芳在著作《观音——菩萨中国化的演变》中也做了澄清：

> ……观音的三十三种化身与古印度人才能理解的宗教宇宙观有关。梵王、帝释、湿婆都是印度教神祇，毗沙门、天与转轮圣王则是印度宗教和认识论上的宇宙中重要的神祇与理想典范。即使是住在那个世界中的非人,如阿修罗、龙、夜

①姜馥蓉：《藏传佛教对蒙古族社会的影响》,《青年文学家》2012 年第 10 期第 189 页。

②后藤大用（Gotō Daiyō）:《观世音菩萨の研究》，东京：山喜房私书林，1958 年，167—168 页。

叉等，也只有在印度文化环境中生长的读者才能理解。①

至于为什么三十三种化身在蒙古译本和回鹘译本中未能完整呈现，可能译者所参考的底本不同，或者译者并不理解三十三种化身在原文中的特殊含义所致。

另外，蒙古译本中的“čakirwad-un qaɤan-iyar n̠omudqaqui amitan bükün-t̠ür čakirwad-un qaɤan-u bey_e-ber n̠om-i üǰügülbei”，即“应以转轮王身得度者，即现转轮王身而为说法”。该化身在汉译本和回鹘译本中均未出现。这可能与蒙古族历史上“转轮王”的重要地位密切相关。转轮王思想肇源于古印度孔雀王朝时期，后被佛教吸收，成为佛教王权观的重要基石。13世纪随着吐蕃归附元朝，转轮王被萨迦派八思巴所强化，用以塑造元代君王的另一面相。事实上，早在忽必烈尚为潜邸藩王时，八思巴即向其传播和灌输了佛教功德思想与王权观。之后，蒙古族诸多编年史中都将蒙古诸王神化为转轮王。据彻辰·洪台吉所修订的《白史》记载：

> 有福的萨满达菩萨化身众恭王摩诃三摩谛合罕在印度……黑吐蕃国有福的观世音菩萨之化身王子松赞干布以转千金法轮法王之名，称著于世……札惕蒙古地方诞生瓦其尔巴尼之化身帖木真……至三代满珠失哩菩萨化身忽必烈合罕诞生，以转千金法轮合罕闻名于人众。②

蒙古国史学家沙·比拉曾指出：“……蒙古编年史家对转轮王观念表现出特殊的兴趣，因为它企图竭力克服封建割据状态，并力图恢

①于君芳著，陈怀宇、姚崇新、林佩莹译：《观音——菩萨中国化的演变》，北京：商务印书馆，2012年，第55—56页。

②留金锁：《十善福白史》，呼和浩特：内蒙古人民出版社，1981年，第73—76页。

复全蒙古的汗权……持有‘转轮王’称号的蒙古汗王完全有希望、有可能成为蒙古的大汗。因而蒙古编年史家竭力以佛教观念为基础，为汗权神授找出依据来，并擅自将‘转轮王’的名称加在蒙古汗的头上。”①史家们用保护佛教的古印度转轮王来神化蒙古汗王，正是反映了蒙古人加强汗权的政治愿望。

回鹘译本中的“birök igil nomčï töröči körkin körü qurtulɤu tïnlïɤlar ärsär quanšï im pusar ol tïnlïɤlarqa igil nomčï töröči körkin körgitü nomlayur qutɤarur”，即“但是男性宗教专家看到救赎的众生，只要念诵观世音菩萨，其会化身男性宗教专家拯救众生”。“igil nomčï töröči”指男性宗教专家。此化身汉译本和蒙译本中也未出现。

总之，丝绸之路自汉代正式开通以后，历1500余年，直到明代，它一直承担着内地与西域、中国与亚、欧一些国家、地区之间政治、经济、文化联系的重要任务。本书探讨的《法华经》正是丝绸之路鼎盛时期中外对话的产物，为后人留下了宝贵的精神财富。

第三节　《法华经·普门品》蒙古与藏文文本内容比较

001. tendeče bodisṯw maqasṯw baraši ügei oyuṯu debüsger-eče-gen bosču degedü degel-iyen ṉigen mörü-ṯür-iyen qombiǰu.baraɤun ebüdüg-un mandal -iyar ɤaǰar-tur sögüdüged. ilaǰu tegüs ṉögčigsen qamiɤ_a bükü tere ǰüg-tür alaɤaban qamtudaqan böküiged ilaǰu tegüɤś ṉögčigsen-ṯür ein kemen öčirün. ilaǰu tegüś ṉögčigsen bodisṯw maqasṯw ṉidüber üǰegči erketü-yi yaɤun-u tulada

①沙·比拉：《蒙古史学关系史研究》，《蒙占学资料与情报》1987年第4期。

n̲idü-ber üǰegči erketü kemen n̲ereidübei.

001. de nas byang chub sems dpa' sems dpa' chen po blo gros mi zad ba stan las langs te/ bla gos phrag gcig tu gzar nas pus mo gyas pa'i lha nga sa la btshugs te/ bcom ldan 'das ga la ba de logs su thal mo sbyar ba btud nas bcom ldan 'das la 'di skad ces gsol to//bcom ldan 'das byang chub sems dpa' sems dpa' chen po spyan ras gzigs dbang phyug ci'i slad du spyan ras gzigs dbang phyug ces bgyi/

分析 001：此段内容相符。蒙译本中的“n̲idü”指“眼睛”，“üǰegči”指“观者”。藏译本中的“spyan ras”为“眼、目”的敬语，“gzigs”为“观看”的敬语，由此看来藏译本中用了敬语，蒙译本中未使用敬语。

002. tein kemen öčiged.ilaǰu tegüś n̲ögčigsen ber bodis̲tw maqas̲tw baraši ügei oyutu-tur.ein kemen ǰarliɤ bolrun.

002. de skad ces gsol ba dang/bcom ldan 'das kyis byang chub sems dpa' sems dpa' chen po blo gros mi zid pa la 'di skad ces bka' stsal to//

分析 002：此段内容相符。

003. iǰaɤurtan-u köbegün̲-e egün-tur kedüi büküi ǰaɤun min̲gɤan n̲ayud költi amitan ali ǰobaln̲g-ud-iyar kürtegsend tedeger ber.kerber bodis̲tw maqas̲tw ariy_a awalukidi išwari n̲idü-ber üǰegči erketü-yin n̲ere-yi son̲usbasu. tedeger büküde tere ǰobalan̲g-ud-un čogča-ača saitur ton̲ilqu boluyu.

003. rigs kyi bu 'di la sems can bye ba khrag khrig brgya ston ji snyed cig sdug bsngal gang dag myong bar gyur pa de dag gis/gal te byang chub sems dpa' sems dpa' chen po spyan ras gzigs dbang phyug gi ming thos na/ de dag thams cad sdug bsngal gyi phung po de nas yongs su thar bar 'gyur ro//

分析003：此段内容基本相符。蒙译本中的“n̲ayud költi”是梵语借词，是数量单位，指千亿。藏译本中意译为“khrag khrig”，指千亿。

004. ijaɤurtan-u köbegün̠-e ali amitan bodis̠tw maqas̠tw n̠idü-ber üǰegči erketü-yin n̠ere-yi n̠erelegči tedeger ber ɤal-un yeke čogča-t̠ur un̠abasu-bar tedeger büküde bodis̠tw maqas̠tw n̠idü-ber üǰegči erketü-yin čog ǰibqulan̠g-iyar mašita šitagagsan ɤal-un tere čogča-ača ton̠ilqu boluyu.

004. rigs kyi bu sems can gang dag byang chub sems dpa' sems dpa' chen po spyan ras gzigs dbang phyug gi ming 'dzin pa de dag gal te me'i phung po chen por lhung na yang/ de dag thams cad byang chub sems dpa' sems dpa' chen po spyan ras gzigs dbang phyug gi gzi brjid kyis/ me'i phung po chen po de las rab tu 'bar ba las thar bar 'gyur ro//

分析 004：此段内容相符。

005. ijaɤurtan-u köbegün̠-e kerber müren-u usun̠-a urustaqui-t̠ur bodis̠tw maqas̠tw n̠idü-ber üǰegči erketü-yi daɤudabusu tedeger müred ber tedeger amitan-i urusq̠an ülü čidayu.

005. rigs kyi bu gal te chu klung dag gis khyer la/ byang chub sems dpa' sems dpa' chen po dpyan ras gzigs dbang phyug la bos na/ chu klung de dag thams cad kyis sems can de dag thams cad gting tshugs par byed do//

分析 005：此段内容相符。

006. ijaɤurtan-u köbegün̠-e kerber ǰaɤun min̠gɤan n̠ayud költi amitan ber dalai dotur_a on̠gɤuča-t̠ur oruǰu ele ǰibaqu altan čindaman̠i subud aidurya labai megšil alam_a kerbi baširu isbir ulaɤan subud terigüten-u tulada odugsad tede -ber dogšin kei-ber keisteǰü em_e raɤšaś-un tiib-tur un̠aqui bolugsan-tur tede ičeged amitan ber n̠idü-ber üǰegči erketü-yi daɤudabasu ele tedeger büküde em_e raɤšaś-un tere tib-eče ton̠ilqu boluyu.

006. rigs kyi bu gal te sems can bye ba khrag khrig brgya stong rgya mthso'i nang du grur zhugs te/ 'gron bu dang/ gser dang/ nor bu dang/ mu tig dang/ baidurya dang/ dung dang/ man shel dang/ rdo'i snying po dang/ byi ru dang/ spug dang/ mi tig dmar po la sogs pa'i phyir dong ba de rnams/ rlung nag pos srin mo'i gling du 'phangs par 'gyur la/ de na sems can gcig 'ga' zhig gis dpyan ras gzigs dbang phyug la bos na/ de dag thams cad srid mo'i glig de nas thar bar 'gyur ro//

分析 006：此段内容基本相符。蒙译本中的“n̲ayud költi”是梵语借词，是数量单位，指千亿。而藏译本中意译为“khrag khrig”，指千亿。

007. iǰaɣurtan-u köbegün̲-e tegün-u tulada bodist̲w maqast̲w ariy_a awalukida isuri-yi n̲idüber üǰegči erketü kemen n̲ereidgsen bolai.

007. rigs kyi bu de'i phyir byang chub sems dpa' sems dpa' chen po spyan ras gzigs dbang phyug spyan ras gzigs dbang phyug ces btags so//

分析 007：此段内容相符。

008. iǰaɣurtan-u köbegün̲-e kerber alan tuɣurbigsan-tur n̲idü-ber üǰegči erketü-yi daɣudabasu ele tedeger alaɣačin-u tede mesen keseg keseg quɣuran kemkerekü boluyu.

008. rigs kyi bu gal te bsad par bkri ba las spyan ras gzigs dbang phyug la bos na/ gzhed ma de dag gi mtshon de dag dum bu dum bur chag cing grugs par gyur ro//

分析 008：此段内容相符。

009. iǰaɣurtan-u köbegün̲-e kerber ɣurban min̲gɣ̣an yeke min̲gɣan yirtinčüś-ün orud-tur yaɣšaś raɣšaś n̲uɣud dügürbesü bodist̲w maqast̲w ariy_a awalukidi išwari-yin n̲ere-yi n̲erelegči-t̲ür tede büküdeger urilaqui sedkil-iyer

üǰen ülü čidayu.

009. rigs kyi bu gal te stong gsum gyi chen po'i 'jig rten gyi khams 'di gnod sbyin dang srin pos gang bar gyur kyang/ byang chub sems dpa' sems dpa' chen po spyan ras gzigs dbang phyug gi ming 'dzin pa la/ de dag thams cad kyi sdang ba'i sems kyis lta yang mi phod do//

分析 009：此段内容相符。

010. iǰaɤurtan-u köbegün̲-e ǰarim amitan temür čider kiged modun čider-iyer čiderleküi-t̲ür gem-tü ba taki gem ügei bögesü bodist̲w maqast̲w ariy_a awalukidi išuri-yin n̲ere-yi n̲ereidgsen-iyer temür čider kiged modun čider-iyer čiderlegsend aldaraqu boluyu.

010. rigs kyi bu sems can la la lcags sgrog dang/ shing sgorg tu bcug par gyur na nyes yod kyang rung nyes med kyang rung na/ byang chub sems dpa' sems dpa' chen spyan ras gzigs dbang phyug gi ming nas phyung bas/ lcags sgrog dang shing sgrog tu bcug pa de dag gi bu ga bye bar 'gyur ro//

分析 010：此段内容相符。

011. iǰaɤurtan-u köbegün̲-e bodist̲w maqast̲w ariy_a awalukidi išuri-yin küčün an̲u tere metü boluyu.

011. rigs kyi bu byang chub sems dpa' sems dpa' chen po spyan ras gzigs dbang phyug gi mthu ni de 'dra'o//

分析 011：此段内容相符。

012. iǰaɤurtan-u köbegün̲-e kerber ɤurban min̲gɤan yeke min̲gɤan yirtinčüś-ün en̲e orud-tur arɤatan kiged buliyan qulaɤai daisun ɤar-tur mese barigsand ber dügürčü ele tende ɤagča sartawaki-bar olan̲gki ǰiɤulčid arad luɤ _a erdeni-t̲ü bayan tere sartawaki odugsan-t̲ur-i tedeger odugsad ber arɤatan

buliyan qulaɤai daisun ɤar-tur mese barigsand teden-i üǰeǰü ele üǰeged ayuǰu emiyeǰü bide bükün-ber itegel abural ügkün kemegsen-t̲ür tere sartawaki-bar tedeger olan ǰiɤulčid-tur-bar ein kemen buu ayugtun.

012. rigs kyi bu gal te stong gsum gyi stong chen po'i 'jig rten gyi khams adi g·yon can dang chom rkun dang dgra lag na mtshon thogs pas sa gang bar gyur te/ der ded dpon gcig gis 'dron po mang po phal po che rin po ches phyug pa ded de dong ba las/ 'dong ba de dag gis gyon can chom rkun dang dgra lag na mtshon thogs pa de dag mthong ste/ mthong nas kyang 'jigs shing skrag ste bdag cag skyabs med par shes pa las ded dpon des 'dron po mang po la 'di skad ces ma 'jigs shig//

分析 012：此段内容相符。

013. iǰaɤurtan-u köbegün̲-e buu ayugtun ayul ügei-yi öggügči bodist̲w maqast̲w ariy_a awalukidi asuri-yi n̲igen daɤun-iyar daɤudagtun tegün-iyer ta -bar buliyan qulaɤan-u ayul kiged en̲e daisun-u ayul-ača saitur ton̲ilqu boluyu kemen ügülegsen-tür tend-eče tedeger olan ǰiɤulčid ber n̲igen daɤun-iyar ariy_a awalukidi asuri-yi daɤudaǰu ele ayul ügei öglige-t̲ü bodist̲w maqast̲w ariy_a awalukidi isuri tegün-t̲ür mörgümüi kemen n̲ere-yi n̲ereidüged sača tedeger bükü olan ǰiɤulčid qamuɤ ayul-ud saitur ton̲ilbai.

013. rigs kyi bu dag ma 'jigs shig mi 'jigs pa sbyin pa/ byang chub sems dpa' sems spa' chen po spyan ras gzigs dbang phyug la sgra skad gcig tu bos shig dang/ des khyod cho rkun gyis 'jigs pa dang dgra'i 'jigs pa 'di las yongs su thar bar 'gyur ro zhes bsgo la/ de nas 'dron po mang po thams cad kyis sgra skad gcig tu sbyan ras gzigs dbang phyug la bos te/ 'jigs pa med pa'i sbyin pa byang chub sems dpa' sems dpa' chen po spyan raas gzigs dbang phyug de la

phyag ‘tshal lo phyag ‘tshal lo zhes ming nas phyung ma thag tu/ ‘dron po phal po che de dag thams cad ‘jigs pa thams cad las yongs su thar bar ‘gyur te//

分析 013：此段内容相符。

004—013 中出现的“设入大火、大水所漂、突遇黑风、罗刹鬼国、遭遇刀难、囚禁全身、满中怨贼”等灾难为佛教中的“火难、水难、刀难、风难、鬼难、囚难、贼难”七难。

014. iǰaɤur tan-u köbegün̠-e bodist̠w maqast̠w ariy_a awalukidi isuri-yin küčün an̠u tere metü bolai.

014. rigs kyi bu byang chub sems dpa’ sems dpa’ chen po spyan ras gzigs dbang phyug gi mthu ni de ‘dra’o//

分析 014：此段内容相符。

015. iǰaɤurtan-u köbegün̠-e tačiyan̠gɤui-bar yabuqui ali tedeger amitan ber bodist̠w maqast̠w ariy_a awalukidi isuri-t̠ur mörgübesü tačiyan̠gɤui-ača qaɤačaqu boluyu.

015. rigs kyi bu sems can gang dag ‘dod chags spyod pa de dag gis/ byang chub sems dpa’ chen po spyan ras gzigs dbang phyug la phyag byas na ‘dod chags dang bral bar ‘gyur ro//

分析 015：此段内容相符。

016. urin-iyar yabugči ali tedeger amitan ber bodist̠w maqast̠w ariy_a awalukidi isuri-t̠ur mörgübesü urin-ača qaɤačaqu boluyu.

016. sems can gang dag zhe sdang spyod pa de dag gis / byang chub sems dpa’ sems dpa’ chen po spyan ras gzigs dbang phyug la phyag byas na zhe sdang dang bral bar ‘gyur ro//

分析 016：此段内容相符。

017. ali amitan muŋqag-iyar yabugči ali tedeger amitan ber bodistw maqastw ariy_a awalukidi asuri-ṯur mörgübesü muŋqag-ača qaɤačaqu boluyu.

017. sems can gang dag gti mug spyod pa de dag gis / byang chub sems dpa' sems dpa' chen po spyan ras gzigs dbang phyug la phyag byas na gti mug dang bral bar 'gyur ro//

分析 017：此段内容相符。

015—017 中的"淫欲""嗔恚""愚痴"，在佛教中被视为世间众生所染三种根本毒害。

018. iǰaɤurtan-u köbegün-e tere metü bodistw maqastw ariy_a awalukidi isuri kemebesü yeke ridi qubilɤan-tu bolai.

018. rigs kyi bu byang chub sems dpa' sems dpa' chen po spyan ras gzigs dbang phyug gi mthu ni de 'dra'o//

分析 018：此段内容相符。

019. iǰaɤur tan-u köbegün-e qatugtai-bar nuɤun köbegün-i küsegčid ked ber bodistw maqastw ariy_a awalukidi isuri-ṯur mörgübesü tegün-ṯür nuɤun köbegün törüǰü ele öŋge sai-tai kebeken üǰebesü ɤowa_a köbegün-u belge luɤ_a tegüsügsen olan arad-un sedkil-ṯür taɤalaqu metü üǰesgüleŋ-tai buyan-u ündüsün-i egüsgegsen ber törükü boloyu.

019. rigs kyi bu/ bud med bu pho 'dod pa gang la la byang chub sems dpa' sems dpa' chen po spyan ras gzigs dbang phyug la phyag 'tshal na de las bu po 'byung ste/ gzugs bang ba mdzes pa blta na sdug pa khye'u'i mtshan dang ldan pa/ skye bo mang po'i yid du 'ong zhing sdug pa dge ba'i rtsa ba bskyed par 'byung ngo//

分析 019：此段内容相符。

020. ken ökin-i küsegčid tegün-ṯür ökin törüǰü ele öṉgge sai-tai kebeken üǰebesü ɤowa_a ökin-u belge luɤ_a tegüsügsen olan arad-un sedkil-ṯür oruqu metü üǰesgüleṉg-tei buyan-u ündüsün-i egüsgegsed ber törükü boluyu.

020. gang bu mo ‘dod pa de yang bu mo ‘byung ste/ gzugs bang ba mdzes pa blta na sdug pa bu mo’i mtshan dang ldan pa/ skye bo mang po’i yid du ‘ong zhing sdug pa dge ba’i rtsa ba bskyed pa ‘byung ngo//

分析 020：此段内容相符。

019—020 中出现的求男求女便是“普门品”中的应二求。

021. iǰaɤurtan-u köbegüṉ-e bodisṯw maqasṯw ariy_a awalukidi isuri-yin küčün aṉu tere metü bolai.

021. rigs kyi bu byang chub sems dpa’ sems dpa’ chen po spyan ras gzigs kyi dbang phyug gi mthu ni de ‘dra’o//

分析 021：此段内容相符。

022. ken bodisṯw maqasṯw ariy_a awalukidi isuri-ṯur mörgügsen tedeger ɤabiy_a tusatai ači ür_e-ṯü boluyu.

022. gang dag byang chub sems dpa’ sems dpa’ chen po rpyan ras gzigs dbang phyug la phyag ‘tshal ba de dag don yod pa’i ‘bras bur ‘gyur ro//

分析 022：此段内容相符。

023. iǰaɤurtan-u köbegüṉ-e ked ber bodisṯw maqasṯw ariy_a awalukidi isuri-ṯur mörgüged ṉer_e-yi ṉereidügsen ba ked ber ǰiran qoyar keṉgke müren -u qumaki-yin toɤatan ilaǰu tegüś ṉögčigsen burqan ṉuɤud ta mörgüged ṉere-yi ṉereidügsen ba basa ked ber ǰiran qoyar keṉgke müren-u qumaki-yin toɤatan ilaǰu tegüś ṉögčigsen burqan ṉuɤud saɤun amiduraǰu agsan teden-ṯür debel binwad idegen oron debüsger ebedčin-tür kereglekü em-üd kereg ǰarag-ud-iyar

dakin üiledbesü ele ijaɤurtan-u köbegün̲-e egün̲ai ker ele sedkimü.

023. rigs kyi bu gang zhig byang chub sems dpa’ sems dpa’ chen po spyan ras gzigs dbang phyug la phyug la phyag ‘tshal zhing ming ‘dzin la/gang zhig sangs rgyas bcom ldan ‘das gang ga’i klung drug cu rtsa gnyis kyi bye ma snyed dag la phyag ‘tshal zhing ming ‘dzin pa dang/ yang gang zhig gis sangs rgyas bcom ldan ‘das gang ga’i klung drug cu rtsa gnyis kyi bye ma snyed bzhugs te/ ‘tsho zhing gzhes pa de dag la na bza’ dang/ bsod snyoms dang/ gzims cha dang/ snyun gyi gsos sman dang/ yo byad kyis mchod pa byed na/ rigs kyi bu ‘di ji snyam du sems/

分析 023：此段内容相符。

024. ijaɤurtan-u köbegüd ba ijaɤurtan-u n̲öküd tedeger buyan-i ilete bolɤaqui an̲u tedüi čin̲egen kü egüsgekü bolai tein kemen ǰarliɤ boluɤad bodist̲w maqast̲w baraši ügei oyutu-bar ilaǰu tegüś n̲ögčigsen-t̲ür ein kemen öčirün.

024. rigs kyi bu’m rigs kyi bu mo de dag bsod nams mngon par ‘du byed pa de tsam zhig skyed/ de skad ces bka’ stsal nas/byang chub sems dpa’ sems dpa’ chen po blo gros mi zad pas/ bcom ldan ‘das la ‘di skad ces gsol to//

分析 024：此段内容相符。

025. ijaɤurtan-u köbegüd ba ijaɤurtan-u nöküd tedeger tere šitüken-eče buyan-i egüsgeküi an̲u ilaǰu tegüś n̲ögčigsen̲-e olan bolai saibar odugsan̲-a olan bolai.

025. rigs kyi bu’m rigs kyi bu mo de dag gzhi de las bsod nams bskyed pa ni bcom ldan ‘das mang lags so// bde bar gshegs pa mang lags so//

分析 025：此段内容相符。

026. ilaǰu tegüś ṉögčigsen ǰarliɤ bolurun iǰaɤurtan-u köbegüṉ-e kedber tedüi toɤa tan ilaǰu tegüś ṉögčigsen burqand-tur takil kündülel-i üiledügsen buyan-i ilete bolɤaqui kiged ked ber ai ese bögesü bodisṯw maqasṯw ariy_a awalukidi isuri-ṯur ṉigen ta mörgügsen ba ṉere-yi ṉereidügsen buyan-i ilete bolɤaqui qoyaɤula adali bolai ilegü-ber ügei ülegsen ber ügei bolai.

026. bcom ldan 'das kyis bka' stsal pa/ rigs kyi bu gang gis sangs rgyas bcom ldan 'das de snyed la bkur sti byas pa'i bsod nams mngon par 'du byed pa dang/ gang gis tha na byang chub sems dpa' sems spa' chen po spyan ras gzigs dbang phyug la phyag lan gcig byas pa dang/ ming 'dzin pa'i bsod nams mngon par 'du byed pa gnyi ga mnyam ste lhag pa yang med 'phags pa yang med do//

分析 026：此段内容基本相符。蒙译本中的“ilegü ber ügei ülegsen ber ügei bolai”为“不多不少”，藏译本中译作“phags pa yang med do”为“不多”，而“不少”的意思未出现。

027. ked ber ǰiran qoyar keṉgke müren-u qumaki-yin toɤatan ilaǰu tegüś ṉögčigsen burqand ta mörgüged ṉere-yi ṉereidügsen ba ken bodisṯw maqasṯw ariy_a awalukidi isuri-ṯur mörgüged ṉere-yi ṉereidügsen buyan-u tere qoyar čogčaś ber ǰaɤun miṉgɤan ṉayud költi q̣alab-tur ber baragdaquy_a kilber bosu buyu.

027. gang gis sangs rgyas bcom ldan 'das gang gA'i klung drug cu rtsa gnyis kyi bye ma snyed la phyag 'tshal zhing ming 'dzin pa dang/ gang byang chub sems dpa' sems dpa' chen po spyan ras gzigs dbang phyug la phyag 'tshal zhing 'dzin pa'i bsod nams kyi phung po de gnyi ga bskal pa bye ba khrag khrig brgya stong du yang zad par bya ba sla ba ma yin no//

分析 027：此段内容相符。

028. ijaɤurtan-u köbegüd bodist̲w maqast̲w ariy_a awalukidi isuri-yin n̲ere -yi n̲ereidügsen buyan an̲u tere metü čaglaši ügei bolai.

028. rigs kyi bu byang chub sems dpa' sems dpa' chen po spyan ras gzigs dbang phyug gi ming 'dzin pa'i bsod nams de ltar dpag tu med to//

分析 028：此段内容相符。

029. tend-eče ilaǰu tegüś n̲ögčigsen-tür bodist̲w maqast̲w baraši ügei n̲eretü-ber ein kemen öčirün.

029. de nas bcom ldan 'das la/ byang chub sems dpa' sems dpa' chen po blo gros mi zad pas 'di skad ces gsol to//

分析 029：此段内容相符。

030. ilaǰu tegüś n̲ögčigsen̲-e kerkiǰü bodist̲w maqast̲w ariy_a awalukidi isuri sab yirtinčü-yin en̲e oron-t̲ur tein böged yabuyu kerkiǰü amitan bükün̲-e n̲om-i üǰügülümü bodist̲w maqast̲w ariy_a awalukidi isuri-yin uran arɤ_a-yin oron in̲u yambarčilan ele buyu tein kemen öčiged.

030. bcom ldan 'das ji ltar byang chub sems dpa' sems dpa' chen po spyan ras gzigs dbang phyug 'jig rten gyi khams mi mjed 'di na rnam par rgyu/ ji ltar sems can rnam la chos ston/ byang chub sems dpa' sems dpa' chen po spyan ras gzigs dbang phyug gi thabs mkhas pa'i yul ni ci 'dra bzhig lags/

分析 030：此段内容相符。

031. ilaǰu tegüś n̲ögčigsen ber bodist̲w maqast̲w baraši ügei oyutu-t̲ur ein kemen ǰarliɤ bolurun ijaɤurtan̲-u köbegün̲-e ali qamiɤ_a bodist̲w maqast̲w ariy_a awalukidi isuri burqan-u bey_e-ber amitan bükün̲-e n̲om-i üǰügülügsen yirtinčüś -un oron ber buyu.

031. de skad ces gsol pa dang/bcom ldan 'das kyis byang chub sems dpa'sems dpa' chen po blo gros mi zad la 'di skad ces bka' stsal to/ rigs kyi bu gang dag na byang chub sems dpa' sems dpa' chen po spyan ras gzigs dbang phyug sangs rgyas kyi gzugs kyis sems can rnam la chos ston pa'i 'jig rten gyi khams dag yod do//

分析 031：此段内容相符。

032. ali qamiɤ_a bodistw maqastw ariy_a awalukidi isuri bodistw maqastw -un bey_e-ber nom-i üǰügülügsen yirtinčüś-un oron ber buyu.

032. gang dag na byang chub sems dpa' sems dpa' chen po spyan ras gzigs dbang phyug byang chub sems dpa' sems dpa' chen po'i gzugs kyis chos ston pa'i 'jigs rten kyi khams dag kyang yod do//

分析 032：此段内容相符。

033. nigen ǰarim amitan-tur bodistw maqastw ariy_a awalukidi isuri bradiqabud-un bey_e-ber nom-i üǰügülbei.

033. sems can kha cig la ni byang chub sems dpa' sems dpa' chen po spyan ras gzigs dbang phyug rang sangs rgyas kyi gzugs kyis chos ston to//

分析033：此段内容基本相符。蒙译本中的"bradiqabud"为梵语借词，藏译本中意译为"rang sangs rgyas"。

034. nigen ǰarim-tur širawang-un bey_e-ber

034. kha cig la nyan thos kyi gzugs kyis/

分析 034：此段内容基本相符。蒙古文文本中的"širawang"为梵语借词，藏文文本中意译为"nyan thos kyi"。

035. nigen ǰarim-tur esru_a-yin bey_e-ber

035. kha cig la tshangs pa'i gzugs kyis/

分析 035：此段内容基本相符。蒙译本中的“esru-a”为梵语借词，藏译本中意译为“tshangs pa”。

036. <u>n̲igen ǰarim-t̲ur qurmusta-yin bey_e-ber</u>

036. <u>kha cig la brgya byin gyi gzugs kyis/</u>

分析 036：此段内容相符。

037. <u>n̲igen ǰarim amitan-t̲ur bodist̲w maqast̲w ariy_a awalukida isuri qandari-yin bey_e-ber n̲om-i üǰügülbei .</u>

037. <u>sems can kha cig la ni byang chub sems dpa’ chen po spyan ras gzigs dbang phyug dri za’i gzugs kyis chos ston to//</u>

分析 037：此段内容基本相符。蒙译本中的“qandari”为梵语借词，藏译本中意译为“dri za”。

038. <u>yagšaś-iyar n̲omudqaqui amitan bükün-t̲ür yagšaś-un bey_e-ber n̲om -i üǰügülbei.</u>

038.<u>gnod sbyin gyis ‘dul ba’ i sems can rnam la ni gnos sbyin gyi gzugs kyis chos ston to//</u>

分析 038：此段内容基本相符。蒙译本中的“yagšaś”为梵语借词，藏译本中意译为“ni gnos sbyin gyi”。

039. <u>erketü-ber n̲omudqaqui amitan bükün-t̲ür erketü-yin bey_e-ber n̲om-i üǰügülbei.</u>

039. <u>dbang phyug gis ‘dul ba’i sems can rnams la ni dbang phyug gi gzugs kyis chos ston to//</u>

分析 039：此段内容相符。

040. <u>makišwari-bar n̲omudqaqui amitan bükün t̲ür makišwari-yin bey_e-ber n̲om-i üǰügülbei.</u>

040. dbang phyug chen pos ‘dul ba’i sems can rnams la ni dbang phyug chen po’i gzugs kyis chos ston to//

分析 040：此段内容基本相符。蒙译本中的“makišwari”为梵语借词，藏译本中意译为“phyug chen pos”。

041. čakirwad-un qaɤan-iyar n̠omudqaqui amitan bükün-t̠ür čakirwad-un qaɤan-u bey_e-ber n̠om-i üǰügülbei.

041. ‘khor lo sgyur ba’i rgyal pos ‘dul ba’i sems can rnam la ni ‘khor los sgyur ba’i rgyal po’i gzugs kyis chos ston to//

分析 041：此段内容基本相符。蒙译本中的“čakirwad”为梵语借词，藏译本中意译为“khor lo”。

042. bisači-bar n̠omudqaqui amitan bükün-t̠ür bisači-yin bey_e-ber n̠om-i üǰügülbei.

042. sha zas ‘dul ba’i sems can rnam la ni sha za’i gzugs kyis chos ston to//

分析 042：此段内容基本相符。蒙译本中的“bisači”为梵语借词，藏译本中意译为“sha zas”（吃肉），其中“sha”的意思为“肉”，“zas”为吃。

043. erkin-iyer n̠omudqaqui amitan bükün-t̠ür erkin-u bey_e-ber n̠om-i üǰügülbei.

043. mchog gis ‘dul ba’i sems can rnam la ni mchog gi gzugs kyis chos ston to//

分析 043：此段内容相符。

044. čerig-ün uran-iyar n̠omudqaqui amitan bükün-t̠ür čerig-ün uran-u bey_e-ber n̠om-i üǰügülbei.

044. dmag dpon gyis ‘dul ba’i sems can rnam la ni bram ze’i gzugs kyis chos ston to//

分析 044：此段内容相符。

045. biraman-iyar n̲omudqaqui amitan bükün-t̲ür biraman-u bey_e-ber n̲om-i üǰügülbei.

045. bram zes ‘dul ba’i sems can rnams na ni bram ze’i gzugs kyis chos ston to//

分析 045：此段内容基本相符。蒙译本中的“biraman”为梵语借词，藏译本中意译为“bram zes”。

046. wčirban̲i-bar n̲omudqaqui amitan bükün-t̲ür wčirban̲i-in bey_e-ber n̲om-i üǰügülbei.

046. lag na rdo rjes ‘dul ba’i sems can rnam la ni lag la rdo rje’i gzugs kyis chos ston to//

分析 046：此段内容基本相符。蒙译本中的“wčirban̲i”为梵语借词，藏译本中意译为“lag na rdo rjes”。

031—046 是观世音菩萨救苦救难时的三十三种化身。这三十三种化身在蒙译本和藏译本中各出现了十四种。

047. iǰaɤurtan-u köbegün̲-e tere metü bodist̲w maqast̲w ariy_a awalukidi isuri-yin erdem an̲u sedkiši ügei luɤ_a tegüsügsen bolai.

047. rigs kyi bu de ltar byang chub sems dpa’ sems dpa’ chen po spyan ras gzigs dbang phyug yon tan bsam gyis mi khyab pa dang ldan no//

分析 047：此段内容相符。

048. iǰaɤurtan-u köbegün̲-e tere metü-ber bodist̲w maqast̲w ariy_a awalukidi isuri-t̲ur takigtun.

048. risg kyi bu de lta bas na byang chub sems dpa' sems dpa' chen po spyan ras gzigs dbang phyug la mchod cig//

分析 048：此段内容相符。

049. ijaɣurtan-u köbegün̠-e bodis̠tw maqas̠tw ariy_a awalukidi isuri en̠e -ber ayul tan amitan bükün-t̠ür ayul ügei-yi ögkü bolai.

049. rigs kyi bu byang chub sems dpa' sems dpa' chen po spyan ras gzigs dbang phyug 'di 'jigs pa'i sems can rnams la ni mi 'jigs pa spyan pa ste/

分析 049：此段内容相符。

050. tegün-u tulada sab yirtinčü-yin en̠e oron-t̠ur ayul ügei öglige kemen büküde-ber medekü bolai.

050. de'i phyir 'jigs rten gyi khams mi mjed 'di na mi 'jigs pa sbyin pa zhes kun gyis shes so//

分析 050：此段内容相符。

051. tend-eče ilaǰu tegüś n̠ögčigsen-t̠ür baraši ügei oyutu-bar ein kemen öčirün ilaǰu tegüś n̠ögčigsen bi-ber bodis̠tw maqas̠tw ariy_a awalukidi isuri-t̠ur n̠om-un bürkül beleg-i ögsügei.

051. de nas bcom ldan 'das la blo gros mi zad pas 'di skad ces gsol to// bcom ldan 'das bdag gis byang chub sems dpa' sems dpa' chen po spyan ras gzigs dbang phyug la chos kyi dgab pa stsal bar bgyi'o//

分析 051：此段内容相符。

052. ilaǰu tegüś n̠ögčigsen ǰarliɣ bolurun ijaɣurtan-u köbegün̠-e tegün-i čag-tur kürügsen-i medebesü ögkügtün.

052. bcom ldan 'das kyis bka' stsal pa/ rigs kyi bu de'i dus la bab par shes na byin cig//

分析 052：此段内容相符。

053. tendeče bodis̱tw maqas̱tw baraši ügei oyutu-bar öberün küǰügün ṯeki ǰaɤun mi̱ngɤan subud-un erikeś-i tailuɤad bodis̱tw maqas̱tw ariy_a awalukidi isuri-ṯur ṉom-un bürkül beleg-i ögčü ele.törülkitü bogda ṉad-ača ṉom-un bürkül beleg egüṉ-i abuɤad.

053. de nas byang chub sems dpa' sems dpa' chen po blo gros mi zad pas bdag gi mgul nas brgya ston ri ba'i mu tig gi do shal bkrol nas/ byang chub sems dpa' sems dpa' chen po spyan ras gzigs dbang phyug la chos kyi bgab par byin te/ skyes bu dam pa bdag las chos kyi bgab pa 'di longs shig//

分析 053：此段内容相符。

054. tere ese abuɤad tendeče bodis̱tw maqas̱tw baraši ügei oyutu-bar bodis̱tw maqas̱tw ariy_a awalukidi isuri-ṯur ein kemen ügülerün.

054. des ma blangs nas de nas byang chub sems dpa' sems dpa' chen po blo gros mi zad pas/ byang chub sems dpa'sems dpa' chen po spyan ras gzigs dbang phyug la 'di skad ces smras so//

分析 054：此段内容相符。

055. iǰaɤurtan-u köbegüṉ-e či-ber eṉe subud erikeś-i ṉama-yi örüšiyeküi -yin tulada abuɤad tend-eče bodis̱tw maqas̱tw ariy_a awalukidi isuri-bar bodis̱tw maqas̱tw baraši ügei oyutu-yi ṉigülesküi kiged tedeger dörben ṉöküd ba tṉgri luuś yakš_a qandari asuri qarudi ki̱nari maɤuraki kümün ba kümün busu bükün-i ṉigülesküi-yin tulada bodis̱tw maqas̱tw baraši ügei oyutu-ača subud-un erkeś-i abubai.

055. rigs kyi bu khyod kyis mu tig go do shal 'di bdag la snying brtse ba'i phyir longs shig/de nas byang chub sems dpa' sems dpa' chen po spyan

ras gzigs dbang phyug gis/ byang chub sems dpa' sems dpa' chen po blo gros mi zad pa la ni snying brtse ba dang/ 'khor bzhi po de dag dang/ lha dang/ klu dang/ gnod sbyin dang/ bri za dang/ lha ma yin dang/ nam mkha ldang dang/ mi'm ci dang/ lho 'phye chen po dang/ mi dang/ mi ma yin pa la snying brtse ba'i phyir/ byang chub sems dpa' sems dpa' chen po blo gros mi zad pa las mu tig gi dol shal blangs so//

分析 055：此段内容相符。

056. abuɤad qoyar qubi qubiyaǰu ele qubiyaɤad n̠igen an̠u ilaǰu tegüś n̠ögčigsen šagimun̠i-t̠ur ergübei.

056. blangs nas cha gnyis su bkos te bgos nas cha gcig ni bcom ldan 'das shakya thub pa la phul lo//

分析 056：此段内容相符。

057. n̠igen qubi an̠u tegünčilen iregsen dayin-i darugsan ün̠eker tuɤulugsan olan erden̠i-t̠ü burqan-u erden̠i-t̠ü suburɤan-t̠ur ergübei.

057. cha gcig ni de bzhin gshags pa dgra bcom pa yang dag par rdzogs pa'i sangs rgyas rin chen mang gi rin po che'i mchod rten la phul lo//

分析 057：此段内容相符。

058. iǰaɤurtan-u köbegün̠-e bodist̠w maqast̠w ariy_a awalukidi isuri sab yirtinčü-yin en̠e oron-t̠ur tere metü qubilɤan-iyar tein böged yabuqu buyu.

058. rigs kyi bu byang chub sems dpa' sems dpa' chen po spyan ras gzigs dbang phyug 'jig rten gyi khams mi mjed 'di na de lta bu'i rnam par 'phrul pas rnam par rgyu'o//

分析 058：此段内容相符。

059. tegün-u n̠om-un čin̠ar an̠u ein kemegdekü bolai.

059. de na de'i chos nyid ni 'di skad ces bya'o//

分析 059：此段内容相符。

060. alag tuwača-bar baraši ügei oyutu bodistw-ača

060. rgal mtshan khra bos blo gros mi zad la//

分析 060：此段内容相符。

061. tegün-u udqas-un edügülbüri bükün-i asaɣurun

061. de yi don gyi rgyu ni kun dris pa//

分析 061：此段相符。

062. ilaɣugsad-un köbegün ene metü yaɣun-u tulada

062. rgyal ba'i sras po 'di ltar ci yis phyir//

分析 062：此段内容相符。

063.ariy_a awalukidi isuri kemen nereidbei.

063. spyan ras gzigs kyi dbang po zhes 'di bgyi//

分析 063：此段内容相符。

064. tend-eče tere-ber ǰüg bükün-i üǰeǰü ele

064. de nas de yis phyogs rnams kun bltas te//

分析 064：此段内容相符。

065. irüger-ün dalai baraši ügei oyutu-bar

065. smon lam rgya mtsho blo gros mi zad pas//

分析 065：此段内容相符。

066. alag tuwača-tur ein kemen ügülerün

066. rgyal mtshan khra bo de la 'di skad smras//

分析 066：此段内容相符。

067. ariy_a awalukidi isuri-yin yabudal-i sonuś

067. spyan ras gzigs kyi dbang po'i spyod pa nyon//

分析 067：此段内容相符。

068. sedkiši ügei ǰaɤun költi qalab-ud-tur

068.bskal pa bsam yas bye ba du ma brgyar//

分析 068：此段内容相符。

069. olan költi mingɤan burqad-un

069. sangs rgyas stong phrag bye ba mang po la//

分析 069：此段内容相符。

070. irüger-i yambar saitur tein böged bišilugsan

070. smon lam ji ltar rab tu rnam par sbyangs//

分析 070：此段内容相符。

071. tedeger-i bi-ber saitur ṉomlasuɤai soṉuś

071. de dag kho bos rab tu bshad kyis nyon//

分析 071：此段内容相符。

072. činglen üiledüged üǰen üiledküi ba

072. mnyan par byed cing lta bar byed pa dang//

分析 072：此段内容相符。

073. ǰerge-ber tere metü daɤan duradqui-bar

073. rim gyis de ltar rjes su dran pa yang//

分析 073：此段内容相符。

074. amitan bükün-i ači ür_e büküi-yi olqu boluyu.

074. srog chags rnams ni 'bras bu yod par 'gyur//

分析 074：此段内容相符。

075. ǰobalang kiged ɤasalang bükün-i arilɤayu.

075. sdug bsngal dang ni mya ngan thams cad sol//

分析 075：此段内容相符。

076. kerber alaqui-bar ɤal-t̲u un̲umal-t̲ur-bar

076. gal te gsod pas me yis dong du yang//

分析 076：此段内容相符。

077. alaqui-yin tulada tebčigsen tere kümün ber

077. gsad par bya ba'i phyir ni bor ba'i mis//

分析 077：此段内容相符。

078. ariy a awalukidi isuri-yi duradbasu

078.spyan ras gzigs kyi dbang po dran na ni//

分析 078：此段内容相符。

079. usun sačugsan metü ɤal ber sönükü boluyu.

079. chus btab bzhin du me dag zhi bar 'gyur//

分析 079：此段内容相符。

080. dalai-yi getülküi-t̲ür-ber salkin̲-a tuɤugdaǰu

080. rgya mtsho dang ni mya ngam rgal na yang//

分析 080：此段内容基本相符。蒙译本中的“dalai yi getülküi t̲ür ber salkin̲-a tuɤugdaǰu”为“渡过大海时被风追”，藏译本中是“rgya mtsho dang ni mya ngam rgal na yang”，意思为“渡过大海和苦难”，其中“rgya mtsho”指“大海”，“dang”为“和”，“ni mya ngam”指“苦难”，“rgal”指“渡过”。

081. alad luuś büdi asuriś-un oron-t̲ur-i

081. klu dang 'byung po lha ma yin gnas su//

分析 081：此段内容相符。

082. ariy_a awalukidi isuri-yi duradbasu

082. spyan ras gzigs kyi dbang po dran na ni//

分析 082：此段内容相符。

083. usun-u dotur_a keǰiy_e-ber ülü ǰibkü boluyu

083. chu yi nang du nam yang mi nub bo//

分析 083：此段内容相符。

084. maši urilaqui sedkil-iyer alaqui-yin tulada

084. rab tu sdang ba'i yid kyis gsad ba'i phyir//

分析 084：此段内容相符。

085. sömbür aɤula-yin orui-ača aɤurbasu-bar

085. ri rab lhun po'i rtse nas bor na yang//

分析 085：此段内容相符。

086. ariy_a awalukidi isuri-yi duradbasu

086. spyan ras gzigs kyi dbang po dran na ni//

分析 086：此段内容相符。

087. ṉaran metü ogtarɤui-ṯur aṉu boluyu.

087. nyi ma lta bur nam mkha' gnas par 'gyur//

分析 087：此段内容相符。

088. kerber wčir kiged aɤulaś bar

088. gal te rdo rje yi ni ri dag kyang//

分析 088：此段内容相符。

089. alaqui-yin tulada orui-ača baɤubasu-bar

089. gsad pa'i phyir ni spyi bor 'ongs na yang/

分析 089：此段内容相符。

090. ariy_a awalukidi isuri-yi duradbasu

090. spyan ras gzigs kyi dbang po dran na ni//

分析 090：此段内容相符。

091. šira üsün-u ṉüke-yin tedüiken köṉügen ülü čidayu.

091. ba spu'i khung tsam gtses par mi nus so//

分析 091：此段内容相符。

092. alaqui sedkil-iyer ɣar-tur mese bariǰu ele

092. gsad pa'i sems kyis lag na mtshon thogs te//

分析 092：此段内容相符。

093. olan daisun-u čiɣulɣan qamuɣ-ača küriyelebesü

093. dgra tshogs mang pos kun tu bskor na yang//

分析 093：此段内容相符。

094. ariy_a awalukidi isuri-yi duradbasu

094. spyan ras gzigs kyi dbang po dran na ni//

分析 094：此段内容相符。

095. sača darui-ṯur asaraqui sedkilten boluyu.

095. de ma thag tu byams pa'i sems su 'gyur//

分析 095：此段内容相符。

096. kerber alaqui-yin oir_a ireǰü ele

096. gal te gsod pa nye bar 'ongs nas su//

分析 096：此段内容相符。

097. alagčin-u erke-ṯür orubasu-bar

097. gshed ma mi yi dbang du gyur na yang//

分析 097：此段内容相符。

098. ariy_a awalukidi isuri-yi duradbasu

098. spyan ras gzigs kyi dbang po dran na ni//

分析 098：此段内容相符。

099. tegün-u mesen keseg keseg boluyu.

099. de yi mtshon cha dum bu dum bur ‘gyur//

分析 099：此段内容相符。

100. tein kiǰü kilin̲glen modun kiged temür-iyer egüdügsen

100. de ste shing ngam lcags las byas pa yi//

分析 100：此段内容相符。

101. čider tušiɤan-iyar kölügdebesü-ber

101. khong sgril dang ni gdos kyis bcings na yang//

分析 101：此段内容相符。

102. ariy_a awalukidi isuri-yi duradbasu

102. spyan ras gzigs kyi dbang po dran na ni//

分析 102：此段内容相符。

103. küliyesün öd̲ter tein böged tasuraqu boluyu.

103. bcings pa myur du rnam par bcad par ‘gyur//

分析 103：此段内容相符。

104. tarn̲i-yin küčün kiged em ariwasun tarn̲i ba

104. sngags dang stobs dang sman dang rig sngags dang//

分析 104：此段内容相符。

105. witar ba taki bodi bey_e-ber ayuɤulugčid ba

105. ro langs dang ‘byung po lus ‘jigs pa//

分析 105：此段内容相符。

106. ariy_a awalukidi isuri-yi duradbasu

106. spyan ras gzigs kyi dbang po dran na ni//

分析 106：此段内容相符。

107. alin-ača maši talbigsad tere ǰiči qarin odyu.

107. gang nas rab tu btang ba de sler ‘gro//

分析 107：此段内容相符。

108. yagš_ a asuri büdi luuś badarangɤui

108. gnod sbyin lha min ‘byung po klu ‘bar ba//

分析 108：此段内容相符。

109. öngge buliyagčid ber saitur küriyelebesü

109. mdangs ‘phrog pa yis yongs su bskor na yang//

分析 109：此段内容相符。

110. ariy_a awalukidi isuri-yi duradbasu

110. spyan ras gzigs kyi dbang po dran na ni//

分析 110：此段内容相符。

111. šira üsün-u tedüiken könügen ülü čidayu.

111. ba spu’i khung tsam gtses par yong mi nus//

分析 111：此段内容相符。

112. qurča ariy_a qomusutan ayuɤulugči

112. mche ba sen rnon rab tu ‘jigs pa yi//

分析 112：此段内容相符。

113. dogšin ariya tan küriyelebesü-ber

113. gcan gzan ma rungs pa yis bkor na yang//

分析 113：此段内容相符。

114. ariy_a awalukidi isuri-yi duradbasu

114. spyan ras gzigs kyi dbang po dran na ni//

分析 114：此段内容相符。

115. öd̲ter türgen̲-e ǰüg bükün-t̲ür buruɤuridču od̲qu boluyu.

115. myur bar phyogs kun tu yang ‘gro bar ‘gyur//

分析 115：此段内容相符。

116. ayul-tu n̲idüten ɤal metü gerel ɤarɤagči

116. mig ‘jigs me lce lta bur ‘od ‘phro ba//

分析 116：此段内容相符。

117. qoron n̲idüten-iyer saitur küriyelebesü-ber

117. mig dug can gyis yongs su bskor na yang//

分析 117：此段内容相符。

118. ariy_a awalukidi isuri-yi duradbasu

118. spyan ras gzigs kyi dbang po dran na ni//

分析 118：此段内容相符。

119. maši türgen̲-e qoor ügei boluyu.

119. shin tu myur bar gdug pa med par ‘gyur//

分析 119：此段内容相符。

120. maši čakilɤan ber čakiluɤad ǰobalan̲g-tu

120. bzang po’i glog kyang ‘byung zhing stug pa yi//

分析 120：此段内容相符。

121. egüled-un ayun̲gɤ_a kiged möndür qur_a oruqui-t̲ur

121. sprin las lce dang ser ba cher ‘bab pa//

分析 121：此段内容相符。

122. ariy_a awalukidi isuri-yi duradbasu

122. spyan ras gzigs kyi dbang po dran na ni//

分析 122：此段内容相符。

123. sača darui-ṯur öḏter saitur amurliyu.

123. de ma thag tu myur bar rab tu zhi//

分析 123：此段内容相符。

124. olan ǰaɤun ǰobalaṉg-ud-iyar köṉügegdekün ba

124. sdug bsngal mang po brgya yis gtses pa dang//

分析 124：此段内容相符。

125. olan ǰaɤun ǰobalaṉg-ud-iyar egeregdegsen amitan üǰebesu ele

125. sdug bsngal mang pos gzir ba'i sems can mthong//

分析 125：此段内容相符。

126. belge bilig-un buyan-u küčün-iyer ariy_a awalukidi isuri-bar

126. ye shes dge ba'i stobs kyis spyan ras gzigs//

分析 126：此段内容相符。

127. tegün-eče tṉgri selte amitan-i aburaqu boluyu.

127. de bas lhar bcas 'gros ba skyob pa po//

分析 127：此段内容相符。

128. ridi qubilɤan-u küčün-iyer čiṉatu qiǰaɤar_a odču

128. rdzul 'phrul stobs kyis pha rol song ba ste//

分析 128：此段内容相符。

129. arɤ_a kiged inwaɤa-yi aɤuda surugsan-iyar

129. thabs dang ye shes yangs pa bslabs pas na//

分析 129：此段内容相符。

130. arban ǰüg-ün olan qamuɤ amitan ba

130. phyogs bcu'i 'gro ba mang po thams cad dang//

分析 130：此段内容相符。

131. qočurli ügei qamuɤ orud bükün-i-ber saitur geigülyü.

131. ma lus zhing kun du yang rab tu snang//

分析 131：此段内容相符。

132. qamuɤ amitan-u maɤui ǰayaɤan-u ayul kiged

132. srog chags rnams kyi ngan 'gro'i 'jigs pa dang//

分析 132：此段内容相符。

133. čölege ügei-ber taki amitan tamu ba

133. mi khom pa dang sems can dmyal ba dang//

分析 133：此段内容相符。

134. aduɤusun ba taki erlig-iyer küriyelegsen-eče ba

134. byol song dang ni gzhin rjes bskor ba yang//

分析 134：此段内容相符。

135. töröküi ötelküi ebedküi-ber egeregdegsen-i ečüś-ṯür

135. skye rga na bas gzir ba mthar zhi byed//

分析 135：此段内容相符。

136. amurliɤulugči maši buyan-ṯur ṉidün kiged asaraqui-yin ṉidün ba

136. shin tu dge ba'i spyan de byams pa'i spyan//

分析 136：此段内容相符。

137. arɤ_a bilig ülemǰi bolugsan ṉidün kiged sain isuri ṉidün luɤ_a

137. thabs dang shes rab khyad par yod pa'i spyan//

分析 137：此段内容相符。

138. ṉigüleskü i ṉidün ba takin asaraqui ṉidün-iyer ba

138. snying rje'i spyan dang byams pa'i spyan dang ldan//

分析 138：此段内容相符。

139. mašida üǰen küsekü i ba

139. zhal bzang spyan bzang shin tu lta 'dod pa//

分析 139：此段内容相符。

140. kir ügei kir-eče qaɤačagsan gerel ba

140. dri ma med pa dri ma dral ba'i 'od//

分析 140：此段内容相符。

141. bürküg ügei belge bilig ṉaran-u gerel kiged

141. rab rib med pa ye shes nyi ma'i 'od//

分析 141：此段内容相符。

142. egülen-iyer ülü bürkügdekü i gerel-iyer

142. sprin gyis chod par gyur pa med pa'i 'od//

分析 142：此段内容相符。

143. yirtinčü-ṯur gilbelkü i-ber geigülün

143. 'jig rten dag na lhang nger mdzes//

分析 143：此段内容相符。

144. ṉigüleskü i-eče bolugsan šagsabad-iyar aldarašigsan bolai.

144. snying rje las byung tshul khrims grags pa ste//

分析 144：此段内容相符。

145. buyan-u erdem kiged asaraqui sedkilten yeke egülen-eče

145. dge ba'i yon tan byams yid sprin chen po//

分析 145：此段内容相符

146. qamuɤ amitan-u n̠iswan̠iś-un ɤal-i amurliɤulugči

146. srog chags rnams kyi nyon mongs me zhi byed//

分析 146：此段内容相符

147. n̠om-un rašiyan-u qur_a-yi saitur oruɤulyu

147. chos kyi char pa bdud rtsi rab tu ‘bebs

分析 147：此段内容相符。

148. //

148. thab mo dang ni rtsod cing ‘gyed pa yi//

分析 148：此段内容蒙译本中未出现。

149. ///

149. ‘jigs chen gyul ngor skyes bu song na yang//

分析 149：此段内容蒙译本中未出现。

150. //

150. spyan ras gzigs kyi dbang po dran na ni//

分析 150：此段内容蒙译本中未出现。

151. //

151. de ma thag tu dgra rnams rab tu zhi//

分析 151：此段内容蒙译本中未出现。

152. egüleś-un daɤun kiged kögürge-yin daɤun ba

152. sprin gyi sgra dang rnga bo che yi sgra//

分析 152：此段内容相符。

153. luu-yin daɤun kiged esru_a-yin sain egešig ba

153. ‘brug gi sgra dang tshangs pa’i dbyangs snyan pa//

分析 153：此段内容相符。

154. egešig-ün mandal-un čiṉatu kürügsen bolai.

154. dbyangs kyi dkyil ‘khor pha rol phyin pa ste//

分析 154：此段内容相符。

155. ariy_a awalukidi isuri-yi duraddaqui

155. spyan ras gzigs kyi dbang po dran par bya//

分析 155：此段内容相符。

156. ariɤun sedkil-tü ariy_a awalukidi isuri-yi

156. dag pa’i sems dpa’ spyan ras gzigs dbang po//

分析 156：此段内容相符。

157. seǰig ügei-ber duradču duradugdaqui

157. the tshom ma za dran byos dran par gyis//

分析 157：此段内容相符。

158. üküküi čag kiged ṉiswaṉiś-iyar köṉügeküi čag-tur

158. ‘chi ba’i tshe dang nyon mongs gtses pa’i tshe//

分析 158：此段内容相符。

159. itegel abural ibegen qašiyan boluyu.

159. mgon dang skyab dang dpung gnyen du yang ‘gyur//

分析 159：此段内容相符。

160. qamuɤ erdem-ün čiṉatu kürügsen

160. yon tan thams cad kyi ni pha rol phyin//

分析 160：此段内容相符。

161. qamuɤ amitan-ṯur ṉigüleskü asaraqui ṉidü-tü

161. sems can kun la snying rje byams pa’i spyan//

分析 161：此段内容相符。

162. üṉeker erdem-tü erdem-ün yeke dalai

162. yang dag yon tan yon tan rgya mtsho che

分析 162：此段内容相符。

163. ariy_a awalukidi isuri-ṯur mörgügdeküi yosutu bolai.

163. spyan ras gzigs kyi dbang por phyag byar ‘os//

分析 163：此段内容相符。

164. eṉe metü amitan bükün-i ṉigülesüged

164. ‘di ltar ‘gro ba rnams la snying brtse ba//

分析 164：此段内容相符。

165. qoitu čag-tur burqan bolqu boluɣu

165. phyi ma’i dus na sangs rgyas su yang ‘gyur//

分析 165：此段内容相符。

166. ayul kiged ɤsalaṉg bükün-i üǰegči

166. ‘jigs dang mya ngan thams cad ‘jig byed pa//

分析 166：此段内容相符。

167. ariy_a awalukidi isuri-yi duradugdaqui

167. spyan ras gzigs dbang de ni dran par bya//

分析 167：此段内容相符。

168. yirtinčü-yin erke-tü terigülegči qaɤan-u bolai

168. ‘jig rten dbang gi rgyal po gtso boste//

分析 168：此段内容相符。

169. ayaɤqa tekimlig ṉom-un ɤarqui-yin oron ele

169. dge slong chos kyi ‘byung gnas ‘jig rten mchod//

分析 169：此段内容相符。

170. yirtinčü dakin-ṯur takigdayu olan ǰaɤun qalab-tur yabuǰu ele

170. bskal pa brgya phrag mang po spyad nas su//

分析 170：此段内容基本相符。蒙译本中的“yirtinčü dakin ṯur”，意思为“尘世间”，藏译中未出现该内容。

171. kir-eče qaɤačagsan degere ügei büdi qutuɤ-i olbai

171. rdul bral bla na med pa'i byang chub 'thob//

分析 171：此段内容相符。

172. uduridugči abida burqan-u

172. //

分析 172：此段内容藏译本中未出现。

173. ǰegün baraɤun eteged-eče degegür-i bariǰu ele

173. 'dren pa snang ba mtha' yas gyas g·yon nas//

分析 173：此段内容相符。

174. tegünčilen tabin ayu yelwi metü diyan-iyar-bar

174. bsil yab thogs te de bzhin gyob cing 'dug//

分析 174：此段内容相符。

175. //

175. zhing rnams kun tu song nas rgyal ba mchod//

分析 175：此段内容蒙译本中未出现。

176. orud bükün-ṯür oduɤad ilaɤugsad-i takiyu

176. sgyu ma lta bu'i ting nge 'dzin gyis kyang//

分析 176：此段内容相符。

177. örüṉ-e ǰüg-tür amuɤulaṉg ɤarqui-yin oron ele

177. nub kyi phyogs na bde ba'i 'byung gnas te//

分析 177：此段内容相符。

178. kir-eče qaɤačagsan yirtinčü-yin oron sügewadi kemekü

178. rdul bral'jig rten khams 'di bde ba can//

分析 178：此段内容相符。

179. tende amitan-i ǰiluɤadugči

179. de na sems can kha lo sgyur ba yi//

分析 179：此段内容相符。

180. abida burqan edüge-ber saɤun amu

180. 'dren pa tshe mtha' yas pa'ng da ltar bzhugs//

分析 180：此段内容相符。

181. tende emegtei-ber ülü törükü bolai

181. der ni bud med rnams kyang mi 'byung ste//

分析 181：此段内容相符。

182. büküyi ǰüiliyer qubin̲iqui n̲om-ud-bar ügei bolai

182. rnam pa kun tu g·yem pa'i chos med do//

分析 182：此段内容相符。

183. tedeger ilaɤugsad-un köbegüd ber lin̲gqu_a taǰa törüǰü ele

183. rgyal ba'i sras po de dag rdzus te skye//

分析 183：此段内容相符。

184. kir ügei lin̲gqu_a-yin ǰirüken-t̲ür ayu

184. dri ma med pa'i pad ma'i snying por 'dug//

分析 184：此段内容相符。

185. uduridugči abida mün böged ber

185. 'dren pa tshe mtha'yas pa de nyid kyang//

分析 185：此段内容相符。

186. kir ügei bayasɤulang-tu lingqu_a-yin ǰirüken-tür

186. pad ma'i snying po dri ma med dga' ba la//

分析 186：此段内容相符。

187. arslan-tu tabčang-tur saitur saɤun ele

187. seng ge'i khri la rab tu bzhugs pa yang//

分析 187：此段内容相符。

188. sala-yin qaɤan metü dalai kebeken buyu

188. sala'i rgyal po lta bur rnam par mdzes//

分析 188：此段内容相符。

189. yirtinčü-yi uduridugči ene-ber tegünčilen kü bolai.

189. 'jig rten 'dren pa 'di yang de bzhin te//

分析 189：此段内容相符。

190. ɤurban sansar-tur tere metü boi bosu ked ber

190. srid pa gsum na de 'dra yong med do//

分析 190：此段内容相符。

191. ariy_a awalukidi isuri-yin nere-yi sonusbasu

191. gang gis spyan ras gzigs dbang ming thos pa//

分析 191：此段内容相符。

192. tegün-u buyan anu baraši ügei boluyu.

192. de yis bsod nams dag ni zad mi 'gyur//

分析 192：此段内容相符。

193. tendeče bodistw maqastw ɤaǰar-i barigči debüsger-eče-ben bosuɤad degedü debil-iyen nigen mür-tür qomibiǰu baraɤun ebüdüg-ün mandal-iyar

ɣaǰar-tur sögödöged ilaǰu tegüś n̲ögčigsen qamiɣa bükü tere ǰüg-tü alaɣa-ban qamtudɣan böküiǰü ele.

193. de nas byang chub sems dpa' sems dpa' chen po sa 'dzin stan ls langs te/ bla gos phrag pa gcig tu gzar nas pus mo gyas pa'i lha nga sa la btshugs te/ bcom ldan 'das ga la ba bde logs du thal mo sbyar ba btud nas/ bcom ldan 'das la 'di skad ces gsol to//

分析 193：此段内容相符。

194. ilaǰu tegüś n̲ögčigsen-e ein kemen öčirün ilaǰu tegüś n̲ögčigsen̲-e ken bodist̲w maqast̲w ariy_a awalukidi isuri-yin bülüg bodist̲w maqast̲w ariy_a awalukidi isuri-yin qubilɣan-i üǰügülügsen büküi-eče egüden bolugsan bülüg bodist̲w maqast̲w ariy_a awalukidi isuri-yin tein böged qubilugsan en̲e n̲om-un qubilɣan-i son̲usugsan tedeger amitan-u buyan-u ündüsün an̲u edüi tedüi maɣuqan-bar bolqu bosu bolai.

194. bcom ldan 'das su dag byang chub sems dpa' sems dpa' chen pos pyan ras gzigs dbang phyug gi le'u/ byang chub sems dpa' sems dpa' chen po spyan ras gzigs dbang phyug gi rnam par 'phrul pa bstan pa kun nas sgo'i le'u/ spyan ras gzigs dbang phyug gi rnam par sprul pa'i cho 'khrul 'di thos pa'i sems can de dag ni dge ba'i rtsa ba ngan ngon dang ldan pa ma lags so//

分析 194：此段内容相符。

195. qamug-ača egüden bolugsan en̲e bölüg-i ilaǰu tegüś n̲ögčigsen-e n̲omlagsan-tur tere n̲öküd-eče n̲aiman tümen dörben min̲gɣan amitan bar sača bosu luɣ̣_a sačuɣu degere ügei ün̲eker tuɣulugsan bodi qutug-tur sedkil egüsgeldübei.

195. kun nas sgo'i le'u bstan pa 'di bcom ldan 'das kyis bshad pa na/ 'khor

de las srog chags brgyad khri bzhi stong gis mi mnyam pa dang mnyam pa/ bla na mes pa yang dag par rdzogs pa'i byang chub tu sems bskyed par gyur to//

分析 195：此段内容相符。

196. čaɤan li̱ngqu_a ṉere-tü degedü ṉom-ača ariy_a awalukidi isuri-yin qubilɤan-i üǰügülügsen büküi-eče egüden bolugsan ṉere-tü qorin tabdaɤar bölüg.

196. dam pa'i chos pad ma dkar po las spyan ras gzigs dbang phyug gi rnam par 'phrul pa bstan pa kun nas sgo'i le'u zhes bya ba ste nyi shu rtsa bzhi pa'o//

分析 196：此段内容相符。

第四节　小结

《法华经》通过翻译传入中原地区后，深受人们的推崇。本书所选用的蒙古、汉、藏、回鹘文四语种文本中翻译时间最早的是汉译本，其次是藏译本，之后是回鹘译本，蒙译本翻译时间最晚。

本章以蒙译本为基础，分三个部分，对四语种文本的内容进行了比较研究。

首先，比较的是蒙译本和汉译本。两种译本内容虽然很接近，但是翻译方法和风格上有一些差距。例如，观世音的三十三种化身在蒙译本中只出现了十四种，汉译本中则全部出现了。

其次，比较的是蒙译本和回鹘译本。由于是相同的故事，所以内容也比较接近，但是在内容的编排和故事的完整度来看，二者没有直接的联系。例如，回鹘译本以“namo but namo darm namo sang”作为开头和结尾，这是蒙译本所没有的。依此推断，蒙译本没有译自回鹘译本。此外，回鹘译本中有几处值得关注的地方。例如：

回鹘译本中出现的不同于其他三种文本的现象是对于“观世音”的翻译。汉译本中的“观世音”如果从字面意思去理解的话，其中的“观”即“观察”，“观世音”即“观察世间的声音”。可是世间的声音不是听或闻吗？怎么去观察呢？这是因为菩萨不同于众生，众生不能六根互用，只能眼见耳闻，而菩萨能六根互用，不但能闻，而且能“观”。当以能观之智，观于世界众生，令其离苦得乐。蒙译本中译作“nidü ber üǰegči”，“nidü”为眼睛，“üǰegči”为观者，这里没有观声的意思；藏译本中译作“spyan ras gzigs”，“spyan ras”为眼睛的敬语，“gzigs”为观看，这里也没有观声的词语。而回鹘译本中译作“ün äšidgüči”，“ün”为声音，“äšidgüči”为听者，即“闻声者”。

还有一个有趣的现象，蒙译本中出现的“keseg keseg”（段段）一词为回鹘语借词。可是回鹘译本中却没有用“keseg keseg”，而是用了汉语借词“tsun tsun”（寸寸）。

回鹘译本中的偈颂部分翻译得也不同于其他三种译本。该佛经中的偈颂部分是将前面的内容以诗歌的形式重新还原一遍，比如说救七难、应二求、解三毒等。可是回鹘译本中的偈颂中没有再现前面的内容，而是以赞美观世音菩萨为主要内容。这可能是译者自我情感的一种表达。

通过比较发现回鹘译本与蒙古、藏译本没有直接的关系。而回鹘译本与汉译本较接近，但是完整度不及汉译本。因此，可以推测回鹘译本的译者可能参考了汉译本，并且在翻译过程中按照自己的主观意图进行了编译。

最后，对蒙译本和藏译本进行比较后发现二者在内容方面基本相似。蒙译本的翻译时间在藏译本之后，加之根据当时蒙藏民族间的交流等诸原因来判断，蒙古文《法华经·普门品》可能译自藏译本。但有趣的是佛教术语的翻译方面，蒙译本中有很多处选用了音译，而藏译本中是意译。由此判断译者在翻译过程中，可能在藏译本之外还参考了原文（梵文）或者其他文本。

总之，四位译者用渊博的知识、华丽的辞藻和精湛的译技为世人诠释了这部经典，并代代相传。

第三章 《法华经·普门品》蒙古与回鹘文文本词语结构分析

第一节 《法华经·普门品》蒙古文文本词语结构分析

001. tendeče：tende-eče[①] bodisṯw maqasṯw
那里（代）- 从比格 菩提萨埵 摩诃萨埵
bara-ši ügei
尽（动）- 尽的（形） 无

002. oyuṯu[②]：oyun-ṯu debüs-ger[③]
智慧（名）- 共同格 铺（动）- 褥子（名）

---

①斯钦朝克图编:《蒙古语词根词典》,呼和浩特:内蒙古人民出版社，1988年,第1746页。"tendeče"一词源于"ta",意为你们、等等。

②斯钦朝克图编:《蒙古语词根词典》,呼和浩特:内蒙古人民出版社，1988年,第316。"oyutu"一词源于"oi",意为记忆、记性,回鹘语作"oj",意为思想、想法。

③"debüs-ger"同"debisger",意思为垫子、褥子。古代蒙古语常见的写法。

ečegen[①]：eče-gen　　bos-ču

从比格－领属后缀　起（动）－起（动）

dege-dü[②]

上（名）－上（名）

003. degel[③]-iyen　　ṉige-n

衣服（名）－领属后缀　一（数）－一（数）

mörü-ṯür-iyen　　qombi-ǰu[④]

肩（名）－向位格－领属后缀　收拢（动）－收拢（动）

bara-ɣ̣un

右（名）－西（名）

004. ebüdüg-ün　　mandal-iyar

膝盖（名）－领属格　表层（名）－凭借格

ɣ̣aǰar-tur　　sögü[⑤]-d-ged

地（名）－向位格　跪（动）－跪（动）－跪（动）

005. <u>ilaǰu tegüs ṉögčigsen</u>　qa-miɣ̣_a

世尊（名）　哪儿（代）－哪儿（代）

---

①"ečegen"为"eče"和"ben"的连写形式。

②斯钦朝克图编:《蒙古语词根词典》,呼和浩特:内蒙古人民出版社, 1988 年,第 2021、2027 页。"deged ü "一词源于"dab",回鹘语为"deg", 意为台阶、依次。

③"degel"同"debel",意为衣服、长袍,古代蒙古语常见的写法。

④斯钦朝克图编:《蒙古语词根词典》,呼和浩特:内蒙古人民出版社, 1988 年,第 352 页。"qombiǰu"一词源于"om",意为收拢、收缩。

⑤斯钦朝克图编:《蒙古语词根词典》,呼和浩特:内蒙古人民出版社, 1988 年,第 1678 页。"sögü"一词回鹘语为"sög",意为跪。

bü-kü tere[①] ǰüg-tür

有（动）– 全（代） 那（代） 方（名）– 向位格

006. alaɣ̣a-ban

手掌（名）– 领属后缀

qam-tu-da-ɣan

合（形）– 共同（时位）– 一起（时位）– 合并（动）

böküi-ged[②] ilaǰu tegüś-

躬身（动）– 躬身（动） 世尊 –

007. n̲ögčigsen-t̲ür e-in kemen[③]

向位格 这（代）– 这样（代） 叫做（动）

öči-rün ilaǰu tegüś-

奉告（动）– 奉告（动）

008. n̲ögčigsen bodist̲w maqast̲w n̲idü-ber

世尊 菩提萨埵 摩诃萨埵 目（名）– 凭借格

üǰe-g-či

观（动）– 观（动词第三人称祈使式）– 观看者（名）

009. erke-tü-yi

权利（名）– 有权的（形）– 宾格

ya-ɣ̣u-n-u tula-da

什么（代）– 什么（代）– 什么（代）– 领属格 为（语）– 为（语）

①斯钦朝克图编:《蒙古语词根词典》,呼和浩特:内蒙古人民出版社,1988 年,第 1746 页。“tere”一词源于“ta”,意为你们、等等。

②斯钦朝克图编:《蒙古语词根词典》,呼和浩特:内蒙古人民出版社, 1988 年,第 631 页。“böküiged”一词源于“bag”,意为显得粗矮,变瘫软。

③斯钦朝克图编:《蒙古语词根词典》,呼和浩特:内蒙古人民出版社, 1988 年,第 1025 页。“kemen”一词源于“ki”,回鹘语为“kil”,意为叫作。

n̠idü-ber

目（名）– 凭借格

üǰe-g-či erke-

观（动）– 观（动词第三人称祈使式）– 观看者（名） 权利（名）–

010. tü kemen n̠er_e-id-bei

有权的（形） 叫做（动） 名字（名）– 命名（动）– 命名（动）

tein kemen öči-ged ilaǰu-

那样（代） 叫做（动） 奉告（动）– 奉告（动）

011. tegüś n̠ögčigsen-ber bodist̠w maqast̠w

世尊 – 凭借格 菩提萨埵 摩诃萨埵

bara-ši ügei

尽（动 – 尽的（形） 无

012. oyutu-t̠ur：oyun-t̠u-t̠ur e-in

智慧（名）– 共同格 – 向位格 这（代）– 这样（代）

kemen ǰar-liɤ bol①-run

叫做 通告（名）– 命令（名） 成为（动）– 成为（动）

iǰa-ɤur-tan-u

老早（名）– 根（名）– 贵族（名）– 领属格

013. köbegün̠-e②：küü-begün̠-e

儿子（名）– 孩子（名）– 领属

①斯钦朝克图编:《蒙古语词根词典》,呼和浩特:内蒙古人民出版社，1988 年,第 756 页。“bol”一词有“成为、变成、行、待、由于、若是、成熟”等意。回鹘语也作“bol”。

②斯钦朝克图编:《蒙古语词根词典》，985 页。“köbegün̠-e”一词源于“keü”,意为孩子。

e-gün① -tür　　　　　　　　ke② -düi

这（代）– 这（代）– 向位格　谁（代）– 多少（代）

bükü i③ ：bü-kü-i　　　　　　　ǰaɤu④ -n

有（动）– 全（代）– 具有（动）　百（数）– 百（数）

mi<u>ng</u>⑤ -ɤan　　　　<u>n</u>ayud

千（数）– 千（数）　无量

014. költi ami-tan　　　　ali

生命（名）– 众生（名）　哪个（代）

ǰoba-l-<u>n</u>g-ud-iyar

受苦（动）– 烦恼（名）– 痛苦（名）– 复数 – 凭借格

kür-te-gsen-d

触（动）– 受（动）– 受（动）– 受者（名）（复数）

015. tede-ger⑥ -ber

他们（代）– 那些（代）– 凭借格

ke-r-ber

谁（代）– 如何（代）– 如果（连）

---

①斯钦朝克图编:《蒙古语词根词典》,呼和浩特:内蒙古人民出版社，1988 年,第 172 页。“egün”一词为“ene”（意为这、此）的变体,回鹘语为“mün”。

②斯钦朝克图编:《蒙古语词根词典》,呼和浩特:内蒙古人民出版社，1988 年,第 979 页。“ke”一词为疑问代词,意为谁,回鹘语为“kim”。

③斯钦朝克图编:《蒙古语词根词典》,呼和浩特:内蒙古人民出版社，1988 年,第 590 页。“büküi”一词源于“ba-”,意为有、在。

④“ǰaɤ-u”一词在回鹘语中叫作“jyz”。

⑤ “mi<u>ng</u>”一词在回鹘语中叫作“ming”。

⑥斯钦朝克图编:《蒙古语词根词典》,呼和浩特:内蒙古人民出版社，1988 年,第 1746 页。“tedeger”一词源于“ta”,意为你们。

bodistw　　maqastw　　ariy_a-

菩提萨埵　摩诃萨埵

016. awalukidi išwari　n̠idü-ber

梵语　　目（名）－凭借格

üǰe-g-či

观（动）－观（动词第三人称祈使式）－观看者（名）

erke-tü-yin　　n̠ere-yi

权利（名）－有权的（形）－领属格　名（名）－宾格

017. son̠u-s-basu　　tede-ger

听（动）－听（使动）－听（动）　他们（代）－那些（代）

bü-kü-de[①]　　tere

有（动）－全（代）－全（代）　那（代）

ǰoba-l-n̠g-ud-un

受苦（动）－烦恼（名）－痛苦（名）－复数－领属格

018. čog-ča-ača　　sai-tur

躯体形成（动）－身体（名）－从比格　好（形）－很好地（副）

ton̠il-qu　　bo-lu-yu

消失（动）－消失（动）　有（动）－也（语）－也（语）

iǰa-ɣur-tan-u

老早（名）－根（名）－贵族（名）－领属格

019. köbegün̠-e：küü-begün̠-e　　ali

儿子（名）－孩子（名）－领属　哪个（代）

①斯钦朝克图编:《蒙古语词根词典》,呼和浩特:内蒙古人民出版社,1988年,第590页。“büküde”一词源于“ba-”,意为意为又、在、停、别、站立、里程、如果、且。

ami-tan bodisṯw maqasṯw

生命（名）– 众生（名） 菩提萨埵 摩诃萨埵

ṉidü-ber

目（名）– 凭借格

020. üǰe-g-či

观（动）– 观（动词第三人称祈使式）– 观看者（名）

erke-tü-yin ṉere-yi

权利（名）– 有权的（形）– 领属格 名（名）– 宾格

ṉere-le-g-či

名（名）– 命名（动）– 观（动词第三人称祈使式）– 观看者（名）

tede-ger-ber

他们（代）– 那些（代）– 凭借格

021. ɣal-un yeke čog-ča-ṯur

火（名）– 领属格 大（形） 火种（名）– 体（名）– 向位格

uṉa-basu-ber tede-ger

落（动）– 落（动）– 凭借格 他们（代）– 那些（代）

022. bü-kü-de bodisṯw maqasṯw

有（动）– 全（代）– 全（代） 菩提萨埵 摩诃萨埵

ṉidü-ber

目（名）– 凭借格

üǰe-g-či

观（动）– 观（动词第三人称祈使式）– 观看者（名）

erke-tü-yin

权利（名）– 有权的（形）– 领属格

023. čog　　　ǰibqulang̠[①]：ǰibai-qulang̠-iyar

威严（名）　神气（名）– 庄严（名）– 凭借格

maši-ta　　　šita-ɤa-gsan

很（副）– 十分（副）　燃（动）– 烧（动）– 烧（动）

ɤ̣al-un

火（名）– 领属格

024. tere　　　čog-ča-ača

那（代）　躯体形成（动）– 身体（名）– 从比格

to̠nil-qu　　　bo-lu-yu

消失（动）– 消失（动）　有（动）– 也（语）– 也（语）

iǰa-ɤ̣ur-tan-u

老早（名）– 根（名）– 贵族（名）– 领属格

025. köbegün̠-e：küü-begün̠-e　　　ke-r-ber

儿子(名)– 孩子(名)– 领属　谁(代)– 如何(代)– 如果(连)

müren-u　　　usu-n̠_a[②]

江（名）– 领属格　水（名）– 向位格

urus-taqui-t̠ur

漂流（动）– 流走（动）– 向位格

026. bodist̠w　　　maqast̠w　　　n̠idü-ber

菩提萨埵　　摩诃萨埵　　目（名）– 凭借格

---

①斯钦朝克图编:《蒙古语词根词典》,呼和浩特:内蒙古人民出版社，1988年,第2375页。"ǰibqulang̠"一词源于"ǰibai",意为神气。

②斯钦朝克图编:《蒙古语词根词典》,呼和浩特:内蒙古人民出版社，1988年,第70页。"usun̠-a"一词源于"aɤu",意为渗。

üǰe-g-či

观（动）– 观（动词第三人称祈使式）– 观看者（名）

erke-tü-yi

权利（名）– 有权的（形）– 宾格

027. daɤu-da-busu　　　　　　　　tede-ger

声（名）– 叫（动词被动态）– 叫（动）　他们（代）– 那些（代）

müred-be：müren-d-ber　　　　tede-ger

江（名）– 复数 – 凭借格　他们（代）– 那些（代）

ami-tan-i

生命（名）– 众生（名）– 宾格

028. urus-qa-n[①]　　　　　　　　ülü　　　　čidayu

漂流（动）– 流送（动）– 流送（动）　勿（否定）　会（动）

iǰa-ɤ̣ur-tan-u

老早（名）– 根（名）– 贵族（名）– 领属格

köbegün̠-e：küü-begün̠-e

儿子（名）– 孩子（名）– 领属

029. ke-r-ber　　　　　　　　ǰaɤ̣u-n

谁（代）– 如何（代）– 如果（连）　百（数）– 百（数）

min̠g-ɤ̣an　　　　n̠ayud költi

千（数）– 千（数）　无量

ami-tan-bar

生命（名）– 众生（名）– 凭借格

①斯钦朝克图编:《蒙古语词根词典》,呼和浩特:内蒙古人民出版社，1988 年,第 70 页。“urusqan”一词源于“aɤu”,意为渗。

030. dalai[①] dotu-r_a

海洋（名） 内（时）–里子（名）–里面（时）

on̠gɤuča[②] -t̠ur oru-ǰu ele

船（名）–向位格 进（动）–进（动） 助词

ǰibaqu[③]：ǰib-qu

沉没（动）–沉没（动）

031. al-ta-n čindaman̠i subu-d

赤（形）–金（名）–金（名） 如意宝 珍珠（名）–珍珠（名）

aidurya labai megšil alam_a kerbi

蓝宝石 海螺 水晶 玛瑙

032. baširu isbir ula-ɣan subu-d

红珊瑚 白珊瑚 红（形）–红（形） 珍珠（名）–珍珠（名）

terigü-ten-u tula-da

首（名）–等等–领属格 为（语）–为（语）

033. oduɤsad：od-ɤsan-d tede-ber dogšin[④]

赴（动）–赴（动）–复数 他们（代）–凭借格 凶暴的（形）

kei-ber kei-s-te-ǰü

风（名）–凭借格 风（名）–吹（动）–吹（动）–吹（动）

---

①斯钦朝克图编：《蒙古语词根词典》，呼和浩特：内蒙古人民出版社，1988 年，第 2050 页。“dalai”一词回鹘语中读作“talai”或“talui”。

②斯钦朝克图编：《蒙古语词根词典》，呼和浩特：内蒙古人民出版社，1988 年，第 185 页。“on̠gɤ-uča”一词源于“engküi”，意为变凹。

③斯钦朝克图编：《蒙古语词根词典》，呼和浩特：内蒙古人民出版社，1988 年，第 2225 页。“ǰibaqu”一词源于“čib”，意为沉没。

④斯钦朝克图编：《蒙古语词根词典》，呼和浩特：内蒙古人民出版社，1988 年，第 2225 页。“dogšin”一词源于“dogi”，意为惊。

034. em_e raɤšaś-un tiib-tur

雄性（名） 恶鬼（名）– 领属格 洲（名）– 向位格

uṉa-qui bol-gsan-tur

掉（动）– 掉（动） 成为（动）– 成为（动）– 向位格

035. tede ičeged ami-tan-

他们（代） 生命（名）– 众生（名）– 凭借格

ṉidü-ber

目（名）– 凭借格

üǰe-g-či

观（动）– 观（动词第三人称祈使式）– 观看者（名）

erke-tü-yi

权利（名）– 有权的（形）– 宾格

036. daɣ̣u-da-basu ele

声（名）– 叫（动词被动态）– 叫（动） 助词

tede-ger bü-kü-de

他们（代）– 那些（代） 有（动）– 全（代）– 全（代）

em_e raɤšaś-un

雌性（名） 恶鬼（名）– 领属格

037. tere tib-eče toṉil-qu

那（代） 洲（名）– 从比格 消失（动）– 消失（动）

bo-lu-yu

有（动）– 也（语）– 也（语）

iǰa-ɣ̣ur-tan-u

老早（名）– 根（名）– 贵族（名）– 领属格

038. köbegün̲-e：küü-begün̲-e　　tegün[①]-u

儿子（名）-孩子（名）-领属　那（代）-领属格

tula-da　　bodist̲w　maqast̲w　ariy-a_

为（语）-为（语）　菩提萨埵　摩诃萨埵

039. awalukida isuri-yi　n̲idü-ber

正观音-宾格　目（名）-凭借格

üǰe-g-či

观（动）-观（动词第三人称祈使式）-观看者（名）

erketü　　kemen

权利（名）-有权的（形）-宾格　叫做（动）

040. n̲er-e-id-gsen　　bo-lai[②]

名字（名）-命名（动）-命名（动）　有（动）-也（语）

iǰa-ɤur-tan-u

老早（名）-根（名）-贵族（名）-领属格

köbegün̲-e：küü-begün̲-e

儿子（名）-孩子（名）-领属

041. ke-r-ber　　ala-n

谁（代）-如何（代）-如果（连）　杀（动）-杀（动）

tuɤ-rbi-gsan-tur

着手（动）-着手（动）-着手（动）-向位格

---

①斯钦朝克图编:《蒙古语词根词典》,呼和浩特:内蒙古人民出版社，1988年,第1746页。"tegün"一词源于"ta",意为你们。

②斯钦朝克图编:《蒙古语词根词典》,呼和浩特:内蒙古人民出版社，1988年,第590页。"bolai"一词源于"ba-",意为又、在、停、别、站立、里程、如果、且。

ṉidü-ber

目（名）– 凭借格

üǰe-g-či

观（动）– 观（动词第三人称祈使式）– 观看者（名）

042. erke-tü-yi

权利（名）– 有权的（形）– 宾格

daɣ̣u-da-basu ele

声（名）– 叫（动词被动态）– 叫（动） 助词

tede-ger ala-ɣ̣čin-u

他们（代）– 那些（代） 杀（动）– 杀手（名）– 领属格

043. tede① mese-n keseg②：kes-g keseg：kes-g

他们（代） 刃具（名） 断（动）– 段（量）

quɤu-ra-n③ kemke-re-kü④

断（副）– 断（动）– 断（动） 碎（副）– 碎（动）– 碎（动）

bo-lu-yu

有（动）– 也（语）– 也（语）

044. iǰa-ɣ̣ur-tan-u

老早（名）– 根（名）– 贵族（名）– 领属格

---

①斯钦朝克图编:《蒙古语词根词典》,呼和浩特:内蒙古人民出版社,1988年,第1746页。“tede”一词源于“ta”,意为你们。

②斯钦朝克图编:《蒙古语词根词典》,呼和浩特:内蒙古人民出版社,1988年,第233页。“keseg”一词源于“es”，回鹘语作“kes”,意为切，“keseg”在回鹘语中为““kesäg”,意为块、段、部、邦、群。

③斯钦朝克图编:《蒙古语词根词典》,呼和浩特:内蒙古人民出版社，1988年,第906页。“quɤuran”一词源于“qaɤa”,意为破碎。

④斯钦朝克图编:《蒙古语词根词典》,呼和浩特:内蒙古人民出版社，1988年,第937页。“kemkerekü”一词源于“qam”,意为扁。

köbegün̲-e：küü-begün̲-e

儿子（名）– 孩子（名）– 领属

ke-r-ber　　　　　　　　ɤ̣urban　　ming̲-ɤ̣an

谁（代）– 如何（代）– 如果（连）　三（数）　千（数）– 千（数）

045. yeke　　ming̲-ɤ̣an　　yirtinčüś-ün

大（形）　千（数）– 千（数）　世界（名）– 领属格

oru-d-tur　　　　yaɤšas

地方（名）– 复数 – 向位格　夜叉

046. raɤšas　n̲uɤ̣ud　dügür-besü　　bodist̲w　　maqast̲w

恶鬼　复数　满（动）– 满（动）　菩提萨埵　摩诃萨埵

047. ariy_a awalukidi išwari-yin　n̲ere-yi

正观音 – 领属格　　　名（名）– 宾格

n̲ere-le-g-či-t̲ür

名（名）– 命名（动）– 命名（动祈使式）– 命名者（名）– 向位格

048. tede　　bü-kü-de-ger[1]

他们（代）　有（动）– 全（代）– 全（代）– 全部（代）

uri-la-qui

愤怒（名）– 愤怒（动）– 恼怒（形）

sedkil：sede-ki-l-iyer

刺激（动）– 思考（动）– 心情（名）– 凭借格

üǰe-n

观（动）– 观（动）

①斯钦朝克图编:《蒙古语词根词典》,呼和浩特:内蒙古人民出版社，1988 年,第 590 页。“büküdeger”一词源于“ba-”,意为意为又、在、停、别、站立、里程、如果、且等。

049. ülü čida-yu

勿（否定） 会（动）-（动）

iǰa-ɣur-tan-u

老早（名）- 根（名）- 贵族（名）- 领属格

köbegün̲-e：küü-begün̲-e ǰarim[①]

儿子（名）- 孩子（名）- 领属 有些（代）

ami-tan

生命（名）- 众生（名）

050. temür čider ki-ged

铁（名） 羁绊（名） 做（动）- 和（连）

mo-du-n[②]

木（名）- 木（名）- 木（名）

čider-iyer čider-le-küi-

羁绊（名）- 凭借格 羁绊（名）- 上羁绊（动）- 上羁绊（动）-

051. t̲ür gem[③]-tü ba taki gem

向位格 犯戒（名）- 向位格 连词 也（语） 犯戒（名）

ügei bögesü bodist̲w

无 ……话（助动） 菩提萨埵

---

①斯钦朝克图编:《蒙古语词根词典》,呼和浩特:内蒙古人民出版社，1988年,第63页。“ǰarim”一词源于“a-”,意为变零碎。

②斯钦朝克图编:《蒙古语词根词典》,呼和浩特:内蒙古人民出版社,1988年,第1403页。“modun”一词词根为“mo”（意为树木）,梵语中读作“mūla”,回鹘语中读作“derex”。

③斯钦朝克图编:《蒙古语词根词典》,呼和浩特:内蒙古人民出版社，1988年,第181页。“gem”一词源于“ene”,意为悲伤。

052. maqast̲w　ariy_a awalukidi išuri-yin　n̲ere-yi

摩诃萨埵　正观音 – 领属格　名（名）– 宾格

053. n̲ere-id-gsen-iyer　temür

名（名）– 命名（动）– 命名（动）– 凭借格　铁（名）

čider　ki-ged

羁绊（名）　做（动）– 和（连）

mo-du-n　čider-iyer

木（名）– 木（名）– 木（名）　绊（名）– 凭借格

čider-le-gsen-d

羁绊（名）– 上羁绊（动）– 上羁绊（动）– 被羁绊者（名）（复数）

054. alda-ra-qu

失掉（动）– 松开（动）– 失掉（动）

bo-lu-yu

有（动）– 也（语）– 也（语）

ij̆a-ɣur-tan-u

老早（名）– 根（名）– 贵族（名）– 领属格

köbegün̲-e：küü-begün̲-e　bodist̲w

儿子（名）– 孩子（名）– 领属　菩提萨埵

055. maqast̲w　ariy_a awalukidi išuri-yin　küčün

摩诃萨埵　正观音 – 领属格　力量（名）

056. an̲u①　tere　metü　bo-lu-yu

物主后缀　那（代）　犹如　有（动）– 也（语）– 也（语）

①斯钦朝克图编:《蒙古语词根词典》,呼和浩特:内蒙古人民出版社，1988 年,第 167 页。“an̲u”一词源于“e”,意为他、这、彼。

ïǰa-ɣur-tan-u

老早（名）–根（名）–贵族（名）–领属格

057. köbegün̠-e：küü-begün̠-e

儿子（名）–孩子（名）–领属

ke-r-ber ɣurban[①]

谁（代）–如何（代）–如果（连） 三（数）

min̠g-ɣan yeke

千（数）–千（数） 大（形）

058. min̠g-ɣan yirtinčüś-un e-n̠e

千（数）–千（数） 世界（名）–领属格 这（代）–这（代）

oru-d-tur arɣa-tan

地方（名）–复数–向位格 计策（名）–多谋者（名）

059. ki-ged buli[②]-yan

做（动）–和（连） 抢（动）–魁梧的（形）

qulaɤai：qulaɤ[③]-ɣai dai-sun

偷（动）–贼（名） 战争（名）–敌人（名）

ɣar-tur

手（名）–向位格

①斯钦朝克图编:《蒙古语词根词典》,呼和浩特:内蒙古人民出版社，1988年,第1291页。“ɤurban”一词源于“ɤu”,意为三、三岁的。

②斯钦朝克图编:《蒙古语词根词典》,呼和浩特:内蒙古人民出版社，1988年,第791页。“buli”一词回鹘语中也读作“buli”,意思相同。

③斯钦朝克图编:《蒙古语词根词典》,呼和浩特:内蒙古人民出版社，1988年,第1125页。“qulaɤ”一词回鹘语作“qolɤa”,意为偷。

060. mese　　　　bari-gsan-d-bar

刃具（名）　握（动）–握（动）–握者（复数）–凭借格

dügür-čü　　　　　　ele　　tende[1]　　　ɣ̣agča[2]

满（动）–满（动）　助词　那里（代）　单独（形）

061. sartawaki-bar　　　　　olaṉgki：ola-ṉ-ki

商主（名）–凭借格　多的（形）–多（形）–多数（形）

ǰiɣu-lči-d　　　　　　　　　　ara-d

谋生（动）–旅行者（名）–复数　平民（名）–平民（名）

luɣ̣_a

联合格

062. erdeni[3]-ṯü　　　　　　baya-n　　　　　　　tere

珍宝（名）–向位格　富裕（形）–富裕（形）　那（代）

sartawaki　　od-gsan-ṯur-i

商主（名）　赴（动）–赴（动）–向位格–宾格

063. tede-ger　　　　　　　oduɣsad-ber：od-ɣsan-d-bar

他们（代）–那些（代）　赴（动）–赴（动）–复数–凭借格

arɣ̣a-tan　　　　　　　　buli-yan

计策（名）–多谋者（名）　抢（动）–魁梧的（形）

①斯钦朝克图编:《蒙古语词根词典》,呼和浩特:内蒙古人民出版社，1988年,第1746页。“tende”一词源于“ta”,意为你们。

②斯钦朝克图编:《蒙古语词根词典》,呼和浩特:内蒙古人民出版社，1988年,第1215页。“ɣagča”一词源于“ɣani”,意为孤独的。

③斯钦朝克图编:《蒙古语词根词典》,呼和浩特:内蒙古人民出版社，1988年,第259页。“erdeni”一词为梵语借词,为“ratna”,该词通过粟特语传入回鹘语,再从回鹘语传入蒙古语,回鹘语与蒙古语的读法相同。

qulaɣai：qulaɣɣai

偷（动）–贼（名）

064. dai-sun ɣar-tur mese

战争（名）–敌人（名） 手（名）–向位格 刃具（名）

bari-gsan-d

握（动）–握（动）–握者（复数）

tede-n-i

他们（代）–他们（代）–宾格

üǰe-ǰü

观（动）–观（动）

065. ele üǰe-ged ayu-ǰu①

助词 观（动）–观（动） 怕（动）–怕（动）

emiye-ǰü bide②：bi-de

怕（动）–怕（动） 我（代）–我们（代）

bü-kü-n-ber

有（动）–全（代）–全（代）–凭借格

066. itege-l ab-ra-l

信任（动）–信任（名） 拿（动）–拯救（动）–挽救（名）

①斯钦朝克图编:《蒙古语词根词典》,呼和浩特:内蒙古人民出版社，1988 年,第 13 页。“ayuǰu”一词源于“ai”,意为怕。

②斯钦朝克图编:《蒙古语词根词典》,呼和浩特:内蒙古人民出版社，1988 年,第 587 页。“bide”一词源于“ba”,意为我们。

üg-kün　　kemegsen[①]-t̲ür：kemen-gsen-t̲ür　　tere

给(动)-给(动)　叫做(动)-叫做(动)-向位格　那(代)

067. sartawaki-bar　　tede-ger

商主(名)-凭借格　他们(代)-那些(代)

ola-n

多的(形)-多(形)

ǰiɣ̣u-lči-d-tur-

谋生(动)-旅行者(名)-复数-向位格-

068. bar　　e-in　　kemen　　buu[②]

凭借格　这(代)-这样(代)　叫做(动)　莫(语)

ayu-ɤtun[③]

怕(动)-怕(动词第二人称祈使式)

iǰa-ɣ̣ur-tan-u

老早(名)-根(名)-贵族(名)-领属格

069. köbegün̲-e：küü-begün̲-e　　buu

儿子(名)-孩子(名)-领属　莫(语)

ayu-ɤtun

怕(动)-怕(动词第二人称祈使式)

ayu-l　　ügei-yi

怕(动)-危险(名)　无-宾格

---

①斯钦朝克图编:《蒙古语词根词典》,呼和浩特:内蒙古人民出版社，1988年,第1025页。"kemegsen"一词源于"ki",意为叫做。

②斯钦朝克图编:《蒙古语词根词典》,呼和浩特:内蒙古人民出版社，1988年,第725页。"buu"一词源于"bi",意为不、非。

③斯钦朝克图编:《蒙古语词根词典》,呼和浩特:内蒙古人民出版社，1988年,第13页。"ayuɤtun"一词源于"ai",意为怕。

070. ög-gü-g-či

给（动）– 给（动）– 给（动词第三人称祈使式）– 给予者（名）

bodist̲w　maqast̲w　ariy_a awalukidi

菩提萨埵　摩诃萨埵　正观音（名）

071. asuri-yi　n̲ige-n　daɣu-n-iyar

– 宾格　一（数）– 一（数）　声（名）– 声（名）– 凭借格

daɣu-da-ɣtun

声（名）– 叫（动词被动态）– 叫（动词第二人称祈使式）

tegün-iyer

那（代）– 凭借格

072. ta-ber　buli-yan

你们（代）– 凭借格　抢（动）– 魁梧的（形）

qulaɣai：qulaɣ-ɣan-u　ayu-l

偷（动）– 贼（名）– 领属格　怕（动）– 危险（名）

ki-ged　e-n̲e

做（动）– 和（连）　这（代）– 这（代）

dai-sun-u　ayu-l-

战争（名）– 敌人（名）– 领属格　怕（动）– 危险（名）–

073. ača　sai-tur　ton̲il-qu

从比格　好（形）– 很好地（副）　消失（动）– 消失（动）

bo-lu-yu　kemen

有（动）– 也（语）– 也（语）　叫做（动）

ügülegsen-tür：üge-le-gsen-tür

话（名）– 说（动）– 说（动）– 向位格

074. tendeče：tende-eče　tede-ger
那里（代）- 从比格　他们（代）- 那些（代）
ola-n
多的（形）- 多（形）
ǰiɣu-lči-d-bar　n̠ige-n
谋生（动）- 旅行者（名）- 复数 - 凭借格　一（数）- 一（数）
daɣu-n-iyar
声（名）- 声（名）- 凭借格

075. ariy_a awalukidi asuri-yi　daɣu-da-ǰu
正观音 - 宾格　声（名）- 叫（动词被动态）- 叫（动）
ele　ayu-l　ügei
助词　怕（动）- 危险（名）　无

076. ög-lige-t̠ü　bodist̠w　maqast̠w
给（动）- 施舍（名）- 向位格　菩提萨埵　摩诃萨埵
ariy_a awalukidi isuri
正观音

077. tegün-t̠ür　mörgü-müi　kemen
那（代）- 向位格　叩拜（动）- 叩拜（动）　叫做（动）
n̠ere-yi　n̠ere-id-ged　sača
名（名）- 宾格　名（名）- 命名（动）- 命名（动）　即刻（副）

078. tede-ger　bü-kü
他们（代）- 那些（代）　有（动）- 全（代）
ola-n
多的（形）- 多（形）

ǰiɤ̣u-lči-d qamuɤ[1]：qam-ɤ

谋生(动)- 旅行者(名)- 复数 - 凭借格 共同(形)- 全(代)

ayu-l-ud sai-tur

怕（动）-危险（名）-（复数） 好（形）-很好地（副）

079. to_nil-bai

消失（动）-消失（动词过去时）

iǰa-ɤ̣ur-tan-u

老早（名）-根（名）-贵族（名）-领属格

köbegü_n-e：küü-begü_n-e bodis_tw

儿子（名）-孩子（名）-领属格 菩提萨埵

080. maqas_tw ariy_a awalukidi isuri-yin küčün a_nu

摩诃萨埵 正观音 - 领属格 力量（名） 物主后缀

081. tere metü bo-lai

那（代） 犹如 有（动）-也（语）

iǰa-ɤ̣ur-tan-u

老早（名）-根（名）-贵族（名）-领属格

köbegü_n-e：küü-begü_n-e

儿子（名）-儿子（名）-领属

tačiya_ngɤui[2]：taši-ya-_ngɤ̣ui-

谄媚（动）-产生欲念（动）-欲念（形）-

---

①斯钦朝克图编:《蒙古语词根词典》,呼和浩特:内蒙古人民出版社，1988年,第933页。“qamuɤ”一词为粟特语借词,意为所有、全部,后传入回鹘语,为“qamaɤ”,再从回鹘语再传入蒙古语。词根为“qam”，回鹘语为“qom”。

②斯钦朝克图编:《蒙古语词根词典》,呼和浩特:内蒙古人民出版社，1988年,第1821页。“tačiya_ngɤui”的词根为“taši”,意为谄媚。

082. bar　　yabu-ɤči　　ali

凭借格　走（动）–走（动）–行走者（名）　哪个（代）

tede-ger　　ami-tan-bar

他们（代）–那些（代）　生命（名）–众生（名）–凭借格

bodist̲w　　maqast̲w

菩提萨埵　摩诃萨埵

083. ariy_a awalukidi isuri-t̲ur　　mörgü-besü

正观音–向位格　　叩拜（动）–叩拜（动）

tačiyan̲g̲ɤui：taši-ya-n̲g̲ɤui-

谄媚（动）–产生欲念（动）–欲念（形）–

084. ača　　qaɤa-ča-qu

从比格　破碎（副）–诀别（动）–诀别（动）

bo-lu-yu　　uri-n-iyar

有（动）–也（语）–也（语）愤怒（名）–愤怒（名）–凭借格

yabu-g-či

走（动）–走（动词第三人称祈使式）–行走者（名）

ali　　tede-ger

哪个（代）　他们（代）–那些（代）

085. ami-tan-bar　　bodist̲w　　maqast̲w

生命（名）–众生（名）–凭借格　菩提萨埵　摩诃萨埵

ariya awalukidi

正观音

086. isuri-t̲ur　　mörgü-besü

–向位格　叩拜（动）–叩拜（动）

uri-n-ača

愤怒（名）– 愤怒（名）– 从比格

qaɤa-ča-qu

破碎（副）– 诀别（动）– 诀别（动）

bo-lu-yu

有（动）– 也（语）– 也（语）

087. ali ami-tan

哪个（代） 生命（名）– 众生（名）

mung-qag[①]-iyar

忧愁（名）– 愚蠢的（形）– 凭借格

yabu-g-či ali

走(动)– 走(动词第三人称祈使式)– 行走者(名) 哪个(代)

tede-ger ami-tan-

他们（代）– 那些（代） 生命（名）– 众生（名）–

088. bar bodistw maqastw ariy_a awalukidi asuri-

凭借格 菩提萨埵 摩诃萨埵 正观音 –

089. tur mörgü-besü

向位格 叩拜（动）– 叩拜（动）

munɤ-qag-ača

忧愁（名）– 愚蠢的（形）– 从比格

qaɤa-ča-qu

破碎（副）– 诀别（动）– 诀别（动）

---

①斯钦朝克图编:《蒙古语词根词典》,呼和浩特:内蒙古人民出版社，1988 年,第 745 页。“mungqaɤ”一词源于“bung”,意为苦恼、烦恼。

bo-lu-yu

有（动）– 也（语）– 也（语）

090. iǰa-ɣ̣ur-tan-u

老早（名）– 根（名）– 贵族（名）– 领属格

köbegün̲-e：küü-begün̲-e　　　　tere　　　metü　bodist̲w

儿子（名）– 儿子（名）– 领属　那（代）　犹如　菩提萨埵

091. maqast̲w　　ariy_a awalukidi isuri

摩诃萨埵　正观音

kemebesü：kemen-besü　　　　　　yeke

叫做（动）– 叫做（动）– 向位格　大（形）

092. ridi　　　　qubi-l-ɣ̣an-tu

法术（名）　变化（动）– 变（动）– 转世佛（名）– 向位格

bo-lai　　　　　　iǰa-ɣ̣ur-tan-u

有（动）– 也（语）　老早（名）– 根（名）– 贵族（名）– 领属格

köbegün̲-e：küü-begün̲-e

儿子（名）– 孩子（名）– 领属

093. qatu-gtai-bar　　　　　　　　　n̲uɣ̣u-n

皇后（名）– 妻子的尊称（名）– 凭借格　男孩（名）– 男孩（名）

köbegün̲-i：küü-begün̲-i

儿子（名）– 孩子（名）– 宾格

küse-g-či-d

要求（动）– 要求（动词第三人称祈使式）– 要求者（名）– 复数

ked-ber

谁的复数（代）– 凭借格

094. bodistw maqastw ariy-a awalukidi isuri-

菩提萨埵 摩诃萨埵 正观音 -

095. tur mörgü-besü tegün-tür

向位格 叩拜（动）- 叩拜（动） 那（代）- 向位格

nuɣu-n köbegün：küü-begün

男孩（名）- 男孩（名） 儿子（名）- 孩子（名）

096. törü-ǰü ele

生（动）- 生（动） 助词

öngge：ön-öng-ge

收益（名）- 肥沃的（形）- 色彩（名）

sai-tai kebeken[①] üǰe-besü

好（形）- 好的（形） 俊秀的（形） 观（动）- 观（动）

097. ɣowa_a köbegün-u：küü-begün-u

美的（形） 儿子（名）- 孩子（名）- 领属格

belge[②]-luɣ_a tegüs-gsen

征兆（名）- 联合格 完备的（形）- 结束（动）

ola-n

多的（形）- 多（形）

098. ara-d-un

平民（名）- 复数 - 领属格

---

①斯钦朝克图编:《蒙古语词根词典》,呼和浩特:内蒙古人民出版社，1988 年,第 978 页。“kebeken”一词同“keken”,源于“ke”,意为花样。

②斯钦朝克图编:《蒙古语词根词典》,呼和浩特:内蒙古人民出版社，1988 年,第 703 页。“belge”一词回鹘语为“bälgä”或“bälgü”,意为迹象、标记、记号。

sedkil-t̲ür：sede-ki-l-t̲ür

刺激（动）– 思考（动）– 心情（名）– 向位格

taɤa-la-qu metü

心愿（名）– 满意（动）– 关怀（动） 犹如

üǰesgüleṉg-：üǰe-se-güleṉg-

看（动）– 表示出乎预料（感叹）– 美丽的（形）–

099. tei buyan-u ündü-sün-i

共同格 福气（名）– 领属格 根（名）– 根（名）– 宾格

egüs-ge-gsen[①]-ber

发起（动）– 发起（动词使动态）– 发起（动）– 凭借格

törü-kü

生（动）– 生（动）

100. bo-lo-yu ke-n

有（动）– 也（语）– 也（语） 谁（代）– 谁（代）

öki-n-i

女儿（名）– 女儿（名）– 宾格

küse-g-či-d

要求（动）– 要求（动词第三人称祈使式）– 要求者（名）– 复数

tegün-t̲ür öki-n

那（代）– 向位格 女儿（名）– 女儿（名）

101. törü-ǰü ele öṉgge：öṉ-öṉg-ge

生（动）– 生（动） 助词 收益（名）– 肥沃的（形）– 色彩（名）

①斯钦朝克图编：《蒙古语词根词典》，呼和浩特：内蒙古人民出版社，1988 年，第 193 页。“egüsgegsen”一词源于“eke”，意为源、本。

sai-tai　kebeken　üǰe-besü

好（形）– 好的（形） 俊秀的（形） 观（动）– 观（动）

102. ɣ̣owa_a　öki-n-u

美的（形） 女儿（名）– 女儿（名）– 领属格

belge-luɣ̣_a　tegüsügsen[①]：tegüs-gsen

征兆（名）– 联合格 完备的（形）– 结束（动）

ola-n

多的（形）– 多（形）

103. ara-d-un

平民（名）– 平民（名）– 领属格

sedkil-t̠ür：sede-ki-l-t̠ür

刺激（动）– 思考（动）– 心情（名）– 向位格

oru-qu　metü

进（动）– 进（动） 犹如

üǰesgüleng̠-：üǰe-üǰese-güleng̠-

看（动）– 表示出乎预料（感叹）– 美丽的（形）–

104. tei　buyan-u　ündü-sün-i

共同格 福气（名）– 领属格 根（名）– 根（名）– 宾格

egüs-ge-gsen-d-ber

发起（动）– 发起（使动态）– 发起（动）– 发起者（名）– 凭借格

105. törü-kü　bo-lu-yu

生（动）– 生（动） 有（动）– 也（语）– 也（语）

①斯钦朝克图编:《蒙古语词根词典》,呼和浩特:内蒙古人民出版社，1988 年,第 1855 页。“tegüsügsen”一词源于“teke”,意为齐全的。

iǰa-ɣ̣ur-tan-u

老早（名）– 根（名）– 贵族（名）– 领属格

köbegün̲-e：küü-begün̲-e

儿子（名）– 孩子（名）– 领属

106. bodist̲w　　maqast̲w　　ariy_a awalukidi isuri-yin

菩提萨埵　摩诃萨埵　正观音 – 领属格

107. küčü-n[①]　　an̲u　　tere　　metü

力量（名）– 力量（名）　物主后缀　那（代）　犹如

bo-lai　　ke-n　　bodist̲w

有（动）– 也（语）　谁（代）– 谁（代）　菩提萨埵

108. maqast̲w　　ariy_a awalukidi isuri-t̲ur

摩诃萨埵　正观音 – 向位格

109. mörgü-gsen　　tede-ger

叩拜（动）– 叩拜（动）　他们（代）– 那些（代）

ɣ̣abi-y_a　　tusa[②]-tai　　ür-e-

出息（名）– 功勋（名）　利益（名）– 有益的（形）　恩情（名）

ači

果实（名）–

110. t̲ü　　bo-lu-yu

向位格　有（动）– 也（语）– 也（语）

①斯钦朝克图编:《蒙古语词根词典》,呼和浩特:内蒙古人民出版社，1988 年,第 1201 页。“küčün”一词回鹘语中读作“küč”,意思相同。

②斯钦朝克图编:《蒙古语词根词典》,呼和浩特:内蒙古人民出版社，1988 年,第 1966 页。“tusa”一词回鹘语中读作“tusu”,意思相同。

iǰa-ɣ̣ur-tan-u

很早（名）– 根（名）– 贵族（名）– 领属格

köbegüṉ-e：küü-begüṉ-e　　ked-ber

儿子（名）– 孩子（名）– 领属　谁的复数（代）– 凭借格

111. bodisṯw　maqasṯw　ariy_a awalukidi isuri-

菩提萨埵　摩诃萨埵　正观音 –

112. ṯur　mörgü-ged　ṉere-yi

向位格　叩拜（动）– 叩拜（动）　名（名）– 宾格

ṉere-id-gsen　ba

名（名）– 命名（动）– 命名（动）　又

ked-ber

谁的复数（代）– 凭借格

113. ǰira-n　qo-yar　keṉgke

六十（数）– 六十（数）　二（数）– 二（数）　河名

müren-u　qum[①]-qi-in

江（名）– 领属格　沙子（名）– 微尘（名）– 领属格

to-ɣ̣a-tan

数（名）– 数（名）– 算作……的人（名）

114. ilaǰu tegüś ṉögčigsen　bur-qan

世尊　佛（名）– 佛祖（名）

ṉuɣ̣ud-ta　mörgü-ged

复数 – 第三人称复数　叩拜（动）– 叩拜（动）

---

①斯钦朝克图编:《蒙古语词根词典》,呼和浩特:内蒙古人民出版社，1988 年,第 1130 页。“qum”一词回鹘语中读作“kum”,意思相同。

115. n̠ere-yi　　　n̠ere-id-gsen　　　ba　ba-sa

名（名）–宾格　名（名）–命名（动）–命名（动）　又　又–再

ked-ber　　　ǰira-n

谁的复数（代）–凭借格　六十（数）–六十（数）

116. qo-yar　　　ken̠gke　müren-u

二（数）–二（数）　河名　江（名）–领属格

qum-qi-yin

沙子（名）–微尘（名）–领属格

to-ɣ̣a-tan

数（名）–数（名）–算作……的人（名）

117. ilaǰu tegüś n̠ögčigsen　bur-qan[①]　　n̠uɣ̣ud

世尊　　佛（名）–佛祖（名）　复数

saɣ̣u-n

驻（动）–驻（动）

118.ami-du-ra-ǰu　　　agsan

生命（名）–活的（形）–生活（动）–生活（动）

tede-n-t̠ür　　　debel　　binwad

他们（代）–他们（代）–向位格　衣服（名）　布施

ide-ge-n

吃（动）–食物（名）–食物（名）

---

①斯钦朝克图编:《蒙古语词根词典》,呼和浩特:内蒙古人民出版社，1988年,第776页。"burqan"一词词根为"bur",是汉语借词,意为高祖,词缀为"qan",意思为可汗,是回鹘语借词。"burqan"一词在回鹘语中也作"burxan"。

119. oru-n[①] debüs-ger

床铺（名）–床铺（名） 垫（动）–褥子（名）

ebe-d-čin-tür

痛（动）–痛（动）–病（名）–向位格

kere-g-le-kü em[②]-üd

用处（名）–必须（名）–用（动）–用（动） 药（名）–复数

kere-g[③]

事（名）–事（名）

120. ǰarag[④]-ud-iyar daqi[⑤]-n

官司（名）–复数–凭借格 再（副）–再（副）

üile-d-besü

事业（名）–做（动）–做（动）

ele iǰa-ɣur-tan-u

助词 老早（名）–根（名）–贵族（名）–领属格

①斯钦朝克图编:《蒙古语词根词典》,呼和浩特:内蒙古人民出版社，1988年,第368页。“oron”一词回鹘语中也读作“oron”,意思相同。

②斯钦朝克图编:《蒙古语词根词典》,呼和浩特:内蒙古人民出版社，1988年,第227页。“em”一词回鹘语中也作“em”,意思相同,医生在回鹘语中也作“emči”,就医回鹘语中也作“ämli”。

③斯钦朝克图编:《蒙古语词根词典》,呼和浩特:内蒙古人民出版社，1988年,第1020页。“kereg”一词回鹘语中也读作“käräk”,意为需要、必须,该词来自“kärgäk”。

④斯钦朝克图编:《蒙古语词根词典》,呼和浩特:内蒙古人民出版社，1988年,第2353页。“ǰarag”一词同“ǰarɣu”,意为诉、讼、官司、断事官。回鹘语为“ärz”,法庭为“yargu”,审判为“yargi”。

⑤斯钦朝克图编:《蒙古语词根词典》,呼和浩特:内蒙古人民出版社，1988年,第2034页。“daqi”一词源于“da”,意为重复、再、和、也。“daqi”在回鹘语读作“taqï”或“daqi”,意思相同。

121. köbegün̠-e：küü-begün̠-e　　egün̠ai[①]：egün̠-u

儿子（名）–孩子（名）–领属　这（代）–领属格

ker　　ele　　sedkimü：sede-ki-mü

如何（代）　助词　刺激（动）–思考（动）–思考（动）

iǰa-ɣ̣ur-tan-u

老早（名）–根（名）–贵族（名）–领属格

122. köbegüd：küü-begün̠-d　　ba

儿子（名）–孩子（名）–复数　又

iǰa-ɣ̣ur-tan-u

老早（名）–根（名）–贵族（名）–领属格

n̠ökü-d　　tede-ger

补（动）–朋友（复数）他们（代）–那些（代）

buyan[②]-i

福气（名）–宾格

123. ile-te　　bol[③]-ɣ̣a-qui

明显的(形)–明显的(形)　变成(动)–变成(动)–变成(动)

an̠u　　tedüi[④]　　čin̠ege-n-kü

物主后缀　那样（代）　那样（代）–那样（代）–那样（代）

---

①斯钦朝克图编:《蒙古语词根词典》,呼和浩特:内蒙古人民出版社，1988年，167页。"egün̠ai"一词源于"e"（意为这、他、彼）。

②斯钦朝克图编:《蒙古语词根词典》,呼和浩特:内蒙古人民出版社，1988年,第803页。"buyan"一词是梵语借词,梵语读作"puṇya",意为福德。

③斯钦朝克图编:《蒙古语词根词典》,呼和浩特:内蒙古人民出版社，1988年,第756页。"bol"一词在回鹘语中也作"bol",意为成、成为、变成。

④斯钦朝克图编:《蒙古语词根词典》,呼和浩特:内蒙古人民出版社，1988年,第1746页。"tedüi"一词源于"ta"（意为你们）。

egüs-ge-kü bo-lai

发起(动)– 发起(动词使动态)– 发起(动) 有(动)– 也(语)

124. tein kemen ǰar-liɤ[1]

那样(代) 叫做(动) 通告(名)– 命令(名)

bol-ɤ̣ad bodisṯw maqasṯw

成为(动)– 成为(动) 菩提萨埵 摩诃萨埵

125. bara-ši ügei oyutu-bar：oyun-ṯu-bar

尽(动)– 尽的(形) 无 智慧(名)– 共同格 – 凭借格

<u>ilaǰu tegüś ṉögčigsen-</u>

世尊 –

126. ṯur ei-n kemen

向位格 这(代)– 如此(代) 叫做(动)

öči-rün

奉告(动)– 奉告(动)

iǰa-ɤ̣ur-tan-u

老早(名)– 根(名)– 贵族(名)– 领属格

köbegüd：küü-begüṉ-d ba

儿子(名)– 孩子(名)– 复数 又

127. iǰa-ɤ̣ur-tan-u nökü-d

老早(名)– 根(名)– 贵族(名)– 领属格 补(动)– 朋友(复数)

tede-ger tere

他们(代)– 那些(代) 那(代)

[1]斯钦朝克图编:《蒙古语词根词典》,呼和浩特:内蒙古人民出版社, 1988 年,第 2349 页。"ǰarliɤ"一词在回鹘语中读作"yarlik",意思相同。

šitü-ken-eče

信仰（名）– 崇拜物（名）– 从比格

128.buyan-i　　　　　egüs-ge-küi

福气（名）– 宾格　发起（动）– 发起（动词使动态）– 发起（动）

an̲u　　　　　ilaǰu tegüś n̲ögčigsen̲-e

物主后缀　世尊

129. ola-n　　　　　bo-lai　　　　　saibar[①]：sain-bar

多的（形）– 多（形）　有（动）– 也（语）　好好地（形）

odugsan̲-a：od-gsan̲-a　　　　　ola-n

去（动）– 赴（动）– 向位格　多的（形）– 多（形）

bo-lai

有（动）– 也（语）

130.ilaǰu tegüś n̲ögčigsen　ǰar-liɤ

世尊　　　　　通告（名）– 命令（名）

bol-run　　　　　iǰa-ɤur-

成为（动）– 成为（动）　老早（名）– 根（名）–

131. tan-u　　　　　köbegün̲-e：küü-begün̲-e

贵族（名）– 领属格　儿子（名）– 孩子（名）– 领属

ked-ber

谁的复数（代）– 凭借格

tedüi　　　　　to-ɤ̣a-tan　　　　　ilaǰu-

那样（代）　数（名）– 数（名）– 算作……的人（名）

---

①斯钦朝克图编:《蒙古语词根词典》,呼和浩特:内蒙古人民出版社，1988 年,第 1434 页。“saibar”一词源于“sai”,意为好、良、善。

132. tegüś ṉögčigsen　　bur-qan-d-tur

世尊　　佛（名）－佛祖（名）－复数－向位格

taki-l

祭（动）－供物（名）

kündü-le-l-i

重的（形）－恭敬（动）－恭敬（名）－宾格

133.üile-d-gsen　　buyan-i

事业（名）－做（动）－做（动）　福气（名）－宾格

ile-te　　bol-ɣa-qui

明显的(形)－明显的(形)　成为(动)－成为(动)－成为(动)

ki-ged　　ked-

做（动）－和（连）　谁的复数（代）－

134. ber　ai　ese　bögesü　bodisṯw

凭借格　怕　否定　……话（助动）　菩提萨埵

maqasṯw　ariy_a-

摩诃萨埵

135. awalukidi isuri-ṯur　ṉige-n-ta

正观音－向位格　一（数）－一（数）－一次（代）

mörgü-gsen　　ba

叩拜（动）－叩拜（动）　又（语）

136. ṉere-yi　　ṉere-id-gsen

名（名）－宾格　名（名）－命名（动）－命名（动）

buyan-i

福气（名）－宾格

ile-te　　　　　　　　　bol-ɣa-qui

明显的(形)– 明显的(形)　成为(动)– 成为(动)– 成为(动)

137. qo-ya-ɣ̣ula　　　　　　　adali　bo-lai

二（数）– 二（数）– 俩（数）　相同　有（动）– 也（语）

ile-gü-ber　　　　　　　ügei　üle-gsen-

多（形）– 多余的（形）　无　剩（形）– 剩的（动）–

138. ber　ügei　bo-lai　　　　　ked-ber

凭借格　无　有（动）– 也（语）　谁的复数（代）– 凭借格

ǰira-n　　　　　　　qo-yar　　　　　ken̠gke

六十（数）– 六十（数）　二（数）– 二（数）　河名

139. müren-u　　　　　qum-qi-yin

江（名）– 领属格　沙子（名）– 微尘（名）– 领属格

to-ɣ̣a-tan　　　　　　　　　　　ilaǰu tegüś n̠ögčigsen

数（名）– 数（名）– 算作……的人（名）　世尊

140. bur-qan-d　　　　　　　ta　mörgü-ged

佛（名）– 佛祖（名）– 复数　尊称　叩拜（动）– 叩拜（动）

n̠ere-yi　　　　　n̠ere-id-gsen ba

名（名）– 宾格　名（名）– 命名（动）– 命名（动）

141. ke-n　　　　　　bodist̠w　maqast̠w

谁（代）– 谁（代）　菩提萨埵　摩诃萨埵

ariy_a awalukidi isuri-

正观音 –

142. t̠ur　mörgü-ged　　　　　n̠ere-yi

向位格　叩拜（动）– 叩拜（动）　名（名）– 宾格

ṉere-id-gsen　　　　　　　　　　buyan-u

名（名）–命名（动）–命名（动）　福气（名）–领属格

143. tere　　　qo-yar

那（代）　二（数）–二（数）

čog-ča-ś-bar

躯体形成（动）–身体（名）–复数–凭借格

ǰaɤ̣u-n　　　　　　miṉg-ɤ̣an　　　　　ṉayud költi

百（数）–百（数）　千（数）–千（数）　无量

144. ɤ̣alab[①]-tur-bar

劫（名）–向位格–凭借格

bara-gda-qu-y_a

完（动）–完（动）–完（动）–向位格

kilber　　　bosu[②]　　　bu-yu[③]

容易的（形）　不（语气）　有（动）–也（语）

145. iǰa-ɤ̣ur-tan-u

老早（名）–根（名）–贵族（名）–领属格

köbegüd：küü-begüṉ-d　　　　bodistw　　maqastw

儿子（名）–孩子（名）–复数　菩提萨埵　摩诃萨埵

①斯钦朝克图编:《蒙古语词根词典》,呼和浩特:内蒙古人民出版社，1988年,第1228页。“ɤalab”一词同“ɤalba”,梵语借词,梵语中读作“qalpa”,意为劫。

②斯钦朝克图编:《蒙古语词根词典》,呼和浩特:内蒙古人民出版社，1988年,第725页。“bosu”一词源于“bi”,意为不、非、别的。

③斯钦朝克图编:《蒙古语词根词典》,呼和浩特:内蒙古人民出版社，1988年,第590页。“buyu”一词源于“ba-”,意为又、在、停、别、站立、里程、如果、且。

146. ariy_a awalukidi isuri-yin ṉere-yi

正观音－领属格 名（名）－宾格

ṉere-id-gsen

名（名）－命名（动）－命名（名）

147. buyan aṉu tere metü

福气（名）－领属格 物主后缀 那（代） 犹如

čag-la-ši ügei bu-lai

量（名）－衡量（动）－量的（形） 无 有（动）－也（语）

148. tendeče：tende-eče ilaǰu tegüś ṉögčigsen-tür bodisṯw

那里（代）－从比格 世尊－向位格 菩提萨埵

149. maqasṯw bara-ši ügei

摩诃萨埵 尽（动）－形 无

ṉere-tü-ber e-in

名（名）－有名的（形）－凭借格 这（代）－这样（代）

kemen

叫做（动）

150. öči-rün ilaǰu tegüś ṉögčigseṉ-e

奉告（动）－奉告（动） 世尊

ker-ki-ǰü

怎样（代动）－怎样（代动）－怎样（代动）

151. bodisṯw maqasṯw ariy_a awalukidi isuri

菩提萨埵 摩诃萨埵 正观音

152. sab yirtinčü-yin e-ṉe

无机 尘世－领属格 这（代）－这（代）

oro-n-ṯur tein böged

地方（名）– 地方（名）– 向位格 那样（代） 有（助动）

153. yabu-yu ker-ki-ǰü

走（动）– 走（动） 怎样（代动）– 怎样（代动）– 怎样（代动）

ami-tan bü-kü-ṉ_e

生命（名）– 众生（名） 有（动）– 全（代）– 向位格

ṉom-i üǰü-gül-mü

经（名）– 宾格 观（动）– 看（动词使动态）– 看（动）

154. bodisṯw maqasṯw ariy_a awalukidi isuri-yin

菩提萨埵 摩诃萨埵 正观音 – 领属格

155. ura-n arɣ̣_a-yin oru-n

巧（形）– 巧（形） 计策（名）– 领属格 地方（名）– 地方（名）

iṉu ya-mbar-čilan

是（助动） 什么（代）– 怎样（代）– 怎么样（代）

ele bu-yu

助词 有（动）– 也（语）

156. tein kemen öči-ged

那样（代） 叫做（动） 奉告（动）– 奉告（动）

ilaǰu tegüś ṉögčigsen-

世尊 –

157. ber bodisṯw maqasṯw bara-ši ügei

凭借格 菩提萨埵 摩诃萨埵 尽（动）– 尽的（形） 无

158. oyutu-ṯur：oyun-ṯu-ṯur e-in kemen

智慧（名）– 共同格 – 向位格 这（代）– 这样（代） 叫做（动）

ǰar-liɣ　　　　　　　　bol-run

通告（名）–命令（名）　成为（动）–成为（动）

159. iǰa-ɣ̣ur-taṉ-u

老早（名）–根（名）–贵族（名）–领属格

köbegüṉ-e：küü-begüṉ-e　　　　ali

儿子（名）–孩子（名）–领属　如何（代）

qa-miɣ̣_a

哪儿（代）–哪儿（代）

160. bodisṯw　　maqasṯw　　ariy_a awalukidi isuri

菩提萨埵　摩诃萨埵　正观音

161.bur-qan-u　　　　　　　　bey_e-ber

佛（名）–佛祖（名）–领属格　身体（名）–凭借格

ami-tan　　　　　　　　bü-kü-ṉ-e

生命（名）–众生（名）　有（动）–全（代）–向位格

ṉom-i

经（名）–宾格

162. üǰügülügsen：üǰü-gül-gsen　　　　　　yirtinčü-ś-un

观（动）–看（动词使动态）–看（动）　尘世–复数–领属格

oru-n-bar

地方（名）–地方（名）–凭借格

163. bu-yu　　　　　ali　　　　qa-miɣ̣_a

有（动）–也（语）　如何（代）　哪儿（代）–哪儿（代）

bodisṯw　　maqasṯw　　ariy_a-

菩提萨埵　摩诃萨埵　正观音

164. awalukidi isuri bodistw maqastw-un

菩提萨埵 摩诃萨埵 – 领属格

bey_e-ber

身体（名）– 凭借格

165. nom-i üǰügülügsen：üǰü-gül-gsen

经（名）– 宾格 观（动）– 看（动词使动态）– 看（动）

yirtinčü-ś-un oru-n-bar

尘世（名）– 复数 – 领属格 地方（名）– 地方（名）– 凭借格

166. bu-yu nige-n ǰarim

有（动）– 也（语） 一（数）– 一（数） 有些（代）

ami-tan-tur bodistw

生命（名）– 众生（名）– 向位格 菩提萨埵

167. maqastw ariy_a awalukidi isuri bradiqabud-un

摩诃萨埵 正观音 缘觉（名）– 领属格

168. bey_e-ber nom-i

身体（名）– 凭借格 经（名）– 宾格

üǰü-gül-bei

观（动）– 看（动词使动态）– 看（动）

nige-n ǰarim-tur

一（数）– 一（数） 有些（代）– 向位格

169. širawang-un bey_e-ber nige-n

声闻（名）– 领属格 身体（名）– 凭借格 一（数）– 一（数）

ǰarim-tur

有些（代）– 向位格

170. esru_a-yin　　bey_e-ber　　ṉige-n

梵天－领属格　身体（名）－凭借格　一（数）－一（数）

ǰarim-ṯur

有些（代）－向位格

171. qurmusta-yin　　bey_e-ber　　ṉige-n

帝王－领属格　身体（名）－凭借格　一（数）－一（数）

ǰarim　　ami-tan-

有些（代）　生命（名）－众生（名）－

172. ṯur　　bodisṯw　　maqasṯw　　ariy_a awalukida

向位格　菩提萨埵　摩诃萨埵　正观音

173. isuri　qandari-yin　　bey_e-ber　　ṉom-i

乾达婆（名）　身体（名）－凭借格　经（名）－宾格

üǰü-gül-bei

观（动）－看（动词使动态）－看（动）

174. yagšaś-iyar

夜叉（名）－凭借格

ṉomudʠaqui：ṉomui-d-ʠa-qui

萎靡的（形）－制服（动）－制服（动）－制服（动）

ami-tan　　bü-kü-n-ṯür

生命（名）－众生（名）　有（动）－全（代）－全（代）－向位格

yagšaś-un

夜叉－领属格

175. bey_e-ber　　ṉom-i

身体（名）－凭借格　经（名）－宾格

üǰü-gül-bei

观（动）– 看（动词使动态）– 看（动）

erke-tü-ber

权利（名）– 有权的（形）– 凭借格

ṉomudɋaqui：ṉomui-d-ɋa-qui

萎靡的（形）– 制服（动）– 制服（动）– 制服（动）

176. ami-tan　　　　bü-kü-n-ṯür

生命（名）– 众生（名）　有（动）– 全（代）– 全（代）– 向位格

erke-tü-in　　　　bey_e-ber

权利（名）– 有权的（形）– 领属格　身体（名）– 凭借格

ṉom-i　　　　üǰü-gül-bei

经（名）– 宾格　观（动）– 看（动词使动态）– 看（动）

177. makišwari-ber

自在梵天王 – 凭借格

ṉomudɋaqui：ṉomui-d-ɋa-qui

萎靡的（形）– 制服（动）– 制服（动）– 制服（动）

ami-tan

生命（名）– 众生（名）

bü-kü-n-ṯür

有（动）– 全（代）– 全（代）– 向位格

178. makišwari-in　　　　bey_e-ber　　　　ṉom-i

自在梵天王 – 领属格　身体（名）– 凭借格　经（名）– 宾格

üǰü-gül-bei　　　　čakirwad-un

观（动）– 看（动词使动态）– 看（动）　转轮王（名）– 领属格

179. qaɣ̣an-iyar

可汗（名）－凭借格

n̲omudq̣aqui：n̲omui-d-q̣a-qui

萎靡的（形）－制服（动）－制服（动）－制服（动）

ami-tan

生命（名）－众生（名）

bü-kü-n-ṯür

有（动）－全（代）－全（代）－向位格

180.čakirwad-un　　qaɣ̣an-u　　bey_e-ber

转轮王－领属格　可汗（名）－领属格　身体（名）－凭借格

n̲om-i　　üǰü-gül-bei

经（名）－宾格　观（动）－看（动词使动态）－看（动）

181. bisači-bar

梵语－凭借格

n̲omudq̣aqui：n̲omui-d-q̣a-qui

萎靡的（形）－制服（动）－制服（动）－制服（动）

ami-tan

生命（名）－众生（名）

bü-kü-n-ṯür　　bisači-yin

有（动）－全（代）－全（代）－向位格　梵语－领属格

182. bey_e-ber　　n̲om-i

身体（名）－凭借格　经（名）－宾格

üǰü-gül-bei

观（动）－看（动词使动态）－看（动）

erkin-iyer

佛教术语－凭借格

n̲omudqaqui：n̲omui-d-qa-qui

萎靡的（形）－制服（动）－制服（动）－制服（动）

183. ami-tan

生命（名）－众生（名）

bü-kü-n-t̲ür

有（动）－全（代）－全（代）－向位格

erkin-u　　bey_e-ber　　n̲om-i

佛教术语－领属格　身体（名）－凭借格　经（名）－宾格

üǰü-gül-bei

观（动）－看（动词使动态）－看（动）

184. čerig-un　　ura-n-iyar

军队（名）－领属格　巧（形）－巧（形）－凭借格

n̲omudqaqui：n̲omui-d-qa-qui

萎靡的（形）－制服（动）－制服（动）－制服（动）

ami-tan　　bü-kü-n-

生命（名）－众生（名）　有（动）－全（代）－全（代）－

185. t̲ür　　čerig-un　　ura-n-u

向位格　军队（名）－领属格　巧（形）－巧（形）－领属格

bey_e-ber　　n̲om-i

身体（名）－凭借格　经（名）－宾格

üǰü-gül-bei

观（动）－看（动词使动态）－看（动）

186. biraman-iyar

婆罗门（名）–凭借格

n̲omudqaqui：n̲omui-d-qa-qui

萎靡的（形）–制服（动）–制服（动）–制服（动）

ami-tan bü-kü-n-t̲ür

生命（名）–众生（名） 有（动）–全（代）–全（代）–向位格

187. biraman-u bey_e-ber n̲om-i

婆罗门（名）–领属格 身体（名）–凭借格 经（名）–宾格

üǰü-gül-bei wčirban̲i-

观（动）–看（动词使动态）–看（动） 金刚神–

188. bar n̲omudqaqui：n̲omui-d-qa-qui

凭借格 萎靡的（形）–制服（动）–制服（动）–制服（动）

ami-tan bü-kü-n-t̲ür

生命（名）–众生（名） 有（动）–全（代）–全（代）–向位格

wčirban̲i-yin

金刚神（名）–领属格

189. bey_e-ber n̲om-i

身体（名）–凭借格 经（名）–宾格

üǰü-gül-bei

观（动）–看（动词使动态）–看（动）

iǰa-ɤur-tan-u

老早（名）–根（名）–贵族（名）–领属格

190. köbegün̲-e：küü-begün̲-e tere metü bodist̲w

儿子（名）–孩子（名）–领属 那（代） 犹如 菩提萨埵

maqasṯw ariy_a-

摩诃萨埵

191. awalukidi isuri-yin erdem aṉu

正观音－领属格 学问（名） 物主范畴

sedkiši：sede-ki-ši

刺激（动）－思考（动）－思议的（形）

192. ügei luɣ̣_a tegüs-gsen bo-lai

无 联合格 完备的（形）－结束（动） 有（动）－也（语）

iǰa-ɣ̣ur-tan-u

老早（名）－根（名）－贵族（名）－领属格

193. köbegüṉ-e：küü-begüṉ-e tere metü-ber

儿子（名）－孩子（名）－领属 那（代） 犹如－凭借格

bodisṯw maqasṯw

菩提萨埵 摩诃萨埵

194. ariy_a awalukidi isuri-ṯur taki-ɣtun

正观音－向位格 祭(动)－祭拜(动词第二人称祈使式)

195. iǰa-ɣ̣ur-tan-u

老早（名）－根（名）－贵族（名）－领属格

köbegüṉ-e：küü-begüṉ-e bodisṯw maqasṯw

孩子（名）－儿子（名）－领属格 菩提萨埵 摩诃萨埵

196. ariy_a awalukidi isuri eṉe-ber： e-eṉe-ber

正观音 这（代）－这（代）－凭借格

ayu-l-tan

怕（动）－危险（名）－危害者（名）

197. ami-tan　　　　　　　　bü-kü-n-t̠ür

生命（名）– 众生（名） 有（动）– 全（代）– 全（代）– 向位格

ayu-l　　　　　　　　　　ügei-yi　　ög-kü

怕（动）– 危险（名） 无 – 宾格　给（动）– 给（动）

bo-lai

有（动）– 也（语）

198. tegün-u　　　　　　　tula-da　　　　　　sab

那（代）– 领属格　为（语）– 为（语） 无机

yirtinčü-yin　　　　en̠e：e-en̠e

尘世 – 领属格　这（代）– 这（代）

oru-n-t̠ur

地方（名）– 地方（名）– 向位格

199. ayu-l　　　　　　　　ügei　ög-lige　　　　　　kemen

怕（动）– 危险（名） 无　　给（动）– 施舍（名） 叫做（动）

bü-kü-de-ber　　　　　　　　　　　mede-kü

有（动）– 全（代）– 全（代）– 凭借格　知道（动）– 知道（动）

200. bo-lai　　　　　　　tendeče：tende-eče

有（动）– 也（语） 那里（代）– 从比格

<u>ilaǰu tegüś n̠ögčigsen</u>-t̠ur

世尊 – 向位格

201. bara-ši　　　　　　　ügei　oyutu-ber：oyun-tu-bar

尽（动）– 尽的（形） 无　　智慧（名）– 共同格 – 凭借格

e-in　　　　　　　　　　kemen　　　öči-rün

这（代）– 这样（代） 叫做（动） 奉告（动）– 奉告（动）

202. ilaju tegüś n̠ögčigsen　　bi-ber　　　　　　　　bodistw

世尊　　　　　　　　　我（代）－凭借格　　菩提萨埵

203. maqast̠w　　　ariy_a awalukidi isuri-t̠ur

摩诃萨埵　　正观音－向位格

204. n̠om-un　　　　　　　　bürkül　　beleg-i

经（名）－领属格　　　　　吉祥（形）－宾格

ög-sügei　　　　　　　　　　　　　　ilaǰu tegüś-

给（动）－给（动词第一人称祈使式）

205. n̠ögčigsen　　ǰar-liɤ　　　　　　　bol-run

世尊　　　通告（名）－命令（名）　成为（动）－成为（动）

iǰa-ɤur-tan-u

老早（名）－根（名）－贵族（名）－领属格

206. köbegün̠-e：küü-begün̠-e　　　　　tegün-i

儿子（名）－孩子（名）－领属　那（代）－宾格

čag-tur　　　　　kürügsen-i：kür-gsen-i

时（名）－向位格　到（动）－到（动）－宾格

207. mede-besü

知道（动）－知道（动）

ög-kü-gtün

给（动）－给（动）－给（动词第二人称祈使式）

tendeče：tende-eče　　bodistw

那里（代）－从比格　　菩提萨埵

208. maqast̠w　　bara-ši　　　ügei　oyutu-bar：oyun-tu-bar

摩诃萨埵　尽（动）－形　无　智慧（名）－共同格－凭借格

öber-ün

这（代）– 自己（代）– 领属格

209. küǰügü-n-t̲eki ǰaɤu-n

脖子（名）– 脖子（名）– 凭借格 百（数）– 百（数）

min̲g-ɤ̣an subu-d-un

千（数）– 千（数） 珍珠（名）– 珍珠（名）– 领属格

erike-ś-i

串珠（名）– 复数 – 宾格

210. tailuɤ̣ad：tai-l-ɤ̣ad bodist̲w maqast̲w

解（动）– 解开（动）– 解开（动） 菩提萨埵 摩诃萨埵

ariy_a-

211. awalukidi isuri-t̲ur n̲om-un bürkül

正观音 – 向位格 经（名）– 领属格

212. beleg-i ög-čü ele

吉祥（形）– 宾格 给（动）– 给（动） 助词

törü-l-ki-tü bogda

生（动）– 诞生（名）– 天生的（形）– 天生的（形） 圣贤（名）

n̲adača：n̲ada-ača

我（代）– 从比格

213. n̲om-un bürkül beleg egün̲-i

经（名）– 领属格 吉祥（形） 这（代）– 宾格

ab-ɤ̣ad：ab-ɤ̣ad tere ese

拿（动）– 拿（动） 那（代） 不（语）

214. abuɤad：ab-ɤad tendeče：tende-eče bodistw maqastw

拿（动）–拿（动） 那里（代）–从比格 菩提萨埵 摩诃萨埵

bara-ši

尽（动）–尽的（形）

215. ügei oyutu-bar：oyun-tu-bar bodistw maqastw

无 智慧（名）–共同格–凭借格 菩提萨埵 摩诃萨埵

ariy_a-

216. awalukidi isuri-tur e-in kemen

正观音–向位格 这（代）–这样（代） 叫做（动）

ügülerün：üge-ügüle-rün

话（名）–说（动）–说（动）

217. iǰa-ɤur-tan-u

老早（名）–根（名）–贵族（名）–领属格

köbegün-e：küü-begün-e či-ber

儿子（名）–孩子（名）–领属格 你（代）–凭借格

e-ne subu-d

这（代）–这（代） 珍珠（名）–珍珠（名）

218. erike-ś-i nama-yi

串珠（名）–复数–宾格 我（代）–宾格

örü-šiye-küi-yin

心肠（名）–恩赐（动）–仁慈的（形）–领属格

tula-da

为（语）–为（语）

219. abuɣad：ab-ɣad　tendeče：tende-eče　bodistw　maqastw

拿（动）– 拿（动）　那里（代）– 从比格　菩提萨埵　摩诃萨埵

ariy_a-

220. awalukidi isuri-bar　bodistw　maqastw　bara-ši

正观音 – 凭借格　菩提萨埵　摩诃萨埵　尽（动）– 尽的（形）

221. ügei　oyutu-yi：oyun-tu-yi

无　智慧（名）– 共同格 – 凭借格

nigül-s-küi

孽（名）– 慈悲（名）– 慈悲的（形）

ki-ged　tede-ger

做（动）– 和（连）　他们（代）– 那些（代）

222. dörbe-n　nökü-d　ba　tngri

四岁的（数）– 四（数）　补（动）– 朋友（复数）　又　上帝（名）

luu-ś　yakš_a

龙（名）– 龙王（名）　夜叉（名）

223. qandari　asuri　qarudi　kinari

干闼婆（名）　阿修罗（名）　迦楼罗（名）　紧那罗（名）

maɣuraki　kümü-n　ba

摩睺罗伽（名）　人（名）– 人（名）　又

224. kümü-n　busu

人（名）– 人（名）　非、不（语）

bü-kü-n-i

有（动）– 全（代）– 全（代）– 宾格

ṉigül-s-küi-yin

孽（名）– 慈悲（名）– 慈悲的（形）– 领属格

tula-da

为（语）– 为（语）

225. bodisṯw maqasṯw bara-ši ügei

菩提萨埵 摩诃萨埵 尽（动）– 尽的（形） 无

oyutu-ača：oyun-tu-ača

智慧（名）– 共同格 – 从比格

226. subu-d-un erkeś-i：erike-ś-i

珍珠（名）– 珍珠（名）– 领属格 串珠（名）– 复数 – 宾格

abubai：ab-bai abuɣ̣ad：ab-ɣ̣ad

拿（动）– 拿（动词过去时） 拿（动）– 拿（动）

qo-yar

二（数）– 二（数）

227. qubi qubi-ya-ǰu ele

份儿（名） 份儿（名）– 分（动）– 分（动） 助词

qubi-ya-ɣ̣ad ṉige-n aṉu

份儿（名）– 分（动）– 分（动） 一（数）– 一（数） 物主范畴

228. ilaǰu tegüś ṉögčigsen šagimuṉi-t̠ur

世尊 释迦牟尼（名）– 向位格

ergü-bei ṉige-n

奉（动）– 奉（动） 一个（数）– 一个（数）

229. qubi aṉu tegün-čilen ire-gsen

份儿(名) 物主范畴 那(代)– 同样(连) 来(动)– 来(动)

dayi-n-i daru-gsan

战争（名）– 战争（名）– 宾格 镇压（动）– 镇压（动）

230. ün̠eker：ün̠e-ün̠en-iyer

真实（形）– 真实（形）– 凭借格

tuɣ̣ulugsan：tuɣ̣u-l-gsan ola-n

连续 – 涉、渡（动）– 经历（动） 多（形）– 多（形）

erden̠i-t̠ü bur-qan-u

珍宝（名）– 向位格 佛（名）– 佛祖（名）– 领属格

erden̠i-t̠ü

珍宝（名）– 向位格

231. suburɣ̣a-n-t̠ur ergü-bei

塔（名）– 塔（名）– 向位格 供奉（动）– 供奉（动）

ǐǰa-ɣ̣ur-tan-u

老早（名）– 根（名）– 贵族（名）– 领属格

köbegün̠-e：küü-begün̠-e

儿子（名）– 孩子（名）– 领属格

232. bodist̠w maqast̠w ariy_a awalukidi isuri sab yirtinču-

菩提萨埵 摩诃萨埵 正观音 无机 尘世 –

233. yin en̠e：e-en̠e oru-n-t̠ur

领属格 这（代）– 这（代） 地方（名）– 地方（名）– 向位格

tere metü

那（代） 犹如

qubi-l-ɣ̣an-iyar

变化（动）– 变（动）– 转世佛（名）– 凭借格

234. tein böged yabu-qu bu-yu

那样(代) 有(助动) 走(动)– 走(动) 有(动)– 也(语)

tegün-u n̠om-un čin̠ar

那(代)– 领属格 经(名)– 领属格 品质(名)

235. an̠u e-in

物主范畴 这(代)– 这样(代)

kemegdekü：kemen-gde-kü

叫做(动)– 叫做(动)– 叫做(动)

bo-lai ala-g tuwača-ber

有(动)– 也(语) 花色的(形)– 杂色的(形) 宝幢 – 凭借格

236. bara-ši ügei oyutu：oyun-tu

尽(动)– 尽的(形) 无 智慧(名)– 共同格

bodist̠w-ača tegün-u

菩提萨埵 – 从比格 那(代)– 领属格

udqa-s-un

含义(名)– 复数 – 领属格

237. edü-gül-büri

发起(动)– 发起(动词使动态)– 开端(名)

bü-kü-n-i

有(动)– 全(代)– 全(代)– 宾格

asa-ɤu-r-un

问(动)– 问(动)– 问(动)

ilaɣ̣ugsad-un：ila-ɤum-gsan-d-un

胜(动)– 顺利的(形)– 获胜(动)– 胜利者(复数)– 领属格

238. köbegün：küü-begün̲-e　　en̲e：e-en̲e　　metü

儿子（名）–孩子（名）–领属格　这（代）–这（代）　犹如

ya-ɣ̣u-n-u

什么（代）–什么（代）–什么（代）–领属格

tula-da　　ariy_a-

为（语）–为（语）

239. awalukidi isuri　kemen　　n̲ere-id-bei

正观音　　叫做（动）　名（名）–命名（动）–命名（名）

tendeče：tende-eče　　tere

那里（代）–从比格　那（代）–

240. -ber　　ǰüg　　bü-kü-n-i

凭借格　方（名）　有（动）–全（代）–全（代）–宾格

üǰe-ǰü　　ele

观（动）–观（动）　助词

irügerün：irua-irüge-irüger-ün

预兆（名）–祝福（动）–机缘（名）–领属格

240.dalai　　bara-š̲i　　ügei

海洋（名）　尽（动）–尽的（形）　无

oyutu-bar：oyun-tu-bar

智慧（名）–共同格–凭借格

ala-g　　tuwača-

花色的（形）–杂色的（形）　宝幢–

242. t̲ur　　e-in　　kemen

向位格　这（代）–这样（代）　叫做（动）

ügüler-ün：üge-ügüle-rün ariy-a awalukidi isuri-

话语（名）–说（动）–说（动） 正观音–

243. yin yabu-dal-i sonu-ś

领属格 行走（动）–事件（名）–宾格 听（动）–听（动）

sedkiši：sede-ki-ši

刺激（动）–思考（动）–思议的（形）

ügei ǰaɤu-n költi

无 百（数）–百（数） 千万

244. ɣalab-ud-tur ola-n költi

劫（名）–复数–向位格 多的（形）–多（形） 千万

minɡ-ɣan bur-qad-un：bur-qan-d-un

千（数）–千（数） 佛（名）–佛祖（名）–复数–领属格

245. irüger-i：irüge-r-i ya-mbar

祝福（动）–机缘（名）–宾格 什么（代）–怎样（代）

tein sai-tur

那样（代） 好（形）–很好地（副）

böged bišilugsan：bišila-gsan

有（助动） 研究（动）–修行（动）

246. tede-ger-i bi-ber

他们（代）–那些（代）–宾格 我（代）–凭借格

sai-tur

好（形）–很好地（副）

nom-la-suɣai

经（名）–讲经（动）–讲经（动词第一人称祈使式）

soṉu-ś　　　　　　　　činglen

听（动）– 听（动）　那样（代）

247. üile-d-ged　　　　　　　　　　　　üǰe-n

事业（名）– 做（动）– 做（动）　观（动）– 看（动）

üile-d-küi　　　　　　　　　　　　ba　ǰerge-ber

事业（名）– 做（动）– 做（动）　又　同时 – 同时 – 凭借格

tere

那（代）

248. metü　daɣa-n

犹如　随（动）– 随（动）

dura-d-qui-bar

喜好（名）– 提出（动）– 提出（动）– 凭借格

ami-tan　　　　　　　　bü-kü-n-i

生命（名）– 众生（名）　有（动）– 全（代）– 全（代）– 宾格

ači　　　　　ür_e

恩情（名）　果实（名）–

249. bü-kü-i-yi　　　　　　　　　　　　　　ol-qu

有（动）– 全（代）– 具有（动）– 宾格　获得（动）– 获得（动）

bo-lu-yu　　　　　　　　　　　ǰoba-laṉg

有（动）– 也（语）– 也（语）　受苦（动）– 苦难（名）

ki-ged　　　　　　　ɣasa-laṉg

做（动）– 与（连）　辛辣的（形）– 苦难（名）

250. bü-kü-n-i

有（动）– 全（代）– 全（代）– 宾格

ari-l-ɣ̣a-yu

干净的（形）– 清除（动）– 清除（动）– 清除（动）

ke-r-ber ala-qui-bar

谁（代）– 如何（代）– 如果（连） 杀（动）– 杀（动）– 凭借格

ɣ̣al-ṯu

火（名）– 向位格

251. uqumal-ṯur-bar ala-qui-yin

沟壑（名）– 向位格 – 凭借格 杀（动）– 杀（动）– 领属格

tula-da tebči-gsen tere

为（语）– 为（语） 节制（动）– 节制（动） 那（代）

252. kümü-n-ber ariy_a awalukidi isuri-yi

人（名）– 人（名）– 凭借格 正观音 – 宾格

253. dura-d-basu

喜好（名）– 提出（动）– 提出（动）

usu-n saču-gsan metü

水（名）– 水（名）– 向位格 洒（动）– 洒（动） 犹如

ɣ̣al-bar sönü-kü

火（名）– 凭借格 灭亡（动）– 灭亡（动）

254. bo-lu-yu dalai-yi

有（动）– 也（语）– 也（语） 海洋（名）– 宾格

getül-küi-ṯür-ber salki-n̠-a

渡过（动）– 渡过（动）– 向位格 – 凭借格 风（名）– 向位格

tuɤu-gda-ǰu：taɤu-gda-ǰu

追赶（动）– 被追赶（动）– 被追赶（动）

255. alad luu-ś büdi

龙（名）-龙王（名） 一种鬼怪（名）

asuri-ś-un

阿修罗（名）-复数-领属格

oru-n-ṯur-i ariy_a-

地方（名）-地方（名）-向位格-宾格

256. awalukidi isuri-yi dura-d-basu

正观音-宾格 喜好（名）-提出（动）-提出（动）

usu-n-u

水（名）-水（名）-领属格

257. dotu-ra keǰiy_e-ber ülü

里（名）-里（名） 何时（代）-凭借格 勿（否定）

ǰib-kü bo-lu-yu maši

沉没（动）-沉没（动） 有（动）-也（语）-也（语） 很（副）

258. uri-la-qui

柔和（形）-（动）-（动）

sedkil-iyer：sede-ki-l-iyer

刺激（动）-思考（动）-心情（名）-凭借格

ala-qui-yin tula-da

杀（动）-杀（动）-领属格 为（语）-为（语）

sömbür

须弥山（名）、高耸（形）

259. aɤula-in：aɤ̱u-la-yin orui-ača

宏伟的（形）-山（名）-宾格 顶（名）-从比格

aɤur-basu-bar ariy_a-

扔掉（动）–扔掉（动）–凭借格

260. awalukidi isuri-yi dura-d-basu

正观音–宾格 喜好（名）–提出（动）–提出（动）

n̲ara-n metü

太阳（名）–太阳（名） 犹如

261. ogtarɤ̣ui-t̲ur an̲u bo-lu-yu

虚空–向位格 物主后缀 有（动）–也（语）–也（语）

ke-r-ber wčir ki-ged

谁（代）–如何（代）–如果（连） 金刚 做（动）–与（连）

262. aɤ̣u-la-ś-ber

宏伟的（形）–山（名）–复数–凭借格

ala-qui-yin tula-da

杀（动）–杀（动）–领属格 为（语）–为（语）

orui-ača baɤ̣u-basu-

顶（名）–从比格 下（动）–下（动）–

263. bar ariy_a awalukidi isuri-yi

向位格 正观音

dura-d-basu

喜好（名）–提出（动）–提出（动）

264. s̲ira üsü-n-u üge-yin

黄（形） 发（名）–发（名）–领属格 无–领属格

tedüi-ken kön̲ü-gen ülü

那（代）–仅仅那些（代） 受害（动）–毁灭（动） 勿（否定）

265. čida-yu　　　　　ala-qui

会（动）– 会（动）　杀（动）– 杀（动）

sedkil-iyer：sede-ki-l-iyer

刺激（动）– 思考（动）– 心情（名）– 凭借格

ɣ̣ar-tur

手（名）– 向位格

mese　　　bari-ǰu

刃具（名）　握（动）– 握（动）

266. ele　　ola-n　　　　　dai-sun-u

助词　多的（形）– 多（形）　战争（名）– 敌人（名）– 领属格

čiɣ̣ul-ɣ̣an　　　　　qamuɤ-ača：qam-ɤ-ača

集会（动）– 集会（名）　共同（形）– 全（代）– 从比格

267. küriyelebesü：kü-r-e-y_e-le-besü

营寨（名）– 圈（名）– 圈起（动）– 圈起（动）

ariy_a awalukidi isuri-yi

正观音 – 宾格

268. dura-d-basu　　　　　sača

喜好（名）– 提出（动）– 提出（动）　即刻（副）

daru-i-ṯur　　　　　asara-qui

随即（副）– 立即（副）– 向位格　照顾（动）– 博爱心（名）

sedkilten：sede-ki-l-ten

刺激（动）– 思考（动）– 心情（名）–……人（名）

269. bo-lu-yu　　　　　ke-r-ber

有（动）– 也（语）– 也（语）　谁（代）– 如何（代）– 如果（连）

ala-qui-yin　　oir_a　　ire-ǰü

杀（动）–杀（动）–领属格　近的（形）　来（动）–来（动）

ele

助词

270. ala-ɣčin-u

杀（动）–杀（动词第三人称祈使式）–杀手（名）–领属格

erke-ṯür　　oru-basu-bar

权利（名）–向位格　进（动）–进（动）–凭借格

ariy_a awalukidi

正观音

271. isuri-yi　　dura-d-basu

–宾格　喜好（名）–提出（动）–提出（动）

tegün-u　　mese-n

那（代）–领属格　刃具（名）–刃具（名）

keseg：kes-g　　keseg：kes-g

断（动）–段（量）　断（动）–段（量）

272. bo-lu-yu　　tein　　ki-ǰü

有（动）–也（语）–也（语）　那样（代）　做（动）–做（动）

kilin̠g-len　　modun　ki-ged　　temür-

怒气（名）–愤怒（动）　木（名）　做（动）–与（连）　铁（名）–

273. iyer　　egüdügsen：egüd-gsen　　čider

凭借格　创造（动）–创造（动）　羁绊（名）

tuši-ɣ̣a-n-iyar

绊住（动）–脚镣（名）–脚镣（名）–凭借格

köl-gde-besü-

套（动）– 被套（动）– 被套（动）–

274. ber　　ariy_a awalukidi isuri-yi

凭借格　正观音 – 宾格

dura-d-basu

喜好（名）– 提出（动）– 提出（动）

275. küli-y_e-sü-n　　öd̲ter

捆绑（动）– 套绳（名）– 套绳（名）– 套绳（名）　立即（副）

tein　　böged

那样（代）　有（助动）

tas-u-ra-qu

非常（副）– 断（动）– 断（动）– 断（动）

276. bo-lu-yu　　tarn̲i-yin　　küčün

有（动）– 也（语）– 也（语）　咒（名）– 领属格　力量（名）

ki-ged　　em　　ariwasun

做（动）– 与（连）　雌性（名）　明

277. tarn̲i　ba　witar　ba　taki　büdi

咒　又　起尸　又　祭（动）　一种鬼怪（名）

bey_e-ber

身体（名）– 凭借格

278. ayuɤuluɤčid：ayu-ɣ̣ul-ɤči-d　　ba

怕（动）– 使害怕（动）– 威胁者（名）– 复数　又

ariy_a awalukidi isuri-yi

正观音 – 宾格

279. dura-d-basu

喜好（名）–提出（动）–提出（动）

ali-n-ača

哪个（代）–哪个（代）–从比格

maši talbi-gsan-d

很（副） 放（动）–放（动）–复数

280. tere ǰi-či qari-n

那（代） 再（连）–再（连） 返（动）–返（动）

od-yu yagš_a asuri büdi

赴（动）–去（动） 夜叉 一种鬼怪（名）

281. luu-ś badara-ngɣui

龙（名）–龙王（名） 焕发（动）–奋发的（形）

öngge：ön-öng-ge

收益（名）–肥沃的（形）–色彩（名）

buli-y_a-ɣči-d-bar

抢（动）–抢（祈使式）–抢（动）–强盗（名）–复数–凭借格

sai-tur

好（形）–很好地（副）

282. küriyelebesü：kü-r_e-y_e-le-besü

营寨（名）–圈（名）–圈起（动）–圈起（动）

ariy_a awalukidi isuri-yi

正观音–宾格

283. dura-d-basu šira

喜好（名）–提出（动）–提出（动） 黄（形）

üsü-n-u

发（名）–发（名）–领属格

tedüi-ken　　　　kön̲ü-gen

那（代）–仅仅那些（代）　受害（动）–毁灭（动）

284. ülü　　čida-yu　　qurča　　ariy_a

勿（否）　会（动）–会（动）　快的（形）　齿（名）

qomusu-tan

指甲（名）–（名）

285. ayu-gu-lu-ɤči：ayu-ɤul-ɤči　　dogš̲in

怕（动）–使害怕（动）–威胁者（名）　凶暴的（形）

ar-y_a-tan

纹（名）–齿（名）–野兽（名）

küriyelebesü：kü-r_e-y_e-le-besü-

营寨（名）–圈（名）–圈起（动）–圈起（动）–

286. ber　　ariy_a awalukidi isuri-yi

凭借格　　正观音–宾格

dura-d-basu

喜好（名）–提出（动）–提出（动）

287. öd̲ter　　tür-gen̲_e　　ǰüg

立即（副）　暂时（形）–快的（形）　方（名）

bü-kü-n-t̲ür

有（动）–全（代）–全（代）–向位格

buru-ɣ̣u-ridču

相反的（形）–错的（形）–逃回（动）

288. od̠-qu bo-lu-yu

赴（动）– 去（动） 有（动）– 也（语）– 也（语）

ayu-l-tu n̠idü-ten

怕（动）– 危险（名）– 向位格 目（名）– 有眼的人（名）

ɣ̇al metü

火（名） 犹如

289. gere-l

光（名）– 光（名）

ɣ̇ar-ɣ̇a-g-či

出(动)– 发出(动)– 发出(动词第三人称祈使式)– 发出者(名)

qoron：qor-n n̠idü-ten-iyer

折损（动）– 害（动） 目（名）– 观者（名）– 凭借格

sai-tur

好（形）– 很好地（副）

290. küriyelebesü-ber：kü-r_e-y_e-le-besü-ber

营寨（名）– 圈（名）– 圈起（动）– 圈起（动）– 凭借格

ariy_a awalukidi isuri-yi

正观音 – 宾格

291. dura-d-basu maši

喜好（名）– 提出（动）– 提出（动） 很（副）

tür-gen̠_e qoor ügei

暂时（形）– 快的（形） 毒（名） 勿（否）

bo-lu-yu

有（动）– 也（语）– 也（语）

292. maši čaki-l-ɣ̣an-bar

很（副） 闪光（动）– 闪光（动）– 电（名）– 凭借格

čakilɣ̣ad：čaki-l-ɣ̣an-d

闪光（动）– 闪光（动）– 电（名）– 复数

ǰoba-lang̱-tu egüle-d-

受苦（动）– 苦难（名）– 向位格 云（名）– 复数 –

293. ün ayung̱ɣ̣-a ki-ged möndür qur-a

领属格 雷（名） 做（动）– 与（连） 雹（名） 雨水（名）

oru-qui-t̠ur

下（动）– 下（动）– 向位格

294. ariy-a awalukidiisuri-yi dura-d-basu

正观音 – 宾格 喜好（名）– 提出（动）– 提出（动）

sača

即刻（副）

295. daru-i-t̠ur öd̠ter

随即（副）– 立即（副）– 向位格 立即（副）

sai-tur

好（形）– 很好地（副）

amu-r-li-yu

安心（动）– 平安的（形）– 安妥（动）– 安妥（动）

ola-n ǰaɣ̣u-n

多的（形）– 多（形） 百（数）– 百（数）

296. ǰoba-lang̱-ud-iyar

受苦（动）– 苦难（名）– 复数 – 凭借格

kön̲ü-ge-gde-kün

受害（动）– 侵害（动词使动态）– 被侵害（动）– 被侵害（动）

ba　ola-n　ǰaɣ̣u-n

又　多的（形）– 多（形）　百（数）– 百（数）

297. ǰoba-lan̲g-ud-iyar

受苦（动）– 苦难（名）– 复数 – 凭借格

ege-re-gde-gsen

断（动）– 围绕（动）– 被围绕（动）– 被围绕（动）

ami-tan　üǰe-besu

生命（名）– 众生（名）　观（动）– 看（动）

298. ele　belge　bili-g-un

助词　征兆（名）　智慧（名）– 智慧（名）– 领属格

buyan-u　küčün-iyer　ariy_a-

福气（名）– 领属格　力量（名）– 凭借格

299. awalukidi isuri-bar　tegün-eče　tn̲gri　selte

正观音 – 凭借格　那（代）– 领属格　上帝（名）　一同（副）

300. ami-tan-i　aburaqu：ab-ra-qu

生命（名）– 众生（名）– 宾格　拿（动）– 救（动）– 救（动）

bo-lu-yu　ridi

有（动）– 也（语）– 也（语）法术（名）

qubi-l-ɣ̣an-u

变化（动）– 变（动）– 转世佛（名）– 领属格

301. küčün-iyer　či-n̲a-tu

力量（名）– 凭借格　你（代）– 那边（代）– 那边（代）

qiǰaɤ̣a-r-a　　od-ču　　arɤ̣_a

边缘（名）–边界（名）　赴（动）–去（动）　计策（名）

302. ki-ged　　inwaɤa-yi　　aɤ̣uda

做（动）–与（连）　　宽宏的（形）

sur-gsan-iyar　　ar-ba-n

学（动）–学（动）–凭借格　纹（名）–十（数）–十（数）

303. ǰüg-un　　ola-n　　qamuɤ：qam-ɤ

方（名）–领属格　多的（形）–多（形）　共同（形）–全（代）

ami-tan　　ba

生命（名）–众生（名）　又

qo-čur-li　　ügei

“后”的消亡词根–落后（动）–落后（形）　勿（否）

304. qamuɤ：qam-ɤ　　oru-d

共同（形）–全（代）　地方（名）–复数

bü-kü-n-i-ber

有（动）–全（代）–全（代）–宾格–凭借格

sai-tur

好（形）–很好地（副）

gei-gül-yü

亮（名）–照耀（动词使动态）–照耀（动）

305. qamuɤ：qam-ɤ　　ami-tan-u

共同（形）–全（代）　生命（名）–众生（名）–领属格

maɤ̣u-i　　ǰayaɤ̣_a-n-u

坏的（形）–坏的（形）　因缘（名）–因缘（名）–领属格

ayu-l ki-ged

怕（动）– 危险（名） 做（动）– 与（连）

306. čöle-ge ügei-ber taki

流放（动）– 流放（动） 勿（否）– 凭借格 祭（动）

ami-tan tamu ba

生命（名）– 众生（名） 痛苦（名） 又

307. aduɣu-sun ba taki

骟马（名）– 马（名）– 马（名） 又 祭（动）

erlig-iyer

阎罗（名）– 凭借格

küriyelegsen：kü-r_e-y_e-le-gsen-

营寨（名）– 圈（名）– 圈起（动）– 圈起（动）–

308. eče ba törö-küi ötel-küi

从比格 又 生(动)– 诞生的(形) 老(动)– 变老的(形)

ebed-küi-ber

疼痛（动）– 生病的（形）– 凭借格

309. ege-re-gde-gsen-i

断（动）– 围绕（动）– 被围绕（动）– 被围绕（动）– 宾格

ečü-ś-ṯür

终（名）– 末（名）– 向位格

amurliɣuluɣči： amu-r-li-ɣul-ɣči

安心(动)– 平安的(形)– 安妥(动)– 安妥(使动)– 安妥者(名)

maši

很（副）

310. buyan-ṯur nidü-n ki-ged

福气（名）–向位格 目（名）–目（名） 做（动）–与（连）

asara-qui-yin nidü-n-

照顾（动）–博爱心（名）–领属格 目（名）–目（名）–

311. ba arɤ̣_a bili-g üle-mǰi

又 计策（名） 智慧（名）–智慧（名） 剩余（形）–极、很（副）

bol-gsan nidü-n ki-ged

成为（动）–成为（动） 目（名）–目（名） 做（动）–与（连）

312. nigül-s-küi nidü-n ba

孽（名）–慈悲（名）–慈悲的（形） 目（名）–目（名） 又

taki-n asara-qui

祭（动）–祭（动） 照顾（动）–博爱心（名）

nidü-n-iyer

目（名）–目（名）–凭借格

313. ba sai-n isuri nidü-n luɤ̣_a

又 好（形）–好（副） 阿修罗 目（名）–目（名） 联合格

maši-da üǰe-n

很（副）–很（副） 观（动）–看（动）

314. küse-küi ba kir ügei

希望（动）–希望的（形） 又 污垢（名） 勿（否）

kir-eče qaɤa-ča-gsan

污垢（名）–从比格 破碎（副）–离别（动）–分裂（动）

315. gerel：gei-re-l ba

亮（名）–光（名）–光（名） 又

bürküg：büri-kü-g ügei belge

盖（动）–盖（动）–昏沉的（形） 勿（否） 征兆（名）

bili-g

智慧（名）–智慧（名）

n̠ara-n-u

太阳（名）–太阳（名）–领属格

316. gerel： gei-re-l ki-ged

亮（名）–光（名）–光（名） 做（动）–与（连）

egüle-n-iyer

云（名）–云（名）–凭借格

ülü bürkügdeküi：büri-kü-gde-küi

勿（否定） 盖（动）–盖（动）–被遮盖（被动态）–被遮盖（动）

gerel： gei-re-l-

亮（名）–光（名）–光（名）–

317. iyer yirtinčü-t̠ür

凭借格 尘世–向位格

gilbelküi-ber：gila-be-lküi-ber

亮的（形）–闪光（动）–闪光的（形）–凭借格

geigülün：gei-gül-n

亮（名）–照亮（动词使动态）–照亮（动）

318. n̠igül-s-küi-eče

孽（名）–慈悲（名）–慈悲的（形）–从比格

bol-gsan šagsabad-iyar

成为（动）–成为（动） 戒（名）–凭借格

319. aldar-ši-gsan bo-lai

名声（名）–闻名（动）–闻名（动） 有（动）–也（语）

buyan-u erdem ki-ged

福气（名）–领属格 学问（名） 做（动）–与（连）

320. asara-qui

照顾（动）–博爱心（名）

sedkil-ten：sede-ki-l-ten

刺激（动）–思考（动）–心情（名）–……人（名）

yeke egüle-n-eče qamuɣ：qam-ɣ

大（形） 云（名）–云（名）–从比格 共同（形）–全（代）

321. ami-tan-u n̠iswan̠iṡ-un

生命（名）–众生（名）–领属格 烦恼–领属格

ɣ̇al-i

火（名）–宾格

amurliɣ̇uluɣči：amu-r-li-ɣ̇ul-ɣči

安心（动）–平安的（形）–安妥（动）–安妥（使动）–安妥者（名）

n̠om-un

经（名）–领属格

322. rašiyan-u qur̠a-yi sai-tur

甘露（名）–领属格 雨水（名）–宾格 好（形）–很好地（副）

oru-ɣul-yu

下（动）–下（使动）–下（动）

323. kereldün： kere-ld-n

斗（动）–吵架（使动）–吵架（动）

teme-če-l-dün

奋力（动）– 斗争（使动）– 斗争（名）– 斗争（动）

qudqulduγsan-iyar：qudqu-ldu-γsan-iyar　　　　yeke

搅（动）– 弄混（动词互动态）– 混淆（动）– 凭借格　大（形）

324. ayu-l-tu

怕（动）– 危险（名）– 向位格

qadquldu̇γan-t̲ur：qadqu-l-du-γ̇an-t̲ur

挑拨（动）– 挑拨（名）– 挑拨（动）– 刺杀（名）– 向位格

oru-γsan　　　　eren-

进（动）– 进（动）　时候（名）–

325. ber　　ariy_a awalukidi isuri-yi

凭借格　正观音 – 宾格

dura-d-basu

喜好（名）– 提出（使动）– 提出（动）

326. sača　　daru-i-t̲ur

即刻　随即（副）– 立即（副）– 向位格

dai-sun-d　　　　maši-da

敌人（名）– 敌人（名）– 复数　很（副）– 很（副）

amu-r-li-yu

安心（动）– 平安的（形）– 安妥（动）– 安妥（动）

327. egüle-ś-ün　　daγ̇u-n　　ki-ged

云（名）– 复数 – 领属格　声（名）– 声（名）　做（动）– 与（连）

kögürge-yin

大鼓（名）– 领属格

328. daɣ̣u-n ba luu-yin daɣ̣u-n

声（名）– 声（名） 又 龙（名）– 领属 声（名）– 声（名）

ki-ged esru_a-

做（动）– 与（连） 梵天

329. yin sai-n ege-šig ba

领属格 好（形）– 好（形） 乐音（名）– 乐音（名） 又

ege-šig-un mandal-un

乐音（名）– 乐音（名）– 领属格 祭坛（名）– 领属格

330. či-n̠a-tu kürügsen：kür-gsen

你（代）– 那边（代）– 那边（代） 到（动）– 到（动）

bo-lai ariy_a awalukidi

有（动）– 也（语） 正观音

331. isuri-yi dura-d-da-qui

– 宾格 喜好（名）– 提出（动）– 提出（动词被动态）– 提出（动）

ari-ɣ̣un

干净的（形）– 神圣的（形）

sedkil-tü：sede-ki-l-tü

刺激（动）– 思考（动）– 心情（名）– 向位格

332. ariy_a awalukidi isuri-yi sejig ügei-ber

正观音 – 宾格 疑心（名） 无 – 凭借格

333. dura-d-ču

喜好（名）– 提出（动）– 提出（动）

dura-d-gda-qui

喜好（名）– 提出（动）– 提出（动）– 提出（动）

ükü-küi čag ki-ged

死亡（动）– 死亡（动） 时（名） 做（动）– 与（连）

334. n̠iswan̠iś-iyaer kön̠ü-ge-küi

烦恼 – 向位格 受害（动）– 侵害（动词使动态）– 毁灭（动）

čag-tur itege-l

时（名）– 向位格 信任（动）– 信任（名）

abural：ab-ra-l

拿（动）– 挽救（动）– 保佑（名）

335. ibege-n sai-šiya-n

保佑（动）– 保佑（动） 好（形）– 褒赏（动）– 褒赏（动）

bo-lu-yu qamuɤ：qam-ɤ

有（动）– 也（语）– 也（语） 共同（形）– 全（代）

erdem-ün či-n̠a-tu

德才（名）– 领属格 你（代）– 那边（代）– 那边（代）

336. kürügsen：kür-gsen qamug：qam-g

到（动）– 到（动） 共同（形）– 全（代）

ami-tan-t̠ur

生命（名）– 众生（名）– 向位格

n̠igül-s-küi

孽（名）– 慈悲（名）– 慈悲的（形）

337. asara-qui n̠idü-tü ün̠e-ker

照顾(动)– 博爱心(名) 目(名)– 向位格 真实(形)– 真实(形)

erdem-tü erdem-ün

德才（名）– 向位格 德才（名）– 领属格

338. yeke dalai ariy_a awalukidi isuri-tur

大（形） 海洋（名） 正观音 - 向位格

339. mörgü-gde-küi yosu-tu

叩拜（动）- 叩拜（被动）- 叩拜（动） 规矩（名）- 有理的（形）

bo-lai ene：e-ene metü

有（动）- 也（语） 这（代）- 这（代） 犹如

ami-tan

生命（名）- 众生（名）

340. bü-kü-n-i

有（动）- 全（代）- 全（代）- 宾格

nigül-süged

孽（名）- 慈悲（名）- 发善心（动）

qo-i-tu čag-tur

"后"的消亡词根 - 北（名）- 北（名） 时（名）- 向位格

341. bur-qan bol-qu

佛（名）- 佛祖（名） 成为（动）- 成为（动）

bo-lu-yu ayu-l

有（动）- 也（语）- 也（语） 怕（动）- 危险（名）

ki-ged ɣasa-lang

做（动）- 与（连） 辛辣的（形）- 苦难（名）

342. bü-kü-n-i

有（动）- 全（代）- 全（代）- 宾格

üǰe-g-či

观（动）- 观（动词第三人称祈使式）- 观看者（名）

ariy_a awalukidi isuri-yi

正观音 - 宾格

343. dura-d-dug-da-qui

喜好(名)- 提出(动)- 提出(动)- 提出(被动态)- 提出(动)

yirtinčü-yin erke-tü

世界 - 领属格 权利(名)- 有权的(形)

344. terigü-le-g-či

头(名)- 领先(动)- 领先(动词第三人称祈使式)- 领导者(名)

qaɤ̣an-u bo-lai

可汗(名)- 领属格 有(动)- 也(语)

ayaɤq_a tekimlig

比丘

345. n̠om-un ɤ̣ar-qui-yin

经(名)- 领属格 出(动)- 出(动)- 领属格

oru-n ele yirtinčü dakin-

地方(名)- 地方(名) 助词 世界 全(后)-

346. t̠ur taki-gda-yu ola-n

向位格 祭(动)- 祭(被动)- 祭(动) 多的(形)- 多(形)

ǰaɤ̣u-n ɤ̣alab-tur

百(数)- 百(数) 劫(名)- 向位格

347. yabu-ǰu ele kir-eče

走(动)- 走(动) 助词 污垢(名)- 从比格

qaɤ̣a-ča-gsan dege-re

破碎(副)- 离别(动)- 分裂(动) 上(时位)- 上(时位)

ügei

勿（否定）

348. bodi qutuɤ-i ol-bai

菩提（名） 福禄（名）– 宾格 获得（动）– 获得（动词过去时）

udu-ri-d-g-či

蒙哄（动）– 引领（动）– 指导（使动）– 指导（祈使式）– 领袖（名）

abida

阿弥陀佛

349. bur-qan-u ǰe-gün

佛（名）– 佛祖（名）– 领属格 东（时位）– 东（时位）

bara-ɣun eteged-eče

右、西（时位）– 右、西（时位） 处（名）– 从比格

dege-gür-i

上（时位）– 上面（名）– 宾格

350. bari-ǰu ele tegün-čilen

抓（动）– 抓（动） 助词 那（代）– 同样（连）

tabi-n a-yu yelwi

五十（数）– 五十（数） 在（助动）– 在（助动） 预言（名）

351. metü diyan-iyar-bar oru-d

犹如 禅 – 凭借格 – 凭借格 地方（名）– 地方（名）布施品

bü-kü-n-ṯür oduɣad：od-ɣad

有（动）– 全（代）– 全（代）– 向位格 赴（动）– 去（动）

352. ilaɣugsad-i：ila-ɣum-gsan-d-i

胜（动）– 顺利的（形）– 获胜（动）– 胜利者（复数）– 宾格

taki-yu　　　　örü-n̠_e

祭（动）–祭（动） 西（时位）–西（时位）

ǰüg-tür

方（名）–向位格

353. amu-ɣ̣ulan̠g　　　　ɣ̣ar-qui-yin

安心（名）–安康（名） 出（动）–出（动）–领属格

oru-n　　　　ele　　kir-eče

地方（名）–地方（名） 助词 污垢（名）–从比格

354. qaɣ̣a-ča-gsan　　　　yirtinčü-yin

破碎（副）–离别（动）–分裂（动） 世界–领属格

oru-n　　　　sügewadi　kemekü：kemen-kü

地方（名）–地方（名）　　叫做（动）–叫做（动）

355. tende　　ami-tan-i

那里（代） 生命（名）–众生（名）–宾格

ǰiluɣ̣adugči：ǰiluɣ̣u-d-g-či

缰绳（名）–指导（使动）–指导（祈使式）–领导者（名）

abida　　bur-qan

阿弥陀佛 佛（名）–佛祖（名）

356. edüge-ber：e-düi-ge-ber　　　　saɣ̣u-n

这（代）–这些（代）–如今（名）–凭借格　驻（动）–驻（动）

amu　　tende　　eme-gtei-ber

休息（动） 那里（代） 母的（名）–女性（名）–凭借格

ülü

勿（否）

357. törü-kü　　　　bo-lai

生（动）－生（动）　有（动）－也（语）

bü-kü-i

有（动）－全（代）－具有（动）

ǰüil-iyer

种类（名）－凭借格

qubiṉiqui：qubi-ṉi-qui

哄骗（动）－窃窃私语（动）－窃窃私语的（形）

ṉom-ud-

经（名）－复数－

358. bar　　ügei　　bo-lai　　tede-ger

凭借格　勿(否定)　有(动)－也(语)　他们(代)－那些(代)

ilaɣ̣ugsad-un：ila-ɣ̣um-gsan-d-un

胜（动）－顺利的（形）－获胜（动）－胜利者（复数）－领属格

köbegüd-：küü-begüṉ-d-

儿子（名）－孩子（名）－复数－

359. ber　　liṉgqu_a　　taǰa　　törü-ǰü　　ele

凭借格　莲花（名）　即时　生（动）－生（动）　助词

kir　　ügei　　liṉgqu_a-

污垢（名）　勿（否定）　莲花（名）－

360. yin　　ǰirüke-n-ṯür　　a-yu

领属格　心脏(名)－心脏(名)－向位格　在(助动)－在(助动)

udu-ri-d-g-či

蒙哄(动)－引领(动)－指导(祈使式)－指导(动)－领袖(名)

abida　　mün

阿弥陀佛　是

361. böged-ber　　kir　　ügei

有（助动）– 凭借格　污垢（名）　无

baya-s-ɣulang-tu

快乐（形）– 快活（动）– 愉快（名）– 向位格

lingqu_a-yin

莲花（名）– 领属格

362. ǰirüke-n-tür　　arslan-tu

心脏（名）– 心脏（名）– 向位格　狮子（名）– 向位格

tab-čang-tur　　sai-tur

钉帽（名）– 舞台（名）– 向位格　好（形）– 很好地（副）

saɣu-n

驻（动）– 驻（动）

363. ele　　sala-yin　　qaɣan

助词　芸香树（名）– 领属格　可汗（名）– 领属格

metü　dalai　　kebeken　　bu-yu

犹如　海洋（名）　俊秀的（形）　有（动）– 也（语）

364. yirtinčü-yi

世界 – 宾格

udu-ri-d-g-či

蒙哄(动)– 引领(动)– 指导(使动式)– 指导(动)– 领袖(名)

ene-ber：e-ene-ber

这（代）– 这（代）– 凭借格

tegün-či-len-kü bo-lai

那（代）– 那样（代）– 那样（代）––（动） 有（动）– 也（语）

365. ɣ̣urban sansar-tur tere metü

三（数） 尘世（名）– 向位格 那（代） 犹如

boi bosu

有（助动） 不（语气）

366. ked-ber ariy_a awalukidi isuri-iyn

谁的复数（代）– 凭借格 正观音 – 领属格

n̠ere-yi

名（名）– 宾格

367. son̠u-s-basu tegün-u buyan

听（动）– 听（使动）– 听（动） 那（代）– 领属格 福气（名）

an̠u bara-ši ügei

物主后缀 尽（动）– 形 无

368. bo-lu-yu tende-eče

有（动）– 也（语）– 也（语） 那里（代）– 从比格

bodist̠w maqast̠w ɣ̣ajar-i

菩提萨埵 摩诃萨埵 地、处（名）– 宾格

369. bari-g-či

抓（动）– 抓（动词第三人称祈使式）– 手握者（名）

debüs-ger-eče-ben bosuɣ̣ad：bos-ɣ̣ad

垫（动）– 褥子（名）– 从格 – 领属范畴 起（动）– 起（动）

dege-dü

上（名）– 上（名）

370. debil-iyen　　　　　　　ṉige-n

衣服（名）– 领属后缀　一（数）– 一（数）

mörü-tür

肩（名）– 向位格

qomi-bi-ǰu　　　　　　　　　　　　bara-ɣun

收拢（动）– 收拢（动）– 收拢（动）　右、西（名）– 右、西（名）

371. ebüdüg-un　　　　　　mandal-iyar

膝盖（名）– 领属格　表层（名）– 凭借格

ɣaǰar-tur　　　　　　　　sögödöged：sögö-d-ged

地、处（名）– 向位格　跪（动）– 跪（使动）– 跪（动）

372. ilaǰu tegüś ṉögčigsen　qa-miɤ_a　　　　bü-kü

世尊　　　　　　　　哪儿（代）– 哪儿（代）　有（动）– 全（代）

tere　　　ǰüg-tü

那（代）　方（名）– 向位格

373. alaɣa-ban

手掌（名）– 领属范畴

qamtudɣan：qam-tu-da-ɣan

合（动）– 共同（时位）– 一起（时位）– 合并（动）

böküi-ǰü　　　　　　　　ele　　ilaǰu tegüś-

躬身（动）– 躬身（动）　助词

374. ṉögčigseṉ-e　e-in　　　　　　　kemen

世尊　　　　这（代）– 这样（代）　叫做（动）

öči-rün　　　　　　　　ilaǰu tegüś-

奉告（动）– 奉告（动）

375. n̠ögčigsen̠-e ken bodist̠w maqast̠w ariy_a-

世尊 谁（代） 菩提萨埵 摩诃萨埵

376. awalukidi isuri-yin bülü-g bodist̠w

正观音－领属格 章（名）－章（名） 菩提萨埵

377. maqast̠w ariy_a awalukidi isuri-yin

摩诃萨埵 正观音－领属格

378. qubi-l-ɣ̣an-i

变化（动）－变（使动）－转世佛（名）－宾格

üǰügülügsen：üǰü-gül-gsen

观（动）－看（动词使动态）－看（动）

bü-kü-i-eče egüde-n

有（动）－全（代）－具有（动）－从比格 门（名）－门（名）

379. bol-gsan bülü-g bodist̠w

成为（动）－成为（动） 章（名）－章（名） 菩提萨埵

maqast̠w ariy_a-

摩诃萨埵 正观音

380. awaluqidi isuri-yin tein böged

－领属格 那样（代） 有（助动）

qubi-l-gsan

变化（动）－变（动）－变化（动）

381. en̠e：e-en̠e n̠om-un

这（代）－这（代） 经（名）－领属格

qubi-l-ɣ̣an-i

变化（动）－变（动）－转世佛（名）－宾格

soṉu-s-gsan tede-ger

听（动）– 听（使动）– 听（动） 他们（代）– 那些（代）

382. ami-tan-u buyan-u

生命（名）– 众生（名）– 领属格 福气（名）– 领属格

ündü-sün aṉu e-düi tedüi

根（名）– 根（名） 物主后缀 这些（代） 那些（代）

383. maɤ̣u-qan-bar bol-qu

坏的（形）– 较坏的（形）– 凭借格 成为（动）– 成为（动）

bo-su bo-lai

不（语）– 不（语） 有（动）– 也（语）

qamuɤ-ača：qam-ɤ-ača

共同（形）– 全（代）– 从比格

384. egüde-n bolugsan：bol-gsan

门（名）– 门（名） 成为（动）– 成为（动）– 向位格

eṉe：e-eṉe bülü-g-i ilaǰu tegüś-

这（代）– 这（代） 章（名）– 章（名）– 宾格

385. ṉögčigsen-e ṉom-la-gsan-tur

世尊 – 向位格 经（名）– 讲经（动）– 讲经（动）– 向位格

tere ṉökü-d-

那（代） 补（动）– 朋友（复数）

386. eče ṉaima-n tüme-n

从比格 八（数）– 八（数） 万（数）– 万（数）

dö-rbe-n

四岁的（数）– 四（数）– 四（数）

mi̱ng-ɣ̣an　　　ami-tan-

千（数）– 千（数）　生命（名）– 众生（名）–

387. bar　sača　bo-su　　luɣ̣_a

凭借格　即刻　不（语）– 不（语）　联合格

saču-ɣ̣u

相等（后）– 相等（形）– 在（助动）

dege-re　　　ügei

上（时位）– 上（时位）　无

388. ü̱ne-ker　　　turu-l-gsan

真实(形)– 果真(情)　渡过(动)– 渡过(使动)– 渡过(动)

büdi　　　qutug-tur

一种鬼怪（名）　福禄（名）– 向位格

sedkil：sede-ki-l

刺激（动）– 思考（动）– 心情（名）

389. egüs-ge-ldü-bei

发起(动)– 发起(动词使动态)– 发起(动词互动态)– 发生(动)

ča-ɣ̣an　　　li̱ngqu_a　　n̠er_e-tü

白（形）– 白色（形）　莲花（名）　名（名）– 有名的（形）

dege-dü

上（名）– 上（名）

390. n̠om-ača　　　ariy_a awalukidi isuri-yin

经（名）– 从比格　正观音 – 领属格

391.qubi-l-ɣ̣an-i

变化（动）– 变（动）– 转世佛（名）– 宾格

üǰügülügsen：üǰü-gül-gsen

观（动）-看（动词使动态）-看（动）

bü-kü-i-eče　　　　　　egüde-n

有（动）-全（代）-从比格　门（名）-门（名）

392. bolugsan：bol-gsan　　　　　n̲er_e-tü

有（动）-停止（动）-成为（动）　名（名）-有名的（形）

qo-ri-n　　　　　　tabdaɣar：tabu-duɣar

二（数）-二十（数）-二十（数）　五（数）-第五（数）

393. bölü-g

章（名）-章（名）

第二节《法华经·普门品》回鹘文文本词语结构分析

001. namo but　namo darm　namo sang[1]

南无佛　南无法　南无僧

002. quanšï im pusar　alqu-dïn　sïnɤar　ät'öz[2]

观世音菩萨　所有-从格　方向（名）　身体（名）

kör-k-in

看（动）-面貌（名）-宾格

①回鹘文佛教文献都以"namo but namo darm namo sang"作为开头语。

②彦斯·威肯思(Jens Wilkens):《古代回鹘语简明词典》(Handwörterbuch des Altuigurischen, Altuigurisch-Deutsch-T ü rkisch),哥廷根:德国哥廷根大学出版社，2021年,第127页。"ät"意为"肉"，"öz"指自己，"ät'öz"指身体、躯干。

003. kör-git-ip

看见（动）-使看见（动词使动态）-（副动）

tïn-lïɤ-lar-qa

呼吸（名）-有生命的（形）-众生（复数）-与格

asïɤ tuso①

利益（名） 利益（名）

qïl-maq-ï bäš

做（动）-（动名词）-（第三人称所属后缀） 五（数）

otuz-unč

三十（数）-序数词后缀

004. orn-ï-n-ta

地方（名）-（第三人称所属后缀）-（连接音）-位格

005. ün äšid-gü-či

声音（名） 听（动）-（动名）-听者（名）

te-p

说（动）-（副动）

at-a-n-tï

名字（名）-命名（动）-被命名（动词被动态）-过去式

006. te-sär töz-ün

说（动）-（动词第三人称条件式） 根（名）-仁者（名）

---

①彦斯·威肯思(Jens Wilkens):《古代回鹘语简明词典》(Handwörterbuch des Altuigurischen, Altuigurisch-Deutsch-T ü rkisch),哥廷根:德国哥廷根大学出版社，2021年,第72页。“asïɤ tuso”是对偶词,意思均为“利益”,与蒙古语的用法相同。

te-sär 　　　　　　　　　　　　äšid–gäli

说（动）–（动词第三人称条件式） 听（动）–（目的副动）

ärk-lig

力量（名）–有力的（形）

007. te-p 　　　　　　tet-ir 　　　　bo

说（动）–（副动） 被称 –（形动） 这个（代）

yertinčü-däki 　　　kim 　　　ämgäk-lig

尘世（名）–界限格 谁（代） 痛苦（名）–痛苦的（形）

tïn-lïɣ-lar

呼吸（名）–有生命的（形）–众生（复数）

at-a-sar

名字（名）–被命名（被动）–（第三人称条件式）

ol

那 / 他（代）

008. saw 　　yoq 　kim 　　käntü 　　a-nï

话（名） 没有 谁（代） 自己（代） 它（代）–宾格

üčün bo 　　　äšid-mä-sär

为了 这（代） 听（动）–否定 –（动词第三人称条件式）

bodisawat① arya-

菩提萨埵

①彦斯·威肯思(Jens Wilkens):《古代回鹘语简明词典》(Handwörterbuch des Altuigurischen, Altuigurisch-Deutsch-Türkisch),哥廷根:德国哥廷根大学出版社, 2021年,第184页。"bodisavat"通过粟特语传入回鹘语粟特语。

009. wlokdešvar te-p

正观音 说（动）–（副动）

at-a-n-ur

名字（名）–命名（动）–被命名（被动）–（动词使动态）

tawɤač[1] -ča quanšï im

汉语（名）–桃花石（名） 观世音

te-t-ir inčä

说（动）–称作（动词使动态）–（形动） 这样（代）

010. te-p yarlïq-a-dï

说（动）–（副动） 命令（名）–保佑（动）

tözün-üm birök bo

善男子（名）–（第一人称所属后缀） 如果 这个（代）

yertinčü-dä san-sïz

尘世（名）–位格 数字（名）–无数（形容词否定）

011. tümän[2] tïn-lïɤ-lar

万（数） 呼吸（动）–有生命的（形）–众生（复数）

ämgän–sär ol

痛苦（动）–（动词第三人称条件式） 那/他（代）

ämgäk–in–tä

痛苦（名）–工具格–位格

---

①彦斯·威肯思（Jens Wilkens）:《古代回鹘语简明词典》(Handwörterbuch des Altuigurischen, Altuigurisch-Deutsch-Türkisch),哥廷根:德国哥廷根大学出版社，2021年,第684页。“tawgač”是桃花石,指汉语和唐朝,这里指汉语。

②彦斯·威肯思(Jens Wilkens):《古代回鹘语简明词典》(Handwörterbuch des Altuigurischen, Altuigurisch-Deutsch-Türkisch),哥廷根:德国哥廷根大学出版社，2021年,第771页。“tümän”吐火罗语借词,蒙古语作“tümen”。

012. quanšï im pusar-qa umuɣ ïnaɣ tutup

观世音菩萨－与格 皈依

at-a-sar

名字（名）－命名（动）－（动词第三人称条件式）

013. bo bodisawat käntü-ni

这个（代） 菩萨 自己（代）－宾格

at-a-mïš üčün

名字（名）－命名（动）－（形动－完成－过去） 为了

anta oq

那里（代）－方位格 加强语气词

äšid-ür o

听（动）－（动词使动态） 是（助动）

014. öt-rü ol

度过－（方向静词后缀） 他 / 那（代）

ämgäk-lär-i-n-tä

痛苦（名）－复数－（第三人称所属后缀）－（连接音）－从格

antaɣ käč-ip qutɣar-ur

那样（代） 渡过（动）－（副动） 拯救（动）－（使动态）

ol qamaɣ①

他 / 那（代） 所有的

①彦斯·威肯思(Jens Wilkens):《古代回鹘语简明词典》(Handwörterbuch des Altuigurischen, Altuigurisch–Deutsch–Türkisch),哥廷根:德国哥廷根大学出版社，2021年,第325页。“qamaɣ”蒙古语作“qamuɣ”。

015. ämgäk-lig-lär

痛苦（名）–痛苦的（形）–复数

ämgäk-i-n-tä

痛苦（名）–（第三人称所属后缀）–（连接音）–从格

antaɤ qutrul-ur-lar

那样（代） 被救（动）–（动词使动态）–（陈述）

anï üčün bo

把他 为了 这（代）

016. bodisawat quanšï im te-p

菩萨 观世音 说（动）–（副动）

at-a-n-ur

名字（名）–命名（动）–被命名（被动态）–（使动态）

taqï ymä kim qayu

又 也 谁 哪个（代）

017. tïn-lïɤ bo quanšï im pusar

呼吸（动）–有生命的（形） 这（代） 观世音菩萨

at-ïn

名字（名）–宾格

at-a-sar

名字（名）–命名（动）–（动词第三人称条件式）

uzun turqaru

长的 常常

018. ////t-ma-tïn tün-lä

（？）–否定–从格 夜（名）–和

kün-tüz

日、太阳（名）–白天（名）

at-a-n-ur

名字（名）–命名（动）–被命名（被动态）–（使动态）

antaɣ

那样（代）

019. bir uɣrï bir uluɣ

一（数） 时刻、时间（名） 一（数） 大（形）

ot-qa

火（名）–与格

kir-sär

进入–（动词第三人称条件式）

020. uluɣ suw-qa

大（形） 水（名）–与格

kir-sär

进入（动）–（动词第三人称条件式）

öl-i-mä-gäy sïɣta

湿（形）–湿（动）–否定–（动词愿望式） 哀哭（动）

täg-ip ün-gäy

到达（动）–（副动） 出去（动）–（动词愿望式）

taqï ymä ming[1]

又 也 千（数）

021. tümän[2] u-maz

万（数） 能（形动）– 否定

tïn-lïɤ-lar

呼吸（动）– 有生命的（形）– 众生（复数）

altun kümüš ärdini mončuk

金（名） 银（名） 宝贝（名） 珍珠（名）

022. sat-ïɤ-sïz ärdini-lär

卖（名）–（名词）–（形 – 否定） 宝贝（名）– 复数

til-ä-gäli taloy

舌头（名）– 要求（动）–（目的副动） 海（名）

ügüz-kä kir-sär

河流（名）– 与格 进入 –（动词第三人称条件式）

023. taloy ič-in-täki qara[3] yel

海（名） 内 – 宾格 – 界限格 黑（形） 风（名）

---

①彦斯·威肯思(Jens Wilkens):《古代回鹘语简明词典》(Handwörterbuch des Altuigurischen, Altuigurisch–Deutsch–Türkisch),哥廷根:德国哥廷根大学出版社，2021年,第475页。“ming”意为数词的“千”,蒙古语作“minɤa（n)”。

②彦斯·威肯思(Jens Wilkens):《古代回鹘语简明词典》(Handwörterbuch des Altuigurischen, Altuigurisch–Deutsch–Türkisch),哥廷根:德国哥廷根大学出版社，2021年,第771页。“tümän”意为数词的“万”,蒙古语作“tümen”。

③彦斯·威肯思(Jens Wilkens):《古代回鹘语简明词典》(Handwörterbuch des Altuigurischen, Altuigurisch–Deutsch–Türkisch),哥廷根:德国哥廷根大学出版社，2021年,第333页。“qara”意为黑色,蒙古语作“qar–a”。

käl-ip

来（动）-（副动）

är-mäz-čä

是（助动）- 否定 - 相似（形）

kämi-si-n

船（名）-（第三人称所属后缀）- 宾格

toqï-p　　yäk[①]-lär

打击（动）-（副动）　夜叉（名）- 复数

024. är-gü-si

是（助动）-（动名）- 第三人称所属后缀

otruɤ-lar-ïn-ta

岛（名）- 复数 - 宾格 - 位格

öl-üm　　yer-kä

死（动）- 死亡（动）　斥责（动）- 与格

täg-ür-sä　　anïng

到达（动）-（使动态）-（动词第三人称条件式）　从那

025. ara　bir　bil-gä

之间　一（数）/ 南方（名）　知道（动）- 智者（名）

kiši　quanšï im pusar　at-ïn

人（名）　观世音菩萨　名字（名）- 宾格

---

① 彦斯·威肯思（Jens Wilkens）:《古代回鹘语简明词典》（Handwörterbuch des Altuigurischen, Altuigurisch–Deutsch–Türkisch），哥廷根：德国哥廷根大学出版社，2021 年，第 881 页。“yäk”为夜叉，梵语为“yakša”。

at-a-

名字（名）– 命名（动）–

026. -sar　　ol　　　　qamaɣ

条件式　他 / 那（代）　所有的

tïn-lïɣ-lar

呼吸（动）– 有生命的（形）– 众生（复数）

taloy① -daqï　　tiši　　yäk-lär-dä

海（名）– 界限格　雌性的　夜叉（名）– 复数 – 与格

oz-ar　　　　qutrul-ur　　　　äsän

逃（动）–（使动态）　被救（动）–（使动态）　平安（形）

027. tükäl　　öz

全（副）　自己（代）

yer-i-n-tä

斥责（动）–（第三人称所属后缀）–（连接音）–（过去时）

är-ür　　　　taqï　ymä　a-nï

是（助动）–（动词使动态）　又　也　它（代）– 宾格

üčün　bo　　bodisavat

为了　这（代）　菩提萨埵

028. quanšï im pusar　te-p

观世音菩萨　　说（动）–（副动）

①彦斯·威肯思(Jens wWilkens):《古代回鹘语简明词典》(Handwörterbuch des Altuigurischen, Altuigurisch–Deutsch–T ü rkisch),哥廷根:德国哥廷根大学出版社，2021 年,第 666 页。“taloy”意为“海洋”,蒙古语中读“dalai”,意思相同。

at-a-n-ur

名字（名）–命名（动）–被命名（被动）–（使动态）

taqï ymä kim

又 也 谁（代）

029. qayu tïn-lïɤ

哪个（代） 呼吸（动）–有生命的（形）

bäg-lär-dä aɤïr

官员（名）–复数–与格 重的（形）

yaz-uq-luɤ

走错路（动）–罪（名）–有罪的（形）

bol-up

成为（动）–（副动）

030. tut-up

抓住（动）–（副动）

öl-ür-gäli

死（动）–杀死（动词使动态）–即将杀死（目的副动）

azu qïna-ɤalï

或者 折磨（动）–正在折磨（目的副动）

saqïn-sar

想（动）–（动词第三人称条件式）

qïl-ïn-čï

做（动）–被做（被动）–行为（名）

saqïn-č qïl-tï

想（动）–思想（名） 做（动）–过去式

031. tsun[1] tsun sïn-ar uvšanur näng

段 段 打破（动）-（使动态） 专有名词 绝不

bat qïl-u u-maz

快（形） 做（动）-（副动） 能（形动）-否定

032. qutrul-ur taqï ymä birök bo

被救（动）-（动词使动态） 又 也 但是（连） 这（代）

üč ming uluɤ ming

三（数） 千（数） 大（形） 千（数）

033. yer suw-da tol-u

土地（名） 水（名）-位格 满（动）-（副动）

yawlaq yäk ič-gäk

坏的（形） 夜叉（名） 喝（动）-吸血鬼（名）

är-sär käl-ip

是（助动）-（动词第三人称条件式） 来（动）-（副动）

034. ol kiši-g

他/那（代） 人（名）-宾格

öl-ür-gäli

死（动）-杀死（动词使动态）-即将杀死（目的副动）

örlä-t-gäli

升高（动）-（动词使动态）-（目的副动）

① 彦斯·威肯思(Jens Wilkens)：《古代回鹘语简明词典》(Handwörterbuch des Altuigurischen, Altuigurisch-Deutsch-T ü rkisch)，哥廷根：德国哥廷根大学出版社，2021年，第751页。"tsun"为汉语借词寸、村、存。

saqï-n-sar

思（动）–想（动词被动态）–（动词第三人称条件式）

a-n-ta

那里（代）–（连接音）–位格

035. öt-rü quanšï im pusar at-ïn

过（动）–之后 观世音菩萨 名字（名）–宾格

at-a-sar

名字（名）–命名（动）–（动词第三人称条件式）

ol qamaɤ yäk-

他/那（代） 所有的 夜叉（名）–

036. -lär ol kiši tapa qïngïrtï yawlaq

复数 他/那（代） 人（名） 朝向 同上 坏的（形）

köz-in kör-ü

眼睛（名）–位格 看（动）–（副动）

u-ma-ɤay-

能（动）–否定–愿望式–

037. -lar anï taqï nä te-miš

（陈述） 把他 又 什么 说（动）–（完成过去）

kärgäk kim ol kiši-g

需要 谁（代） 他/那（代） 人（名）–宾格

öl-ü-rü

死（动）–杀死（动）–（副动）

038. u-sar azu adïn

能（动）–（动词第三人称条件式） 或者（连） 其他的

qor　　yas　　qïl-u

损害（动）　损害（动）　做（动）–（副动）

u-sar

能（动）–（动词第三人称条件式）

039. taqï　ymä　kim　qayu

又　也　谁（代）　哪个（代）

tïn-lïɤ　　bäg-lär-dä

呼吸（动）– 有生命的（形）　官员（名）– 复数 – 与格

aɤïr　　yaz-uq-

重的（形）　走错路（动）– 罪（名）–

040. -lug　　un

有罪的（形）　声音

yaz-uq-suz-un　　yana

走错路（动）– 罪（名）– 否定 – 工具格　又

bol-up　　yoq-ïla　　käl-ip

发生（动）–（副动）　没 – 看望（动）　刑房（名）– 位格

qinlïq-ta　　kir-ip　　ba-

牢狱（名）– 位格　进入（动）–（副动）　捆绑（动）–

041. -mïš　　baɤ-da　　buqaɤu-da

（形动 – 完成 – 过去）　杻械（名）– 位格　镣（名）– 位格

yat-ïp　　ämgäk

躺（动）–（副动）　痛苦（名）

ämgän-sär　　ol

受苦（动）–（动词第三人称条件式）　他 / 那（代）

042. ämgäk-in-tä quanšï im pusar

痛苦（名）–工具格–从格 观世音菩萨

at-ïn

名字（名）–宾格

at-a-sar

名字（名）–命名（动）–（动词第三人称条件式）

qut

福气（名）

043. qol-u yalwar-u

索求（动）–（副动） 祈求（动）–（副动）

öt-ün-sär

过（动）–请求（动）–（动词第三人称条件式）

baɤ-da buqaɤu-da ymä

杻械（名）–位格 镣（名）–与格 也

tïn-lïɤ

呼吸（动）–有生命的（形）

boš-un-ur

由的（名）–解脱（动）–（动词使动态）

044. qutrul-ur taqï ymä bo

被救（动）–（使动态） 又 也 这（代）

üč ming uluɤ ming

三（数） 千（数） 大（形） 千（数）

045.yer suw-da san-sïz

地方（名） 水（名）–位格 数字（名）–无数（形–否定）

tümän yaɤï yawlaq ara quwraq

万（数） 敌人（名） 坏的（形） 之间 僧人（名）

046. ol qalïn yaɤï yawlaq ara

他/那（代） 厚（形） 敌人（名） 坏的（形） 之间

qalïn sat-ïɤ-čï-lar

厚（形） 卖（动）–卖（名）–商人（名）–复数

yol-a-yu ärt-gäli

路（名）–路上（动）–（副动） 过（动）–（目的副动）

saqï-n-sar

思（动）–想（被动态）–（动词第三人称条件式）

qorq-ïnč-

怕（动）–怕（名）–

047. -lïɤ busuš-lug

可怕的（形） 忧愁（名）–忧伤的（形）

är-sär yana ol

是（助动）–条件式 又 他/那（代）

baš yüz

头/伤（名） 面部（名）

sat-ïɤ-čï-lar-da

卖（动）–卖（名）–商人（名）–复数–位格

bir

一（数）/南方（名）

048. bil-ür uluɤ är

知道（动）–（动词使动态） 大（形） 是（助动）

sartbaw[①] sat-ïɤ-čï-lar

商主（名） 卖（动）–卖（名）–商人（名）–复数

uluɤ-ï är ol

大（形）–（第三人称所属后缀） 是（助动） 他/那（代）

qalïn sat-ïɤ-čï-

厚（形） 卖（动）–卖（名）–商人（名）–

049. -lar-ïg baš-la-p

复数–宾格 头（名）–开始（动）–（副动）

yol-čï yär-či

路（名）–路人（名） 地方（名）–带路人（名）

bol-up ärtingü ülüš aɤï

发生（动）–（副动） 非常 份 宝物（名）

barïm

财物（名）

050. aɤïr yük-lär bir-lä ol

重的 货物（名）–复数 一（数）–和 他/那（代）

yaɤï-lar ara uduz-ïp

敌人（名）–复数 之间 率领（动）–（副动）

ärt-ür-

过（动）–使过（使动态）–

①彦斯・威肯思(Jens Wilkens):《古代回鹘语简明词典》(Handwörterbuch des Altuigurischen, Altuigurisch-Deutsch-Türkisch),哥廷根:德国哥廷根大学出版社, 2021年,第588页。"sartbaw"为梵语借词,梵语作"sartha",意为商主,通过粟特语进入回鹘语。

051. -gäli　　　　saq-ïn-sar

（目的副动）　思（动）–想（动）–（动词第三人称条件式）

ärtingü　alp

非常　　英雄 / 勇敢的 / 困难的（形）

är-ü-r　　　　　　　　　　　　birök

是 / 走过（动）–（动词使动态）　但是（连）

ol　　　　　　sartdaw

他 / 那（代）　商主（名）

052. sat-ïɤ-čï-lar

卖（动）–卖（名）–商人（名）–复数

uluɤ-ï　　　　　　　　　　　　är　　　　ol

大（形）–（第三人称所属后缀）　是（助动）　他 / 那（代）

qalïn　　　sat-ïɤ-čï-lar-qa

厚（形）　卖（动）–卖（名）–商人（名）–复数–与格

053. inčä　　　　te-p

这样（代）　说（动）–（副动）

te-sär

说（动）–（动词第三人称条件式）

siz-lär　　　　　　qamaɤ

你们（代）–复数　所有的

qorq-ma-nglar　　　　　　　　　　arïɤ

怕（动）–否定–第二人称所属后缀　林子（名）

054. süz-ök　　　　　　　　kertegüč　　könglin

过滤（动）–洁净（形）　信念（名）　思索（动）

quanšï im pusar

观世音菩萨

055. at-ïn

名字（名）–宾格

at-a-n-g-lar

名字（名）–命名（动）–被命名（被动态）–（名）–（复数）

ol üdün① bodisawat siz-lär-kä

那时 菩提萨埵 你们（代）–复数–与格

qorq-unč-suz

怕（动）–怕（名）–不怕（否定）

056. bušï bär-gäy siz-lär

布施（名） 给（动）–（动词愿望式） 你们（代）–复数

qamaɤ-un

所有–工具格

at-a-mïš-qa

名字（名）–命名（动）–（形动–完成–过去）–与格

ol qalïn

他/那（代） 厚（形）

057. yaɤï yawlaq-ta

敌人（名） 坏的（形）–方位格

① 彦斯·威肯思(Jens Wilkens):《古代回鹘语简明词典》(Handwörterbuch des Altuigurischen, Altuigurisch-Deutsch-Türkisch),哥廷根:德国哥廷根大学出版社，2021 年,第 506 页。“ol üdün”为“此时”，“ol”为代词“那”，“üdün”为名词“时间”。

oz-ɤay　　siz-lär

逃、自救（动）–（愿望式）　你们（代）– 复数

te-p

说（动）–（副动）

te-sär　　ol　　qamaɤ

说（动）–（动词第三人称条件式）　他 / 那（代）　所有的

058. sat-ïɤ-čï-lar　　äšid-ip

卖（动）– 卖（名）– 商人（名）– 复数　听（动）–（副动）

töz-ü　　bir

根（名）–（名词第三人称所属后缀）　一（数）/ 南方（名）

ün-in　　namo　　quanšï-

声音（名）– 宾格　南无

059. im pusar　　te-p

观世音菩萨　说（动）–（副动）

at-a-mïš-ta

名字（名）– 命名（动）–（形动 – 完成 – 过去）–（过去时）

ol　　qamaɤ

他 / 那（代）　所有的

sat-ïɤ-čï-lar

卖（动）– 卖（名）– 商人（名）– 复数

060. ol　　qalïn　　ärüš　　yaɤï

他 / 那（代）　厚（形）　多（形）　敌人（名）

yawlaq-ta　　oz-ar

坏的（形）– 位格　逃、自救（动）–（动词使动态）

qutrul-ur-lar

被救（动）–（动词使动态）–（陈述）

061. anï üčün quanšï im pusar te-p

把他 为了 观世音菩萨 说（动）–（副动）

at-a-n-ur

名字（名）– 命名（动）– 被命名（被动态）–（使动态）

anï üčün

把他 为了

062. siz alq-ïnč-sïz

你们（代） 完（动）– 完竭（动）– 不竭的（形 – 否定）

kögüz-lüg bodisawat inčä

胸（名）– 有的（形） 菩提萨埵 这样（代）

bil-ing

知道（动）–（动词第二人称单数祈使式）

uq-un-g

明白（动）–（动词反身态）–（动名）

063. quanšï im pusar qut-ad-maq

观世音菩萨 福（名）– 有福（动）–（动名）

är-däm[①]-i

男人（名）– 道德（名）–（第三人称所属后缀）

---

①彦斯·威肯思（Jens Wilkens）:《古代回鹘语简明词典》（Handwörterbuch des Altuigurischen, Altuigurisch-Deutsch-Türkisch），哥廷根：德国哥廷根大学出版社，2021 年，第 111 页。“ärdäm”为“道德、德行”，蒙古语为“erdem”。

antaɣ qašïnčïɣ uluɣ

那样（代） 可怕的（形） 大（形）

064. te-t-ir taqï ymä kim

说（动）–称作（使动态）–（使动态） 又 也 谁

qayu tïn-lïɣ amran-maq

哪个（代） 呼吸（动）–有生命的（形） 爱（名）–（动名）

uwut-suz

羞耻（形）–无羞耻（形容词否定）

065. bil-ig[①]-i

知道（动）–知识、智慧（名）–（第三人称所属后缀）

küč-lüg

力量（名）–有力的（形）

är-sär quanšï im pusar

是（助动）–（动词第三人称条件式） 观世音菩萨

at-ïn

名字（名）–宾格

066. at-a-sar ol

名字（名）–命名（动）–（动词第三人称条件式） 他/那（代）

uwut-suz

羞耻（形）–无羞耻（否定）

①彦斯·威肯思(Jens Wilkens):《古代回鹘语简明词典》(Handwörterbuch des Altuigurischen, Altuigurisch-Deutsch-Türkisch),哥廷根:德国哥廷根大学出版社, 2021年,第173页。“bilig”一词在蒙古语作“bilig”。

bil-ig-dä ket-är

知道（动）–知识（名）–向位格 去（动）–（形动）

amrïl-ur kim qayu

沉思（动）–（形动） 谁（代） 哪个（代）

067. tïn-lïɤ art-oq

呼吸（动）–有生命的（形） 过（动）–多余的（形）

küč-lüg öwkä-či

力量（名）–有力的（形） 肺、有气、生气（名）–（ ）

är-sär

是（助动）–（动词第三人称条件式）

quanšï im pusar at-ïn at-a-

观世音菩萨 名字（名）–宾格 名字（名）–命名（动）–

068. -sar öwkä-si

条件式 肺（名）–（第三人称所属后缀）

qor-a-yur ögrünčü-lüg

损害（动）–减少（动）–（现在时） 高兴（形）–高兴的（形）

köngül-lüg bol-ur

心（名）–有心的（形） 发生（动）–（动词使动态）

069. birök kim ayïɤ

但是（连） 谁（代） 坏（形）

qïl-ïn-č-lïg

做（动）–被做（被动）–行为（名）–行为的（形）

qara-r-ïg

黑（形）–变黑（动词使动态）–黑暗（形）

bil-ig-siz kögüz-

知道（动）-知识（名）-无知（否定） 胸（名）-

070.-lüg är-sär

有的（形） 是（助动）-（动词第三人称条件式）

uzun turqaru quanšï im pusar at-ïn

长的（形） 常常 观世音菩萨 名字（名）-宾格

071. at-a-yu tapïn-u

名字（名）-命名（动）-（副动） 尊敬（动）-（副动）

udun-u

敬（动）-（副动）

täg-in-sär ärüš

到达（动）-到达（动）-（动词第三人称条件式） 多（形）

qara-r-ïg

黑（形）-变黑（动词使动态）-黑暗（形）

bil-ig-siz

知道（动）-知识（名）-无知（否定）

bil-ig-

知道（动）-知识（名）-

072. -in-tä ket-är

宾格-与格 去（动）-使走开（使动态）

kögüz-i bol-ur

胸（名）-（第三人称所属后缀） 发生（动）-（使动态）

yaru-q bil-gä

发光（动）-光明（名） 知道（动）-智者（名）

alqïn-č-sïz

完竭（动）-（名）- 不竭的（形容词否定）

073. kögüz-lüg bodisawat quanšï im pusar-nïng

胸（名）- 有的（形） 菩萨 观世音菩萨 - 属格

074. qut-ad-maq küč-i

福 - 有福（动）-（动名） 力量（名）-（第三人称所属后缀）

är-däm-i antaɤ

男人（名）- 道德（名）-（第三人称所属后缀） 那样

uluɤ te-t-ir anï

大（形） 说（动）- 称作（使动态）-（使动态） 把他

üčün

为了

075. qamaɤ yalnɤuq-lar aya-yu

所有的 人（名）- 复数 尊敬（动）-（副动）

aɤïr-la-yu

尊敬（形）- 尊敬（动）-（副动）

tut-mïš

抓住（动）-（形动 - 完成 - 过去）

kärgäk kim

需要 谁（代）

076. tün-lä kün-tüz

夜（名）- 夜间（名） 日、太阳（名）- 白天（名）

unït-ma-sar taqï ymä

忘记（动）- 否定 -（动词第三人称条件式） 又 也

kim　　qayu　　tiši

谁（代）　哪个（代）　雌性的

077. tïn-lïɣ　　urï　　oɣul

呼吸（动）–有生命的（形））　男的）　儿子（名）

til-ä-sär　　quanšï im pusar-qa　tap-

舌头（名）–要求（动）–条件式　　观世音菩萨–与格

078. -ïn-u　　udun-u

敬（动）–（副动）　敬（动）–（副动）

täg-in-ip

到达（动）–到达（动）–（副动）

at-ïn　　üz-üg-süz

名字（名）–宾格　折断（动）–（形、名）–不断地（否定）

at-a-sar　　ötrü

名字（名）–命名（动）–（动词第三人称条件式）　之后

079. köngül-täki　　täg　　urï

心（名）–界限格　　到达（动）　男的

kör-k-lä　　qut-luɣ

看（动）–面貌（名）–漂亮（形）　福（名）–有福的（形）

ülüg-lüg　　oɣul

命运（名）–幸运的（形）　儿子（名）

käl-ür-ür　　birök

来（动）–带来（使动态）–（使动态）　但是（连）

qïz

姑娘（名）

til-ä-sär

舌头（名）–要求（动）–（动词第三人称条件式）

080. ymä kör-k-lä qïz

也 看（动）–面貌（名）–漂亮（形） 姑娘（名）

käl-ür-ür

来（动）–带来（使动态）–（副动）

ärtingü üküš ädgü

非常 多（形） 好（形）

qïl-ïn-č

做（动）–被做（被动 ）–行为（名）

qaz-ɣan-č

挖（动）–获得（动）–获得物（名）

081. qaz-ɣan-ur

挖（动）–获得（动）–（使动态）

alqu kiši-kä amraq①

所有 人（名）–与格 喜爱的（形）

bol-ur kim qayu kiši

发生（动）–（使动态） 谁（代） 哪个（代） 人（名）

082. quanšï im pusar-qa tapï-ɣ uduɣ

观世音菩萨–与格 敬（动）–敬（动） 敬（动）

---

①彦斯·威肯思(Jens Wilkens):《古代回鹘语简明词典》(Handwörterbuch des Altuigurischen, Altuigurisch–Deutsch–T ü rkisch),哥廷根:德国哥廷根大学出版社，2021年,第43页。“amraq”的意思为“喜爱的”,蒙古语作“amaraɣ”。

aya-maq

尊敬（动）– 尊敬（动名）

čiltä-mäk

尊敬（动）– 尊敬（动）

at-a-maq

名字（名）– 命名（动）– 命名（动名）

083. kertgün-mäk-dä ula-tï

相信（动）– 相信（动）–（过去时） 连接 – 以及

täg-ür-gäli ämgäk

到达（动）– 使到达（使动态）–（目的副动） 痛苦（名）

ämgän-sär ol

受苦（动）–（动词第三人称条件式） 他 / 那（代）

ämgäk-i

痛苦（名）–（第三人称所属后缀）

tölük-i näng

力量（名）–（第三人称所属后缀） 否定

084. yoq-suz bol-maz

没有 – 无用的 是、成为、有 –（形容动词否定）

a-nï üčün qamaɤ yalnɤuq-lar

它（代）– 宾格 为了 所有的 人（名）– 复数

alqu-ɤun

所有 – 所有的（形）

085. quanšï im pusar at-ïn

观世音菩萨 名字（名）– 宾格

at-a-mïš

名字（名）–命名（动）–（形动–完成–过去）

kärgäk taqï ymä

需要 又 也

086. alqïn-č-sïz

完竭（动）–（名）–不竭的（形–否定）

kögüz-lüg bodisawat

胸（名）–有的（形） 菩提萨埵

siz inčä

你们（代） 这样（代）

bil-ing kim

知道（动）–（动词第二人称单数祈使式） 谁（代）

qayu tïn-lïɣ

哪个（代） 呼吸（动）–有生命的（形）

087. altmïš iki kolti

六十（数） 二（数） 亿万（数）

san-ï qum

想（动）–（第三人称所属后缀） 沙子（名）

san-ïn-ča ɣang ügüz

想（动）–想（动）–思想（名） 恒河（名）

ič-in-täk bodisawat-lar

内–宾格–界限格 菩提萨埵–复数

at-ïn

名字（名）–宾格

088. at-a-yu　　tapïn-u
名字（名）–命名（动）–（副动）　尊敬（动）–（副动）
udun-u
敬（动）–（副动）
qataɤlan-sar　　öl-üm
精进（动）–（动词第三人称条件式）　死（动）–死亡（名）
kün-i-n-gä
日、太阳（名）–（第三人称所属后缀）–（连接音）–与格
at-a-yu
名字（名）–命名（动）–（副动）

089. tapïn-u　　udun-u
尊敬（动）–（副动）　敬（动）–（副动）
ägsü-t-mä-sär
缺少（动）–使缺（使动态）–否定–（动词第三人称条件式）
aš-ïn　　ič-gü　　sin
食物（名）–宾格　喝（动）–饮料（名）　寝（动）
ton-ïn　　tonanɤu-sïn
衣服（名）–宾格　服装（名）–（第三人称所属后缀）

090. tölt-in　　töšäk-in
褥子（名）–宾格　铺盖（名）–宾格
ot-ï-n-ɤa
火（名）–（第三人称所属后缀）–（连接音）–与格
äm-i-n-gä　　tägi
药（名）–（第三人称所属后缀）–（连接音）–与格　直到

alqu tükä-ti

所有 完结（动）-全部

täg-ür-sär

到达（动）-使到达（使动态）-（动词第三人称条件式）

091. ol ädgü

他/那（代） 好（形）

qïl-ïn-č ärüš

做（动）-被做（被动态）-行为（名） 多（形）

mü te-t-ir

吗（语气词） 说（动）-称作（使动态）-（使动态）

alqïn-č-sïz

完竭（动）-（名）-不竭的（形-否定）

kögüz-lüg

胸（名）-有的（形）

bodisawat

菩提萨埵

092. ol ädgü

他/那（代） 好（形）

qïl-ïn-č ärtingü

做（动）-被做（被动态）-行为（名） 非常

üküš te-t-ir

多（形） 说（动）-称作（使动态）-（使动态）

tängri[①]-m

上天（名）–我的天（第一人称所属后缀）

te-p

说（动）–（副动）

öt-ün-ür tängri

果、度过（动）–请求（名）–（使动态） 上天（名）

093. burxan[②] yan-a inčä te-p

佛（名） 倒退（动）–又 这样（代） 说（动）–（副动）

yarlïq-a-dï birök taqï

命令（名）–保佑（动）–过去式 但是（连） 又

bir kiši bir

一（数）/南方（名） 人（名） 一（数）/南方（名）

täk quanšï-

仅仅 观世

094. im pusar at-ïn at-a-yu

音菩萨 名字（名）–宾格 名字（名）–命名（动）–（副动）

täk bir üdün

仅仅 一（数）/南方（名） 时间（名）

①彦斯·威肯思(Jens Wilkens):《古代回鹘语简明词典》(Handwörterbuch des Altuigurischen, Altuigurisch–Deutsch–Türkisch),哥廷根:德国哥廷根大学出版社,2021年,第695页。“tängri”意为“上天、天空”,蒙古语作“tengri”。

②彦斯·威肯思(Jens Wilkens):《古代回鹘语简明词典》(Handwörterbuch des Altuigurischen, Altuigurisch–Deutsch–Türkisch),哥廷根:德国哥廷根大学出版社,2021年,第200页。“burxan”佛教术语,指佛。蒙古语为“burqan”。

tapïn-u　　　　　　　　at-a-yu

尊敬（动）–（副动）　名字（名）– 命名（动）–（副动）

täg-in-sär

到达（动）– 到达（动）–（动词第三人称条件式）

095. ol　　　　　kiši　　　ädgü

他 / 那（代）　人（名）　好（形）

qïl-ïnč-ï

做（动）– 行为（名）–（第三人称所属后缀）

öng-rä-ki　　　　　　　　　　　　kïši

前、东方（名）– 前、东方（名）–（形）　人（名）

ädgü　　　qïl-ïn-čï

好（形）　做（动）– 被做（被动态）– 行为（名）

birlä　　　　　　　tüz

同……一起 / 用　　平等

096. te-t-ir　　　　　　　　　　　　　　bo

说（动）– 称作（使动态）–（使动态）　这个（代）

iki　　　　kiši-ning　　　　ädgü

二（数）　人（名）– 属格　好（形）

qïl-ïn-čï

做（动）– 被做（被动态）– 行为（名）

bir　　　　　　　　　täg　　　　tüz

一（数）/ 南方（名）　到达（动）　平等

adroq-suz

不同的 – 相同（否定）

097. te-t-ir ming

说（动）–称作（使动态）–（使动态） 千（数）

tümän kalpa öd

万（数） 劫（名） 时间（名）

nom① -la-n-sar

经（名）–说经（动）–（连接音）–（动词第三人称条件式）

taqï alqïn-ma-ɣay quanšï-

又 完竭（动）–（否定）–（愿望式） 观世

098. im pusar at-ïn

音菩萨 名字（名）–宾格

at-a-mïš

名字（名）–命名（动）–（形动–完成–过去）

uɣr-ï-n-ta

时刻（名）–（第三人称所属后缀）–（连接音）–位格

ädgü

好（形）

qïl-ïn-č-lïg

做（动）–被做（被动态）–行为（名）–行为的（形）

asïɣ-ï

利益（名）–（第三人称所属后缀）

---

①彦斯·威肯思(Jens Wilkens):《古代回鹘语简明词典》(Handwörterbuch des Altuigurischen, Altuigurisch–Deutsch–Türkisch),哥廷根:德国哥廷根大学出版社, 2021年,第494页。"nom"为"经",与蒙古语相同,通过粟特语传入回鹘语。

099. tuso-šï antaɤ

利益（名）–（第三人称所属后缀） 那样（代）

te-t-ir taqï ymä

说（动）– 被称作（被动态）–（使动态） 又 也

alqïn-č-sïz

完竭（动）–（名）– 不竭的（形 – 否定）

kögüz-lüg

胸（名）– 有的（形）

100. bodisawat tängri burxan-qa

菩萨 上天（名） 佛（名）– 与格

inčä te-p

这样（代） 说（动）–（副动）

öt-üg öt-ün-ti

过（动）– 请求（动） 过（动）– 请求（名）–（过去时）

tängri-m

上天（名）– 我的天（第一人称所属后缀）

101. bo quanšï im pusar

这个（代） 观世音菩萨

nä-čük-in

什么（代）– 为什么（代）– 为什么（代）

nä al-ïn čäwiš-in

什么 拿（动）– 被拿（被动） 不好之手法 – 宾格

bo čambudiwip[①] yer suw-da

这个（代） 瞻布洲（名） 地方（名） 水（名）–位格

102. yorï-yur

走（动）–（现在时）

tïn-lïɤ-lar-qa

呼吸（动）–有生命的（形）–众生（复数）–与格

asïɤ tuso qïl-ur

利益（名） 利益（名） 做（动）–（使动态）

nom nom-la-yur

经（名） 经（名）–说经（动）–（形）

al-ï

拿（动）–被拿（被动态）

103. čäwiši nätäg ärk-i

不好之手法 怎样（代） 力量（名）–第三人称所属后缀

tängri bur-xan inčä

上天（名） 佛（名）–汗（名） 这样（代）

te-p yarlïq[②]-a-dï

说（动）–（副动） 命令（名）–保佑（动）–过去式

①彦斯·威肯思（Jens Wilkens）:《古代回鹘语简明词典》（Handwörterbuch des Altuigurischen, Altuigurisch-Deutsch-Türkisch），哥廷根：德国哥廷根大学出版社，2021 年，第 220 页。“čambudiwip”一词通过吐火罗语传入回鹘语。

②彦斯·威肯思（Jens Wilkens）:《古代回鹘语简明词典》（Handwörterbuch des Altuigurischen, Altuigurisch–Deutsch–T ü rkisch），哥廷根：德国哥廷根大学出版社，2021 年，第 869 页。“yarlïq”意为“命令、布道、演讲、陈述”，蒙古语作“jarliɤ”，意思相同。

alqïn-č-

完竭（动）-（名）-

104. -sïz kögüz-lüg bodisawat

不竭的（形-否定） 胸（名）-有的（形） 菩提萨埵

siz inčä

你们（代） 这样（代）

bil-ing bo

知道（动）-（第二人称所属后缀） 这个（代）

yertinčü yer suw

尘世（名） 地方（名） 水（名）

105. -daqï tïn-lïɣ-lar birök

呼吸（动）-有生命的（形）-众生（复数） 但是（连）

bur-xan-lar kör-k-in

佛（名）-汗（名）-复数 看（动）-面貌（名）-宾格

kör-ü qurtul-ɣu

看（动）-（副动） 被救（动）-（动名）

106. tïn-lïɣ-lar

呼吸（动）-有生命的（形）-众生（复数）

är-sär quanšï im pusar

是（助动）-（动词第三人称条件式） 观世音菩萨

ol

他/那（代）

tïn-lïɣ-lar-qa

呼吸（动）-有生命的（形）-众生（复数）-与格

bur-xan-lar

佛（名）- 可汗（名）- 复数

107. kör-k-in

看（动）- 面貌（名）- 宾格

kör-git-ü

看（动）- 使看见（使动态）-（副动）

nom-la-yu　　qutɤar-ur

经（名）- 说经（动）-（副动）　拯救（动）-（使动态）

birök　　prateqabut-lar

但是（连）　辟支佛（名）- 复数

108. kör-k-in　　kör-ü

看（动）- 面貌（名）- 宾格　看（动）-（副动）

qurtul-ɤu

被救（动）-（动名）

tïn-lïɤ-lar

呼吸（动）- 有生命的（形）- 众生（复数）

är-sär　　quanšï im pusar

是（助动）-（动词第三人称条件式）　观世音菩萨

ol

他 / 那（代）

tïn-lïɤ-lar-qa

呼吸（动）- 有生命的（形）- 众生（复数）- 与格

prateqabut-lar

辟支佛（名）- 复数

109. kör-k-in

看（动）-面貌（名）-宾格

kör-git-ür

看（动）-使看见（使动态）-（使动态）

nom-la-yur

经（名）-说经（动）-（现在时）

qutɤar-ur

拯救（动）-（使动态）

birök　　　　širawak-lar

但是（连）　声闻者（名）-复数

110. kör-k-in　　　　　　　　　kör-ü

看（动）-面貌（名）-宾格　看（动）-（副动）

qurtul-ɤu

被救（动）-（动名）

tïn-lïɤ-lar

呼吸（动）-有生命的（形）-众生（复数）

är-sär　　　　　　　　　　　　quanšï im pusar

是（助动）-（动词第三人称条件式）　观世音菩萨

ol

他/那（代）

tïn-lïɤ-lar-qa

呼吸（动）-有生命的（形）-众生（复数）-与格

širawak-lar　　　　kör-k-in

声闻者（名）-复数　看（动）-面貌（名）-宾格

111. kör-git-ür

看（动）-使看见（使动态）-（使动态）

nom-la-yu-r

经（名）-说经（动）-（副动）-（使动态）

qutɣar-ur　　birök　　äzrua

拯救（动）-（使动态）　但是（连）　梵天（名）

tängri　　kör-k-in

上天（名）　看（动）-面貌（名）-宾格

112. kör-ü　　qurtul-ɣu

看（动）-（副动）　被救（动）-（动名）

tïn-lïɣ-lar

呼吸（动）-有生命的（形）-众生（复数）

är-sär　　quanšï im pusar

是（助动）-（动词第三人称条件式）　观世音菩萨

ol

他/那（代）

113. kör-git-ür

看（动）-使看见（使动态）-（使动态）

nom-la-yu-r

经（名）-说经（动）-（副动）-（使动态）

qutɣar-ur　　birök

拯救（动）-（使动态）　但是（连）

hormuzta　　tängri　　kör-k-in

帝释（名）　上天（名）　看（动）-面貌（名）-宾格

114. kör-ü qurtul-ɣu

看（动）-（副动） 被救（动）-（动名）

tïn-lïɣ-lar

呼吸（动）- 有生命的（形）- 众生（复数）

är-sär quanši im pusar

是（助动）-（动词第三人称条件式） 观世音菩萨

ol

他 / 那（代）

115. tängri kör-k-in

上天（名） 看（动）- 面貌（名）- 宾格

kör-git-ür

看（动）- 使看见（使动态）-（使动态）

nom-la-yur

经（名）- 说经（动）-（未完成形容动词后缀）

qutɣar-ur birök uluɣ

拯救（动）-（使动态） 是（连） 大（形）

116. ärk-lig tängri

力量（名）- 有力的（形） 上天（名）

kör-k-in

看（动）- 面貌（名）- 宾格

kör-ü qurtul-ɣu

看（动）-（副动） 被救（动）-（动名）

tïn-lïɣ-lar

呼吸（动）- 有生命的（形）- 众生（复数）

är-sär

是（助动）-（动词第三人称条件式）

quanšï im pusar ol

观世音菩萨 他/那（代）

117. tïn-lïɤ-lar-qa

呼吸（动）-有生命的（形）-众生（复数）-与格

uluɤ ärk-lig

大（形） 力量（名）-有力的（形）

tängri kör-k-in

上天（名） 看（动）-面貌（名）-宾格

nom-la-yur

经（名）-说经（动）-（未完成形容动词后缀）

118. qutɤar-ur birök maheświar

拯救（动）-（使动态） 但是（连） 大自在天（名）

uluɤ tängri kör-k-in

大（形） 上天（名） 看（动）-面貌（名）-宾格

kör-ü qurtul-ɤu

看（动）-（副动） 被救（动）-（动名）

tïn-lïɤ-

呼吸（动）-有生命的（形）-

119. -lar är-sär

众生（复数） 是（助动）-（动词第三人称条件式）

quanšï im pusar ol

观世音菩萨 他/那（代）

tïn-lïɤ-lar-qa

呼吸（动）-有生命的（形）-众生（复数）-与格

mahešvar　tängri　kör-k-in

大自在天（名）　上天（名）　看（动）-面貌（名）-宾格

kör-git-ür

看（动）-使看见（使动态）-（使动态）

120. nom-la-yur

经（名）-说经（动）-（未完成形容动词后缀）

qutɤar-ur

拯救（动）-（使动态）

bo　birök　tängri　yirin-täki

这个（代）　但（连）　上天（名）　斥（胸）-界限格

sü　baš-ï　tay

军队（名）　袭击（动）-（第三人称所属后缀）　人名

sängün

将军（名）

121. kör-k-in　kör-ü

看（动）-面貌（名）-宾格　看（动）-（副动）

qurtul-ɤu

被救（动）-（动名）

tïn-lïɤ-lar

呼吸（动）-有生命的（形）-众生（复数）

är-sär　quanšï im pusar

是（助动）-（动词第三人称条件式）　观世音菩萨

ol

他 / 那（代）

tïn-lïɤ-lar-qa

呼吸（动）– 有生命的（形）– 众生（复数）– 与格

122. tay　　sängün　　kör-k-in

人名　将军（名）　看（动）– 面貌（名）– 宾格

kör-git-ür

看（动）– 使看见（使动态）–（使动态）

nom-la-yur

经（名）– 说经（动）–（未完成形容动词后缀）

qutɤar-ur　　birök

拯救（动）–（使动态）　但是（连）

123. bišamn　　tängri　　kör-k-in

比沙门（名）　上天（名）　看（动）– 面貌（名）– 宾格

kör-ü　　qurtul-ɤu

看（动）–（副动）　被救（动）–（动名）

tïn-lïɤ-lar　　呼吸（动）–

有生命的（形）– 众生（复数）

är-sär

是（助动）–（动词第三人称条件式）

quanšï im pusar　　ol

观世音菩萨　　他 / 那（代）

124. tïn-lïɤ-lar-qa

呼吸（动）– 有生命的（形）– 众生（复数）– 与格

bišamn tängri kör-k-in

比沙门（名） 上天（名） 看（动）–面貌（名）–宾格

kör-git-ü

看（动）–使看见（使动态）–（副动）

nom-la-yu qut-

经（名）–说经（动）–（副动）

125. -ɤar-ur birök kičig

拯救（动）–（使动态） 但是（连） 小（形）

elig-lär kör-k-in

国王（名）–复数 看（动）–面貌（名）–宾格

kör-ü qurtul-

看（动）–（副动） 被救（动）–

126. -ɤu tïn-lïɤ-lar

（动名） 呼吸（动）–有生命的（形）–众生（复数）

är-sär quanšï im pusar

是（助动）–（动词第三人称条件式） 观世音菩萨

ol

他/那（代）

tïn-lïɤ-lar-qa

呼吸（动）–有生命的（形）–众生（复数）–与格

kičig kičig elig-lär

小（形） 小（形） 国王（名）–复数

127. kör-k-in

看（动）–面貌（名）–宾格

kör-git-ü

看（动）–使看见（使动态）–（副动）

nom-la-yur

经（名）–说经（动）–（未完成形容动词后缀）

qutɤar-ur　　birök　　uluɤ

拯救（动）–（形动）　但是（连）　大（形）

amanč-lar

专有名词–复数

128. at-lïɤ-lar

名字（名）–著名的（形）–（复数）

kör-k-in

看（动）–面貌（名）–宾格

kör-ü　　qurtul-ɤu

看（动）–（副动）　被救（动）–（动名）

tïn-lïɤ-lar

呼吸（动）–有生命的（形）–众生（复数）

är-sär　　quanšï im pusar

是（助动）–（动词第三人称条件式）　观世音菩萨

ol

他/那（代）

tïn-lïɤ-lar-qa

呼吸（动）–有生命的（形）–众生（复数）–与格

129. uluɤ　　amanč-lar　　kör-k-in

大（形）　专有名词–复数　看（动）–面貌（名）–宾格

kör-git-ür

看（动）-使看见（使动态）-（使动态）

nom-la-yu-r

经（名）-说经（动）-（副动）-（使动态）

qutɤar-ur　　birök　　elig

拯救（动）-（使动态）　但是（连）　国王（名）

130. nom-čï　　törö-či

经（名）-讲经者（名）　法律（名）-法师（名）

kör-k-in　　kör-ü

看（动）-面貌（名）-宾格　看（动）-（副动）

qurtul-ɤu

被救（动）-（动名）

tïn-lïɤ-lar

呼吸（动）-有生命的（形）-众生（复数）

är-sär　　quanšï im pusar

是（助动）-（动词第三人称条件式）　观世音菩萨

ol

他/那（代）

131. tïn-lïɤ-lar-qa

呼吸（动）-有生命的（形）-众生（复数）-与格

igil　　nom-čï

俗人（名）　经（名）-讲经者（名）

törö-či　　kör-k-in

法律（名）-法师（名）　看（动）-面貌（名）-宾格

kör-git-ü

看（动）–使看见（动词使动态）–（副动）

nom-la-yur

经（名）–说经（动）–（未完成形容动词后缀）

132. qutɤar-ur　birök　el-či[①]

拯救（动）–（形动）　但是（连）　国家（名）–使臣（名）

bil-gä-lär

知道（动）–智者（名）–（复数）

kör-k-in

看（动）–面貌（名）–宾格

kör-ü　qurtul-ɤu

看（动）–（副动）　被救（动）–（动名）

tïn-lïɤ-

呼吸（动）–有生命的（形）–

133. -lar　är-sär

众生（复数）　是（助动）–（动词第三人称条件式）

quanšï im pusar　ol

观世音菩萨　他/那（代）

tïn-lïɤ-lar-qa

呼吸（动）–有生命的（形）–众生（复数）–与格

①彦斯·威肯思（Jens Wilkens）：《古代回鹘语简明词典》（Handwörterbuch des Altuigurischen, Altuigurisch-Deutsch-Türkisch），哥廷根：德国哥廷根大学出版社，2021年，第255页。“elči”一词意为“使臣、部长”，蒙古语作“elči（n）”，意思相同。

el-či　　　　　　　　bil-gä-lär

国家（名）–使臣（名）　知道（动）–智者（名）–（复数）

kör-k-in

看（动）–面貌（名）–宾格

kör-git-ür

看（动）–使看见（使动态）–（使动态）

134. nom-la-yur

经（名）–说经（动）–（未完成形容动词后缀）

qutɤar-ur　　　　　　　　birök

拯救（动）–（动词使动态）　但是（连）

braman-lar　　　　　　kör-k-in

婆罗门（名）–复数　　看（动）–面貌（名）–宾格

kör-ü　　　　　　　qurtul-ɤu

看（动）–（副动）　被救（动）–（动名）

135. tïn-lïɤ-lar

呼吸（动）–有生命的（形）–众生（复数）

är-sär

是（助动）–（动词第三人称条件式）

quanšï im pusar　　ol

观世音菩萨　　　他 / 那（代）

tïn-lïɤ-lar-qa

呼吸（动）–有生命的（形）–众生（复数）–与格

braman-lar　　　　　　kör-k-in

婆罗门（名）–复数　　看（动）–面貌（名）–宾格

136. kör-git-ür

看（动）– 使看见（使动态）–（使动态）

nom-la-yur

经（名）– 说经（动）–（未完成形容动词后缀）

qutɤar-ur 拯救（动）–（使动态）
birök 但是（连）
toyïn 僧人（名）

šamnanč 尼姑（名）
upase 在家男性（名）

137. upasanč-lar 在家女性（名）– 复数
kör-k-in 看（动）– 面貌（名）– 宾格

kör-ü 看（动）–（副动）
qurtul-ɤu 被救（动）–（动名）

tïn-lïɤ-lar

呼吸（动）– 有生命的（形）– 众生（复数）

är-sär 是（助动）–（动词第三人称条件式）
quanšï im pusar 观世音菩萨

ol 他 / 那（代）
tïn-lïɤ- 呼吸（动）– 有生命的（形）–

138. -lar-qa 复数 – 与格
toyïn[①] 僧人（名）
šamnanč 尼姑（名）
upasi 在家男性（名）

---

① 彦斯·威肯思（Jens Wilkens）:《古代回鹘语简明词典》（Handwörterbuch des Altuigurischen, Altuigurisch–Deutsch–T ü rkisch），哥廷根：德国哥廷根大学出版社，2021 年，第 735 页。“toyïn”为汉语借词，意为佛教徒，僧人。

upasanč-lar kör-k-in

在家女性（名）-复数 看（动）-面貌（名）-宾格

kör-git-ü

看（动）-使看见（使动态）-（副动）

139. nom-la-yu qutɤar-ur

经（名）-说经（动）-（副动） 拯救（动）-（形动）

birök ügä adïn adïn bil-gä

但是（连） 别的 别的 知道（动）-智者（名）

at-lïɤ yüz-

名字（名）-著名的（形） 面部（名）-

140. -lüg är kör-k-in

有的（形） 是（助动） 看（动）-面貌（名）-宾格

kör-ü qurtul-ɤu

看（动）-（副动） 被救（动）-（动名）

tïn-lïɤ-lar

呼吸（动）-有生命的（形）-众生（复数）

är-sär quanšï im pusar

是（助动）-（动词第三人称条件式） 观世音菩萨

ol

他/那（代）

141. tïn-lïɤ-lar-qa

呼吸（动）-有生命的（形）-众生（复数）-与格

adïn adïn ügä bil-gä

别的 别的 知道（动）-智者（名）

at-lïɤ　　　　　　　　　　yüz-lüg

名字（名）–著名的（形）　面部（名）–有的（形）

är　　　　　äw-či

是（助动）　猎物（名）–猎人（名）

142. kör-k-in

看（动）–面貌（名）–宾格

kör-git-ür

看（动）–使看见（使动态）–（使动态）

nom-la-yu　　　　　　　　　　qutɤar-ur

经（名）–说经（动）–（副动）　拯救（动）–（使动态）

birök　　　　känč　　　　urï-lar　　　　känč

但是（连）　最小的（形）　童子（名）–复数　幼子（名）

143. qïz-lar　　　　　kör-k-in

姑娘（名）–复数　看（动）–面貌（名）–宾格

kör-ü

看（动）–（副动）

qurtul-ɤu

被救（动）–（动名）

tïn-lïɤ-lar

呼吸（动）–有生命的（形）–众生（复数）

är-sär　　　　　　　　　　　　quanšï im pusar

是（助动）–（动词第三人称条件式）　观世音菩萨

ol　　　　　tïn-lïɤ-lar-

他/那（代）　呼吸（动）–有生命的（形）–众生（复数）–

144. -qa känč urï känč

与格 幼子（名） 童子（名） 幼子（名）

qïz-lar kör-k-in

姑娘（名）-复数 看（动）-面貌（名）-宾格

kör-git-ü

看（动）-使看见（使动态）-（副动）

nom-la-yu qutɤar-ur

经（名）-说经（动）-（副动） 拯救（动）-（使动态）

145. birök tängri-lär yäk-lär

如果（连） 上天（名）-复数 夜叉（名）-复数

luu[①]-lar

龙（名）-复数

ɤantar gintirw-lär asuri-lär

紧那罗（名） 乾闼婆（名） 阿修罗（名）-复数

talï-m qara quš-lar

抢掠（动）-掠夺（动） 黑（形） 鸟（名）-复数

kinarä

专有名词

①彦斯·威肯思(Jens Wilkens):《古代回鹘语简明词典》(Handwörterbuch des Altuigurischen, Altuigurisch-Deutsch-Türkisch),哥廷根:德国哥廷根大学出版社, 2021年,第457页。"luu"为汉语借词,意为"龙"。

146. xan[1] -lar-ï　　maharok-lar

汗（名）–复数–（第三人称所属后缀）　专有名词–复数

kiši-li　　kiši-

人（名）–和　人（名）–

147. -lar　　är-sär　　quanšï im pusar

复数　是（助动）–（动词第三人称条件式）　观世音菩萨

ol

他 / 那（代）

tïn-lïɤ-lar-qa

呼吸（动）–有生命的（形）–众生（复数）–与格

alqu-qa　　yara-šï　　ät'öz

所有–与格　合（动）–合适（形）　身体（名）

kör-k-in

看（动）–面貌（名）–宾格

148. kör-git-ü

看（动）–使看见（使动态）–（副动）

nom-la-yu　　qutɤar-ur

经（名）–说经（动）–（现在时）　拯救（动）–（使动态）

birök　　wačirapan-lar

但是（连）　金刚身（名）–复数

①彦斯·威肯思（Jens Wilkens）:《古代回鹘语简明词典》（Handwörterbuch des Altuigurischen, Altuigurisch-Deutsch-Türkisch），哥廷根：德国哥廷根大学出版社，2021 年，第 277 页。"xan"为"可汗、国王"，蒙古语作"qan"，意思相同。

kör-k-in

看（动）– 面貌（名）– 宾格

149. kör-ü qurtul-ɤu

看（动）–（副动） 被救（动）–（动名）

tïn-lïɤ-lar

呼吸（动）– 有生命的（形）– 众生（复数）

är-sär quanšï im pusar

是（助动）–（动词第三人称条件式） 观世音菩萨

ol tïn-lïɤ-

他 / 那（代） 呼吸（动）– 有生命的（形）–

150. -lar-qa wačirapan-lar

复数 – 与格 金刚身（名）– 复数

kör-k-in

看（动）– 面貌（名）– 宾格

kör-git-ü

看（动）– 使看见（使动态）–（副动）

nom-la-yur qutɤar-ur

经（名）– 说经（动）–（现在时） 拯救（动）–（使动态）

151. alqïn-č-sïz

完竭（动）–（名）– 不竭的（形 – 否定）

kögüz-lüg

胸（名）– 有的（形）

bodisavat siz inčä

菩提萨埵 你们（代） 这样（代）

bil–in–g
知道（动）–知道（动）–（动名）

uq-un-g　　　　bo　　　　quanšï im-
明白（动）–（反身态）–（动名）　这个（代）　观世音

152. pusar　munčulayu　tang　adïn-čïɤ
菩萨　这样地（代）　黎明（名）　变得不同–特殊的

alp　är-däm-in　　　　qamaɤ
困难的　男人（名）–道德（名）–宾格　所有的

tïn-lïɤ-lar-qa
呼吸（动）–有生命的（形）–众生（复数）–与格

153. asïɤ　tuso　qïl-u
利益（名）利益（名）做（动）–（副动）

qutɤar-ur　　　　adroq　adroq
拯救（动）–（使动态）　不同的　不同的

ät’öz　kör-git-ip
身体（名）　看（动）–使看见（使动态）–（副动）

154. bo　saw　at-lïɤ
这个（代）　话（名）　名字（名）–著名的（形）

yer　suw-da
地方（名）　水（名）–位格

yorï-yur
走（动）–（未完成形容动词后缀）

tïn-lïɤ-lar-ïɤ
呼吸（动）–有生命的（形）–众生（复数）–众生的（形）

qutɣar-ur asïɣ

拯救（动）-（使动态） 利益（名）

155. tuso qïl-ur anïn qamaɣ

利益 做（动）-（使动态） 把他 所有的

tïn-lïɣ-lar

呼吸（动）-有生命的（形）-众生（复数）

aya-yu aɣïr-la-yu

尊敬（动）-（副动） 尊敬（动）-尊敬（动）-（副动）

tapïn-u

尊敬（动）-（副动）

156. udun-u at-a-yu

跟随、敬（动）-（副动） 名字（名）-命名（动）-（副动）

tut-mïš kärgäk alqu-qa

抓住（动）-（形容动词过去式） 需要 所有的-与格

qorq-unč-suz bušï

怕（动）-怕（名）-不怕（否定） 布施（名）

bir-gü-či

给（动）-（动名）-给予者（名）

157. te-t-ir üčün ol üdün

说（动）-称作（使动态）-（使动态） 为了 那时

alqïn-č-sïz

完竭（动）-（名）-不竭的（形-否定）

kögüz-lüg bodisawat inčä

胸（名）-有的（形） 菩提萨埵 这样（代）

158. te-p　　ötüg

说（动）-（副动）　请求（动）-请求（名）

öt-ün-ti

请求（动）-请求（名）-（过去时）

tängri-m　　biz

上天（名）-我的天（第一人称所属后缀）　我们（代）

amtï　quanšï im pusar-qa

现在　观世音菩萨-与格

159. tap-ïɤ　　uduɤ

敬（动）-敬（动）　敬（动）

täg-ür-älim

到达（动）-使到达（使动态）-（动词第一人称复数祈使式）

ötrü　käntü-nüng　tükä-l　törlüg

之后　自己（代）-属格　完结（动）-全部的　各种

160. sat-ïɤ-sïz　　ärdini-lig

卖（动）-卖（名）-（形-否定）　宝贝（名）-宝贵的（形）

kün-tä-gü-sin

日/太阳（名）-（位格）-（动名）-（动词第三人称单数祈使式）

alïp　quanšï im pusar-qa

手掌　观世音菩萨-与格

161. tut-dï　　inčä　　te-p

抓住（动）-过去式　这样（代）　说（动）-（副动）

te-di　　tözün-üm

说（动）-（过去时）　善男子（名）-（第一人称所属后缀）

al-ïng　　bo　　nom

拿（动）–（第二人称所属后缀）　这个（代）　经（名）

bušï-sï

布施（动）–（第三人称所属后缀）

162. te-t-ir　　quanšï im pusar

说（动）– 称作（使动态）–（使动态）　观世音菩萨

al-ɣalï　　una-ma-dï

拿（动）– 目的副动　愿意（动）– 不愿意（否定）– 过去式

alqïn-č-sïz

完竭（动）–（名）– 不竭的（形 – 否定）

kögüz-lüg

胸（名）– 有的（形）

163. bodisawat　tana　iki-läy

菩萨　这样　二（数）– 重新（动）

öt-ün-ti

请求（动）– 请求（名）–（过去时）

tözün-üm

善男子（名）–（第一人称所属后缀）

biz-in-gä　　yarlïqan-

我们（代）– 用我们（工具格）–（名）　仁义的（形）–

164. -čučï　　köngül

仁慈的（形）　心（名）

tur-ɣur-ung

起来（动）– 使站起（使动态）–（动词第二人称单数祈使式）

bo　　buši[1]-mïz-nï

这个（代）　布施（动）-（否定）-（宾格）

al-ïp　　asïɤ　　tuso

拿（动）-（副动）　利益（名）　利益（名）

165. qïl-ïng　　te-p

做（动）-（第二人称所属后缀）　说（动）-（副动）

öt-ün-ti　　ol üdün　　tängri

请求（动）-请求（名）-（过去时）　那时　　上天（名）

bur-xan　　quanšï im-

佛（名）-汗（名）　观世音

166. pusar-qa　　inčä　　te-p

菩萨-与格　这样（代）　说（动）-（副动）

yarlïq-a-dï

命令（名）-保佑（动）-过去式

tözün-üm　　bo

善男子（名）-（第一人称所属后缀）　这个（代）

alqïn-č-sïz

完竭（动）-（名）-不竭的（形-否定）

167. kögüz-lüg　　bodisawat　ulatï　　tängri-li

胸（名）-有的（形）　菩提萨埵　以及　上天（名）-和

①彦斯·威肯思(Jens Wilkens):《古代回鹘语简明词典》(Handwörterbuch des Altuigurischen□Altuigurisch-Deutsch-Türkisch),哥廷根:德国哥廷根大学出版社，2021 年,第 205 页。“buši”为汉语借词,意为布施、施舍、捐赠。

kiši-li qalïn quwaraɤ-qa
人（名）– 和 厚（形） 僧人（名）– 与格

168. yarlïqan-čučï köngül
仁义的（形）– 仁慈的（形） 心（名）
tur-ɤur-ung
起来（动）– 使站起（使动态）–（动词第二人称单数祈使式）
bo buši-sïn
这个（代） 布施（动）–（第三人称所属后缀）
al-ïng asïɤ tuso
拿（动）–（副动） 利益（名） 利益（名）

169. qïl-u bir-ing
做（动）–（副动） 给（动）–（动词第二人称单数祈使式）
te-p
说（动）–（副动）
yarlïq-a-sar ötrü
命令（名）– 保佑（动）–（动词第三人称条件式） 之后
quanšï im pusar ol buši
观世音菩萨 他 / 那（代） 布施（名）

170. bir-miš ärdini-lig
给（动）–（形动 – 完成 – 过去） 宝贝（名）– 宝贝的（形）
kün-täg-üg al-ïp iki
日 / 太阳（名）– 相似 –（名） 拿（动）–（副动） 二（数）
ülüš qïl-tï bir ülüš-in
份 做（动）– 过去式 一（数） 份 – 宾格

171. ärüš ärdini bur-xan-qa

多（形） 宝贝（名） 佛（名）–汗（名）–与格

tut-dï bir ülüš-in tängri

抓住（动）–过去式 一（数） 份–宾格 上天（名）

šakimuni

释迦牟尼

172. bur-xan-qa tut-dï

佛（名）–汗（名）–与格 抓住（动）–过去式

quanšï im pusar antaɤ uz al

观世音菩萨 那样（代） 能巧的 方法（名）

čäwiš-in

不好之手法–宾格

173. timin bo yirtinčü-dä asïɤ

马上 这个（代） 尘世（名）–（与格） 利益（名）

tuso qïl-u yorï-yur

利益（名） 做（动）–（副动） 走（动）–（现在时）

ol üdün

那时

174. alqïn-č-sïz

完竭（动）–（名）–不竭的（形–否定）

kögüz-lüg bodisawat šlok

胸（名）–有的（形） 菩提萨埵 诗（名）

takšut-ïn tängri bur-xan-

歌（名）–宾格 上天（名） 佛（名）–汗（名）–

175. -qa　　inčä　　　　te-p

与格　　这样（代）　说（动）-（副动）

ay-ït-u

说（动）-（使动态）-（副动）

täg-in-ti　　　　　　　　　　　　　　suqančïɤ

到达（动）- 到达（动）-（过去时）　可爱的（形）

kör-k-i-n-gä

看（动）- 面貌（名）-（第三人称所属后缀）-（连接音）- 与格

tükä-l-lig-

完结（动）- 全 - 具有的（形）-

176. -im　　　　　　　　　tängri-m

（第一人称复数）　上天（名）- 我的天（第一人称所属后缀）

iki-lä-yü　　　　　　　　　ay-ït-u

二（数）- 再次 -（副词）　说（动）-（使动态）-（副动）

täg-in-ür　　　　　　　　　　　　　　　　män

到达（动）- 到达（动）- 使到达（使动态）　我（代）

bo　　　　　bodisawat　nä

这个（代）　菩提萨埵　什么（代）

177. üčün　　nä　　　tïltaɤ-ïn　　　　　quanšï im pusar

为了　　什么　　原因（名）- 宾格　　观世音菩萨

te-p

说（动）-（副动）

at-a-n-tï　　　　　　　　　　　　　　　　tängri

名字（名）- 命名（动）- 被命名（被动）- 过去式　上天（名）

178. bur-xan　　　　　　　ymä　šlok[1]　　　takšut-ïn

佛（名）–汗（名）　也　诗（名）　歌（名）–宾格

inčä　　　　te-p

这样（代）　说（动）–（副动）回答

kikinč　yarlïq-a-dï

命令（名）–保佑（动）–过去式

179. qod-ur-u

放（动）–（形动）–（副动）

tïng-la-ng　　　　　　　　　　　　　　siz

声音（名）–听（动）–（第二人称后缀）　你们（代）

ol　　　　　　quanšï im bodisawat

他/那（代）　观世音菩萨

yorï-ɤ-ïn

走（动）–行走（名）–宾格

180. nom-la-yïn　　　　　　　　　　　　　　qut

经（名）–说经（动）–（动词第一人称祈使式）　福（名）

qolu-p　　　　　　　　ant　antïk-mïšï

索求（动）–（副动）　　　发誓（渡过）–（形动过去式）

taloy　　　　ögüzdä

海洋（名）　专有名词

---

①彦斯·威肯思（Jens Wilkens）:《古代回鹘语简明词典》（Handwörterbuch des Altuigurischen, Altuigurisch–Deutsch–T ü rkisch），哥廷根：德国哥廷根大学出版社，2021 年，第 654 页。“šlok”一词为梵语借词，通过吐火罗语进入回鹘语。梵语为“śloka”，意思为诗歌。

181. täring-räk ol kalp

深（形）－较深（形容词比较级） 他 / 那（代） 劫（名）

ödün qolula-sar

时间（名） 思考（动）－（动词第三人称条件式）

bil-gülük

知道（动）－（形动）

är-mäz qol-tï

是－否定 祈求（动）－（过去时）

182. san-ïn-ča

想（动）－想（动）－思想（名）

bur-xan-lar-qa

佛（名）－汗（名）－复数－与格

tapïn-ïp an-tï-qa qut

敬（动）－（副动） 敬（动）－从格－与格 福（名）

qol-mïš

祈求（动）－（形动－完成－过去）

183. är-ür män amtï

是、走过（动）－（使动态） 我（代） 现在

siz-in-gä

你们（代）－（第二人称所属后缀）－与格

az-qïya

少（形）－一点（指小表爱级）

nom-la-yïn

经（名）－说经（动）－（动词第一人称祈使式）

at-ïn　　　　　　äšid-sär

名字（名）–宾格　听（动）–条件式

184. ät'öz-in　　　　　kör-sär

身体（名）–宾格　看（动）–（动词第三人称条件式）

saqïn-mïš-ï

想（动）–（形动–完成–过去）–（第三人称所属后缀）

yoq-suz　　　　　bol-maz　　　qop　tör-

无–无用的（形）　发生–（否定）　全部

185. -lüg　ämgäk-in-tä　　　　　qutɤar-ur

各种　痛苦（名）–工具格–与格　拯救（动）–（使动态）

bo　　　yirtinčü-däki　　　　qamaɤ

这个（代）　尘世（名）–（界限格）　所有的

yalnɤuq-lar

人（名）–复数

186. adroq　adroq　mung-ïn-ta　　　　　alqu　törlüg

不同的　不同的　忧愁（名）–宾格–与格　所有　各种

ämgäk-in-tä

痛苦（名）–工具格–与格

oz-ɤur-ur

救（动）–救出（使动态）–（形动）

187. yilwi-k-ip　　　　　　aɤu-q-up

魔法（名）–（动）–（副动）　毒（名）–中毒（动）–（副动）

öl-ür-gälï

死（动）–杀死（使动态）–即将杀死（副动）

saqïn-sar yana

想（动）–失去（动）–（动词第三人称条件式） 又

ol oq

他/那（代） 加强语气词

qïl-tačï-

做（动）–（未完成形容动词后缀）

188. -qa täg-i-r

与格 到达（动）–直到–使到达（使动态）

ayïɤ irinč yarlïɤ

坏（形） 可怜（形） 命令（名）

umuɤ-suz //////////mag-sïz

希望（名）–无望（否定） （?）–（形–否定）

ämagäk-lig

痛苦（名）–痛苦的（形）

189. tïn-lïɤ-lar

呼吸（动）–有生命的（形）–众生（复数）

ög-in-tä

赞扬（名）–宾格–位格

qan-gï-n-ta taqï

满足（动）–（动名）–（连接音）–位格 又

yig-räk

病（名）–较痛（形容词比较级）

ada-sï-n-ta

危险–（第三人称所属后缀）–（连接音）–位格

190. tuda-sï-n-ta ara

危险（名）–（第三人称所属后缀）–（连接音）– 位格 之间

kir-ür oz-ɤur-ur

进入（动）–（形动） 救（动）– 救出（形动）–（使动态）

al čäwiš bil-gä

方法 不好之手法 知道（动）– 智者（名）

bil-ig

知道（动）– 知识（名）

191. qaz-ɤan-č ärtingü öküš

挖（动）– 获得（动）– 获得物（名） 非常 多（形）

qaz-ɤan-mïš

挖（动）– 获得（动）–（形动 – 完成 – 过去）

üčün bügü-lüg

为了 智者（名）– 睿智的（形）

192. är-däm-kä

男人（名）– 道德（名）– 与格

tïd-ïɤ-sïz

妨碍（动）– 妨碍（动）– 无妨碍（形 – 否定））

är-ür ontun sïnɤar

是、走过（动）–（使动态） 地方（名） 方向（名）

ät'öz kör-gü-t-ür

身体（名） 看（动）–（动名）–（使动态）–（使动态）

ol

他 / 那（代）

193. yer suw yok kim käntü

地方（名） 水（名） 无 谁（代） 自己（代）

öz-i

自己（代）-（第三人称所属后缀）

täg-mä-sär

到达（动）-（否定）-（动词第三人称条件式）

käntü-ni

自己（代）-（宾格）

at-a-mïš

名字（名）-命名（动）-（形动-完成-过去）

194. ün-üg anta oq

声音（名）-宾格 那里（代） 加强语气词

äšid-ür tamu[①] pret[②] yïlqï

听（动）-（使动态） 地狱（名） 恶鬼（名） 牲畜（名）

ažun[③]-ta öz-i

尘世（名）-位格 自己（代）-（第三人称所属后缀）

195. kir-ip ämgäk-lär-in-tä

进入（动）-（副动） 痛苦（名）-复数-宾格-与格

---

①彦斯·威肯思(Jens Wilkens):《古代回鹘语简明词典》(Handwörterbuch des Altuigurischen, Altuigurisch-Deutsch-Türkisch),哥廷根:德国哥廷根大学出版社,2021年,第668页。"tamu"一词为"地狱",粟特语借词,蒙古语中也读作"tamu",意思相同。

②彦斯·威肯思(Jens Wilkens):《古代回鹘语简明词典》(Handwörterbuch des Altuigurischen, Altuigurisch-Deutsch-Türkisch),哥廷根:德国哥廷根大学出版社, 2021年,第562页。"pret"一词为梵语借词,通过吐火罗语进入回鹘语。

③彦斯·威肯思(Jens Wilkens):《古代回鹘语简明词典》(Handwörterbuch des Altuigurischen, Altuigurisch–Deutsch–T ü rkisch),哥廷根:德国哥廷根大学出版社, 2021年,第94页。"ažun"为粟特语借词。

oz-ɤur-ur　　　　　　　　　　　　　　quanšï im pusar

救（动）–救出（使动态）–（使动态）　观世音菩萨

tïn-lïɤ-r-ïg

呼吸（动）–有生命的（形）–（形）

196. qolula-mïš-ï

思考（动）–（形动–完成–过去）–（第三人称所属后缀）

čïn[①]　　kertü　qolula-maq

真（形）　真的　思考（动）–（动名）

te-t-ir

说（动）–称作（使动态）–（使动态）

arïɤ　　　　turuɤ　　　　qolula-maq

林子（名）　瘦弱（形）　思考（动）–（动名）

197. te-t-ir　　　　　　　　　　　　　　king

说（动）–称作（使动态）–（使动态）　宽广（形）

bil-gä　　　　　　　　bi-lig

知道（动）–智者（名）　知道（动）–知识（名）

qolula-maq　　　　　　te-t-ir

思考（动）–（动名）　说（动）–称作（使动态）–（使动态）

uluɤ　　yarlïqan-čučï

大（形）　仁义的（形）–仁慈的（形）

---

①彦斯·威肯思(Jens Wilkens):《古代回鹘语简明词典》(Handwörterbuch des Altuigurischen□Altuigurisch-Deutsch-Türkisch),哥廷根:德国哥廷根大学出版社，2021年,第228页。“čïn”一词为汉语借词“真”。

198. qolula-maq

思考（动）-（动名）

te-t-ir

说（动）- 称作（使动态）-（使动态）

uluɣ ädgü ög-li

大（形） 好（形） 赞美（动）-（否定）

qolula-maq te-t-ir

思考（动）-（动名） 说（动）- 称作（使动态）-（使动态）

män

我（代）

199. qut qol-ur män qulkïya

福（名） 祈求（动）-（使动态） 我（代） 专有名词

uluɣ yarlïqan-čučï qolula-maq

大（形） 仁义的（形）- 仁慈的（形） 思考（动）-（动名）

bil-ig-in

知道（动）- 知识（名）- 宾格

200. män-i

我（代）-（第一人称所属后缀）

qolula-yu buyan[1]-la-yu

思考（动）-（副动） 福禄（名）- 赐福（动）-（副动）

---

①彦斯·威肯思(Jens Wilkens):《古代回鹘语简明词典》(Handwörterbuch des Altuigurischen, Altuigurisch–Deutsch–Türkisch),哥廷根:德国哥廷根大学出版社, 2021 年,第 207 页。“buyan”一词为梵语借词,通过粟特语进入回鹘语。回鹘语和蒙古语的读音、意思均相同。

yarlïq-a-zun

命令（名）–保佑（动）–（动词第三人称单数祈使式）

arïɣ

林子（名）

turuɣ　　　yarlïqan-čučï

瘦弱（形）　仁义的（形）–仁慈的（形）

yaru-q-

发光（动）–光明（名）–

201. -unɣuz　　　kün　　　tängri

（第二人称所属后缀）　日、太阳（名）　上天（名）

täg　　　bil-gä

像……一样　知道（动）–智者（名）

bil-ig-lig

知道（动）–知识（名）–（宾格）

yaru-q-unɣuz　　　qop

发光（动）–光明（名）–（第二人称所属后缀）　全部

qamaɣ

所有的

202. yalnɣuq-lar　　　kögüz-in

人（名）–复数　胸（名）–宾格

yaru-t-ïr　　　siz

发光（动）–（使动态）–（未完成形容动词）　你们（代）

män-ing　　　ymä

我（代）–我的（属格）　也

qara-r-ïg-ïm-ïn

黑（形）–变黑（使动态）–黑暗（形）–（第一人称后缀）–宾格

203. yaru-tï bär-zün

发光（动）–过去式 给（动）–（ ）

tsuy[①] -um-ta

罪（名）–（第一人称所属后缀）–位格

yaz-uq-um-ta

走错路（动）–罪（名）–（第一人称所属后缀）–位格

boš-u-yu

自由的（名）–解救（动）–（副动）

bär-zün tözü

给（动）–（动词第三人称单数祈使式） 仁者（名）

204. yirtinčü yer suw-da uluɤ

尘世（名） 地方 水（名）–位格 大（形）

yarlïqan-čučï bulït örit-ir

仁义的（形）–仁慈的（形） 云（名） 起（动）–（使动态）

siz tängri-m

你们（代） 上天（名）–我的天（第一人称所属后缀）

205. noš täg tatïɤ-lïɤ

甘露（名） 像……一样 味道（名）–有味道（形）

---

①彦斯·威肯思(Jens Wilkens):《古代回鹘语简明词典》(Handwörterbuch des Altuigurischen□Altuigurisch-Deutsch-Türkisch),哥廷根:德国哥廷根大学出版社，2021年,第751页。“tsuy”一词为汉语借词“罪”。

yaɤ-mur suw-ïn

下雨（动）–雨（名） 水（名）–宾格

yaɤ-ït-ïp yalnɤuq-lar-nïng

下雨（动）–使落雨（使动）–（副动） 人（名）–复数–属格

206. nizwani ot-ïn

烦恼（名） 火（名）–宾格

öč-ür-ür siz

消灭（动）–消灭（使动态）–（使动） 你们（代）

bo bodisawat suqančïg

这个（代） 菩提萨埵 美妙（形）

ün-lüg

声音（名）–有的（形）

207. te-t-ir äzrua

说（动）–称作（使动态）–（使动态） 梵天（名）

ün-lüg

声音（名）–有的（形）

te-t-ir

说（动）–称作（动词使动态）–（动词使动态）

taloy ün-lüg

海洋（名） 声音（名）–有的（形）

te-t-ir yertin-

说（动）–称作（动词使动态）–（使动态）

208. -čü-dä

尘世（名）–位格

yig-äd-miš

较好（形）–养育（动）–（形动–完成–过去）

ün-lüg

声音（名）–有的（形）

te-t-ir

说（动）–称作（使动态）–（使动态）

anï üčün turqaru at-a-

把他 为了 常常 名字（名）–命名（动）–

209. -mïš kärgäk

（形动–完成–过去） 需要

at-a-mïš sayu

名字（名）–命名（动）–（形动–完成–过去） 每个

siz-ik

发现（动）–疑惑

qïl-ma-nglar

做（动）–否定–（动词第二人称复数祈使式）

ämgäk-tä ara

痛苦（名）–与格 之间

210. kir-mä-gäy te-p

进入（动）–否定–（动词愿望式） 说（动）–（副动）

quanšï im pusar bügü bil-ig-in

观世音菩萨 智者（名） 知道（动）–知识（名）–宾格

alqu-n-ï kör-ür

所有–（连接音）–（第三人称所属后缀） 看（动）–（使动态）

211. bügü-län-ür yarlïqan-čučï

智者（名）–（动）–（使动态） 仁义的（形）–仁慈的（形）

közin kör-üp

出现（动） 看（动）–（副动）

umuɤ-ï

希望（名）–（第三人称所属后缀）

ïnaɤï bol-u

皈依 发生（动）–（副动）

212. bir-ür qop tör-lüg

给（动）–（使动态） 全部 规矩（名）–合法的（形）

ädgü qïl-ïn-č

好（形） 做（动）–被做（被动态）–行为（名）

qaz-ɤan-čï taloy

挖（动）–获得（动）–获得物（名） 海洋（名）

ügüz-dä

河流（名）–位格

213. täring-räk

深（形）–较深（形容词比较级）

te-t-ir

说（动）–称作（使动态）–（使动态）

aɤlaq tüz-gär-inč-siz

远（形） 直（形）–（动）–（名）–无可比拟的（形容词否定）

är-däm-i ol

男人（名）–道德（名）–（第三人称所属后缀） 他/那（代）

är-ür qanta

是、走过（动）–（使动态） 何处

214. at-a-sar anta

名字（名）–命名（动）–（动词第三人称条件式） 那里（代）

oq äšid-ür ïčɤïn-maz

加强语气词 听（动）–（使动态） 失去（动）–（否定）

mung-ïn-ta ämgäk-in-tä ara

忧愁（名）–宾格–位格 痛苦（名）–工具格–与格 之间

215. kir-ür

进入（动）–（使动态）

oz-ɤur-ur anïn

救（动）–救出（使动态）–（使动态） 用他

tïn-lïɤ-lar

呼吸（动）–有生命的（形）–众生（复数）

at-a-mïš

名字（名）–命名（动）–（形容动词过去式）

tapïn-mïš kärgäk

敬（动）–（形容动词过去式） 需要

213.ol üdün yer tut-ar

那时 地方（名） 抓住（动）–（使动态）

bodisawat

菩提萨埵

orn-ï-n-ta

地方（名）–（第三人称所属后缀）–（连接音）–方位格

tur-up tängri bur-xan-

站（动）–（副动） 上天（名） 佛（名）–可汗（名）

217. -qa inčä te-p ötüg

与格 这样（代） 说（动）–（副动） 请求

öt-ün-ti kim qayu

请求（动）–请求（名）–（过去时） 谁（代） 哪个（代）

tïn-lïɤ bo quanšï-

呼吸（动）–有生命的（形） 这个（代）

218. im pusar är-däm-in

观世音菩萨 男人（名）–道德（名）–（第三人称所属后缀）

bügü-lä-n-mäk-in

智者（名）–（动）–（连接音）–（动名）–宾格

qut-ad-ma-qïn

福（名）–有福（动）–（否定）–宾格

äšid-sär at-ïn

听（动）–（动词第三人称条件式） 名字（名）–宾格

219. at-a-yu

名字（名）–命名（动）–（副动）

tut-sar män inčä

抓住（动）–（动词第三人称条件式） 我（代） 这样

qolula-yur män ol

思考（动）–（形动） 我（代） 他 / 那（代）

tïn-lïɤ-nïng

呼吸（动）–有生命的（形）–属格

220. ädgü　　qïl-ïn-č

好（形）　做（动）– 被做（被动态）– 行为（名）

utlï-sï　　ärtingü　　öküš

感恩的（形）–（第三人称所属后缀）　非常　　多（形）

te-t-ir

说（动）– 称作（使动态）–（使动态）

tängri-si

上天（名）–（第三人称所属后缀）

221. bur-xan　　quanšï im pusar-nïng　　alqu-dïn

佛（名）　观世音菩萨（名）– 属格　所有 – 从格

sïnɤar　　qut-ad-maq

方向（名）　福（名）– 有福（动）–（动名）

222. är-däm-in

男人（名）– 道德（名）– 宾格

nom-la-yu

经（名）– 说经（动）–（副动）

widyag　　qïl-miš-ïn

专有名词　做（动）–（形容动词过去完成时）–（被动）

äšid-ig-li

听（动）–（名）–（被动态）–（否定）

quwraq-da　　säkiz

众（名）– 位格　八（数）

223. tümän　　tört　　ming

万（数）　四（数）　千（数）

tïn-lïɤ-lar

呼吸（动）–有生命的（形）–众生（复数）

alqu-ɤ-un

所有–（动名）–宾格

tüz-gär-inč-siz

直（形）–（动）–（名）–无可比拟的（形容词否定）

224.bur-xan qut-ï-n-ɤa

佛（名） 福（名）–（第三人称所属后缀）–（连接音）–与格

köngül tur-ɤur-dï-lar

心（名） 站立（动）–使站起（使动态）–（过去式）–（陈述）

225. namo but namo darm namo sang

南无佛 南无法 南无僧

226.darmuruč šäli upasi

人名 阿阇梨 在家男性（名）

qul-qïya

奴隶（名）–（指小表爱级）

küšü-š-i-n-gä

愿望（动）–（名）–（第三人称所属后缀）–（连接音）–与格

biti-d-im ägsü-k

写（动）–（过去式）–（第一人称所属后缀） 缺（动）–（形）

227. ////////mäk-i bol-ur

（动名）–（第三人称所属后缀） 发生（动）–（使动态）

第三节　小结

蒙古文和回鹘文在词语结构方面很接近。本章对蒙古文和回鹘文《法华经·普门品》中所有词语进行了结构分解，对一些词语究其根源，以注释的形式做了标注。蒙古文和回鹘文均属于阿尔泰语系，其词语变化都是在词根或词干上缀接不同的构词成分派生出新的词语；通过不同的形态变化来表示不同的意思。通过结构分析得知，在构词方面，蒙古文和回鹘文中都有由名词、动词、形容词、代词构成的构成名词后缀；由名词、动词、形容词、代词构成的构成动词后缀；动词也有相同的时、态、式的变化；由名词、形容词构成的构成形容词后缀。在形态变化方面，蒙古文和回鹘文的名词和动词都有格的变化和人称变化。形容词有级变化。

此外，两种文本中出现了很多相同的词语，有的是同源词，有的是借入第三方语言的词语，有的是互借词语。关于此内容在下一章中专门探讨，故在此不再赘述。

第四章 《法华经·普门品》蒙古和回鹘文文本语法特点比较

语法同属黏着语的蒙古语和回鹘语在形态学方面有很多相似之处，都是以词根或词干为基础，后接附加成分后派生新词和进行词形变化；名词、代词、形容词、数词，都有人称、数或格的语法范畴；动词都有时、体、态、式等语法范畴。本章以蒙古文和回鹘文《法华经·普门品》为例，对两种语言的词汇系统进行梳理及比较研究。

第一节 《法华经·普门品》蒙古和回鹘文文本词汇结构比较

一、词汇的构成

在长期的历史发展过程中，蒙古语和回鹘语都形成了庞大而严谨的词汇系统。该词汇系统就来源而言，主要由固有词和借词组成。

（一）固有词

固有词是一个语言中原有的、最古老的词语，有很强的历史稳定性和构词能力。下面以词汇表的形式，对蒙古语和回鹘语《法华经·普门品》中出现的固有词汇进行比较，从而展现两种语言的固有词汇在历史发展中的地位、作用及呈现出的语言独特的魅力。具体如下：

序号	蒙古语	回鹘语	汉语意思
1	bi	män	我
2	či	sän	你
3	bide	biz	我们
4	eṉe	bu	这
5	tere	ol	那
6	ken	kim	谁
7	yaɣ̣un	nä	什么
8	buu	yoq	不、没有
9	bükü	bütün	全部
10	ilegü	artuq	多的
11	ṉigen	bir	一
12	qoyar	iki	二
13	yeke	uluɣ	大的
14	—	uzun	长的
15	yaɣ̣un	kičig	小的
16	qatugtai	qatun	妻子
17	—	är	男人
18	kümün	kiši	人
19	modun	ïɣač	树、木头
20	qum	qum	沙子
21	miq_a	ät	肉
22	türügüü	baš	头
23	ṉidü	köz	眼睛
24	—	til	舌头
25	—	adaq	脚

续表

序号	蒙古语	回鹘语	汉语意思
26	küǰügün	boyun	脖子
27	sedkil	köngül	心
28	—	ič-	喝
29	ide	yä-	吃
30	üǰen	kör	看
31	son̲u	äšit-	听
32	mede	bil-	知道
33	ükü	öl	死
34	alan	soy-	杀
35	—	ur-	打
36	eči	bar-	去
37	ire	käl	来
38	—	yat-	躺
39	—	tur-	站立
40	ög	bär	交给
41	öči	ti-	说
42	n̲aran	kün	太阳
43	—	ay	月亮
44	usun	suw	水
45	qur_a	yaɤmur-	雨
46	ɤ̲aǰar	yär	地
47	egülen	bulït	云
48	ɤ̣al	ot	火
49	aɤ̣ula	taɤ	山
50	šita	köy	烧
51	ündüsün	uruɤ	根

续表

序号	蒙古语	回鹘语	汉语意思
52	ebüdüg	tiz	膝
53	ulaɣ̣an	qïzïl	红的
54	šira	sarïɣ	黄的
55	čaɣ̣an	aq	白的
56	—	tün	夜晚
57	sain	ädgü	好的
58	ner_e	at	名字

（二）借词

漫长的历史长河中，各民族相互影响，相互交融，其语言文化相互吸收。从来源而言，回鹘语中的借词主要来自粟特语、梵语、汉语、吐火罗语、藏语及蒙古语。蒙古语中的借词主要来源于梵语、回鹘语、藏语、汉语。这些借词的出现极大地丰富了蒙古语和回鹘语的词汇系统。但相对于固有词而言，借词在持久性和稳固性两个方面有所欠缺，有的昙花一现，在使用一段时期后即消失；有的较持久，甚至沿用至今。借词是否能够持续沿用，取决于借词被借入其他语言之后是否能够被借入语言民族所接受，是否能够适应借入语言的社会经济发展。蒙古语和回鹘语《法华经·普门品》中出现的借词以佛教术语为主，此外还有一些是因社会经济交流后产生的借词。

1. 汉语借词

汉语借词在蒙古语《法华经·普门品》中共出现 3 种。回鹘语《法华经·普门品》中共出现 8 种。具体如下：

蒙古文		回鹘文	
借词	来源词	借词	来源词
burqan的“bur”	佛	burxan的“xan”	可汗
lingqu–a	莲花	tsuy	罪
luu	龙	luu	龙
—	—	bušï	布施
—	—	tsun	寸
—	—	quanšï im pusar	观世音
—	—	taloy	大流
—	—	toyïn	道人

2. 粟特语借词

粟特语是古代居住在中国西北和中亚昭武九姓国的粟特人的语言，属印欧语系东伊朗语支。因地区的差异，有东、西两种方言。随着粟特人活动范围的扩大，粟特语一度成为中亚、北亚的一种通用语言。粟特语对回鹘语有着深远的影响，但对蒙古语没有直接的影响。蒙古语中出现的粟特语借词一般都是借鉴了回鹘语中的粟特语。

蒙古语《法华经·普门品》中，通过回鹘语介入的粟特语借词具体如下：

（1）蒙古语 qurmusta（帝王）< 回鹘语 hormuzta< 粟特语 xwrmwzδ

（2）蒙古语 eseru_a（又作 esru_a，梵天）< 回鹘语 äzrua < 粟特语 ‘zrw’

（3）蒙古语 tamu（地狱）< 回鹘语 tamu < 粟特语 tmw

（4）蒙古语 nisvanis（烦恼，词尾 s 为复数词缀）< 回鹘语 nizeanï < 粟特语 nyzβ’ny

（5）蒙古语 suburɤan（意为“塔”）< 回鹘语 supurɤan < 粟特语 smrɤ’n

（6）蒙古语 qatun（意为“皇后、夫人”）< 回鹘语 qatun < 粟特语 qatun

（7）蒙古语 qamuɤ（意为“全部”）< 回鹘语 qamaɤ < 粟特语

回鹘语《法华经·普门品》中出现的粟特语借词除上述之外还有：

（1）upasanč：源自粟特语，意为“在家女性”。

（2）ažun：源自粟特语，意为“尘世”。

3. 希腊语借词

回鹘语和蒙古语《法华经·普门品》中出现了 nom 一词，该词源自希腊语 nomos，意为“教法、教义”。

4. 梵语借词

作为佛教文献，蒙古文和回鹘文《法华经·普门品》中的梵语借词较多，并且佛教术语占多数。蒙古文《法华经·普门品》中的梵语借词共有 25 个。回鹘文《法华经·普门品》中的梵语借词共有 29 个。具体如下：

蒙古语			回鹘语		
借词	梵语	汉译	借词	梵语	汉译
ariy_a awalukidi isuri	awalokiteśvara	观世音	ärdini	äratna	宝物、珍宝
asuri/isuri	asura	非天、阿修罗	ästup	stūpa	塔、窣堵波
bodi	bodi	菩提、觉悟	bodisawat	bodhisattwa	菩提萨埵
bodistw	bodhisattwa	菩提萨埵	buyan	puṇya	功德、善业
diyan	dhyāna	禅	dyan	dhyāna	禅
buyan	punya	福气	šlok	śloqa	诗

续表

蒙古语			回鹘语		
借词	梵语	汉译	借词	梵语	汉译
biraman	brāhmaṇ	婆罗门	mahasatw	mahāsattwa	摩诃萨埵
abida	amitābha	阿弥陀佛	nirwan	nirwāṇa	涅槃
maqastw	mahāsattwa	摩诃萨埵	sansar	śloqa	轮回
mayidari	maitrewa	弥勒	wažir	wajra	金刚
sansar	samsāra	轮回	namo	namas、namah、namo	归命
čindamani	chintimani	如意宝	but	buddha	佛
raɤšaś	rākşasī	罗刹（恶鬼）	darm	dharma	法
yaɤšas	yakṣa	夜叉	sang	sańgha	僧
erdeni	ratna	珍宝	vlokdešvar	avalokiteśvara	观世音
sartawaki	sartha	商主	yäk	yakṣa	夜叉
tarni	dhāraṇī	咒语	sartbaw	sartha	卖
ɤalab	qalpa	劫	čambudiwip	Jambudvīpa	瞻部州
makišwari	maheśvara	摩酰首罗	prateqabut	pratyeqa	辟支佛
čakirwad	cakravartī rāja	转轮王	prateqabut	pratyeqa	缘觉
maɤuraki	mahoraga	摩睺羅伽	noš	—	甘露
qandari	gandharva	乾闥婆	mahešwar	maheśvara	大自在天
qarudi	garuḍa	迦樓羅	bišamn	Vaiśravaṇa	毘沙门
kinari	kinnara	緊那羅	gantar	gandharva	乾闼婆
wčir	vajra	金刚	gintirw	—	—
—	—	—	asuri	asura	阿修罗
—	—	—	kinarä	kinnara	紧那罗
—	—	—	wačirapan	Vajrapāṇi	金刚
—	—	—	pret	preta	鬼

5. 吐火罗语借词

回鹘文《法华经 · 普门品》中出现的 tümän 和蒙古文《法华经 · 普门品》中出现的 tümen 一词源自吐火罗语，意为“万”，表示数词。

6. 回鹘语借词

蒙古语中有大量的回鹘语借词，多数是书面语借词，这些都是蒙古人在接受回鹘人的宗教文化的过程中借入蒙古语的词语。例如，蒙古文《法华经 · 普门品》中出现的回鹘语借词有：

（1）蒙古语 belge“标志、符号”< 回鹘语 bälgü

（2）蒙古语 bilig“知识、智慧”< 回鹘语 bilig

（3）蒙古语 bülüg“部、章”< 回鹘语 bülüg

（4）蒙古语 quwarag“教士”< 回鹘语 quwraɣ

（5）蒙古语 tusu“利益”< 回鹘语 tusa

（6）蒙古语 basa“又、再”< 回鹘语 basa

（7）蒙古语 keseg“段”< 回鹘语 keseg

二、构词方法

蒙古语和回鹘语文献语言的词可以分为根词、派生词和合成词。蒙古语和回鹘语中的根词是词汇里最原始、最单纯、最基本的词，是基本词汇的核心。在根词的基础上派生出许多其他词语。派生词是借后缀之助制造出来的词，由两个或两个以上的词素构成。

（一）根词

蒙古语和回鹘语《法华经 · 普门品》中出现的根词统计如下：

1. 蒙古文《法华经 · 普门品》中的根词

蒙古语	usu	ṉigen	ɣ̣al	yeke	čog	müren	kei	ebüdüg	ṉidü	ṉer_e
汉译	水	一	火	大	威严	江	风	膝盖	眼睛	名字
序号	11	12	13	14	15	16	17	18	19	20
蒙古语	tede	temür	čider	modun	gem	tere	endeki	ür_e	bey_e	ṉom
汉译	他们	铁	羁绊	木	犯戒	那	恩情	果实	身体	经
序号	21	22	23	24	25	26	27	28	29	30
蒙古语	čerig	čag	či	ṉama	busu	qubi	čiṉar	aɣ̣ula	orui	ṉaran
汉译	军队	时	你	我	不	份儿	品质	山	顶	太阳
序号	31	32	33	34	35	36	37	38	39	40
蒙古语	ɣ̣ar	oir_a	tegün	tamu	erdem	sejig	ǰüg	tende	mür	ɣ̣aǰar
汉译	手	近的	那	痛苦	学问	疑心	方	那里	肩	地

2. 回鹘文《法华经·普门品》中的根词

序号	1	2	3	4	5	6	7	8	9	10
回鹘语	saw	bir	bu	yir	il	män	qïl-	nä	är-	tämür
汉译	水	一	这个	土地	国家	我	做	什么	是、成为	铁
序号	11	12	13	14	15	16	17	18	19	20
回鹘语	bäš	yok	kim	käntü	üčün	inčä	anta	antaɣ	taqï	ymä
汉译	五	没有	谁	自己	为了	这样	那里	那样	又	又
序号	21	22	23	24	25	26	27	28	29	30
回鹘语	qayu	uzun	turqaru	uluɣ	altun	yel	kiši	öz	aɣïr	tapa
汉译	哪个	长的	常常	大	金	风	人	自己	尊敬	朝向
序号	31	32	33	34	35	36	37	38	39	40
回鹘语	yawlaq	nä	kärgäk	qor	yas	yana	ämgäk	qut	yaɣï	qalïn
汉译	坏的	什么	需要	损害	损害	又	痛苦	福气	敌人	厚
序号	41	42	43	44	45	46	47	48	49	50
回鹘语	beš	yüz	aɣï	barïm	alp	qamaɣ	ärüš	siz	artoq	ayïɣ

续表

汉译	头	面部	宝物	财物	勇敢的	所有的	多	你们	多余的	坏
序号	51	52	53	54	55	56	57	58	59	60
回鹘语	ärüš	urï	oɤul	täg	qïz	ädgü	alku	amraq	uduɤ	siz
汉译	许多	男的	儿子	到达	姑娘	好	所有	喜爱的	敬	自己
序号	61	62	63	64	65	66	67	68	69	70
回鹘语	qum	sin	tägi	alqu	tükäti	täk	üdün	tüz	qalp	üd
汉译	沙子	寝	直到	所有	全部	仅仅	时间	平等	留下	时间
序号	71	72	73	74	75	76	77	78	79	80
回鹘语	ötüg	čäwiši	nätäg	kičig	adïn	känč	urï	tang	alp	tükäl
汉译	请求	不好之手法	若何	小	别的	幼子	童子	黎明	困难的	全部的
序号	81	82	83	84	85	86	87	88	89	90
回鹘语	törlüg	ulatï	köngül	timin	suqančïɤ	kikinč	män	amtï	qop	adroq
汉译	各种	以及	心	马上	可爱的	回答	我	现在	全部	不同的
序号	91	92	93	94	95	96	97	98	99	100
回鹘语	alqu	yarlïɤ	yïlqï	čïn	kertü	arïɤ	turuɤ	king	kün	tözü
汉译	所有	命令	牲畜	真的	真的	林子	瘦弱	宽广	日、太阳	仁者
序号	101	102	103	104	105	106	107	108	109	110
回鹘语	bulït	noš	sayu	sizik	bügü	qanta	üküš	sïngar	säkiz	tört
汉译	云	甘露	每个	疑问	智者	何处	多	方向	八	四

（二）派生词

派生法是词根后加附加成分的方法，是蒙古语和回鹘语最主要的构词法。下面分别探讨《法华经·普门品》中蒙古语和回鹘语构词方法，并进行比较。

蒙古语和回鹘语构词附加成分及《法华经·普门品》中的派生词，具体如下：

1. 构成名词附加成分及其意义

（1）-či/-čï：接在名词或动词后，构成与词根相关的名词，表示从事某一工作的人。该词缀在蒙古语和回鹘语中不仅形式相同，功能也相同。蒙古文《法华经·普门品》中带有该词缀的名词出现了13个。回鹘文《法华经·普门品》中出现了7个。

蒙古语

üǰegči：üǰe（看）-g（看）-či（观看者）

n̠erelegči：n̠ere（名字）-le（命名）-g（命名）-či（命名者）

öggügči：ög 给（动）-gü 给（动）–g 给（动）-či 给予者（名）

yabugči：yabu（走）-g（走）-či（行走者）

küsegčid：küse（要求）-g（要求）-či（要求者）-d（复数）

ayuɤulugčid：ayu（怕）-ɤul（使害怕）-g（使害怕）-či（威胁者）

buliyagčid：buli（抢）-ya（抢）-g（抢）-či（强盗）-d（复数）

ɤarɤagči：ɤar（出）-ɤa（发出）-g（发出）-či（发出者）

amurliɤulugči：amu（安心）-r（平安的）-li（安妥）-ɤul（安妥）-gči（安妥者）

terigülegči：terigü（头）-le（领先）-g（领先）-či（领导者）

uduridugči：udu（蒙哄）-ri（引领）-d（引领）-g（指导）-či（领袖）

ǰiluɤadugči：ǰiluɤu（缰绳）-d（指导）-g（指导）-či（领导者）

barigči：bari（抓）-g（抓）-či（手握者）

回鹘语

äšidgüči：äšid（听）-gü（听）-či（听者）

yärči：yär（地方）-či（带路人）

öwkäči：öwkä（肺、生气）-či（愤怒的）

töröči：törö（法律）-či（法师）

elči：il（国家）-či（使臣）

äwči：äw（猎物）-či（猎人）

birgüči：bir（给）-gü-či（捐赠者、卖家）

（2）-čin/-čïn：接在名词后，构成与词根相关的名词，功能与 -či/-čï 相似。该词缀在蒙古语和回鹘语中不仅形式相同，功能也相同。回鹘文《法华经·普门品》中该构词后缀未出现。蒙古语《法华经·普门品》中出现了 2 个。

alaɤčin：ala（杀）-ɤ（杀）-čin（杀手）

ebedčin：ebe（痛）-d（疼）-čin（疾病）

（3）蒙古语中的 -maɤ 和回鹘语中的 -maq/-mäk：接在名词或动词后，构成与词根相关的名词。回鹘文《法华经·普门品》中该构词后缀出现了 6 次。蒙古文《法华经·普门品》中未出现。

qïlmaqï：qïl（做）-maq（行为）-ï

amranmaq：amran（爱）–maq（喜爱）

qutadmaq：qut（福）-ad（有福）-maq（福）

ayamaq：aya（尊敬）-maq（尊敬）

atamaq：at（名字）-a（命名）-maq（名字）

qolulamaq：qolula（思考）-maq（思想）

（4）–mur：接在动词后，构成与词根相关的名词。回鹘文《法华经·普门品》中该构词后缀出现了 1 个。蒙古语构成名词后缀中该词缀未出现。

yaɤmur：yaɤ（下雨）–mur（雨）

（5）-ɤaq/-qaq/-gäk/-käk/-ɤuq/-gük：接在动词词干后，构成与词根相关的名词。蒙古文《法华经·普门品》中该后缀未出现，回鹘文《

法华经·普门品》中该构成名词后缀出现了 1 个。

ičgäk：喝（动）– 吸血鬼（名）

（6）蒙古语中的 -liɤ/-lig 和回鹘语 -laɤ/-lïɤ/-lig/-lïq/-lik/-luq/-lük：接在名词或动词词根后，表示词根所指事物的处所或与之有关的事物。蒙古文和回鹘文《法华经·普门品》中该构成名词后缀各出现了 1 个。

蒙古语

ǰarliɤ：ǰar（通告）-liɤ（命令）

回鹘语

bilig：bi（知道）-lig（知识）

（7）蒙古语中的 -m 和回鹘语中的 -m/-ïm/-im/-um/-üm：接在名词或动词词根后，表示抽象意义的名词。蒙古文《法华经·普门品》中该后缀没有出现，回鹘文《法华经·普门品》中该构成名词后缀出现了 3 个。

yazuqumta：yaz（走错路）-uq（罪）-um（第一人称所属后缀）-ta（位格）

tsuyumta：tsuy（罪）-um（第一人称所属后缀）-ta（位格）

ölüm：öl（死）-üm（死）

（8）蒙古语中的 -ɤun/-gün 和回鹘语中的 -ɤun/-qun/-gün/-kün：接在名词或动词后，构成与词根相关的名词。蒙古文《法华经·普门品》中该构词后缀出现了 1 个。回鹘文《法华经·普门品》中未出现。

ǰegün：ǰe（东）-gün（东）

（9）回鹘语中的构成名词后缀 -däm/-täm：接在名词词根后，构成与词根相关的名词。蒙古语中没有该构词词缀。回鹘文《法华经·普门品》中该词缀出现了 1 次。

ärdämi：är（男人）-däm（道德）-i（第三人称所属后缀）

（10）蒙古语中的 -ɤ/-g 和回鹘语中 -ɤ/-q/-g/-k/-ïɤ/-ig/-ïq/-ik/-uɤ/-uq/-üg/-ük：接在名词或动词后，构成与词根有关的名词。蒙古文《法华经·普门品》中由 -g 构成的构词后缀出现了 4 次。回鹘文《法华经·普门品》中由 -ɤ 构成的名词出现 1 次，由 -q 构成的名词出现了 3 次，由 -g 构成的名词出现了 20 次，由 -k 构成的名词出现了 41 次，由 -ig 构成的名词出现了 9 次，由 -uq 构成的名词出现了 6 次，由 -üg 构成的名词出现了 3 次，由 ük 构成的名词出现了 6 次，此处包括重复出现的词语。

蒙古语

bülüg：bülü（章）-g（章）

回鹘语

tapïɤ：tapï（拜）-ɤ（崇拜）

yaruq：yaru（发光）-q（光明）

yazuqlug：yaz（走错路）-uq（罪）-lug（有罪的）

biligin：bil（知道）-ig（知识）

alïng：al（拿）-ïng（副动）

körgitip：kör（看）-git（使看见）-ip（副动）

üzügsüz：üz（折断）-üg（形容词）-süz（不断地）

atanglar：at（名字）-a（命名）-nglar（动词第二人称所述后缀）

körkingä：kör（看）-k（面貌）-in（宾格）-gä（与格）

ötüg：öt（请求）-üg（请求）

uqung：uq（明白）-un（动词反身态）-g（动名）

（11）-č/-ač/-äč/-ïč/-ič/-uč/-üč：接在动词后，构成表示动作结果或与词根相关的名词。蒙古语构词后缀中没有此后缀，回鹘文《法华经·普门品》中该词缀共出现了 19 次。

saqïnč：saqïn（想）-č（思想）

qorqunčsuz：qorq（怕）-unč（怕）-suz（不怕）

qïlïnčlïg：qïl（做）-ïn（被做）-č（行为）-lïg（行为的）

alqïnčsïz：alqïn（完结）-č（完结）-sïz（不竭的）

qazɤanč：qaz（挖）-ɤan（获得）-č（获得物）

（12）蒙古语的构成名词后缀 -qan/-ken，接在名词后构成与词根相关的名词。回鹘语中的 -qan（-xan）/-kän，接在动词后，构成表示尊敬意义的名词。蒙古文《法华经·普门品》中由 -ken 构成的名词出现了 1 次。回鹘文《法华经·普门品》中未出现。

šitüken：šitü（信仰）-ken（崇拜物）

（13）-n/-an/-än/-ïn/-in/-un/-ün：接在动词词根后，构成与词根相关的名词。蒙古语构词后缀中没有此后缀。回鹘文《法华经·普门品》中只有由 -in 构成的名词出现了 38 次，由 -un 构成的名词出现了 2 次，由 –ün 构成的名词出现了 4 次。

körkingä：kör（看）-k（面貌）-in（面貌）-gä（与格）

uqung：uq（明白）-un（动词反身态）-g（动名）

ötünti：öt（请求）-ün（请求）-ti（过去式）

sözün：söz（话）-ün（话语）

tözün：töz（基础、起源）-ün（高贵的）

2. 构成动词附加成分及其意义

（1）蒙古语构成动词后缀 -la 和回鹘语构成动词后缀 -la/-lä，接在名词、形容词、数词和人称代词之后，构成与词根相关的动词。蒙古文《法华经·普门品》中此后缀出现了 6 次，回鹘文《法华经·普门品》中构词后缀 –la 出现了 25 次，-lä 出现了 3 次，此处包括重复出现的词语。

蒙古语

urilaqui：uri（愤怒）-la（愤怒）-qui（恼怒）

taɤalaqu：taɤ_a（心愿）-la（满意）-qu（关怀）

čaglaši：čag（量）-la（衡量）-ši（量的）

n̠omlasuɤai：n̠om（经）-la（讲经）-suɤai（讲经）

回鹘语

nomlayu：nom（经）-la（说经）-yu（副动）

buyanlayu：buyan（福禄）-la（赐福）-yu（副动）

aɤïrlayu：aɤïr（尊敬）-la（尊敬）-yu（副动）

tïnglang：tïng（声音）-la（听）-n（连接音）-g（动名词）

bašlap：baš（头）-la（开始）-p（副动）

bügülänmäkin：bügü（智者）-lä（动）–n（连接音）-mäk（动名）–in（宾格）

ikiläyü：iki（二）-lä（再）-yü（副动）

（2）蒙古语构成动词后缀 -ɤur/-gü 和回鹘语构成动词后缀 -ɤur/qur/-gür/-kür，接在动词后，构成与词根相关的动词。蒙古文《法华经·普门品》中此后缀未出现。回鹘文《法华经·普门品》中由 -ɤur 构成的动词出现了 7 次，此处包括重复出现的词语。

ozɤurur：oz（救）-ɤur（救出）-ur（副动）

（3）回鹘语中的 -a/-ä/-ï/-i/-u/-ü：接在名词或形容词后，构成表示原动词行为动作的动词。蒙古语构成动词后缀中没有此类后缀。回鹘文《法华经·普门品》中由 -a 构成的动词出现 41 次，由 -ä 构成的动词出现了 6 次，由 -i 构成的动词出现了 21 次，由 -u 构成的动词出现了 24 次，由 -ü 构成的动词出现了 28 次，此处包括重复出现的词语。

atayu：at（名字）-a（命名）-yu（副动）

yarlïqazun：yarlïq（命令）-a（保佑）-zun（动词第三人称单数祈使式）

qorayur：qor（损害）-a（减少）-yur（现在时）

yolayu：yol（路）-a（路上）-yu（副动）

tiläsär：til（舌头）-ä（要求）-sär（条件式）

tägir：täg（到达）-i（直到）-r（使到达）

bošuyu：boš（自由的）-u（解救）-yu（副动）

ölürü：öl（死）-ü（杀死）-rü（副动）

（4）蒙古文构成动词后缀 -čur，接在名词或动词后，构成与原动词相关的动词。回鹘语构成动词后缀 -čur/-čür/-čïr/-čir，接在动词之后，表示"略微"的意思。蒙古文《法华经·普门品》由该词缀构成的动词只出现了 1 次。回鹘文《法华经·普门品》中未出现由该词缀构成的动词。

qočurli：qo（后）-čur（落后）-li（否定）

（5）蒙古语构成动词后缀 -ra 缀接在名词或动词后，构成与原词相关的动词。回鹘语构成动词后缀 -ra/-rä，接在拟声词之后构成表示拟声意义的动词。蒙古文《法华经·普门品》中此词缀出现了 7 次，此处包括重复出现的词语。回鹘文《法华经·普门品》中未出现。

abural：ab（拿）-ra（挽救）-l（保佑）

tasuraqu：tas（非常）-u（断）-ra（断）-qu（断）

amiduraǰu：ami（生命）-du（活的）-ra（生活）-ǰu（生活）

aldaraqu：alda（失掉）-ra（松开）-qu（失掉）

quɤuran：quɤu（断）-ra（断）-n（断）

（6）蒙古语构成动词后缀 -qu/-kü：接在动词后，构成与原词相关的动词。回鹘语构成动词后缀中没有此类词缀。蒙古文《法华经·普门品》中由 -kü 构成的动词出现了 13 次，此处包括重复出现的词语。

törükü：törü（生）-kü（生）

kemekü：kemen（叫做）-kü（叫做）

bürküg-：büri（盖）-kü（盖）-g（昏沉的）

ǰibkü：ǰib（沉没）-kü（沉没）

sönükü：sönü（灭亡）-kü（灭亡）

kemegdekü：kemen（叫做）-gde（叫做）-kü（叫做）

ögkügtün：ög（给）-kü（给）-gtün（给）

medekü：mede（知道）-kü（知道）

egüsgekü：egüs（发起）-ge（发起）-kü（发起）

kereglekü：kere（用处）-g（必须）-le（用）-kü（用）

kemkerekü：kemke（碎）-re（碎）-kü（碎）

3. 构成形容词附加成分及其意义

（1）回鹘语中的 -sïz/-siz/-suz/-süz：接在名词或形容词后，构成表示否定意义的形容词。蒙古语构成形容词后缀中没有此类后缀。回鹘文《法华经·普门品》中由 -siz 构成的形容词出现了 2 次，由 -suz 构成的动词出现了 8 次，由 -süz 构成的动词出现了 1 次，此处包括重复出现的词语。

biligsiz：bil（知道）-ig（知识）-siz（无知）

yazuqsuzun：yaz（走错路）-uq（罪）-suz（无罪）-un（工具格）

qorqunčsuz：qorq（怕）-unč（怕）-suz（不怕）

uwutsuz：uwut（羞耻）-suz（无羞耻）

yoqsuz：yoq（没有）-suz（无用的）

adroqsuz：adroq（不同的）-suz（相同）

umuɤsuz：umuɤ（希望）-suz（无望）

üzügsüz：üz（折断）-üg（形、名）-süz（不断地）

（2）回鹘语中的 -ɤï/-qï/-gi/-ki：接在名词后，构成表示限定、修饰意义的形容词。蒙古语构成形容词后缀中没有此类后缀。回鹘文《法华经·普门品》中由 –ki 构成的形容词出现了 1 次，此处包括重复出现的词语。

öngräki：öng（前、东方）-rä（前、东方）-ki（形容词）

（3）蒙古语构成形容词后缀 -liɤ/-lig 接在名词后，构成表示某一事物的丰富、充足的形容词。回鹘语构成形容词后缀 -l（a、ï、u）ɤ/-l（u、ï）q/-l（i、ü）g/-l（i、ü）k，接在动词后，构成与原词相关的形容词。蒙古文《法华经·普门品》中未出现该后缀。回鹘文《法华经·普门品》中由 -lig 构成的形容词出现了 9 次，由 -lüg 构成的形容词出现了 25 次，由 -lük 构成的形容词出现了 1 次，此处包括重复出现的词语。

qutluɤ：qut（福）-luɤ（有福的）

ärklig：ärk（力量）-lig（有力的）

ämgäklig：ämgäk（痛苦）-lig（痛苦的）

ärdinilig：ärdini（宝贝）-lig（宝贵的）

tükälligim：tükä（完全）-l（全）-lig（具有的）-im（第一人称所属后缀）

kögüzlüg：kögüz（心、胸）-lüg（胸怀着的）

küčlüg：küč（力量）-lüg（有力的）

ögrünčülüg：ögrünčü（高兴）-lüg（高兴的）

köngüllüg：köngül（心）-lüg（有心的）

ülüglüg：ülüg（命运）-lüg（幸运的）

yüzlüg：yüz（面部）-lüg（有名望的）

bügülüg：bügü（智者）-lüg（睿智的）

ünlüg：ün（声音）-lüg（著名的）

törlüg：tör（规矩）-lüg（合法的）

bilgülük：bil（知道）-gü（动名）-lük（形容词）

（4）回鹘语中的 -（ï、a、u）ɣ/-（ï、u、a）q/-（i、ü）g/-（i、ü）k：接在动词后，构成与词根相关的形容词。蒙古语构成形容词后缀中没有此类后缀，回鹘文《法华经 · 普门品》中由 -üg 构成的形容词出现了 1 次。

üzügsüz：üz（折断）-üg（形容词）-süz（不断地）

（5）蒙古语构成形容词后缀 -ɣu/-gü 和回鹘语构成形容词后 -ɣu/-qu/-gü/-kü，接在动词或形容词后，构成与原词相关的形容词。蒙古文《法华经 · 普门品》中未出现该后缀。回鹘文《法华经 · 普门品》中由 -gü 构成的形容词出现了 2 次。

äšidgüči：äšid（听）-gü（形容词）-či（名词）

bilgülük：bil（知道）-gü（形容词）-lük（形容词）

（6）回鹘语中的 -la/-lä：接在名词后，构成与原词相关的名词。蒙古语构成形容词后缀中没有该词缀。回鹘文《法华经 · 普门品》中由 -lä 构成的形容词出现了 1 次。

körklä：kör（看）–k（面貌）-lä（漂亮）

4. 构成副词附加成分及其意义

（1）蒙古语的构成副词后缀 –i 和回鹘语中的 -a/-ä/-ï/-i/-u/-ü/-yu/-yü：接在词干后，构成与原词相关的副词。蒙古文《法华经 · 普门品》中由 -i 构成的副词出现了 1 次。回鹘文《法华经 · 普门品》中由 -yü 构成的副词出现了 1 次。

蒙古语

darui：daru（随即）-i（立即）

回鹘语

ikiläyü：iki（二）-lä（再次）-yü（副词）

（2）-da/-ta：接在词干后，构成与原词相关的副词。回鹘语构成副词后缀中没有此类后缀。蒙古文《法华经・普门品》中由 -da 构成的副词出现了 3 次，此处包括重复出现的词语。

mašida：maši（很）-da（很）

（3）-tur：接在词干后，构成与原词相关的副词。回鹘语构成副词后缀中没有此类后缀。蒙古文《法华经・普门品》中由 -tur 构成的副词出现了 13 次，此处包括重复出现的词语。

saitur：sai（好）-tur（很好地）

（4）-mǰi：接在词干后，构成与原词相关的副词。回鹘语构成副词后缀中没有此类后缀。蒙古文《法华经・普门品》中由 -mǰi 构成的副词出现了 1 次。

（5）-n：接在动词后，构成与原词相关的副词。回鹘语构成副词后缀中没有此类后缀。蒙古文《法华经・普门品》中由 -n 构成的出现了 1 次。

daqin：daqi（再）-n（再）

5. 构成数词构成附加成分及其意义

（1）回鹘语中的 -ïnč/-inč/-unč/-ünč/-nč：接在数词后，构成序数数词。蒙古语构成数词后缀中没有该后缀，回鹘文《法华经・普门品》中由 -unč 构成的数词出现了 1 次。

otuzunč：otuz（三十）-unč（第二十）

（2）蒙古语中的 -duɤar/düger：接在数词后，构成序数数词。回鹘语构成数词后缀中没有该后缀，蒙古文《法华经·普门品》中由 -daɤar 构成的数词出现了 1 次。

tabdaɤar：tabu（五）-daɤar（序数词后缀）

（3）蒙古语中的 -ɤan/-gen：接在数词后，构成与词根相关的数词。回鹘语构成数词后缀中没有该后缀，蒙古文《法华经·普门品》中由 -ɤan 构成的数词出现了 7 次，此处包括重复出现的词语。

miṉgɤan：miṉg（千）-ɤan（千）

6. 代词构成附加成分及其意义

（1）回鹘语中的 -čuq/-čük：接在疑问代词后，构成疑问代词。蒙古语构成代词后缀中没有该后缀。回鹘文《法华经·普门品》中由 -čük 构成的代词出现了 1 次。

näčükin：nä（什么）-čük（怎样）-in（宾格）

（2）蒙古语中的 -tu：接在代词后，构成与词根相关的代词。回鹘语构成代词后缀中没有该后缀。蒙古文《法华经·普门品》中由 -tu 构成的代词出现了 3 次。

čiṉatu：či（你）-ṉa（那边）-tu（那边）

（3）蒙古语中的 -qu/-kü/-ɤu/-gü：接在代词后，构成与词根相关的代词。回鹘语构成代词后缀中没有该后缀。蒙古文《法华经·普门品》中由 -kü 构成的代词出现了 36 次，由 -ɤu 构成的代词出现了 2 次。

bükü：bü（有）-kü（全）

büküi：bü（有）-kü（全）-i（全）

bükün：bü（有）-kü（全）-n（全）

büküde：bü（有）-kü（全）-de（全）-ber（全部）

čiṉegenkü：čiṉege（那样）-n（那样）-kü（那样）

yaɤun：ya（什么）-ɤu（什么）-n（什么）

（4）蒙古语中的 -ɤ：接在代词后，构成与词根相关的代词。回鹘语构成代词后缀中没有该后缀。蒙古文《法华经·普门品》中由 -ɤ 构成的代词出现了 6 次，此处包括重复出现的词语。

qamuɤ：qam（共同）-ɤ（全）

（5）蒙古语中的 -n/-in：接在代词后，构成与词根相关的代词。回鹘语构成代词后缀中没有该后缀。蒙古文《法华经·普门品》中由 -n 构成的代词出现了 15 次，此处包括重复出现的词语。

alin：ali（哪个）-n（哪个）

teden：tede（那些、他们）-n（他们）

ken：ke（谁）-n（谁）

ein：e（这）-in（这样）

（6）蒙古语中的 -ɤun/-gün：接在代词后，构成与词根相关的代词。回鹘语构成代词后缀中没有该后缀。蒙古文《法华经·普门品》中由 -gün 构成的代词出现了 1 次。

e-gün：e（这）-gün（这）

（7）蒙古语中的 -ɤar/-ger：接在代词后，构成与词根相关的代词。回鹘语构成代词后缀中没有该后缀。蒙古文《法华经·普门品》中由 -ger 构成的代词出现了 21 次，此处包括重复出现的词语。

tede-ger：tede（他们）-ger（那些）

（8）蒙古语中的 -ken：接在代词后，构成与词根相关的代词。回鹘语构成代词后缀中没有该后缀。蒙古文《法华经·普门品》中由 -ken 构成的代词出现了 2 次，此处包括重复出现的词语。

tedüi-ken：tedüi（那些）-ken（仅仅那些）

（三）合成词

蒙古语和回鹘语都属于黏着语，在词根和词干上缀接不同的构词附加成分构成派生词是二者主要的构词方法。可是两种语言中还有很大一部分词是由两个词按照一定的组合方式联合而成的合成词。从其组合形式来看，可以分成联合式、主谓式、偏正式和重叠式。

1. 联合式：联合式合成词是由两个意思相同、相近或意思相反、相对的词组合而成。

蒙古文《法华经·普门品》中联合式对偶词出现了 24 处，整理如下：

序号	联合式	关系	序号	联合式	关系
1	ayuǰu emiyeǰü	意思相近	13	ǰobalang ɤasalang	意思相近
2	arɤ_a bilig	意思相反	14	kereg ǰarag	意思相近
3	bodistw maqastw	意思相近	15	kereldün temečeldün	意思相近
4	buliyan qulaɤai	意思相近	16	möndür qur_a	意思相近
5	belge bilig	意思相近	17	nuɤun köbegün	意思相近
6	čog ǰibqulang	意思相近	18	ödter türgen-e	意思相近
7	edüi tedüi	意思相反	19	qulaɤai daisun	意思相近
8	ibegen saišiyan	意思相近	20	quɤuran kemkerekü	意思相近
9	itegel abural	意思相近	21	subud erikeś	意思相近
10	ɤabiy_a tusatai	意思相近	22	takil kündülel	意思相反
11	ǰegün baraɤun	意思相反	23	töröküi ötelküi	意思相近
12	ǰaɤun mingɤan	意思相近	24	yaɤšaś raɤšaś	意思相同

回鹘文《法华经·普门品》中联合式对偶词出现了 46 种，整理如下：

序号	联合式	关系	序号	联合式	关系
1	asïɤ tuso	意思相近	24	qolu yalwaru	意思相近
2	aɤï barïm	意思相近	25	qutluɤ ülüglüg	意思相近
3	ämgäkliglär ämgäkintä	意思相近	26	sansïz tümän	意思相近
4	alqu tükäti	意思相近	27	šlok takšutïn	意思相近
5	atïn atasar	意思相近	28	taloy ügüzdä	意思相近
6	ayïɤ irinč	意思相近	29	tapïɤ uduɤ	意思相近
7	ayamak čiltämäk	意思相近	30	taqï ymä	意思相近
8	ayayu aɤïrlayu	意思相近	31	tapïnu udunu	意思相近
9	alqu törlüg	意思相近	32	tängri burxan	意思相近
10	adasïnta tudasïnta	意思相近	33	tep tesär	意思相近
11	bilgä bilig	意思相近	34	tep tedi	意思相近
12	biling uqung	意思相近	35	toyïn šamnanč	意思相近
13	čïn kertü	意思相近	36	tonïn tonanɤusïn	意思相近
14	körkin körgitür	意思相近	37	töltin töšäkin	意思相近
15	käntü özi	意思相近	38	tükäl törlüg	意思相近
16	ming tümän	意思相近	39	tünlä küntüz	意思相近
17	nomčï töröči	意思相近	40	tüz adroqsuz	意思相近
18	ölürgäli qïnagalï	意思相近	41	tsuyumta yazuqumta	意思相近
19	ötüg ötünti	意思相近	42	uluɤ ädgü	意思相近
20	qararïg biligsiz	意思相近	43	upase upasančlar	意思相近
21	qïlïnč qazɤanč	意思相近	44	üküš ädgü	意思相近
22	qorqïnčlïɤ busušlug	意思相近	45	yaɤmur suwïn	意思相近
23	qor yas	意思相近	46	yolčï yärči	意思相近

2. 偏正式：偏正式合成词是由一个中心词和一个修饰词组合而成。中

心词为“正”，修饰词为“偏”，由此组成了偏正关系。一般情况下，修饰词在前，中心词在后。

蒙古文《法华经·普门品》中偏正式合成词出现了38处，整理如下：

序号	偏正式	关系	序号	偏正式	关系
1	abida burqan	偏正关系	20	mašita šitagagsan	偏正关系
2	ariy_a qomusutan	偏正关系	21	modun čider	偏正关系
3	alag tuwača	偏正关系	22	mungqag iyar yabugči	偏正关系
4	ariɣun sedkiltü	偏正关系	23	mungqag ača qaɣačaqu	偏正关系
5	baraɣun ebüdüg	偏正关系	24	mese barigsand	偏正关系
6	buu ayugtun	偏正关系	25	müren-u usun-a	偏正关系
7	buruɣuridču odqu	偏正关系	26	nigen mörü	偏正关系
8	buyan u ündüsün	偏正关系	27	qorun nidüten	偏正关系
9	degedü nom	偏正关系	28	saitur tonilqu	偏正关系
10	degedü degel	偏正关系	29	šira üsün	偏正关系
11	dogšin kei	偏正关系	30	sab yirtinčü	偏正关系
12	čaɣan lingqu_a	偏正关系	31	tačiyangɣui bar yabuɣči	偏正关系
13	em_e raɣšaś	偏正关系	32	tačiyangɣui ača qaɣačaqu	偏正关系
14	em ariwasun	偏正关系	33	temür čider	偏正关系
15	erdenitü bayan	偏正关系	34	ulaɣan subud	偏正关系
16	erdenitü suburɣan	偏正关系	35	urin iyar yabugči	偏正关系
17	irügerün dalai	偏正关系	36	urin ača qaɣačaqu	偏正关系
18	ǰiɣulčid arad	偏正关系	37	yeke čogča	偏正关系
19	maši türgen-e	偏正关系	38	yeke ridi	偏正关系

回鹘文《法华经·普门品》中偏正式合成词出现了13处，整理如下：

序号	偏正式	关系	序号	偏正式	关系
1	hormuzta tängri	偏正关系	8	känč urï	偏正关系
2	qara yel	偏正关系	9	känč qïzlar	偏正关系
3	tiši yäklärdä	偏正关系	10	yarlïqančučï köngül	偏正关系
4	urï oɣul	偏正关系	11	šakimuni burxanqa	偏正关系
5	bišamn tängri	偏正关系	12	tängri burxan	偏正关系
6	äzrua tängri	偏正关系	13	ärtingü üküš	偏正关系
7	qara qušlar	偏正关系	14	—	—

3. 主谓式：这种合成形式类似于主谓短语，主语部分一般是名词，谓语部分一般是动词。

蒙古文《法华经 · 普门品》中主谓式合成词出现了 5 种共 21 次（包括重复出现的词语），此处包括重复出现的词语。整理如下：

序号	主谓式	关系	序号	主谓式	关系
1	gerel ɣarɣagči	主谓关系	4	qoor ügei	主谓关系
2	kir ügei	主谓关系	5	öngge saitai	主谓关系
3	nom i üjügülügsen	主谓关系	—	—	—

回鹘文文《法华经 · 普门品》中主谓式合成词出现了 16 次（包括重复出现的词语），整理如下：

序号	主谓式	关系	序号	主谓式	关系
1	tözün tesär	主谓关系	7	quanšï im pusar tep	主谓关系
2	aryawlokdešvar tep	主谓关系	8	tözünüm alïng	主谓关系
3	bodisawat quanšï im tetir	主谓关系	9	közin körü	主谓关系
4	sizlär tep	主谓关系	10	kišikä amraq	主谓关系
5	tay sängün körkin	主谓关系	11	bišamn tängri körkin	主谓关系
6	kičig iliglär körkin	主谓关系	12	wačirapanlar körkin	主谓关系

4. 重叠式：重叠式合成词是由两个相同的词联合而成。蒙古文《法华经 · 普门品》中重叠式合成词出现了 1 处，即 “keseg keseg”。回鹘文《法华经 · 普门品》中出现了 4 处，即 “tsun tsun（段段）、kičig kičig（最小）、adïn adïn（完全不同）、adroq adroq（各种各样）”。

第二节　蒙古和回鹘文《法华经 · 普门品》词的形态特点比较

蒙古语和回鹘语词的形态变化基本一致。蒙古语中的词可以分为名词、动词、形容词、代词、数词、副词、连词、助词、叹词、拟声词 10 类。回鹘语词可以分为名词、动词、形容词、代词、数词、副词、连词、后置词、语气词、叹词、拟声词、语气词等十二类。

一、名词比较

表示人或物名称的词称为名词。蒙古语和回鹘语的名词都有数、领属人称和格的语法范畴，变化形式也很相似。

（一）数范畴：蒙古语和回鹘语的名词在数范畴上有单数和复数两种形式。单数形式与词干本身相同，即零变化；复数形式一般是在单数形式的后面按照语音和谐律缀接附加成分而成。只是缀接的后缀有所不同：蒙古语名词复数形式是在词干后加 -s、-d、-n、-nar/-ner、-u：d/-ü：d、-tan/-ten，回鹘语名词复数形式是词干后加 -lar/-lär。具体如下：

1. 蒙古文《法华经 · 普门品》中名词出现了共 195 个（不包括重复的名词）。列表如下：

序号	名词	汉译	序号	名词	汉译	序号	名词	汉译
1	abural	保佑	67	egüden	门	133	öggügči	给予者
2	abida	阿弥陀佛	68	esru_a	梵天	134	ön̲gge	颜色
3	aduɣusun	马	69	ɣal	火	135	öglige	施舍
4	aidurya	蓝宝石	70	ɣaǰar	地	136	ökin	姑娘
5	alam_a	—	71	ɣar	手	137	örün̲-e	东方
6	alaɣčin	杀手（复数）	72	ɣarɣagči	……者	138	qaɣan	可汗
7	alaɣaban	手掌	73	ɣasalan̲g	苦难	139	qandari	乾闼婆
8	altan	金	74	gerel	光	140	qatugtai	妻子的尊称
9	amitan	众生	75	gem	犯戒	141	qarudi	迦楼罗
10	amurliɣulugči	安妥者	76	ǰarliɣ	命令	142	qandari	乾闥婆
11	ariwasun	明	77	ǰaraɣ	通告、官司	143	qomusutan	利爪者
12	arɣ̣_a	计谋	78	ǰayaɣan	命运	144	qubilɣan	转世佛
13	arɣ̣atan	计谋者(复数)	79	ǰegün	东、左	145	qulaɣai	贼
14	arad	平民（复数）	80	ǰiɣulčid	旅行者	146	qumaki	微尘
15	aɣ̣ula	山	81	ǰiluɣadugči	指挥者	147	qurmusta	帝王
16	asuri	阿修罗	82	ǰirüken	心脏	148	qutug	福禄
17	ayul	危险	83	ǰobalan̲g	苦难	149	qur_a	甘露
18	ayuɣ̣ulugči	威胁者	84	ǰüg	方向	150	qoor	毒
19	ayun̲gɣ̣-a	雷电	85	ǰüil	种类	151	qiǰaɣar-a	边界
20	arslan	狮子	86	qalab	劫	152	rašiyan	甘露
21	baširu	红珊瑚	87	kei	气	153	ridi	法术
22	barigsad	手握者(复数)	88	alam_a kerbi	玛瑙	154	raɣšaś	恶鬼
23	bodis̲tw	菩提萨埵	89	ken̲gke	恒河	155	sab	无机
24	bogda	摩诃萨埵	90	kereg	事	156	sansar	宇宙
25	bradiqabud	缘觉	91	köbegün̲-e	儿子、孩子	157	sartawaki	商人

续表

序号	名词	汉译	序号	名词	汉译	序号	名词	汉译
26	čag	时间	92	kögürge	鼓	158	sedkil	心
27	čakilɣan	雷电	93	kiṉari	紧那罗	159	sedkilten	……人
28	čakirwad	转轮王	94	kümün	人	160	seǰig	疑心
29	čogča	身体	95	kürtegsed	授予者	161	sömbür	峰
30	čider	羁绊	96	küǰügün	脖颈	162	subud	串珠
31	čiṉar	品质	97	küčün	力量	163	suburɣan	塔
32	čindamaṉi	如意宝	98	küsegčid	期待者	164	sügewadi	—
33	čiɣ̣ulɣ̣an	集会	99	küliyesün	羁绊	165	šagšabad	戒
34	čerig	军队	100	inwaɣ_a	—	166	šagimuṉi	释迦摩尼
35	daisun	敌人	101	idegen	食物	167	širawaṉg	声闻
36	dalai	大海	102	itegel	信任	168	šitüken	崇拜物
37	daɣ̣un	声音	103	iǰaɣurtan	贵族	169	udqas	含义 - 复数
38	dayin	战争	104	irüger	机缘	170	uduridugči	领导者
39	degedü	上	105	isbir	白珊瑚	171	ulaɣan	红色
40	debüsger	褥子	106	labai	海螺	172	usuṉ-a	水中
41	degel	上衣	107	liṉgqu_a	莲花	173	urin	愤怒
42	baraɣun	右	108	luus	龙	174	üǰegči	观看者
43	barigči	手握者	109	maqasṯw	摩诃萨埵	175	üsün	头发
44	binwad	布施	110	mandal	表层	176	ündüsün	根
45	bisači	毗沙门	111	makišwari	大自在天	177	ür_e	果实
46	biraman	婆罗门	112	mese	刀刃	178	tabčaṉg	舞台
47	belge	征兆	113	megšil	琉璃	179	tarṉi	上天
48	bey-e	身体	114	modun	木	180	tamu	地狱

续表

序号	名词	汉译	序号	名词	汉译	序号	名词	汉译
49	buyan	福气	115	möndür	冰雹	181	talbigsad	放者
50	burqan	佛祖	116	mörü	肩	182	temür	铁
51	bülüg	章	117	müren	江	183	toɤatan	算作…的人
52	ebüdüg	膝盖	118	n̲aran	太阳	184	tuwača	宝幢
53	ebedčin	疾病	119	n̲ayud	无量	185	tušiɤan	羁绊
54	edügülbüri	——	120	n̲erelegči	命名者	186	tn̲gri	天
55	em-e	雌性	121	n̲om	经	187	tiib	洲
56	emegtei	女性	122	n̲öküd	友人	188	witar	起尸
57	egešig	音乐	123	n̲idü	眼睛	189	wčir	金刚
58	egülen	云	124	n̲idüten	眼睛 - 复数	190	wčirban̲i	金刚神
59	eteged	一方	125	n̲iswan̲is	烦恼	191	yabuqui	行走
60	eren	时	126	n̲uɤɤun	儿子	192	yakš_a	夜叉
61	erdem	学问	127	n̲öküd	友人	193	yaɤšas	夜叉
62	erdeni	宝贝	128	oɤtarɤui	天空	194	yelwi	魔法
63	erlig	阎罗	129	olan̲gki	多数	195	yirtinčü	尘世
64	erkin	高尚	130	on̲gɤuča	船	196	—	—

这些名词中，出现单数和复数变化的有以下几种：

ayuɤulugči “威胁者”（单数）+d-ayuɤulugčid “威胁者”（复数）

müren “江”（单数）+d-müred “江”（复数）

buliyagči “强盗”（单数）+d-buliyagčid “强盗”（复数）

orun “地方”（单数）+d-orud “地方”（复数）

burqan “佛”（单数）+d-burqad “佛”（复数）

egülen “云”（单数）+d-egüled “云”（复数）

köbegün̲-e “孩子”（单数）+d-köbegüd “孩子们”（复数）

ǰobalṉg “痛苦”（单数）+ud-ǰobalaṉg ud “痛苦”（复数）

yirtinčü “尘世”（单数）+ś-yirtinčüś “尘世”（复数）

čogča “身体”（单数）+ś-čogčaś “身体”（复数）

asuri “阿修罗”（单数）+ś-asuriś “阿修罗”（复数）

2. 回鹘文《法华经·普门品》中出现了共 133 个名词（不包括重复的名词）。回鹘语中的“oɤul”（男孩、儿子）是将非自己生的任何一男孩都可称为“oɤul”。其复数形式为“oɤlan”，这是一种特殊形式。关于名词的列表如下：

序号	名词	汉译	序号	名词	汉译	序号	名词	汉译
1	anï	河流名	46	kiši	人	91	sü	军队
2	al	方法	47	kün	太阳	92	šakimuni	释迦牟尼
3	altun	金	48	küntüz	白天	93	šamnanč	尼姑
4	aɤï	宝物	49	kümüš	大自在天	94	šlok	诗
5	arïɤ	林子	50	körkin	珍珠	95	širawaklar	声闻者
6	asurilär	阿修罗	51	luu	龙	96	tang	黎明
7	ašïn	食物	52	maheswar	忧愁	97	tawgačča	汉人
8	atïn	名字	53	mahoryk	专有名词	98	taloy	海洋
9	ämgäk	痛苦	54	mončuk	珍珠	99	tapa	朝向
10	ämingä	—	55	mungïnta	忧愁	100	tamu	地狱
11	ärdämi	道德	56	nizwani	烦恼	101	takšutïn	歌
12	ärdini	宝贝	57	nom	经	102	tiši	雌性的
13	arïɤ	林子	58	nomčï	讲经者	103	tonïn	衣服
14	ärki	力量	59	noš	甘露	104	tonanɤusïn	服装
15	äšidgüči	听者	60	gantar	乾闼婆	105	toyïn	僧人
16	äwči	猎人	61	oɤul	儿子	106	tängri	上天

续表

序号	名词	汉译	序号	名词	汉译	序号	名词	汉译
17	äzrua	梵天	62	otruɤlarïnta	众岛	107	tïnlïglarqa	众生
18	bäglärdä	官员们	63	otqa	火	108	töltin	褥子
19	baš	头	64	öngräki	前 / 东方	109	tösäkin	耕盖
20	barïm	财物	65	ögintä	赞扬	110	tözü	仁者
21	bišamn	毗沙门	66	öwkäči	——	111	tözün	善男子
22	but	佛	67	öwkäsi	肺	112	töröči	法师
23	buqaɤuda	镣	68	ötüg	请求	113	tuso	利益
24	burxan	佛	69	pret	恶鬼	114	tünlä	夜间
25	bulït	云	70	prateqabutlar	辟支佛	115	umuɤï	希望
26	bodisawat	菩萨	71	qazɤanč	获得物	116	upase	在家男性
27	bilgä	智者	72	qïlmaqï	行为	117	upasančlar	在家女性
28	bilig	知识	73	qinlïqta	刑房	118	urïlar	童子
29	birgüči	给予者	74	qïlïnč	行为	119	urï	男的
30	bügü	智者	75	qïz	姑娘	120	üdün	时间
31	braman	婆罗门	76	qolup	时间	121	ün	声音
32	čambudiwip	瞻部洲	77	qut	福气	122	ügüzdä	河流名
33	čäwiši	不好之手法	78	quwrap	僧人	123	xanlarï	众汗
34	darm	法	79	quš	鸟	124	yaɤï	敌人
35	ičgäk	吸血鬼	80	uɤrï	时间	125	yertinčüdäki	尘世
36	ičgü	饮料	81	ügüzkä	河流	126	yel	风
37	igil	俗人	82	saw	话	127	yer	土地
38	elči	使臣	83	sang	僧	128	yolčï	路人
39	ilig	国王	84	saqïnč	思想	129	yäk	夜叉
40	hormuzta	上天	85	satïɤčïlar	商人	130	yärči	带路人

续表

序号	名词	汉译	序号	名词	汉译	序号	名词	汉译
41	kämisin	船	86	sartbaw	商主	131	yarlïg	命令
42	känč	幼子	87	suwqa	水	132	yïlqï	牲畜
43	kögüzi	胸	88	sin	寝	133	wačirapanlar	众金刚身
44	köngül	心	89	sängün	将军	—	—	—
45	kinarä	紧那罗	90	sïngar	方向	—	—	—

这些名词中，出现单数和复数变化的有一下几种：

文中同时有单数和复数变化的有以下词语：

ärdini “宝贝”(单数)+lär-ärdinilär “宝贝”(复数)

yäk “夜叉”(单数)+lär-yäklär “宝贝”(复数)

yaɤï “敌人”(单数)+lar-yaɤïlar “敌人”(复数)

burxan “佛”(单数)+lar-burxanlar “佛”(复数)

bilgä “智者”(单数)+lär-bilgälär “智者”(复数)

qïz “姑娘”(单数)+lar-qïzlar “姑娘”(复数)

tängri “上天”(单数)+lär-tängrilär “上天”(复数)

yäk “夜叉”(单数)+lär-yäklär “夜叉”(复数)

（二）格范畴：格范畴表示名词及有名词作用的代词、数词、形容词、动名词、形容动词与其他词的各种语法关系。蒙古语的格范畴有主格、领格、向位格、宾格、凭借格、从比格、共同格7种，回鹘语的格范畴有主格、属格、宾格、与格、位格、从格和工具格7种。

1. 主格：主格的附加成分位零形式，即不加任何附加成分，与名词的词干相同。主格名词在句子中可承担主语、谓语、宾语和定语。此项在上面介绍名词时已做过统计，故不在此赘述。

2. 领格/属格：领格（属格）表示人或事物的领属关系。蒙古语的领

格附加成分有 -in/-un/-u，回鹘语的属格附加成分有 -ɤ/-g/-ïɤ/-ig、-ïng/-ing/-ung/-üng/-ang/-äng、-nïng/-ning/-nung/-nüng/-nang/-näng 等。

3. 宾格：宾格表示行为、动作的直接对象。蒙古语的宾格附加成分有 –yi/–i，回鹘语的宾格附加成分有 -ɤ/-g/-ïɤ/-ig/-aɤ/-äg/-uɤ/-üg、-ïn/-in/-un/-ün、-nï/-ni 等。

4. 向位格 / 位格：向位格（位格）表示行为动作所发生的时间、地点等意义。蒙古语向位格附加成分有 -dü/-tü/-dur/-tur/-dür/-tür，回鹘语位格附加成分有 -da/-ta/-dä/-tä 等。

5. 凭借格 / 工具格：凭借格（工具格）表示行为动作的方式、工具等意义。蒙古语凭借格附加成分有 –ber/yier，回鹘语工具格附加成分有 -ïn/-in/-un/-ün/-n 等。

6. 从比格 / 从格：蒙古语从比格附加成分有 -ača/-eče，回鹘语从格附加成分有 -dan/-tan/-dän/-tän/-dun/-tun/-dün/-tün/-dïn/-tïn/-din/-tin。回鹘语中的从格在回鹘晚期文献中才开始出现。

7. 共同格 / 与格：共同格（与格）表示行为动作的方向、时间和目的等。蒙古语共同格附加成分有 -luɤa/-lūge/-tai，回鹘语与格附加成分有 -a/-ä/-ya/-yä/-ra/-rä/-ɤa/-qa/-gä/-kä/-ɤaru/-qaru/-gärü/-kärü 等。

下面将蒙古文和回鹘文《法华经·普门品》中的名词格范畴做一统计。

蒙古语名词格范畴附加成分及《法华经·普门品》中出现的具体情况如下：

格范畴	各格附加成分	名词主格	出现次数	名词主格	出现次数	名词主格	出现次数
领格	–in/–un/–u	ariy_a awalukidi isuri-yin	10	asuriś-un	1	alagčin-u	没写次数
		alaqui-yin	4	arad-un	2	biraman-u	1
		amitan-u	3	bilig-un	1	burqan-u	3
		aɤula-yin	1	burqad-un	1	buyan-u	6
		asaraqui-yin	1	čakirwad-un	2	bradiqabud -un	1
		arɤ_a-yin	1	čerig-ün	1	daisun-u	2
		bisači-yin	1	ebüdüg-ün	2	egüleś-ün	1
		erketü-yin	1	egešig-ün	1	ergin-u	1
		esru_a-yin	1	erdem-ün	2	ǐjaɤurtan-u	26
		ɤarqui-yin	1	ɤal-un	2	köbegün-u	1
		kögürge-yin	1	ilaɤugsad-un	2	ǰayaɤan-u	1
		li<u>n</u>gqu_a-yin	1	ǰobala<u>n</u>gud-un	1	müren-u	4
		luu-yin	1	ǰüg-ün	1	<u>n</u>aran-u	1
		makišwari-yin	1	maqas<u>t</u>-un	1	<u>n</u>iswa<u>n</u>iś-un	1
		<u>n</u>igülsküi-yin	1	mandal-un	1	ökin-u	1
		örüšiyeküi-yin	1	<u>n</u>om-un	7	qaɤan-u	2
		qandari-yin	1	raɤšaś-un	2	qubilɤan-u	1
		qumaki-yin	3	subud-un	2	rašiyan-u	1
		qurmusta-yin	1	širawa<u>n</u>g-un	1	tegün-u	5
		sala-yin	1	udqas-un	1	terigüten-u	1
		tar<u>n</u>i-yin	1	yagšaś-un	1	uran-u	1
		<u>n</u>üke-yin	1	yirtinčüś-ün	2	usun-u	1
		wčirba<u>n</u>i-yin	1	—	—	üsün-u	1
		yirtinčü-yin	4	—	—	yaɤun-u	1

续表

格范畴	各格附加成分	名词主格	出现次数	名词主格	出现次数	名词主格	出现次数
宾格	-yi/-i	awalukida isuri -yi	1	erketü-yi	2	oyutu-yi	1
		asuri-yi	3	yirtinčü-yi	1	qur_a-yi	1
		büküi-yi	1	inwaɤa-yi	1	ügei-yi	3
		dalai-yi	1	n̲ere-yi	10	—	0
向位格	-dur/-tur/-dür/-tür	burqad-tur	1	ɤar-tur	3	orud-tur	2
		čag-tur	2	ɤaǰar-tur	1	qutuɤ-tur	1
		egün-t̲ür	1	qalab-ud-tur	1	sansar-tur	1
		ebedčin-t̲ür	1	ilaǰu tegüś n̲ögčigsen -t̲ür	1	tuɤrbigsan -tur	1
		ǰüg-tür	3	mörü-t̲ür	1	tib-tur	1
		ǰirüken-tür	1	n̲omlagsan -dur	1	ügülegsen -t̲ür	1
凭借格和加强语气词	-bar/-ber -iyar/-iyer	amitan-bar	4	barigsand-bar	1	bükün-ber	1
		alaqui-bar	1	biraman-iyar	1	büküde-ber	1
		aɤulaś-bar	1	buliyagčid-bar	1	bükün-i-ber	1
		aɤurbasu-bar	1	böged-ber	1	bi-ber	1
		bisači-bar	1	bey-e-ber	5	čakilɤan-bar	1
		či-ber	1	daɤun-iyar	1	en̲e-ber	2
		čider-iyer	2	diyan-iyer-bar	1	ebedküi-ber	1
		čogčaś-bar	1	duradqui-bar	1	edüge-ber	1
		emegtei-ber	1	ergin-iyer	1	ilaǰu tegüś n̲ögčigsen -ber	1
		en̲e-ber	2	egüsgegsen -ber	1	ɤalab-tur-bar	1
		erketü-ber	1	ilegü-ber	—	ɤal-bar	1

续表

格范畴	各格附加成分	名词主格	出现次数	名词主格	出现次数	名词主格	出现次数
凭借格	-bar/-ber -iyar/-iyer	gilbelküi-ber		ǰobalang̲ud -iyer	3	ǰerge-ber	1
		getülküi t̲ür-ber	1	ǰibqulang̲-iyar	1	kei-ber	1
		ǰaraɤ-ud-iyar	1	ǰiɤulčid-bar	1	ked-ber	7
		keǰiye-ber	1	makišwari bar	1	mun̲gqag iyar	1
		kümün -ber	1	maɤ-uqan-bar	1	müred-ber	1
		küriyelebesü -ber	1	metü-ber	1	n̲ereidügsen -iyer	1
		n̲idü-ber	9	orun-bar	2	qaɤan-iyar	1
		n̲eretü-ber	1	orubasu-bar	1	qatugtai-bar	1
		oduɤsad-ber	1	oyutu-bar	4	sartawaki-bar	1
		sedkil-iyer	3	tedeger-ber	1	un̲abasu-bar	1
		ta-bar	1	tegün-iyer	1	un̲umal t̲ur-bar	1
		tede-bar	1	tuwača-bar	1	uran-iyar	1
		urin-iyer	1	ügei-ber	2	yagšaś -iyar	1
从比格	-ača/-eče	alin-ača	1	kir-eče	3	šitüken-eče	1
		bodist̲w-ača	1	mun̲gqag-ača	1	tib-eče	1
		büküi-eče	2	n̲ad-ača	1	tend-eče	8
		čogča-ača	2	n̲om-ača	1	tegün-eče	1
		debüsger eče -ben	1	n̲igüleskui-eče	1	urin-ača	1
		egülen-eče	1	orui-ača	2	—	—
		eteged-eče	1	qamuɤ-ača	2	—	—
共同格	-luɤa/-lūge	belge-luɤ-a	2	—	—	—	—

回鹘语的名词格范畴附加成分及《法华经·普门品》中出现的具体情况如下：

格范畴	各格附加成分	出现的词	出现次数	出现的词	出现次数
主格	零形式（不加后缀）	—	—	—	—
属格	-ɣ/-g/-ïɣ/-ig/-ïng/-ing/-ung/-üng/-ang/-äng/-nïng/-ning/-nung/-nüng/-nang/-näng	kišining	1	—	—
宾格	-ɣ/-g/-ïɣ/-ig/-aɣ/-äg/-uɣ/-üg/-ïn/-in/-un/-ün/-nï/-ni	ämingä	1	ät'özin	1
		ämgäklärintä	2	ärdämin	3
		biligin	2	čäwišin	2
		ičintäki	2	kišig	2
		kögüzin	1	körkingä	1
		ögintä	1	töltin	1
		tösäkin	1	ünin	1
		ülüšin	1	ünüg	1
位格	-da/-ta/-dä/-tä	ämgäkintä	6	ämgäktä	1
		ämgäklärintä	2	adasïnta	1
		buqaɣuda	2	baɣda	2
		biligintä	1	bäglärdä	2
		küntägüsin	2	mungïnta	2
		ornïnta	2	otruɣlarïnta	1
		ögintä	1	qangïnta	1
		quwragda	1	qinlïqta	1
		suwda	3	satïɣčïlarda	1
		tsuyumta	1	tudasïnta	1
		yazuqumta	1	uɣrïnta	1
		ügüzdä	1	yäklärdä	1
		yertinčüdä	3	yerintä	
		yïlqïažunta	1	—	—
工具格	-ïn/-in/-un/-ün/-n	ämgäkintä	6	yazuqsuzun	1

续表

从格	-dan/-tan/-dän/-tän/-dun/-tun/-dün/-tün/-dïn/-tïn/-din/-tin	—	—	—	—
与格	-a/-ä/-ya/-yä/-ra/-rä/-ɤa/-qa/-gä/-kä/-ɤaru/-qaru/-gärü/-kärü	är-däm-kä	1	ämingä	1
		körkingä	1	kišikä	1
		ügüzkä	1	yerkä	1

（三）领属人称：蒙古语和回鹘语中，名词的领属人称范畴是通过在名词后缀接领属人称构形附加成分来表现的。蒙古语的领属分人称领属和反身领属两种，回鹘语的领属人称分第一、第二和第三人称等三种。

蒙古语的人称领属有 -mini/čini/-anu、-inu 和少用的 –mani/–tani 等。蒙古文《法华经·普门品》中未出现带有领属人称后缀的词语。回鹘语的名词人称领属及其变化如下：

人称		开音节	闭音节
第一人称	单数	-m	-ïm，-im，-um，-üm（-am，-äm）
	复数	-mïz，-miz（-muz，müz）	-ïmïz，-imiz，-umuz，-ümüz（-amïz，-ämiz）
第二人称	单数	-ng	-ïng，-ing，-ung，-üng，-ang，-äng
	复数	-ngïz，-ngiz，-nguz，-ngüz	-ïngïz，-ingiz，-unguz，-üngüz（+-lar/-lär）
第三人称		-sï，-si，-su，-sü	-ï，-i，-u，-ü

1. 第一人称

-m：接在开音节名词后。回鹘文《法华经·普门品》中，带有该词缀的词语有“tängrim”，出现了 5 次。

-ïm：接在 -a 或 -ï 结尾的闭音节名词后。回鹘文《法华经·普门品》中，未出现带有 -ïm 的词语。

-im：接在 -ä 或 -i 结尾的闭音节名词后。回鹘文《法华经·普门品》中，未出现带有 –im 的词语。

-um：接在 -u 或 -o 结尾的闭音节名词后。回鹘文《法华经・普门品》中，带有该词缀的词语有 tsuyumta 和 yazuqumta，各出现了 1 次。

–üm：接在 -ü 或 -ö 结尾的闭音节名词后。回鹘文《法华经・普门品》中，带有该词缀的词语有 “tözünüm”，各出现了 4 次。

-miz：接在以前元音结尾的开音节名词后。回鹘文《法华经・普门品》中，未出现带有 -miz 的词语。

-mïz：接在以后元音结尾的开音节名词后。回鹘文《法华经・普门品》中，未出现相关带有 -mïz 的词语。

-muz、-müz：-muz 接在以 o、u 结尾的开音节接在以元音结尾的开音节名词后，-müz 接在以 ö、ü 结尾的开音节接在以元音结尾的开音节名词后。回鹘文《法华经・普门品》中，未出现相关带有 -muz、-müz 的词语。

-ïmïz：接在以元音结尾的开音节名词后。回鹘文《法华经・普门品》中，未出现带有 -ïmïz 的词语。

-imiz：接在以 ä 或 i 结尾的闭音节名词后。回鹘文《法华经・普门品》中，未出现带有 -imiz 的词语。

-umuz：接在以 o 或 u 结尾的闭音节名词后。回鹘文《法华经・普门品》中，未出现带有 -umuz 的词语。

-ümüz：接在以 ö 或 ü 结尾的闭音节名词后。回鹘文《法华经・普门品》中，未出现带有 -ümüz 的词语。

2. 第二人称

-ng：接在以元音结尾的开音节名词后。回鹘文《法华经・普门品》中，未出现带有 -ng 的词语。

-ngïz：接在以元音结尾的开音节名词后。回鹘文《法华经・普门品》

中，未出现带有 -ngïz 的词语。

-ngiz：接在以元音结尾的开音节名词后。回鹘文《法华经·普门品》中，未出现带有 -ngiz 的词语。

-nguz：接在以元音结尾的开音节名词后。回鹘文《法华经·普门品》中，未出现带有 -nguz 的词语。

-ngüz：接在以元音结尾的开音节名词后。回鹘文《法华经·普门品》中，未出现带有 -ngüz 的词语。

-ïng：接在以元音结尾的闭音节名词后。回鹘文《法华经·普门品》中，未出现带有 -ïng 的词语。

-ing：接在以元音结尾的闭音节名词后。回鹘文《法华经·普门品》中，未出现带有 -ing 的词语。

-ung：接在以元音结尾的闭音节名词后。回鹘文《法华经·普门品》中，未出现带有 -ung 的词语。

-üng：接在以元音结尾的闭音节名词后。回鹘文《法华经·普门品》中，未出现带有 -üng 的词语。

-ang：接在以元音结尾的闭音节名词后。回鹘文《法华经·普门品》中，未出现带有 -ang 的词语。

-äng：接在以元音结尾的闭音节名词后。回鹘文《法华经·普门品》中，未出现带有 -äng 的词语。

-ïngïz：接在以元音结尾的闭音节名词后。回鹘文《法华经·普门品》中，未出现带有 -ïngïz 的词语。

-ingiz：接在以元音结尾的闭音节名词后。回鹘文《法华经·普门品》中，未出现带有 -ingiz 的词语。

-unguz：接在以元音结尾的闭音节名词后。回鹘文《法华经·普门品》中，带有该词缀的词语有 yaruqunguz，出现了 1 次。

-üngüz：接在以元音结尾的闭音节名词后。回鹘文《法华经·普门品》中，未出现带有 -unguz 的词语。

3. 第三人称

-sï：接在前一音节中的元音以前元音结尾的开音节名词后。回鹘文《法华经·普门品》中，未出现带有 -sï 的词语。

-si：接在前一音节中的元音以后元音结尾的开音节名词后。回鹘文《法华经·普门品》中，带有该词缀的词语有“tängrisi”“öwkäsi”“ärgüsi”等，各出现 1 次。

-ï：接在前一音节中的元音以 a 或 ï 结尾的闭音节名词后。回鹘文《法华经·普门品》中，未出现带有 -ï 的词语。

-i：接在前一音节中的元音以 ä 或 i 结尾的闭音节名词后。回鹘文《法华经·普门品》中，带有该词缀的词语有“ägsükmeki”出现了 1 次，“ärdämi”出现了 2 次，“körgitip”出现了 19 次，“ärki”出现了 1 次，“ämgäki”出现了 1 次，“küči”出现了 1 次，“kögüzi”出现了 1 次，“yerintä”出现了 1 次。

-u/-ü 和 -su/-sü 则回鹘文文献中出现的频率很低，说明已经进入退化的阶段，有的甚至被其他后缀所代替。

蒙古语和回鹘语名词都有数、格、领属人称范畴，蒙古语的数范畴的复数形式相对于回鹘语更丰富。两种语言的格范畴中都有 7 种格变化。人称范畴的变化形式也基本相同。

二、形容词比较

形容词主要用来描写或修饰名词或代词，表示人或事物的性质、状态、特征或属性，常用作定语，也可作表语、补语或状语。

（一）形容词的分类：蒙古语和回鹘语中的形容词可分为性质形容词和关系形容词。性质形容词：表示人或事物的性质、数量或形状的词语。关系形容词：通过某一事物或行为状态来表示事物特征的词语。

（二）形容词的级范畴：为了表现事物的不同程度，蒙古语和回鹘语的形容词都会有不同的表现形式。蒙古语的形容词比较范畴可分为原级、弱级、强级、比较级、最高级；回鹘语形容词的比较范畴可分为原级、比较级、最高级和指小表爱级。

蒙古语形容词级范畴及《法华经·普门品》中出现次数如下表：

程度及级	构成方式	形容词	出现次数	形容词	出现次数
原级	词干形式	beleg	3	dogšin	2
		yeke	7	ɤowa-a	2
		ɤagča	1	kilber	1
		kebeken	3	qurča	1
		oir̠a	1	šira	2
弱级	词干 +btur/+btür、+qan/+ken	—		—	
强级	（词首音节 +b）+ 词干； 程度副词 maši、tung+ 词干	—		—	
比较级	比较对象 +ača、eče+ 词干	—		—	
最高级	程度副词 qamaɤ-un、tuil-un+ 词干； 词干 +ača、eče+ 词干； 词干 +yin+ 词干	—		—	

回鹘语形容词级范畴及《法华经·普门品》中出现次数如下表：

程度及级	构成方式	形容词	出现次数	形容词	出现次数
原级	词干形式	aɣïr	3	alp	2
		amraq	1	ayïɣ	2
		aɣlaq	1	äsän	1
		ädgü	9	ärüš	6
		bat	1	čïn	1
		irinč	1	king	1
		kičig	3	qašïnčïɣ	1
		qalïn	9	qara	2
		qoduru	1	uluɣ	27
		üküš	4	suqančïɣ	1
		turuɣ	2	yawlaq	4
比较级	词干+raq/räk	yigräk	1	täringräk	3
最高级	副词+词干；词首音节+p、+m、+b结尾的形容词	—		—	
指小表爱级	形容词后接-qaya/käyä或-ɣïna/-qïna/-ginä/-kinä；形容词后接-šin（-čin）/-sïman/-simän	—		—	

蒙古语和回鹘语形容词的级范畴变化形式基本一致，都包括了原级、比较级和最高级。相对而言，蒙古语的形容词级范畴更细化，比回鹘语形容词级范畴多了弱级和强级。而回鹘语形容词级范畴不同于蒙古语的是有一个小表爱级。

三、数词比较

（一）基数词：基数词又分为基本基数词和合成基数词。基本基数词由一个基数词构成。合成基数词由两个或两个以上基数词组成。

蒙古语		回鹘语	
基本基数词	出现次数	基本基数词	出现次数
ṉigen	10	bir	10
qoyar	5	iki~ikki	3
ɤurba	1	üč	2
dürbe	0	tört	1
tabu	0	bäš~biš	1
ǰirɤuɤ_a	0	altï	0
doluɤ_a	0	yäti~yätti~yitti	0
naima	0	säkiz~säkkiz	1
yisü	0	toquz	0
arba	0	on	0
qori	0	yigirmi~ygrmi	0
ɤuči	0	otuz~ottuz	0
döči	0	qïrp~qïrïp	0
tabi	0	älik~ällik	0
ǰira	0	altmïš	0
dala	0	yätmiš	0
naya	0	säksän	0
yere	0	toqsun~toqsan	0
ǰaɤu	0	yüz	0
mingɤ_a	0	mïng	7
tüme	1	tümän	5

续表

蒙古语		回鹘语	
基本基数词	出现次数	基本基数词	出现次数
bum	0	ban（万）	0
say_a	0	kolti（亿）	0
ǰiw_a	0	—	—
düngšiɤur	0	—	—

合成基数词在蒙古文《法华经·普门品》中出现的情况为："ǰiran qoyar"（六十二）出现了3次。"n̠aiman tümen"（八万）、"dörben min̠gɤan"（四千）各出现了1次。回鹘文《法华经·普门品》中出现的情况为："altmïš iki"（六十二）、"üč ming"（三千）、"säkiz tümän"（八万）、"tört ming"（四千）各出现了1次。

（二）序数词：蒙古语的序数词是在基数词的词干上加 -duɤar/düger 构成。蒙古文《法华经·普门品》中序数词出现了1次，即"tabdaɤ.ar"（第五）。回鹘语序数词是基数词的词干上加 -nč/-inč/-unč/-ünč 和 –ndi/–nti 而构成。回鹘文《法华经·普门品》中序数词出现了1次，即"otuzunč"（第三十）。

（三）集合数词：蒙古语的集合数词是在基数词的词干上加 -ɤula/-güle 构成。蒙古文《法华经·普门品》中集合数词出现了1次，即"qoyaɤula"（俩）。回鹘语的集合数词是在基数词的词干上加 -aɤu/-ägü/-ägün 而成。回鹘文《法华经·普门品》中未出现集合数词。

（四）分配数词：蒙古语的分配数词是以数词的重叠形式来表示。回鹘语的分配数词是在基数词的词干上加 -ar/-är/-rar/-rär 而成。蒙古文和回鹘文《法华经·普门品》中，均未出现分配数词。

（五）约数词：表示事物的大概的数字，不确定的数词时使用约数词。蒙古语和回鹘语的约数词用三种形式表示。蒙古语约数词是数词词干 +ɤad、+ged；两个相近的数词连用；在十以上的数词后加“šiqam”（来个）、“ɤarui”（多个）、“ilegüü”（多个）等词语。回鹘语约数词是两个基数词连用；基数词加 -ča/-čä；基数词加 –artuq（多）一词表示。蒙古文和回鹘文《法华经·普门品》中，均未出现约数词。

（六）分数词：表示该形式回鹘语中没有分数词，“几分之几”，两个数词之间用领格来表示。蒙古文《法华经·普门品》中，未出现分数词。

根据统计比较，蒙古文和回鹘文《法华经·普门品》中出现的数词以基数词为主，还有少量的序数词、集合数词和约数词，其他形式均未出现。

四、代词比较

代替名词、形容词、数词的词叫代词。蒙古语的代词可以分为人称代词、指示代词、疑问代词、反身代词、不定代词和范围代词 6 种。回鹘语代词分为人称代词、指示代词、疑问代词、反身代词、关系代词、性状代词、确定代词和不定代词等八种。

（一）人称代词：蒙古语和回鹘语的人称代词不仅有第一、第二、第三人称的区别，而且有单数、复数之分。现将两种语言中的人称代词及《法华经·普门品》中出现的对应的人称代词以列表的形式展示如下：

1. 蒙古语人称代词：

蒙古语	第一人称	出现次数	第二人称	出现次数	第三人称	出现次数
单数	bi	2	či	1	tere	24
	—	—	ta	0	ene	8
	—	—	—	—	tere kümün	0
	—	—	—	—	ene kümün	0
复数	bide	1	ta	2	tede	4
	bidener	0	ta-nar	0	tedener	0
	bidenüs	0	tanus	0	tedenüs	0
	man	0	tadan	0	ede	0
	manus	0	—	—	edenüs	0
	—	—	—	—	bide	1
	—	—	—	—	man	0

2. 回鹘语人称代词单数变格表（1）：

回鹘语	第一人称	出现次数	第二人称	出现次数	第三人称	出现次数
主格	män~bän	7	sän~sin	0	ol	50
属格	mäning	1	säning	0	anïng	0
	bäning	0	sänning	0	anïn	0
	mining	0	sining	0	onïng	0
宾格	mäni	1	säni	0	anï	9
	bäni	0	sini	0	—	—
	mini	1	—	—	—	—
与格	manga	0	sanga	0	anga	0
	banga	0	sängä	0	angar	0
	mängä	0	—	—	—	—
	bängä	0	—	—	—	—
位格	mänd（t）ä	0	sänd（t）ä	0	and（t）a	0
	bänd（t）ä	0	sind（t）ä	0	—	—
	—	—	siningdä	0	—	—

续表

回鹘语	第一人称	出现次数	第二人称	出现次数	第三人称	出现次数
从格	mänd（t）in	0	sänd（t）ä	0	and（t）ïn	0
	—	—	sind（t）in	0	anïngd（t）ïn	0
工具格	—	—	—	—	anïn	1

回鹘语人称代词复数变格表（2）：

格	第一人称	出现次数	第二人称	出现次数	第三人称	出现次数
主格	biz	1	siz	8	olar~ular	0
	—	—	sizlär	4	—	—
属格	bizning	0	sizning	0	olarnïng	0
	bizing	0	sizing	0	—	—
	—	—	sizlärning	0	—	—
宾格	bizni	0	sizni	0	olarnï	0
	—	—	sizlärni	0	—	—
与格	bizg（k）ä	0	sizgä	0	olarqa	0
	bizingä	0	sizingä	0	—	—
	—	—	sizlärgä	0	—	—
	—	—	sizlärdingä	0	—	—
	—	—	sizä	0	—	—
位格	bizd（t）ä	0	sizingd（t）ä	0	olard（t）a	0
	bizind（t）ä	0	sizlärd（t）ä	0	—	—
从格	bizingd（t）in	0	sizingd（t）in	0	olard（t）ïn	0
	—	—	sizdin	0	—	—
工具格	bizin	1	sizin	1	anïn	2

指示代词：蒙古语和回鹘语指示代词均有近指和远指之分，下面将两种语言的指示代词及《法华经·普门品》中出现的对应的指示代词展示如下：

1. 蒙古语指示代词分类表：

<table>
<tr><th>分类</th><th colspan="4">近指</th><th colspan="4">远指</th></tr>
<tr><td rowspan="3">代替、指示名词</td><td>单数</td><td>出现次数</td><td>复数</td><td>出现次数</td><td>单数</td><td>出现次数</td><td>复数</td><td>出现次数</td></tr>
<tr><td>ene</td><td>8</td><td>edeger</td><td>0</td><td>tere</td><td>24</td><td>tedeger</td><td>22</td></tr>
<tr><td>egün</td><td>0</td><td>—</td><td>—</td><td>tegün</td><td>12</td><td>—</td><td>—</td></tr>
<tr><td rowspan="2">代替、指示形容词</td><td colspan="2">近指</td><td colspan="2">出现次数</td><td colspan="2">远指</td><td colspan="2">出现次数</td></tr>
<tr><td colspan="2">eimü</td><td colspan="2">0</td><td colspan="2">teimü</td><td colspan="2">0</td></tr>
<tr><td rowspan="3">代替数词</td><td colspan="2">edüi</td><td colspan="2">0</td><td colspan="2">tedüi</td><td colspan="2">3</td></tr>
<tr><td colspan="2">öčinen</td><td colspan="2">0</td><td colspan="2">töčinen</td><td colspan="2">0</td></tr>
<tr><td colspan="2">edüičinegen</td><td colspan="2">0</td><td colspan="2">tedüičinegen</td><td colspan="2">0</td></tr>
<tr><td rowspan="2">代替时位</td><td colspan="2">ende</td><td colspan="2">0</td><td colspan="2">tende</td><td colspan="2">12</td></tr>
<tr><td colspan="2">—</td><td colspan="2">—</td><td colspan="2">önö</td><td colspan="2">0</td></tr>
</table>

2. 回鹘语指示代词变格表：

<table>
<tr><th rowspan="2">格</th><th colspan="4">近指</th><th colspan="4">远指</th></tr>
<tr><th>单数</th><th>出现次数</th><th>复数</th><th>出现次数</th><th>单数</th><th>出现次数</th><th>复数</th><th>出现次数</th></tr>
<tr><td rowspan="7">主格</td><td>bu</td><td>0</td><td>bular</td><td>0</td><td>ol</td><td>50</td><td>olar</td><td>0</td></tr>
<tr><td>mu</td><td>0</td><td>munlar</td><td>0</td><td>ošul</td><td>0</td><td>—</td><td>—</td></tr>
<tr><td>munu</td><td>0</td><td>—</td><td>—</td><td>ošu</td><td>0</td><td>—</td><td>—</td></tr>
<tr><td>ušbu</td><td>0</td><td>—</td><td>—</td><td>—</td><td>—</td><td>—</td><td>—</td></tr>
<tr><td>bunïng</td><td>0</td><td>bularnïng</td><td>0</td><td>anïng</td><td>1</td><td>olarnïng</td><td>0</td></tr>
<tr><td>munïng</td><td>0</td><td>—</td><td>—</td><td>—</td><td>0</td><td>—</td><td>—</td></tr>
<tr><td>munung</td><td>0</td><td>—</td><td>—</td><td>—</td><td>0</td><td>—</td><td>—</td></tr>
<tr><td rowspan="2">宾格</td><td>bunï</td><td>0</td><td>bularnï</td><td>0</td><td>anï</td><td>6</td><td>olarnï</td><td>0</td></tr>
<tr><td>munï</td><td>0</td><td>—</td><td>—</td><td>—</td><td>0</td><td>—</td><td>—</td></tr>
</table>

续表

格	近指				远指			
	单数	出现次数	复数	出现次数	单数	出现次数	复数	出现次数
与格	bunga	0	bularqa	0	angar	0	olarqa	0
	munga	0	—	—	anga	0	—	—
	bungar	0	—	—	—	0	—	—
	mungar	0	—	—	—	0	—	—
位格	bund（t）a	0	bulard（t）a	0	and（t）a	0	olard（t）a	0
	mund（t）a	0	—	—	—	0	—	—
从格	bundïn	0	bulardïn	0	and（t）ïn	0	olardïn	0
	mundïn	0	—	—	—	0	—	—
	bundan	0	—	—	—	0	—	—
	mundan	0	—	—	—	0	—	—
工具格	bunïn	0	—	—	anïn	2	—	—
	munïn	0	—	—	—	—	—	—

（三）疑问代词：蒙古语和回鹘语的疑问代词分类相似，以下是蒙古语和回鹘语疑问代词及分类情况：

	蒙古语		回鹘语	
种类	疑问代词	出现次数	疑问代词	出现次数
询问人或事物	ken（谁）	1	kim	14
	yaɤu（什么）	2	qayu~qanyu	8
	—	—	qayusï	0
	—	—	qanu	0
	—	—	nä	4
	—	—	nü	0
	—	—	nägü	0

续表

	蒙古语		回鹘语	
种类	疑问代词	出现次数	疑问代词	出现次数
询问状态、性质、方式	yamar/yambar（怎样）	1	qanïqï	0
	kiri（ǰerge）	0	qalï	0
	—	—	qaltï	0
	—	—	nätäg	1
	—	—	nätägin	0
	—	—	nätäglädi	0
	—	—	nägü	0
	—	—	nägül	0
	—	—	nägülüg	0
	—	—	nälük~nälik~näläk	0
	—	—	nämän	0
	—	—	näčün	0
询问数量	kedü	0	qanč	0
	kedüi	1	qač	0
	kečinen	—	näčä	0
询问时位	qamiɤ_a	4	qanča	0
	keǰiy_e	1	qančuq	0
	—	—	qand（t）a	0
	—	—	qayud（t）a~qayd（t）a	0
	—	—	qayudïn	0
	—	—	qanï	—
	—	—	qand（t）ïn~qandan	—
	—	—	qantïran	—
	—	—	qačan	—
	—	—	qayuqa	—
	—	—	näčäd（t）ä	—
	—	—	nädä	—

续表

	蒙古语		回鹘语	
种类	疑问代词	出现次数	疑问代词	出现次数
询问原因	yaɣakiɣad	0	näčük	0
	—	—	näčükin	1
	—	—	näčüklädi	0
	—	—	nägü~näkü	0
	—	—	nägülüg	0
	—	—	näkä	0
	—	—	nädä	0
	—	—	näräk	0
	—	—	näčä	0

（四）反身代词：蒙古语的反身代词有四种，且有单数、复数之分，回鹘语的反身代词有两种，其中“öz”有数、领属人称和格的变化，“käntü”则没有此类变化。

蒙古语		回鹘语	
反身代词	文中出现次数	反身代词	文中出现次数
öber-iyen（单数）	0	käntü	5
öbesüben（单数）	0	öz	3
öbertegen（单数）	0	—	—
öbersed （复数）	0	—	—

蒙古文《法华经·普门品》中反身代词未出现。回鹘文《法华经·普门品》中反身代词出现了 8 次。回鹘文反身代词除“käntü”和“öz”单独使用以外还可连用，即“käntü öz”“öz käntü”“käntü käntü ”“öz öz”等。

（五）关系代词：蒙古语中没有关系代词。回鹘语中的关系代词是由一部分疑问代词来充当的。疑问代词多用于句首，主要是在关系从句中作从句引导词。常用的关系代词有“kim”“qačan”“nä”“näčükin”。回鹘文《法华经·普门品》中“nä”出现了 4 次，“näčükin”出现了 1 次。

（六）性状代词：蒙古语代词中没有性状代词。回鹘语的性状代词是代词后缀接 -daq/-daɤ，-ča/-čä 而成。回鹘文《法华经·普门品》中没有出现性状代词。

（七）确定代词：确定代词是代替人或事物的一部分或全部。分为表示总括和表示区分两种。下面是蒙古语和回鹘语确定代词及《法华经·普门品》中出现情况统计表：

蒙古语				回鹘语			
指总括的	出现次数	指区分的	出现次数	指总括的	出现次数	指区分的	出现次数
büküde	4	ǰarim	6	qamaɤ	0	bir	0
büküdeger	1	busud	0	qamuɤ	12	är	0
neite	0	öger_e	0	yumqï	0	ägü	0
bükün	20	ondoo	0	yumɤu	0	—	—
dayang	0	astaɤan	0	yumɤï	0	—	—
dayaɤar	0	nögöge	0	barča	0	—	—
eldeb	0	bišin	0	—	—	—	—
el_e	0	—	—	—	—	—	—
qamuɤ	9	—	—	—	—	—	—
čöm	0	—	—	—	—	—	—
bür	0	—	—	—	—	—	—

（八）不定代词：蒙古语的不定代词有的是一个代词，有的是一个代词和一个数词组合而成。回鹘语的不定代词由两个疑问代词组合或疑问代词与其他词组合而成。以下是蒙古语和回鹘语《法华经·普门品》中不定代词统计表：

蒙古语		回鹘语	
不定代词	出现次数	不定代词	出现次数
ken	1	nägü kim	0
ken nige	0	näkim	0
yaɤu	2	nä ärsä	0
yaɤu nige	0	näčükin ärsä	0
yambar	1	qalï qanča	0
yambar nige	0	qayu kim	0
yamar ču	0	näng	1
kedü	0	kim ärsä	0
nige kedü	0	kim kim	0
edüi tedüi	0	kim qayu	0
kedüi čü	0	ḥär kim	0
kеǰiy_e	1	qač näng	0
kеǰiy_e nige	0	qayu näng	0
qamiɤ_a	4	—	—
qamiɤ_a nige	0	—	—
kеǰiy_e čü	0	—	—
qamiɤ_a ču	0	—	—

蒙古语和回鹘语的代词表的种类众多。但蒙古文和回鹘文《法华经 · 普门品》中出现的代词主要集中在少数的几个词上，蒙古语《法华经·普门品》中出现最多的代词是人称代词“tere”,出现了 24 次。此外，还有指示代词“tedeger”,出现了 22 次,确定代词“bükün”出现了 20 次。

回鹘语《法华经·普门品》中，出现最多的代词是人称代词和指示代词“ol”，出现了 50 次。还有，疑问代词“kim”，出现了 14 次。除此之外，还有少量的一些代词出现，表格中已做统计。

五、动词比较

动词是句中的谓语语法核心，陈述动作、情况、变化的词。每个完整的句子基本上都有一个动词。在蒙古语和回鹘语中动词是词法的核心部分，其形态变化丰富多样。

（一）动词统计

1. 蒙古文《法华经·普门品》中的动词及汉译如下：

序号	1	2	3	4	5
蒙古语	aldaraqu	abubai	abuɤad	aburaqu	aɤurbasu
汉译	失掉	拿	拿	拯救	扔掉
序号	6	7	8	9	10
蒙古语	alan	aldaršigsan	alaqui	amiduraǰu	amurliyu
汉译	杀	闻名	杀	生活	安妥
序号	11	12	13	14	15
蒙古语	arilɣayu	asaɤrun	ayuǰu	ayugtun	baɤubasu
汉译	消除	问	怕	怕	下
序号	16	17	18	19	20
蒙古语	bariǰu	bosču	bolrun	böküiged	bolugsan
汉译	握	起	成为	躬身	成为
序号	21	22	23	24	25
蒙古语	boluɤad	bolurun	bolɣaqui	bosuɤad	bolqu
汉译	成为	成为	变成	起	成为
序号	26	27	28	29	30
蒙古语	baragdaquy_a	bolɣaqui	buruɤuridču	bürkügdeküi	bišilugsan

续表

汉译	完	成为	逃回	遮盖	修行
序号	31	32	33	34	35
蒙古语	čidayu	čiderleküi	daɤudagtun	darugsan	duradbasu
汉译	会	羁绊	叫	镇压	提出
序号	36	37	38	39	40
蒙古语	duraddaqui	dügürbesü	dügürčü	duradqui	duradbasu
汉译	提出	满	满	提出	提出
序号	41	42	43	40	45
蒙古语	duraddugdaqui	duradču	egeregdegsen	egüsgegsen	egüsgekü
汉译	提出	提出	围绕	发起	发起
序号	46	47	48	49	50
蒙古语	egüsgeküi	egüdügsen	egüsgeldübei	emiyeǰü	ergübei
汉译	发起	创造	发生	怕	举
序号	51	52	53	54	55
蒙古语	ibegen	ireǰü	iregsen	ǰibkü	ǰibaqu
汉译	保佑	来	来	沉没	沉没
序号	56	57	58	59	60
蒙古语	ɤarqui	geigülün	geigülyü	getülküi	kemen
汉译	出	照亮	照耀	渡过	叫做
序号	61	62	63	64	65
蒙古语	kemekü	kemebesü	kemegsen	kemegdekü	kemkerekü
汉译	叫做	叫做	叫做	叫做	碎
序号	66	67	68	69	70
蒙古语	keisteǰü	kereglekü	kön̲ügen	kiǰü	kilin̲glen
汉译	吹	用	毁灭	做	愤怒
序号	71	72	73	74	75
蒙古语	kölügdebesü	kön̲geküi	kön̲ügegdekün	kürügsen	kürügsen
汉译	被套	消灭	侵害	到达	到
序号	76	77	78	79	80
蒙古语	küriyelegsen	küriyelebesü	medekü	medebesü	mörgümüi

续表

汉译	围绕	围绕	知道	知道	叩拜
序号	81	82	83	84	85
蒙古语	mörgübesü	mörgügsen	mörgügdeküi	mörgüged	ṉereidgsen
汉译	叩拜	叩拜	叩拜	叩拜	命名
序号	86	87	88	89	90
蒙古语	ṉereidbei	ṉereidged	ṉomlasuɤ.ai	ṉomudqaqui	ṉomlagsan
汉译	命名	命名	讲经	制服	讲经
序号	91	92	93	94	95
蒙古语	ṉigülsüged	oḏqu	oduɤad	olqu	odugsaṉ-a
汉译	发善	去	去	获得	赴
序号	96	97	98	99	100
蒙古语	odyu	odugsan	oruǰu	oruɤuluyu	orugsan
汉译	去	赴	进	下	进
序号	101	102	103	104	105
蒙古语	oruqu	orubasu	oruqui	ögkü	ögsügei
汉译	进	进	下	给	给
序号	106	107	108	109	110
蒙古语	ögkügtün	öčirün	öčiged	qudquldugsan	quɤuran
汉译	知道	奉告	奉告	混淆	断
序号	111	112	113	114	115
蒙古语	qudquldugsan	quɤuran	qudquldugsan	quɤuran	qudquldugsan
汉译	混淆	断	混淆	断	混淆
序号	116	117	118	119	120
蒙古语	quɤuran	üiledbesü	ülegsen	üiledügsen	ügülerün
汉译	断	做	剩	做	说
序号	121	122	123	124	125
蒙古语	üǰügülmü	üǰügülügse	üǰügülbei	üǰebesü	sačugsan
汉译	看	看	看	观	洒
序号	126	127	128	129	130
蒙古语	saišiyan	sedkimü	surugsan	sonuś	soṉusugsan

续表

汉译	赞美	思考	学	听	听
序号	131	132	133	134	135
蒙古语	sögüdüged	sonusbasu	sonusbasu	sönükü	šitagagsan
汉译	跪	听	听	消亡	烧
序号	136	137	138	139	140
蒙古语	tailuɤad	taɤalaqu	taki	takin	takigtun
汉译	解开	关怀	祭	祭拜	祭拜
序号	141	142	143	144	145
蒙古语	takigdayu	tasuraqu	tebčigsen	tegüsügsen	tuɤrbigsan
汉译	祭拜	断	节制	结束	着手
序号	146	147	148	149	150
蒙古语	tuɤugdaǰu	tuɤulugsan	tonilqu	tonilbai	törükü
汉译	追赶	度过	消失	消失	生
序号	151	152	153	154	155
蒙古语	törüǰü	unaqui	unabasu	urustaqui	urusqan
汉译	生	掉	落	流走	流送
序号	156	157	158	159	160
蒙古语	ükükü i	üiledüged	üiledküi	üǰen	üǰebesu
汉译	死亡	做	做	看	看
序号	161	162	163	164	165
蒙古语	üǰeǰü	üǰeged	ügkün	ügülegsen	yabuqu
汉译	观	观	给	说	走
序号	166	167	168	169	170
蒙古语	yabuǰu	yabuyu	—	—	—
汉译	走	走	—	—	—

2. 回鹘文《法华经·普门品》中的动词及汉译如下：

序号	1	2	3	4	5
回鹘语	äšidür	äšidgäli	äšidigli	äšidsär	äšidmäsär

续表

汉译	听	听	听	听	听
序号	6	7	8	9	10
回鹘语	ägsütmäsär	är-ür	äšidsär	ämgänsär	ärür
汉译	不缺	走	听	痛苦	走过
序号	11	12	13	14	15
回鹘语	äšidip	ärtgäli	ärtürgäli	ämgänsär	atama
汉译	听	过	使过	痛苦	命名
序号	16	17	18	19	20
回鹘语	atamïš	alqïnčsïz	ayayu	alïn	alï
汉译	命名	不竭	尊敬	被拿	被拿
序号	21	22	23	24	25
回鹘语	aɤïrlayu	aqïnsar	atantï	atasar	alïng
汉译	尊敬	想	命名	命名	被拿
序号	26	27	28	29	30
回鹘语	atantï	aɤuqup	algalï	alïp	atanur
汉译	命名	中毒	拿	拿	命名
序号	31	32	33	34	35
回鹘语	atamïšqa	atayu	atamïšta	ayayu	aɤïrlayu
汉译	命名	命名	命名	尊敬	尊敬
序号	36	37	38	39	40
回鹘语	atamïš	ayamak	alïng	ayïtu	bolup
汉译	命名	尊敬	拿	说	成为
序号	41	42	43	40	45
回鹘语	bamïš	bilür	bolup	bärgäy	bolur

续表

汉译	捆绑	知道	发生	给	发生
序号	46	47	48	49	50
回鹘语	bolmaz	buyanlayu	bärzün	bošuyu	bärzün
汉译	发生	赐福	给	解救	给
序号	51	52	53	54	55
回鹘语	bašï	bušïmïznï	birmiš	biring	čiltämäk
汉译	袭击	布施	给	给	尊敬
序号	56	57	58	59	60
回鹘语	čɤïnmaz	kälip	körü	kirip	kitär
汉译	不失去	来	看	进入	走开
序号	61	62	63	64	65
回鹘语	kälürür	kikinč	kirmägäy	könglin	kirip
汉译	带来	回答	进入	思索	进入
序号	66	67	68	69	70
回鹘语	körgitip	kirsär	käčip	kälip	közin
汉译	看见	进入	度过	来	出现
序号	71	72	73	74	75
回鹘语	közin	körüp	körür	körsär	körgütür
汉译	出现	看	看	看	使看
序号	76	77	78	79	80
回鹘语	körü	kirü	körgitip	körgitü	kärgäk
汉译	看	进入	看见	看见	需要
序号	81	82	83	84	85
回鹘语	kertgünmäkdä	nomlayu	nomlayïn	nomlansar	nomlayur
汉译	相信	说经	说经	说经	说经
序号	86	87	88	89	90
回鹘语	ozɤurur	ölüm	ötünür	ötüg	ötünti
汉译	救出	死亡	请求	请求	请求
序号	91	92	93	94	95
回鹘语	öčürür	öritir	ögli	ölürgälï	ötrü

续表

汉译	消灭	起	赞美	杀死	度过
序号	96	97	98	99	100
回鹘语	ölimägäy	ozar	ölürü	ötünsär	ozgay
汉译	湿	逃	杀死	请求	自救
序号	101	102	103	104	105
回鹘语	ötüg	ötünti	qutadmaqïn	qolulayur	qutadmaq
汉译	请求	请求	有福	思考	有福
序号	106	107	108	109	110
回鹘语	qïlmïšïn	qolur	qolulayu	qïlmanglar	qolulamïšï
汉译	做	祈求	请求	做	思考
序号	111	112	113	114	115
回鹘语	qolulamaq	qangïnta	qazɤanmïš	qïltačïqa	qïlmaqï
汉译	思考	满足	获得	做	做
序号	116	117	118	119	120
回鹘语	qutɤarur	qutrulurlar	qutrulur	qïnagalï	qolmïš
汉译	拯救	被救	被救	折磨	祈求
序号	121	122	123	124	125
回鹘语	qataɤlansar	qïlu	qutrulur	qor	qolu
汉译	精进	做	被救	损害	所求
序号	126	127	128	129	130
回鹘语	qutrulur	qorqmanglar	qorqïnč	qorqunčsuz	qorayur
汉译	被救	不怕	怕	怕	减少
序号	131	132	133	134	135
回鹘语	qutadmak	qazɤanur	qalp	qïlur	qutɤarur
汉译	有福	获得	留下	做	拯救
序号	136	137	138	139	140
回鹘语	qurtulgu	qodnu	qolulasar	qolti	qorqunčsuz
汉译	被救	放下	思考	祈求	怕
序号	141	142	143	144	145
回鹘语	qïlïng	qïltï	saqïnmïšï	saqïnsar	sïɤta

续表

汉译	做	做	想	想	哀哭
序号	146	147	148	149	150
回鹘语	sïnar	tapïɤ	tapïnu	tapïnïp	tapïnmïš
汉译	破	敬	尊敬	敬	救
序号	151	152	153	154	155
回鹘语	talïm	täg	täginip	tägürgäli	täginsär
汉译	掠夺	到达	到达	到达	到达
序号	156	157	158	159	160
回鹘语	täginti	täginür	tägirlär	tägip	tägmäsär
汉译	到达	到达	到达	到达	到达
序号	161	162	163	164	165
回鹘语	tägir	tägürälim	tägürsär	tïdïɤsïz	tilägäli
汉译	到达	到达	到达	无妨	要求
序号	166	167	168	169	170
回鹘语	tiläsär	tesär	tep	tetir	temiš
汉译	要求	说	说	被称	说
序号	171	172	173	174	175
回鹘语	tutup	tolu	tedi	tep	toqïp
汉译	抓住	满	说	说	打击
序号	176	177	178	179	180
回鹘语	tutmïš	turup	tutar	tutsar	turɤurdïlar
汉译	抓住	站	抓住	抓住	站立
序号	181	182	183	184	185
回鹘语	turɤurung	uduɤ	uduzïp	udunu	uqung
汉译	站起	敬	率领	敬	明白
序号	186	187	188	189	190
回鹘语	umagay	unamadï	unïtmasar	udunu	umaz
汉译	不能	不愿意	勿忘	敬	做
序号	191	192	193	194	195
回鹘语	usar	üzüšgäli	üngäy	yaɤïtïp	yarutïr

续表

汉译	能	折断	出去	下雨	发光
序号	196	197	198	199	200
回鹘语	yarutï	yarlïqadï	yalwaru	yarlïqazun	yas
汉译	发光	保佑	祈求	保佑	损害
序号	201	202	203	204	205
回鹘语	yatïp	yarlïqasar	yarlïqadï	yerintä	yilwikip
汉译	躺	保佑	保佑	斥责	施魔法
序号	206	207	208	209	210
回鹘语	yigädmiš	yorïgïn	yorïyur	yüklär	—
汉译	变好	缠绕	走	集起	—

蒙古语和回鹘语的动词分为单纯动词和派生动词。单纯动词是没有任何附加成分的词。蒙古语《法华经·普门品》中出现的“taki”（祭拜）一词是单纯动词外，其他都是派生动词。回鹘文《法华经·普门品》中出现的“yas”一词（损害）一词和“qor”（损害）是单纯动词外，其他都是派生动词。

（二）动词的形态变化

蒙古语和回鹘语动词都有式、时、态的变化。

1. 动词的式：动词的式是表示说话者对行为动作的主观评价态度。蒙古语动词的式分为祈使和陈述式。回鹘语的动词分为陈述、条件、祈使、愿望和假装式。

（1）祈使式及人称范畴：动词的祈使式表示命令、请求、建议、号召等意义。蒙古语和回鹘语的动词祈使式都有人称变化。

蒙古语动词祈使式人称变化及文中出现的带有祈使式附加成分的动词：

人称	蒙古语动词祈使式	文中出现的词
第一人称后缀	-y-a、-y-e、-suɤai、-sügei、-su、-sü	baragdaquy-a、n̲omlasuɤai、ögsügei
第二人称后缀	-ɤtun、-gtün、-ɤarai、-gerei、-ɤači、-geči	takiɤtun、ayuɤtun、daɤudaɤtun、ögkügtün
第三人称后缀	-ɤ、-g、-tuɤai、-tügei、-ɤasai、-gesei、-ɤuǰai、-güǰei	üǰegči、n̲erelegči、öggügči
复合形式后缀	-l、-lɤa、-lge、-lta、-lte、-tai、-tei	qubilɤan、tailuɤ.ad、tuɤulugsan、arilɤ.ayu、čakilɤan

回鹘语动词祈使式人称变化及文中出现的带有祈使式附加成分的动词：

人称	回鹘语动词祈使式		文中出现的词
	单数	复数	
第一人称后缀	-yïn、-yin、-ayïn、-äyin、-yan、-yän、-ayan、-äyän、-yïm、-yim、-ayïm、-äyim、	-lïm、-lim、-alïm、-älim、--lam、-läm、-alam、-äläm	tägürälim
第二人称后缀	-ng、-ïng、-ing、-ung、-üng、-ang、-äng、-ngïz、-ngiz、-ïngïz、-ingiz、-unguz、-üngüz、-ɤïl、-gil、-ɤïn、-gin	-nglar、-nglär、-ïnglar、-inglär、-unglar、-ünglär、-anglar、-änglär	biring、biling、 turɤurung、qïlmanglar
第三人称后缀	-sun、-sün、-sïn、-sin、-sunï、-süni、-su、-sü、-zun、-zün	-sunlar、-sünlär、-sïnlar、-sinlär、-zunlar、-zünlär	üǰegči、n̲erelegči、öggügči、küntägüsin、yarlïqazun、bärzün

（2）陈述式：陈述式是将行为动作按照客观方式加以叙述的一种形式。动词的式和时密不可分，蒙古语的陈述式的时范畴与动词的时态变化相同。回鹘语的直接陈述式的形式与动词的直接过去时、曾经过去时、现

在将来时的形式相同。间接陈述式的形式与间接过去时的形式相同。回鹘语的陈述式为动词后加 -lar/-lär。回鹘文《法华经·普门品》中的表示陈述式的动词有 qutrulurlar（2 次），umaɤaylar（1 次），turɤurdïlar（1 次）。

（3）条件式：表示某一动作行为完成的条件。回鹘语动词的条件式附加成分有 -sar/-sär，-sa/sä 及人称变化。以下是回鹘语动词的条件式词缀及回鹘文《法华经·普门品》中出现的相关词语。

人称	单数	文中出现的词	复数	文中出现的词
第一人称	-sarmän、-särmän、-sam、-säm	—	-sarmiz、-särmiz、-saq、-säk	—
第二人称	-sarsän、-särsän、-sang、-säng	—	-sarsiz、-särsiz、-sarsizlär、-särsizlär、-sanglar、-sänglär	—
第三人称	-sar、-sär、-sa、-sä	atasar、aqïnsar、ärsär、ämgänsär、äšidmäsär、äšidsär、ägsütmäsär、kirsär、körsär、qolulasar、qataɤlansar、nomlansar、tägmäsär、tägürsär、täginsär、tutsar、tiläsär、tesär、saqïnsar、unïtmasar、usar、yarlïqasar	-sarlar/-särlär/-sarlar/-särlär	—

（4）愿望式：动词的说话者对动作行为的愿望称为愿望式。回鹘语的愿望式词缀有 -ɤay/-qay/-gäy/-käy/-sa/-sä/-ïɤsa/-igsä/-uɤsa/-ügsä/-ïɤsï/-igsi/-ɤsaq/-gsäk/-ɤsïq/-gsik/-ïɤsaq/-igsäk/-uɤsaq/-ɤuluq/-gülük/-ɤlïq/-ïɤlïq/-iglik/-ɤlï/-gli/-ïɤlï/-igli/-uɤlï/-ügli 等。回鹘文《法华经·普门品》中出现的带有愿望式词缀的词语有“bärgäy、kirmägäy、ölimägäy、üngäy”等。

（5）假装式：回鹘语动词中的假装式指动作行为的假装。其词缀有 -msïn/-msin/-ïmsï/-imsin/-umsïn/-ümsin 及人称和时附加成分。回鹘文《法华经·普门品》中未出现带有此类词缀的动词。

2. 动词的态：动词的态是表示动作行为主体与客体之间的对应关系。

蒙古语和回鹘语动词的态是动词词干后缀接各种附加成分而成。蒙古语动词的态包括主动态、被动态、使动态、互动态、同动态、众动态 6 类。回鹘语动词的态包括主动态、被动态、使动态、反身态、共同态 5 种。

蒙古语动词的语态变化及蒙古文《法华经·普门品》中出现的相关词语如下：

语态	词缀	文中出现的词	出现次数	文中出现的词	出现次数
主动态	动词词干原型	—	—	—	—
使动态	-ɤul、-gül、-lɤ-a、-lge、-ɤ-a、-ge、-da/-de/	daɤudabasu	2	čölege	1
		geigülyü	1	köṉügegdekün	1
		geigülün	1	köṉügen	3
		üǰügülmü	1	egüsgekü	1
		üǰügülgsen	4	egüsgegsend	1
		üǰügülbei	11	egüsgegsen	1
		egüsgeldübei	1	egüsgeküi	1
		köṉügeküi	1	daɤudaɤtun	1
被动态	-ɤda/-gde	duraddugdaqui	1		
互动态	-ldu/-ldü	qudquldugsan	1	egüsgeldübei	0
同动态	-lča/-lče	0	0	0	0
众动态	-ǰaɤ-a/-ǰege/-čaɤ-a/-čege	0	0	0	0

回鹘语动词的语态变化及蒙古文《法华经·普门品》中出现的相关词语如下：

语态	词缀	出现的词	数量	出现的词	数量	出现的词	数量
主动态	词干原型	—	—	—	—	—	—
使动态	-t、-ït、-it、-ut、-üt	ärtürgäli	1	körgitür	10	yarutïr	1
		ägsütmäsär	1	tetir	21	0	0
		körgitü	8	örlätgäli	1	0	0
	-r、-ïr、-ir、-ur、-ür、-är	nomlayur	12	tägir	1	körgütür	1
		qararïg	2	tägirlär	1	körür	1
		bolur	4	ozɤurur	3	ozar	2
		qolur	1	qutɤarur	23	kitär	1
		qïlur	2	qazɤanur	1	birür	1
		qutrulur	3	bošunur	1	öritir	1
		atanur	5	qutrulurlar	2	kirür	2
		äšidür	3	tägürsär	2	öčürür	1
		ärür	5	ölürgäli	2	tutar	1
		kälürür	2	tägürgäli	1	sïnar	1
		bilür	1	ärtürgäli	1	bügülänür	1
		ötünür	1	täginür	1	qararïgïmïn	1
		tägürälim	1	tetir	21	—	—
	-dïr、-tïr、-dir、-tir、-dur、-tur、-dür、-tür	0	0	0	0	0	0
	-ɤur、-qur、-gür、-kür	ozɤurur	3	turɤurdïlar	1	turɤurung	2
	-z、-ïz、-iz、-uz、-üz	0	0	0	0	0	0
	-tïz、-tiz、-dïz、-diz、-tuz、-tüz、-duz、-düz	0	0	0	0	0	0
	-git、-kit、-gät	körgitip	10	—	—	—	—
	-sat、-sät	0	0	0	0	0	0

续表

语态	词缀	出现的词	数量	出现的词	数量	出现的词	数量
被动态	-l、-il、-ïl、-ul、-ül、-al、-äl	äšidigli	1	—	—	—	—
	-n、-in、-ïn、-un、-ün、-an、-än	atanur	2	atanglar	1	sïnar	2
		atantï	2	saqïnsar	1		
	-ïq、-ik、-uq、-ük、-sïq、-sik、-suq、-sük	0	0	0	0	0	0
反身态	-l、-ïl、-il、-ul、-ül	—	—	—	—	—	—
	-n、-ïn、-in、-un、-ün	—	—	—	—	—	—
共同态	-š、-ïš、-iš、-uš、-üš	üzüšgäli	1	—	—	—	—

蒙古语和回鹘语动词语态中都有主动态、被动态、使动态及共同态等相同的语态变化，缀接形式也是在动词词干上接语态附加成分而构成。蒙古文和回鹘文《法华经 · 普门品》中出现的动词语态主要是表示主动、被动、使动及共同语态的动词。

3. 动词的时：动词的时范畴表示行为动作发生的时间与说话时间的关系。蒙古语动词的时根据其表示的时间意义可以分为过去式、现在将来时、开始或结束时三种；回鹘语动词的时可分为过去时、现在将来时和将来时三种。

（1）蒙古语的时范畴及蒙古文《法华经 · 普门品》中的表示动词时态的词语如下：

时间	蒙古语动词时态	出现的词	出现的数量
过去时	-ǰuqui、-ǰüküi、-čuqui、-čüküi、-ǰai、-ǰei、-čai、-čei、-bai、-bei	abubai	1
		olbai	1
		toɴilbai	1

续表

时间	蒙古语动词时态	出现的词	出现的数量
现在将来时	-mui、-müi、-n̠a、-n̠e	mörgümüi	1
开始或结束	-l̠a、-l̠e	—	—

（2）回鹘语的时范畴及蒙古文《法华经·普门品》中的表示动词时态的词语如下：

时间	回鹘语动词时态		出现的词	出现的数量
过去时	直接过去时	-dï、-tï、-di、-ti -du、-tu、-dü、-tü -da、-dä、-ta、-tä	kertgünmäkdä	1
			ötünti	5
			qolti	1
			täginti	1
			tedi	1
	间接过去时	-mïš、-miš -mïs、-mis	birmiš	2
			temiš	1
	曾经过去时	-yuq/-yük	yigädmiš	1
现在—将来时	-r、-ïr、-ir、-ur、-ür、-ar、-är、-yur、-yür qolulayur yorïyur		nomlayur	2
			1	
			2	
将来时	-dačï、-tačï、-däči、-täči		qïltačïqa	1

第三节　小结

蒙古语和回鹘语都属于阿尔泰语系，并且都是黏着语。本章通过对蒙古文和回鹘文《法华经·普门品》中的词汇系统进行比较，发现二者在构词方法和形态变化方面存在许多相同或相似之处。首先，在构词方法方面，古蒙古语中的构成名词后缀 -či 和古突厥语中的构成名词后缀 -či/-čï，加在名词词根后构成新的名词，并表示从事某项工作的人。古蒙古语的构成动词后缀 -da/-de，-ta/-te 和古突厥语的构成动词后缀 -da/-dä，-ta/-tä，加在名词后构成表示词根所指的动作的动词。还有一些用法一样，功能不同的后缀。其次，在词的形态变化方面，两种语言的名词都有数、格及领属人称变化。例如，蒙古语和回鹘语的名词都有单数和复数两种形式。单数形式与词干本身相同，及零变化；复数形式一般是在单数形式的后面按照语音和谐律缀接附加成分而成。形容词也都以不同的级范畴来表示事物的不同程度，动词都有时、态、式的变化。那么，蒙古语和回鹘语在语法方面，为什么会出现这种相同或相似现象？就此，我们是否可以判断两种语言有亲缘关系或同源关系呢？对于这一问题，学界至今仍存有争议：有的认为有亲缘关系，有的认为是相互影响的结果。还有的学者游移于两派之间。不可否认的是，无论是否为亲属关系，蒙古语和回鹘语在构词方法和语法特点方面具有相同或相似性。

结 语

历史上的西域是汉族、月氏、乌孙、匈奴、塞、羌氐、鲜卑、柔然、高车、突厥、回鹘、吐蕃、黠嘎斯、契丹、蒙古、哈萨克、塔吉克、满、回、锡伯等众多民族重要的活动舞台。正由于西域在历史上体现出的多民族性,注定了这里是多种宗教传播的沃土。佛教是最先传入西域的宗教,或由古印度直接传入,或由中亚传入,总之其在魏晋南北朝时期的西域地区迎来了发展的繁盛时期,而于阗、龟兹和后来的高昌成为了佛教传播的中心。本选题《法华经》的汉文文本由西域僧人鸠摩罗什译入。那么,佛教在历史上作为回鹘人信仰的宗教之一,与藏传佛教又有怎样的联系呢?藏传佛教于10世纪末11世纪初传入西域后,西域的吐蕃遗民和与吐蕃关系密切的回鹘人成为最早的信奉者,正是这些皈依藏传佛教的回鹘人把藏传佛教带到西域诸地,由此,藏传佛教在11世纪以后逐渐确立了在西域佛教的主导地位。20世纪初,在黑水城、敦煌和吐鲁番出土了许多回鹘文佛教文献,这些佛教文献之间有着很大的相似性,而这些佛教文献正是噶举派的修法要门,由此说明藏传佛教在西域、河西等地的传播与西藏本土是同步的。而且通过对后期回鹘文文献的整理和研究,我们发现这些文献大多属于藏传佛教密宗的经典,其翻译水平之高,足以表明回鹘人笃信藏传佛教程度之深。在元朝时期，回鹘藏传佛教高僧在促使蒙古人接受并信奉藏传佛教的过程中发挥了重要的桥梁和纽带作用。因此，佛教并不是在这些民族中独立成长与发展，而是在诸多民族间相互交融与相互影响的基础上同步发展。

《法华经》作为佛教经典，在传入中国之后，于民间广为传颂。其“普门品”中，叙述了观世音菩萨救七难、解三毒、应二求、普现三十三种应化身，千处祈求千处应，苦海常作渡人舟的事迹。其中，七难分别是：火有焦身绝命之忧为初难；大水所漂为二难；罗刹鬼国为三难；临当遭遇刀杖所戳为四难；惹来恶鬼恼人为五难；被枷锁系身为六难；路遇怨贼觅宝为七难。三毒为贪欲、憎恨、愚痴。二求为求男、求女。普现三十三种应化身分别是佛身、菩萨身、辟支身、声闻身、梵王身、帝释身、自在天身、大自在天身、大将军身、小王身、长者身、居士身、宰官身、婆罗门身、比丘身、比丘尼身、优婆塞身、优婆夷身、妇女身、童男身、童女身、天身、龙身、夜叉身、乾闼婆身、阿修罗身、紧那罗身、摩睺罗伽身、人身、非人身、毘沙门身、金刚身、迦楼罗身。

本书以《法华经·普门品》蒙古、汉、藏、回鹘文文本为主要研究对象，重点论述了四语种文本之间的异同，在此过程中加深了对蒙古、回鹘语间的结构和语法特点以及其他一些重大问题的认识。

首先，对汉文文本之外的其他三个语种文本进行拉丁字母转写和汉语翻译，同时对重点词语进行了解释，是本书的基础性研究工作，细致入微地进行了全方位的分解。

其次，对《法华经 · 普门品》蒙古、汉、藏、回鹘文文本内容进行了比较研究，将对应的部分用横线画出，并在每段下方进行词义语法分解。译文中，译者用文笔生动形象地勾勒出了观世音菩萨解救百姓于苦难的事迹。四语种文本由于翻译了同一个故事，所以内容大致相同；四语种文本由于使用语言不同，出自不同译者，且原始材料不同，民族文化不同，所以译本各有千秋。一方面，在内容上最接近的当属蒙古文文本和藏文文本，除在翻译个别佛教术语的时候蒙古文文本选择音译，藏文文本选择意译之外，内容方面基本没有太大出入。蒙古文文本和汉文文本内容也比较接近，但仍有几处无法对应。例如，普现三十三种应化身在汉文文本中出现了三十三种，而蒙古文文本中只出现了十六种。另一方面，蒙古文文本和回鹘文文本在内容上大致相同，但是蒙古文文本译自回鹘译本的可能性不大。例如,蒙古文文本中出现了“keseg keseg”(段段)一词，这是回鹘语借词，可是回鹘文文本中译者用了汉语借词“tsun tsun”(寸寸)。回鹘文文本与汉文文本较接近。回鹘文文本中出现了“tawɤačča quanšï im tetir”这样一段话，即“汉语称作观世音”，这在其他三种文本中是没有的；回鹘文文本中关于对“观世音”的翻译，蒙古和藏文文本中的意思都是“目观者”，而回鹘文文本中则是“听音者”。由此可知回鹘文译者对汉文文本很熟悉，这并不能断定回鹘文文本是直接译自汉文文本，因为文本中偈颂部分的内容，在其他三个文本中都以诗歌的形式重现了前面的内容，回鹘文文本的偈颂部分却只赞颂了观世音菩萨。从这一点可以看出回鹘文译者翻译的过程很可能参考了其他的文本，并倾入了很多的个人情感，甚至有可能参考了梵文或藏文文本。因为回鹘人历史上也信奉佛教，能够准确翻译佛教经典的译者必定自身也是忠实的佛教徒，所以他们很可能也熟知并可识读梵文和藏文。

再次，对蒙古和回鹘文《法华经·普门品》中的词语结构特点和语法特点做了详细的比较。由于蒙古语和回鹘语隶属于同一个语系，即阿尔泰语系，所以本书对两种译本中的词语进行了结构分析和语法特点比较。

在结构方面，经过对译文中的所有词语仔细分解后，笔者认为两种语言在词语结构上存在高度的相同性。在语法特点方面，两种语言的名词都有人称、格及单数、复数变化，动词都有时、态、式变化，形容词都有级变化，代词都有人称及单数、复数变化。笔者发现二者在形态变化方面也有很多相似之处，都是在词根或词干上附加构词成分来表示不同的意义。且两种语言中也有很多相同或相近的构词成分。当然，这些现象不能说明蒙古语和回鹘语有亲缘关系。这种在类型上彼此的一致性也许是由于两个民族在漫长的历史长河中，经过长期的接触和相互交融、相互影响而产生的词法形态。总之，无论是否为亲缘关系，这种词语结构和词法方面的相同或相似现象不仅为两种语言的研究和问题探讨提供了佐证，并且对深入研究两个民族的社会历史文化提供了宝贵的语言资料。

综上所述，《法华经·普门品》蒙古、汉、藏、回鹘文文本的比较研究是囊括文献学、语言学、翻译学、宗教学、历史学的跨学科研究，为了解不同语言的《法华经·普门品》和为其他学者的相关研究奠定了基础。今后，力求在此基础上和梵文版本进行比较研究，使此项研究更加完善。

附录：词汇表

Mong.

abuɣad	拿
abural	保佑
aburaqu	救
ači	恩情
adali	相同
aduɣusun	马
aɣula	山
aɣulaś	山（复数）
aɣurbasu	扔掉
aidurya	蓝宝石
ai	怕
alaɣ_a	手掌
alaɣčin	杀手
alag	杂色的
alan	杀
alaqui	杀
aldaraqu	失掉
aldaršigsan	闻名
ali	哪个
asaraqui	博爱心
asuri	阿修罗
ayaɣqa tekimlig	比丘
ayuɣtun	怕
ayuguluɣči	威胁者
altan	金
amiduraǰu	生活
amitan	众生
amuɣulang̲	安康
amurliɣuluɣči	安妥者
amurliyu	安妥
an̲u	物主后缀
arad	平民
arban	十

arɤ_a	计策
arɤatan	多谋者
ariɤun	神圣的
arilɤayu	清除
ariwasun	明
ariy_a awalukidi išwari	正观音
ariyatan	野兽
ariy_a	齿
arslan	狮子
asaɤurun	问
ayuɤuluɤčid	威胁者（复数）
ayuǰu	怕
ayul	危险
ayultan	危害
ayultu	危险
ayuṉgɤ-a	雷
ayu	在
baširu isbir	琥珀
bayan	富裕
bayasɤulaṉg	愉快
ba	连 词
badaraṉgɤui	奋发的
baɤubasu	下
baragdaquy-a	完
baraɤun	右、西
baraši	尽
barigči	手握者
barigsad	握者
bariǰu	握
basa	再
bolai	也
bolɤad	成为
bolɤaqui	变成
bolqu	成为
bolugsan	成为
bolurun	成为
boluyu	也
bosču	起
bosu	不
beleg	吉祥
belge	征兆
bey_e	身体
bi	我
bide	我们
bilig	智慧
binwad	布施
biraman	金刚神
bisači	佛教术语
bišilugsan	修行
bodisṯw	菩提萨埵
bodi	菩提

bogda	圣贤
böged	有
bögesü	……话
boi	有
böküiged	躬身
bürküg	昏沉的
buu	莫
buyan	福气
burqan	佛祖
buruɤuridču	逃回
busu	非
buyu	也
bradiqabud	缘觉
bükü	全
büküde	全
büküdeger	全部
büküi	具有
bükün	全
bükün̠-e	全
bulai	也
buliyaɤčid	强盗（复数）
buliyan	魁梧的
bülüg	章
bürkügdeküi	被遮盖
čaɤan	白色
čindaman̠i	如意宝
čin̠egenkü	那样
či	你
čog	威严
čogča	身体
čölege	流放
čaglaši	量的
čaglaši	量的
čag	时
čakilɤan	电
čakiluɤad	闪电
čakirwad	转轮王
čerig	婆罗门
čidayu	会
čider	羁绊
čiderlegsend	上羁绊者
čiderleküi	上羁绊
čiɤulɤan	集会
čin̠ar	品质
čin̠atu	那边
daɤ̣udabusu	叫
daɤ̣udaɤtun	叫
daɤ̣udaǰu	叫
daisun	敌人
dakin	再
dalai	海洋
darugsan	镇压

daɤan	随
degel	衣服
deger_e	上
diyan	禅
dogšin	凶暴的
dörben	四
dotur_a	里
dügürbesü	满
dügürčü	满
duradbasu	提出
duradču	提出
duraddaqui	提出
duraddugdaqui	提出
duradqui	提出
darui	立即
dayin	战争
debel	衣服
debüsger	铺、褥子
degedü	上
degegür	上
egüden	门
egüdügsen	创造
egüled	云（复数）
egüṉai	这
egüṉi	这
egün	这
egüsgegsen	发起
egüsgegsend	发起者
egüsgekü	发起
egüsgeküi	发起
egüsgeldübei	发生
ein	这样
ele	助词
em	药
em_e	雌性
emiyeǰü	怕
eṉe	这
erdem	学问
erdeni	珍宝
eren	时候
ebedčin	病
ebedküi	生病的
ebüdüg	膝盖
ečüś	末
edügülbüri	开端
egeregdegsen	被围绕
egešig	乐音
ergübei	奉
ergübei	供奉
erikeś	串珠
erketü	有权的
erlig	阎罗

ergin 军队
ese 否定
esru_a 梵天
ɣabiy_a 功勋
ɣagča 单独
ɣaǰar 地
ɣalab 劫
ɣal 火
ɣarɣ̣agči 发出者
ɣarqui 出
ɣasalan̲g 苦难
ɣowa_a 美的
ɣurban 三
geigülün 照亮
geigülyü 照耀
gem 犯戒
gerel 光
getülküi 渡过
gilbelküi 闪光的
ibegen 保佑
idegen 食物
iǰaɣ-urtan 贵族
ilaɣugsad 胜利者
ilaǰu tegüs n̲ögčigsen 世尊
ilegü 多
ilete 明显的
in̲u 是
iregsen 来
ireǰü 来
isuri 阿修罗
irüger 机缘
itegel 信任
ǰaɣ-un 百
ǰarag 官司
ǰarim 有些
ǰarliɣ 命令
ǰayaɣan 因缘
ǰerge 同时
ǰibaqu 沉没
ǰibqulan̲g 庄严
ǰiči 又、再
ǰiɣulčid 旅行者
ǰiran 六十
ǰirüken 心脏
ǰobalan̲g 苦难
ǰüg 方
kebeken 俊秀的
kedber 谁的复数
kedüi 多少
kei 风
keisteǰü 吹
keǰiy-e 何时

kemebesü	叫做
kemegdekü	叫做
kemegsen	叫做
kemen	叫做
kemkerekü	碎
ken	谁
keṉgke	河名
ken	谁
kerber	如果
kerbi	玛瑙
kereg	事
küčün	力量
kereglekü	用
kereldün	吵架
kerkiǰü	怎样
ker	如何
keseg	段
kiged	和
kiǰü	做
kilber	容易的
kiliṉglen	愤怒
kiṉari	紧那罗
kir	污垢
köbegüṉ-e	孩子
kögürge	大鼓
kölügdebesü	被套
köṉügegdekün	被侵害
köṉügeküi	毁灭
köṉügen	毁灭
küǰügün	脖子
küliyesün	套绳
kümün	人
kündülel	恭敬
küriyelebesü	圈起
kürtegsend	授受者
kürügsen	到达
kürügsen	到
küsegčid	要求者
küseküi	希望的
labai	海螺
liṉgqu_a	莲花
luuś	龙王
maɣui	坏的
maɣuqan	较坏的
maɣuraki	摩睺羅伽
makišwari	大自在天
mandal	祭坛、表层
maqasṯw	摩诃萨埵
mašita	十分
maši	很
medebesü	知道
medekü	知道

megšil	透镜
mesen	刃具
metü	犹如
min̲gɤ-an	千
modun	木
modun	木
möndür	雹
mörgübesü	叩拜
mörgügdeküi	叩拜
mörgüged	叩拜
mörgügsen	叩拜
mörgümüi	叩拜
mörü	肩
mun̲gqag	愚蠢的
mün	是
müren	江
n̲ama	我
n̲adača	从我
n̲aiman	八
n̲aran	太阳
n̲ayud göldi	无量
n̲ere	名
n̲ereidbei	命名
n̲ereidüged	命名
n̲ereidügsen	命名
n̲erelegči	命名者
n̲eretü	有名的
n̲idüten	观者
n̲idü	目
n̲igen	一
n̲igüleskü̈i	慈悲的
n̲igülsküi	慈悲
n̲igülsüged	发善心
n̲iswan̲iṡ	烦恼
n̲öküd	朋友
n̲om	经
n̲omlasuɤai	讲经
n̲omudqaqui	制服
n̲uɤun	男孩
odyu	去
odču	去
od̲qu	去
oduɤsad	赶赴者
odugsan	赴
odugsan̲-a	赴
olqu	获得
olan̲gki	多数
olan	多
orun	地方、床铺
orubasu	进
orud	地方（复数）
oruɤulyu	下

orui	顶
oruǰu	进
oruqu	进
oruqui	下
on̲gɤ-uča	船
ogtarɤui	虚空
oir_a	近的
oyut̲u	智慧
ölü	勿
ön̲gge	色彩
öberün	自己
öčiged	奉告
öd̲ter	立即
öčirün	奉告
ögčü	给
öggügči	给予
öglige	施舍
ögsügei	给
ögkügtün	给
ögkü	给
ökin	女儿
örüšiyekü	仁慈的
ötelküi	变老的
qamtudaɤan	合并
qamug	全
qandari	乾闥婆
qarin	返
qarudi	迦楼罗
qatugtai	妻子的尊称
qiǰaɤar-a	边界
qočurli	落后、留下
qoitu	北
qombiǰu	收拢
qomusutan	指甲
qoor	毒
qorin	二十
qorun	害
qoyaɤula	俩
qoyar	二
qubilɤan	转世佛
qadquldu ɤan	刺杀
qaɤačagsan	分裂
qaɤačaqu	诀别
qaɤan	可汗
qamiɤ_a	哪儿
qubi	份儿
qubilugsan	变化
qubin̲iqui	窃窃私语的
qubiyaɤad	分
qubiyaǰu	分
qudquldugsan	混淆
quɤuran	断

qulaɤ-ai	贼	sejig	疑心
qumaqi	微尘	surugsan	学
qur_a	雨水	šagsabad	戒
qurča	快的	širawan̲g	声闻
qurmusta	帝王	šira	黄
raɤšaś	恶鬼	šitagagsan	烧
rašiyan	甘露	šitüken	崇拜物
ridi	法术	sögüdüged	跪
sab	无机	sömbür	高耸
sača	即刻	šagimun̲i	释迦牟尼
sača	均等	sönükü	灭亡
sačugsan	洒	sonuś	听
sačuɤu	相等	son̲usbasu	听
saišiyan	褒赏	subud	珍珠
saitur	很好地	ta	你们
saitur	很好地	tabčan̲g	舞台
salkin̲-a	风	tabdaɤar	五
saɤun	驻	tabin	五十
saibar	好好地	tačiyan̲gɤui	欲念
sain	好	taɤalaqu	关怀
sansar	尘世	tailuɤad	解
sartawaki-ber	商主	taki	也
sedkil	心情	takigdayu	祭
sedkimü	思考	takiɤtun	祭拜
sedkiši	思议的	takil	供物
selte	一同	takin	祭

taki 祭
talbigsad 再
tarṉi 咒
tasuraqu 断
tebčigsen 节制
tedeger 那些
tedüiken 仅仅那些
tegünčilen 同样
tegüsügsen 结束
tein 那样
temečeldün 斗争
temür 铁
tendeče 那里
tere 那
terigülegči 领导者
terigüten 等等
tiib 洲
tṉgri 上帝
toɤatan 算作……的人
toṉilbai 消失
toṉilqu 消失
törüǰü 生
törükü 生
töröküi 诞生的
törülkitü 天生的
tuɤugdaǰu 被追赶
tuɤulugsan 经历
tuɤulugsan 渡过
tuɤurbigsan 着手
tulada 为
türgeṉ-e 快的
tusa 利益
tušiɤan 脚镣
tuwača 宝幢
udqas 含义
ulaɤan 红
uṉabasu 落
uṉaqui 掉
uran 巧
urilaqui 恼怒
urin 愤怒
urusqan 流送
urustaqui 流走
usuṉ-a 水
ülegsen 剩的
ülemǰi 极、很
ülü 勿
üǰügülbei 看
üǰügülügsen 看
üǰügülümü 看
ündüsün 根
üṉeker 果真

üṉeker	真
ügei	无
ügkün	给
ügülegsen	说
ügülerün	说
ügülerün	说
üiledbesü	做
üiledküi	做
üiledüged	做
üiledügsen	做
üǰebesu	看
üǰegči	观者
üǰeged	观
üǰeǰü	观
üǰen	看
üǰesgüleṉg	美丽的
ükükui	死亡
ür-e	果实
üsün	发
witar	起尸
yabudal	事件
yabuɤči	行走者
yabuǰu	走
yabuqu	走
yabuyu	走
yagš-a asuri	梵语
yagšaś	夜叉
yaɤun	什么
yambar	怎样
yambarčilan	怎么样
yelwi	预言
yirtinčü	尘世
yosutu	有理的

Uy.

ada-	危险
adïn	别的
adïnčïɤ	精彩、惊艳、非凡
adrok	不同的、特殊的、杰出的
aɤuq	中毒
al	方法、手段、工具
al-	拿、接受、借用、抓住、积累
altmïš	六十
alp	英雄、勇敢的、困难的
al-	拿
alp	困难的
alqu-	所有
alqugun	所有的
altun	金
amraq	受人喜爱的、恋爱、好色
amran	爱
amtï	现在
antaɤ	这样

anï 把他
anta 那里
aɤlaq 孤独、遥远、偏僻
aɤu- 毒药
aɤï 宝物
aɤïr 重的
aɤïr- 尊敬
aɤïrla 致敬、尊敬
ara 之间
artoq 相当、非凡、过度的、多余的
asïɤ 利益
asuri 阿修罗
aš 食物
at- 名字
ata- 命名
atlïɤ 著名的、尊贵的
ara 之间
aryavlokdešvar 正观音
aya 手掌
ay- 说
aya- 尊敬
ayïɤ 坏的
azu 或者
ažun 尘世
är 是、男人
ärdini 宝贝
ämgäk 痛苦
ämgän 受苦
ämgäklig 痛苦的
ärdinilig 宝贵的
ärk- 力量
ärklig 有力的
ärdäm 道德
ärt- 过
ärtingü 非常
ärüš 多
äsän 平安
äšid- 听
äšidgü 听
äšidgüči 听者
ät'öz 身体
äw 猎物
ädgü 好
ägsü- 缺少
ägsük 缺、不完整
äm 药
äwči 猎人
baš 头、顶
ba- 捆绑
bat 快
barïm 财物

bišamn	毗沙门	čiltä-	尊敬
buqaɤu	镣	čäwiš	不好之手法
burxan	佛	čïn	真
busuš	忧愁	darmuruč	人名
bušï	布施	elči	使臣
busušlug	忧伤的	hormuzta	帝释
bulït	云	ič	内
bo	这	ič-	喝
bodisava	菩萨	ičgäk	吸血鬼
bol-	成为	ičgü	饮料
boš-	自由	igil	俗人
bošun	解脱	iki	二
bil	知道	ikilä	再次
bilig	知识	ikiläy	重新
bilgä	智者	il	国家
bir	一	ilig	国王
birlä	同……一起、用	inčä	这样
birök	如果	irinč	可怜
bitidim	写	ïčɤïn	失去
braman	婆罗门	gang ügüz	恒河
bäg	官员	gantar	乾闼婆
bär	给	gintirw	微妙的存在
bäš	五	qanta	何处
bügü	智者	quanšï im pusar	观世音菩萨
bügülüg	睿智的	kertü	真的
čambudiwip	瞻布洲	kertgün-	相信

kertegüč	信念	kör-	看
kulkïya	小奴仆	körk	面貌
kičig	小	közin	出现
kim	谁	maheśwar	大自在天
kinarä	紧那罗	maharoklar	大蛇
king	宽广	ming	千
kikinč	回答	mončuk	珍珠
kir	进入	mung	忧愁
kiši	人	män	我
kit	去	mü	吗
koti	亿万	namo but	南无佛
käč-	渡过	namo sang	南无僧
käl	来	namo darm	南无法
kämi	船	nizwani	烦恼
känč	幼子	nom	经
käntü	自己	nomčï	讲经者
kärgäk	需要	nomla	说经
kümüš	银	noš	甘露
küntüz	白天	nä	什么
kün	日、太阳	näčük	为什么
küni	嫉妒	nätäg	怎样
küšüšingä luu	龙	näng	绝不
könglin	思索	qaz-	挖
köngül	心	qazɤan	获得
kögüz	胸	qazɤanč	获得物
kögüzlüg	有的	qayu	哪个

prateqabut	辟支佛
pret	恶鬼
qalïn	厚
qalp	劫
qan-	满足
qamaɤ	所有的
qutad	有福
qataɤlan	精进
qod	放下
qoduru	仔细
qolu-	时间
qolula	思考
qol-	索求
qop	全部
qor	损害
qorq-	怕
qorqïnč	怕
oɤul	儿子
ol	那、他
ok	加强语气词
ot	火
otuzunč	第三十
otruɤ	岛
oz-	逃
öč-	消灭
ög-	赞扬
öl-	死
ölüm	死亡
öli-	湿
öng-	前、东方
öt-	果、度过
ötün	请求
ötüg	请求
ötrü	之后
örit-	起
örlä-	升高
öwkä	肺、有气、生气
öwkäči	肺
ögrünčü	高兴
öz	自己
san	数字、计算、时间单位
sansïz	无数
saqïn	想
sartbaw	商主
sat–	卖
satïɤ	商业、贸易
satïɤčï	商人
sayu	每个
saw	话
sanïnča	数字、计算、时间单位
suw	水
suqančïg	美妙

säkiz	八	tapïn	尊敬
sin	寝	taqï	又
sizik	疑问	tawgač	汉语
suqančïɤ	可爱的	tawgačča	汉人
sängün	将军	taysukin	大将军
sï-	打破	te-	说
sïngar	方向	tet	被称为
sïɤta	哀哭	tetir	称作
söz-	话	til-	舌头
sözün	语	tilä	要求
sü	军队	timin	马上
šäli	舍利	toyïn	僧人
šakimuni	释迦牟尼	tol	满
šamnanč	尼姑	toqï	打击
šlok	诗	ton	衣服
širawak	声闻者	tonanɤu	服装
tang	黎明	tur-	起来
talï	抢掠	tur-	站立
talïm	掠夺	turɤur-	使站起
tatïɤ	味道	tuso	利益
tatïɤlïɤ	有味道	tut-	抓住
takšu	歌	turqaru	常常
taloy	海	turuɤ	瘦弱
tamu	地狱	tuda-	危险
tana	珍珠	tsun	段
tapa	朝向	täg	到达

tägi	直到
täk	仅仅
tängri	上天
täring	深
tïltaɤ	原因
tïn-	呼吸
tïng-	声音
tïnlïɤlar	众生
tïnɤla	听
tïnlïɤ	有生命的
tïd-	妨碍
tïdïɤ	妨碍
tört	四
tör-	规矩
törlüg	各种
töröči	法师
tözü	仁者
töz-	根
tözün	仁者、善男子
tölt	褥子
tösäk	铺盖
tölük	力量
tükäl	全部的
tümän	万
tün	夜
tünlä	夜间
tükäti	全部
tüz	平等
tüzgärinčsiz	无可比拟的
u-	能、能够
udun	敬
uduz	率领
uɤrï	时刻、时间
uluɤ	大
umaz	无助
umuɤ	希望
umuɤ ïnaɤ tutup	皈依
una-	愿意
unama	不愿意
unït	忘记
upase	在家男性
upasanč	在家女性
uq-	明白
ulatï	以及
uluɤ	大
urï	童子
utlïsï	感恩的
uwut	羞耻
uwutsuz	无羞耻
uz	能巧的
uzun	长的
üd	时间

üčün	为了	yaru-	发光
üč	三	yaruq	光明
ülüš	份	yas	损害
ülüg	命运	yat	躺
ülüglüg	幸运的	yaz-	走错路
ügä	智者	yazuq	罪
ügüz	河流	yazuqlug	有罪的
ügüzdä	河流名	yel	风
ün	声音	yer	土地
ün-	出去	yer-	斥责
üz	折断	yertinčü	尘世
xan	汗	yig	病
iši	雌性的	yilwi	魔法
yawlaq	坏的	yirin	斥
yaɤ-	雨	yol-	路
yaɤmur	下雨	yola	路上
yalwar-	祈求	yok-	没有
yaɤï	敌人	yoksuz	无用的
yalnguq	人	yorï-	走
yana	又	yok	无
yara-	合	yär	地方
yarašï	合适	yärči	带路人
yarlïq	命令	yäk	夜叉
yarlïqa	保佑	yük	集起
yarlïqan	仁义的	ymä	也
yarlïqančučï	仁慈的	yüz	面部

yïlqï	牲畜
wačirapan	金刚身

Tib.

bu mo	姑娘
bcug par	羁绊
btud nas	躬身
bkrol na	解
bkur sti	恭敬 侍奉
brgya byi	帝王
‘byung	生
brjid kyis	宏伟
btshugs	跪
bcom ldan ‘das	世尊
bram zes	毗沙门
bsod snyoms	食物
‘bras bu	结果
byams pa’i	仁慈
chag cing	断
chen por	大
chu klung	洪水
chom rkun	盗贼
cu rtsa gnyi	六十二
dbang phyug chen pos	大自在天王
dge	福气
don	意义
‘dod pa	祈求
dmar po	红色
dgra	敌人
ded dpon	商主
dung	海螺
‘dzin pa	命名
de dag	那些
dum bu	段
du	沟壑
‘dod chag	贪欲
di skad ces	如
dri za	乾闼婆
dmag dpon	军官
‘jigs pa	危险
khrag khrig	千亿
langs	起来
lag na rdo rjes	金刚神
las	从
lhag	多
lcags	铁
lha	天
lha ma yin	阿修罗
mnyam	相等
mdangs	色泽、光彩
me lce	火焰
mche ba	犬齿 獠牙
ming	名字

me	火	gser	金字
mu tig	珍珠	gal te	如果、若
rgya mthso	大海	ga la ba	哪里
man shel	琉璃	gsol	说
mthu	威力	‘gros ba	长大、成长
mtshon	刀刃	gcan gzan	野兽
mgul	脖颈	glog kya	闪电
mu tig	珍珠	klu	龙王
na bza’	衣服	‘khor lo	转轮王
nyan thos	声闻	‘jig rten	尘世
nor bu	如意宝	ji snyed cig	多少
ni mya ngam	痛苦	phyogs	方向
lce	雷	‘phrog	抢夺
lhun po’i	须弥峰	phyug	自在天王
gzigs	观者	phung po	躯体
gyon can	狡诈者	phyug	富裕
grugs par	碎	pus mo	膝盖
gnod sbyin	夜叉	phyag ‘tshal lo	叩拜
gti mug	愚痴	phrag	肩
gting	底	phal po che	平民
gang ga	恒河	rim gyis	逐渐、渐次，由……开始
gzims cha	褥子	ri rab	山
gnod sbyin	夜叉	ro langs pa	起尸
gal te	如果	rnon	锋利
gyas pa’i	右	rab tu	非常
’gron bu	客人	rang sangs rgyas	缘觉

rdo'i snying po 专有名词，指珠宝
rlung 风
rigs kyi bu 善男子
rin po che 宝贝
sha zas 食肉鬼
sdang ba'i 愤怒
sman 药
snyun gyi gsos 治病
sems can 众生
sdug bsngal 痛苦
sbyar ba 合
spug 白珊瑚
spyan ras 眼睛的敬词
sgrog 枷锁
shing 木
stan 褥子、垫子
sems dpa' chen po 摩诃萨埵
srin mo 罗刹鬼
snying brtse ba 仁慈
sla ba 简单
smon lam 愿望
sdang ba'i 愤怒
sngags 咒语
sen 指甲
stug 厚
ser ba 冰雹
thams 全部
tha na 甚至 乃至 最小限度
thar bar 脱离
thal mo 手掌
tshangs pa 梵天
ye shes 智
yongs 全体
yongs su 完全
yon tan 知识
yid 心
yo byad 用具
zhe sdang 愤怒

参考文献

一、汉文《法华经·普门品》参考文献

1. 丁福保 :《佛学大辞典》，北京 : 文物出版社，1984 年。

2. 杜斗城 :《北凉译经论》，兰州 : 甘肃文化出版社，1995 年。

3. 敦煌研究院编 :《敦煌遗书总目索引新编》，北京 : 中华书局，2000 年。

4. 敦煌研究院编 :《敦煌遗书总目索引新编·前言》，北京 : 中华书局，2000 年。

5. 法国国家图书馆编 :《法藏敦煌西域文献》(25)，上海 : 上海古籍出版社，2002 年。

6. 高楠顺次郎等编 :《大正新修大藏经》(影印)，台北 : 新文丰出版公司，1990 年。

7. 方广锠、许培红 :《敦煌遗书中的佛教文献及其价值》，《西域研究》1996 年第 1 期。

8. 方广铝 :《试论佛教的发展与文化的汇流——从刘师礼文谈起》，《华东师范大学学报》(哲学社会科学版) 2007 年第 1 期。

9. 黄永武主编 :《敦煌遗书最新目录》，台湾 : 新文丰出版公司，

1986 年。

10. 黄香兰 :《法华经的研究》，香港能仁学院哲学研究所硕士论文，1990 年 6 月。

11. 季羡林 :《季羡林文集第七卷 : 佛教》，南昌 : 江西教育出版社，1998 年。

12. [日] 庄垣内正弘:《大英博物馆藏回鹘语写本 Or.8212- 109》，《东洋学报》1974 年第 1 期，第 56 页。

13. [日] 池田大作等著，创价学会译 :《法华经的慈光》，台北 : 明报出版社，1999 年。

14. [日] 池田大作等著，创价学会译 :《法华经的福德》，台北 : 明报出版社，1999 年。

15. [日] 上村真肇 :《法华经·普门品的思想研究》，《法华经中心佛教教理的诸问题》，东京 : 春秋社，昭和五五年九月十日一刷。

16. [日]刘谷定彦:《法华经一佛乘的思想初期大乘佛教研究》，大阪：东方出版社，昭和六十年十二月十五日初版二刷。

17. [日] 田村芳朗 :《法华经》，中央公论社，1969 年。

18. [日] 本幸男编 :《法华经的思想和文化》，京都 : 平乐寺书店，1965 年。

19. [日] 金仓圆照编 :《法华经的成立和展开》，京都 : 平乐寺书店，1970 年。

20. [日] 纪野一义 :《法华经的探求》，东京 : 平乐寺书店，1962 年。

21. [日] 横超慧日编 :《法华思想》，京都 : 平乐寺书店，1986 年。

22. 商务印书馆编 :《敦煌遗书总目索引》，北京 : 中华书局，1983 年。

23. 释禅睿 :《〈维摩诘所说经〉敦煌写本综合目录》，台北 : 东初出版社，1991 年。

24. 王素 :《吐鲁番出土张氏高昌时期文物三题》,《文物》1993 年。

25. 王尧主编 :《法藏敦煌藏文文献解题目录》，北京 : 民族出版社，1999 年。

26. 杨富学、杨铭主编 :《中国敦煌学百年文库》(民族卷一)，兰州 : 甘肃文化出版社，1999 年。

27. 杨宝玉 :《敦煌本佛教灵验记校注并研究》，兰州 : 甘肃人民出版社，2009 年。

28. 于君方著，陈怀宇、姚崇新、林佩莹译 :《观音—菩萨中国化的演变》，北京 : 商务印书馆，2012 年。

29. 张学荣、何静珍 :《论凉州佛教及沮渠蒙逊的崇佛尊儒》,《敦煌研究》1994 年第 2 期。

30. 中国古籍善本书目编辑委员会编 :《中国古籍善本书目》(子部下)，上海 : 古籍出版社，1996 年。

31. Dewei Zhang.Thriving in Crisis : Buddhism and Political Disruption in China，1522-1622，Columbia University Press，2020.

二、回鹘文《法华经 · 普门品》参考文献

1. Arat，Rešit Rahmeti. Kutadgu Bilig I. Metin. Ankara : TDK，1947.

2. Arat，Rešit Rahmeti. Kutadgu Bilig Ⅱ . Čeviri. Ankara : TTK，1959.

3. Arat，Rešit Rahmeti. Eski Türk Šiiri. Ankara : TTK，1965.

4. Arat，Rešit Rahmeti. Kutadgu Bilig Ⅲ . İndeks. yayïna haz. Kemal Eraslan，O. Sertkaya，Nuri Yüce. İstanbul : TKAE，1979.

5. Anthony Arlotto. Old Turkic Oracle Books. Monumenta Serica. Vol. 29, 685-696, 1970-1971.

6. Ayazlı, Özlem. “Karakuš”. Av ve Avcïlïk Kitabï. Ed. Emine Gürsoy Naskali, Hilal Oytun Altun. İstanbul：Kitabevi, 2008：89-103.

7. Ayazlı, Özlem.“Altun Yaruk, ta Gečen Sanskritče Bazï Kelimelerin Čince Denklikleri”. Festschrift in Honor of Talat Tekin. Ed. Mehmet Ölmez. Istanbul：Türk Dilleri Araštïrmalan 18, 2008.

8. Ayazlı, Özlem.“Mahāyāna Budizmine Ait Sayï ve Zamanla Ilgili Bazï Terimler”. Turkish Studies International Periodical for the Languages, Literature and History of Turkish or Turkic. Volume 6/1 Winter, 2011.

9. Ayazlı, Özlem.Altun Yaruk Sudur Ⅵ. Kitap, karšïlaštïrmalï Metin Yayïnï, Ankara：TDK, 2012.

10. Annemarie von Gabain.”Uigurische Studien”. Ungarische Jahrbücher, 1930.

11. Beal, Samuel. A Catena of Buddhist Scriptures from the Chinese. London：1871.

12. Lajos, Bese.“Some Turkic Personal Names In The Secret History of the Mongols”. Acta Orientalia Academiae Scientiarum Hung. Tomus XXXII（3）1978.

13. Margareta von Borsig.Margareta von. Lotos-Sūrta Sūrta von der Lotosblume des wunderbaren Gesetzes. Verlag Lambert Schneider, 1992.

14. Bunno, Katō, Miyasaka Kōjirō, Tamura Yoshirō. The Threefold Lotus Surta：The Surta of Innumerable Meanings;The Surta of the

Lotus Flower of the Wonderful LAW ; The Surta of Meditation on the Bodhisattva Universal Virtue. New York Tokyo : Weatherhill & Kōsei Publishing, 1975.

15. Ceyda Özcan."Eski Uygurca Kuanşi im Pusar Üzerine Notlar", TDAY-Belleten, Vol 63, Nr 1, 2015.

16. Clauson, Sir Gerard. An Etymological Dictionary of Pre-Thirteenth-Century Turkish. London : Oxford University Press, 1972.

17. Clauson, Sir Gerard.An Etymological Dictionary of Pre-Thirteenth-Century Turkish, At the Clarendon press, 1972.

18. Clauson, Sir Gerard.Studies in Turkic and Mongolic Linguistics. London and new york, 1962.

19. Clark. "Mongol Elements in Old Turkic?", Indiana University, 1977.

20. Clark."The Turkic and Mongol Words in Rubruck's Jurnety (1253-1255) " , Journal of the American Oriental Society. vol. 93, No. 2. (Apr. -Jun. , 1973) . pp. 181-189.

21. Clark. "Turkic loanwordsin mongol, I : the treatment of non-initial s z š č" , Central Asiatic Journal, vol. 24, No. 1/2. (1980) . pp. 36-59.

22. Conze, Edward. Kīsa Budizm Tarihi. čev. Ömer Cemal Güngören. İstanbul.Yol Yayïnlarï, 2004.

23. Čağatay, Saadet. Altun Yaruk, tan İki Parča, Ankara : DTCF Yayïnlarï, 1945.

24. Choi Han-Woo. "'A Study of the Proto-Turkic tor'general". Central Asian Studies Volume 10-1, Handong University Korea, 2005 .

25. Choi Han-Woo."On the Turkic shamanic word bögű", Altaic Religious Beliefs and Practices, proceedings of the 33rd meeting of the permanent International Altaistic Conference Budapest June 24-29. seoul, 1990.

26. Choi Han-Woo."On the Determination of Labial Vowels of Ancient Turkic".CAJ 35 (1/2).41-54, 1991.

27. Hilda Ecsedy, Old Turkic Titles of Chinese Origin, Acta Orientalia Academiae Scientiarum Hungaricae, Tomus XVIII (1965), pp. 83-91.

28. Edgerton, Franklin. Buddhist Hybrid Sanskrit Grammar and Dictionary. c Ⅱ, New Haven : Yale University Press, 1953.

29. Elverskog, Johan. Uygur Buddhist Literature (Silk Road Studies Ⅰ). Brepols : Turnhout, 1997.

30. Erdal, Marcel. Old Turkic Word Formation : AFunctional Approach to the Lexicon. C. Ⅰ - Ⅱ. Wiesbaden : Otto Harrassowitz, 1991.

31. Erdal, Marcel. A Grammar of Old Turkic. Leiden : Brill, 2004.

32. Fedakâr, Durdu. "Das Alttürkische in sogdischer Schrift Textmaterial und Orthographie(Teil Ⅱ)". UAJB Neue Folge 13. (1994): 133-157

33. Fedakâr, Durdu. "Das Alttürkische in sogdischer Schrift Textmaterial und Orthographie (Teill Ⅱ) ". UAJB Neue Folge 13. (1994) : Facsimiles 148-149

34. Gabain, Annemarie von. Eski Türkčenin Grameri. čev. Mehmet Akalïn. Ankara : Atatürk Kültür, Dil ve Tarih Yüksek Kurumu Türk Dil Kurumu, 1988.

35. Giles, Herbert A. A Chinese-English Dictionary. c. Ⅰ - Ⅱ .2 bs. Shanghai : Che, n Wen Publishing Company, 1912.

036. Golden. An Introduction to the History of the Turkic Peoples, Otto harrassowitz, Wiesbaden, 1992.

37. Golden. "The Chinggisid Conquests and Their Aftermath in the Turkic World", Journal of the Royal Asiatic Society. Third Series. vol. 10, No. 1 (Apr, 2000), pp. 21–41.

38. Golden. "The Turkic Name of Jochi", Acta Oriental Academiae Scientiarum Hung . volume. 55. (1–3) . 143–151, 2002.

39. Gronbech, Kaare. Türkčenin Yapïsï. Mehmet Akalïn. Ankara : TDK, 2000.

40. Gronbech, Kaare. The Structure of the Turkic Language, Bloomington, Indiana, 1979.

41. Geng Shimin.Note on Some Old Turkic Words, Acta Orientalia Academiae Scientiarum Hung. volume55 (4) . 335–338, 2002.

42. Hamilton, James Russell. Manuscrits ouïgours du Ⅸ e- Ⅹ e siècle de Touen- Houang、vol. Ⅰ , nr. 3. Paris : Peeters, 1986 : 27-31.

43. Hamilton, James Russell.Manuscrits ouïgours du Ⅸ e- Ⅹ e siècle de Touen- Houang. Facsimiles : vol. Ⅱ .nr. 3. Paris : Peeters, 1986 : 273-274.

44. Hamilton, James Russell.Budacï İyi ve Kötü Kalpli Prens Masalïnïn Uygurcasï Kalyānamkara ve Pāpaṃkara, Ankara, Simurg, 1998.

45. Hakan Aydemir.Tocharian-Turkic lexical correspondences I Dil Araštïrmalan Sayï : 15 Güz 2014, 53-60. ss.

46. Hanede, Toru.Fragment of Samantamukha Chapter of the Uygur Saddharmapuṇḍarīka Sūtra [In Japanese] . Kyoto : 1958 : 143-147.

47. Choi Han-Woo. "On the Determination of Labial Vowels of Ancient Turkic", Central Asiatic Journal, vol, 35, No, 1/2. (1991), pp. 41–54.

48. Hazai, G. "Ein Buddhistisches Gedicht aus der Berliner Turfan-Sammlung", Acta Orientalia Academiae Scientiarum Hungaricae. Tomus XXIII (1), 1970 : 1–21.

49. Hurvitz, Leon. Scripture of the Lotus Blossom of the Dharma. Translated from the Chinese Kumārajīva, New York : Columbia University Press, 1976.

50. Hirakawa, Akira. A buddhist chinese-sanskrit dictionary, The reiyukai Tokyo, 1997.

51. Hirakawa, Akira. Japanese, English Buddhist Dictionary. Tokyo : 1979.

52. Hirakawa, Akira. Discoveries on the Turkic Linguistic Map, Svenska Forskningsinstitutet i Istanbul Stockholm, 2001.

53. Hirakawa, Akira. "Nouns and adjectives in South Siberian Turkic". To the memory of Heinrich Menges, 2006 : 57-78.

54. Kara, Georg, Peter Zieme. Fragmente tantrischer Werke in uigurischer Übersetzung : Berliner Turfantexte Ⅶ . Berlin : Akademie verlag, 1976.

55. Kara, Georg, Peter Zieme.Die uigurischen Übersetzungen des Guruyogas Tiefer Weg von Sa-skya Pandita und der Mañjuśrīnāmasaṃgīti :

Berliner Turfantexte Ⅷ. Berlin：Akademie Verlag，1977.

56. Kasai，Yukiyo. Die Uigurischen Buddhistischen Kolophone. Berliner Turfantexte XXVI. Turnhout：2008.

57. Kâšgarlï Mahmud. Divanü Lûgat-it-Türk Tercümesi Ⅰ. čev. Besim Atalay. Ankara：TDK，1939.

58. Kâšgarlï Mahmud. Divanü Lûgat-it-Türk Tercümesi Ⅱ. čev. Besim Atalay. Ankara：TDK，1940.

59. Kâšgarlï Mahmud. Divanü Lûgat-it-Türk Tercümesi Ⅲ. čev. Besim Atalay. Ankara：TDK，1941.

60.Kâšgarlï Mahmud.Divanü Lûgat-it-Türk Dizini İndeks Ⅳ. čev. Besim Atalay. Ankara：TDK，1943.

61. Korn，"Labial Vowel Harmony in the Turkic Languages"，Howard University，1969：98-106.

62. Khelimski："Interaction of Mator with Turkic，Mongolic and Tungusic"，Altaictika，1991：292-300.

63. Laut Jens Peter，"Zwei Fragmente eines Höllenkapitels der uigurischen Daśakarmapathāvadānamālā". UAJb Neue Folge 4.（1984）：118-133.

64. Lessing，Ferdinand D. Mongolian-English Dictionary. Berkeley and Los Angeles：University of California Press，1960.

65. Li，Yong-Song，Türk Dillerinde Sontakïlar，İstanbul：2004.

66. Mackerras，Colin. "Uygurlar". Erken İč Asya Tarihi. der. Denis Sinor. čev. Šinasi Tekin. İatanbul：İletišim yayïnlarï，2002：425-449.

067. Mathews，Robert Henry. Mathews' Chinese-English Dictionary.

Massachusetts：Revised American Edition with Revised English Index, 1975.

68. Matsui, Dai. “Notes on the Old Uighur Wall Inscriptions in the Dunhuang Caves”. Studies in the Humanities. Hirosaki：29-50.

69. Maue, Dieter. Alttürkische Handschriften. Teil I：Dokumente in Brāhmī und tibetischer Schrift. Stuttgart（Verzeichnis der orientalischen Handschriften in Deutscland XIII, 9）, 1996.

70. Muller, Friedrich W. K. Uigurica Ⅱ, AKPAW Nr. 3. Berlin：1910：72-78.

71. Muller, Friedrich W. K. Turkic š, z - Chuvash l, r revisited, Turkic Languages. Harrassowitz Verlag, Wiesbaden, 1999：

72. Menges, “The South-Siberian Turkic Languages-II”, CAJ, 1956：161-175. Nadelyayev, V. M. D. M. Nasilov, A. M. Ščerbak, E. R. Tenišev. Drevnetyurskiy slovar̓. Leningrad：1969.

73. Nakamura, Hajime. Bukkyōgo dai jiten（Dictionary of Buddhist technical terms）. I-II. Tokyo：Tokyo, 1975.

74. Nobel, Johannes. Erklärendes Wörterbuch Zum Chineschen Buddhismus Chinesisch-Sanskrit-Deutsch. Leiden：E. J. Brill, 1951.

75. Nedjalkov V., Reciprocal constructions of Turkic languages, 2006.

76. Oda, Juten. “A Fragment of the Uighur Avalokiteśvara-Sūtra with Notes”, Turfan, Khaton und Dunhuang. yay. Ronald E. Emmerick, Werner Sundermann, İngrid Warnke and Peter Zieme, Peter. Berlin：Akademie Verlag, 1996：229-238.

77. Oda, Juten. "A Fragment of the Uighur Avalokiteśvara-Sūtra with Notes", Turfan, Khaton und Dunhuang. yay. Ronald E. Emmerick, Werner Sundermann, İngrid Warnke and Peter Zieme, Peter. Berlin : Akademie Verlag, 1996 : Facsimiles : 239-242.

78. Ölmez, Mehmet. Altun yaruk III. Kitap (=5. Bölüm) . Ankara : 1991.

79. Ölmez, Mehmet."Kurzer Überblick über die Buddhistische-Überserzungsliteratur in Alttürkisch : Eski Türk Budist Čeviri Edebiyatīna Kïsa Bir Bakïš". Čağdaš Türk Edebiyatïna Eleštirel Bir Bakïš Nevin Önberk Armağanï. Ankara : 1997 : 225-256.

80. Ölmez, Mehmet."Eski Uygurca odug sak İkilemesi Üzerine".TDA 8. Ankara : 1998a : 35-37.

81. Ölmez, Mehmet."Tibet Budhizmine Ait Eski Uygurca Bahšï Ögdisi". Bahšï Ögdisi : 60. Doğum YïLï Dolayïsïyla, Klaus Röhrrborn Armağanï, Festchrift für Klaus Röhrborn anläblich seines 60. Geburtstags. yay. Jens Peter Laut, Mehmet Ölmez. Freiburg/İstanbul : 1998 : 261-293.

82. Ölmez, Mehmet."Tuwinischer Wortschatz mit alttürkischen und mongolischen Parallellen, Tuvacanïn Sözvarlïğï Eski Türkče ve Moğolca Denkleriyle. Wiesbaden : 2007.

83. Ölmez, Zuhal. "Kutadug Bilig'de İkilemeler I". TDA 7. Ankara : 1997 : 19-40.

84. Ölmez, Zuhal."Kutadug Bilig'de İkilemeler Ⅱ ". Bahšï Ögdisi : 60. Doğum Yïlï Dolayïsïyla, Klaus Röhrborn Armağanï, Festchrift für Klaus Röhrborn anläblich seines 60. Geburtstags. yay. Jens Peter Laut,

Mehmet Ölmez. Freiburg/İstanbul：1988：235-260.

85. Pulleybank, Edwin G. Lexicon of Reconstrucred Pronunciation in Early Middle Chinese, Late Middle Chinese and Early Mandarin. Vancouver：1991.

86. Omeljan Pritsak."The System of the Old Turkic Runic Script", Journal of turkish studies, 1980：83-100.

87. Radloff, Wilhelm. Kuan-ši-im Pusar, Eine türkische Übersetzung des XXV. Kapitels der chinesischen Ausgabe des Saddharmapuṇḍarīka. St-Pėtersbourg, Bibliotheca Buddhica, Acadėmie des sciences, 1911.

88. Räsänen, Martti. Versuch eines Etymologischen Wörterbuchs der Türksprachen. Helsinki：1969.

89. Röhrborn, Klaus. Zum quanšï im pusar. UAJB, c. 38, 1966.

90. Röhrborn, Klaus. Eine uigursche Totenmese. Text. Übersetzung. Kommentar. Berliner Turfantexte Ⅱ. Berlin：Akademie Verlag, 1971.

91. Röhrborn, Klaus. Uigurisches Wöeterbuch. Sprachmaterial der vorilamischen türkischen Texte aus Zentralasien：a-ärngäk 1-6. Wiesbaden：1977-1996.

92. Röhrborn, Klaus."Zur Frages des Transpoinerenden Lesens von chinesischen Texten in spätuigurischer Zeit". CAJ29.(1985)：85-97.

93. Röhrborn, Klaus. "Zur Darstellung der Gutturale in den indischen Fremdwörten des Uigurischen". CAJ32.(1988)：232-243.

94. Röhrborn, Klaus. Xuanzang Leden und Werk, Teil3：Die alttürkische Xuanzang-Biographie Ⅶ：Nach der Handschrift von Leningrad, Paris und Peking sowie nach dem Transkript von Annemarie

von Gabain. Wiesbaden：1991，

95. Röhrborn，Klaus.“Syntaktische Restrukturierung von Nominalgruppen im Alttürkischen（am Beispiel von atü. elig han und el han）.”UAJb Neue Folge 16.（1999-2000）：211-216.

96. Röhrborn，Klaus.Uigurisches Wöeterbuch，Sprachmaterial der vorislamische türkischen Texte aus Zentralasien：Ⅰ. Verben，Band Ⅰ：ab-äzüglä-. Stuttgart：Neubearbeitung，2010.

97. Röhrborn，Klaus. und Osman Sertkaya. “Die alttürkische Inschrift am Tor-Stūpa von Chū-yung-kuan”. ZDMG 130. s. 2.（1980）：304-339.

98. Semet，Ablet. Xuanzangs Leben und Werk，Teil 8：Lexikalische Untersuchungen zur uigurischen Xuanzang-Biographie. Wiesbaden：Harrassowitz Verlag，2005.

99. Sertkaya，Osman Fikri. “Eski Türk Šiirinin Kaynaklarïna Toplu Bir Bakïš”，Türk Dili，Türk Šiiri Özel Sayïsï I（Eski Türk Šiiri）. s. 409. Ocak 1986：43-80.

100. Sertkaya，Osman Fikri.“Türkolojide Eleštiri Sorunlarï Üzerine”. Türk Dili Araštïrmalarï Yïllïğï Belleten 1985.（1989）：137-189.

101.Sertkaya，Osman Fikri. Rysbek，Alimov. Eski Türklerde Para，Göktürklerde，Uygurlarda，Türgišlerde. İstanbul：2006.

102. Shogaito，Masahiro. Studies in the Uighur Version of the Abhidharmakosabhašyatika Tattvartha Volume Ⅱ Text，Commentary and Glossary. Kyoto：Shokado，1993.

103. Soothill，William Edward ve Lewis Hodous. A Dictionary of Chinese Buddhist Terms，“with Sanskrit and English Equivalents and a

Sanskrit-Pali İndex”. London：Hodous，1937.

104. Sumi，Tōkan. Kuan-si-im Pusar. Kariya：1977（W. Radloff A Note on the Uighur Text of Chinese Translation XXV. kuan-si-im Pusar of Saddharmapuṇḍarīkasūtra. St. Pėtersburg：1911）.

105. Takakusu Junjirō，Watanabe Kaigyoku. Taishō Shinshū Daizōkyō.Tokyo：1924-1934.

106. Tekin，Šinasi. Uygurca Metinler I-quanšï im Pusar（Ses İšiten İlah）Vap hua ki atlïg nom čečeki sudur（Saddharmapuṇḍarika-sūtra）. Erzurum：Atatürk Üniversitesi Yayïnlarï Araštïrmalarï Serisi. Edebiyat ve Filoloji 2，1960.

107. Tekin，Šinasi. “Uygur Edebiyatïnïn Meseleleri（Šekiller-Vezinler）”. Türk Kültürü Araštïrmalarï. s. 2（1965）：26-68.

108. Tekin，Šinasi. Maitrisimit nom bitig，Die uigurische Übersetzung eines Werkes der buddhistischen Vaibhāṣika-Schule：Berliner Turfantexte IX. Berlin：Akademie Verlag，1980b.

109. Tekin，Talat. “İalam Öncesi Türk Šiiri”. Türk Dili，Türk Šiiri Özel sayïsï I（Eski Türk Šiiri）. s. 409（Ocak 1986）：3-42.

110.Tekin，Talat. Kuansi im Pusar，Ankara，1993.

111. Tekin，Talat. Türk Dillerinde Birincil Uzun Ünlüler. Ankara：Simurg yayïnlarï，1995.

112. Tekin，Talat. Orhon Yazïtlarï Kül Tegin，Bilge Kağan，Tunyukuk. İstanbul：2003.

113. Tekin，Talat. A Grammar of Orkhon Turkic，Indiana university，1968.

114. Tekin, Talat. The Representation of Proto-Turkic /s/ in Yakut, CAJ, 20, 1976.

115. Tekin, Talat. On the Alternation l ~ s in Turkic and Mongolian, Sprach geschichte und kultur der altaischen volker, Berlin, 1974：609-612.

116. Tezcan, Semih. Das uigurische Insadi-Sūtra, Berliner Turfan Texte III. Berlin：Akademie Verlag, 1974.

117. Tezcan, Semih."Kutadgu Bilig Dizini Üzerine". Belleten c. XLV/2. s. 178（1981）：23-78.

118. Wilkens, Jens. Die drei Körper des Buddha（Trikāya）. Das dritte Kapitel der uigurischen

Fassung des Goldglanz-Sūtra（Altun Yaruk Sudur）, eingeleitet, nach den Handsshriften aus Berlin und St. petersburg herausgegeben, übersetzt und kommentiert, Berliner Turfan Texte XXI. Turnhout：2001.

119. Tezcan, Semih. Das Buch von der Sündeltilgung（2 vols）：Edition des altturkischbuddhistischen Kšanti Kïlguluk Nom Bittig, Berliner Turfantexte XXV. Turnhout：2007.

120. Tsugunari, Kubo, Yuyama Akira. The Lotus Sutra. 2 bs. Berkeley, California：Numata Center for Buddhist Translation and Research, 2007.

121. Williams, Monier, M. A Sanskrit- English Dictionary. Oxford：1989.

122. U.Wogihara.Sanskrit-Chinese-Japanese Daitionary. Tokyo：2005.

123. Zieme, Peter."Kašgari ve Türkče Turfan Metinleri", Bilimsel Bildiriler 1972. Türk Dil Kurumu'nun 40. ve Divan-ü Lugati't-Türk'ün900. Yïldönümleri Dolayïsïyla Düzenlenen I. Türk Dili Bilimsel Kurultayïnda Sunulan Bildiriler (Ankara, 27-29 Eylül 1972) . Ankara : TDK, 1975 : 463-474.

124. Zieme, Peter. Fragemente tantrischer Werke in uigurscher Übersetzung, Berliner Turfan Texte VII. Berlin : Akademie Verlag, 1976b.

125. Zieme, Peter. Buddhistische Stabreimdichtungen der Uiguren, Turfan Texte XIII. Berlin : Akademie Verlag, 1985.

126. Zieme, Peter."Zwei neue alttürkische Saddharmapuṇḍarīka-Fragmente". Altorientalische Forschungen. 16. 2. 1989 : 370-379, Fascimiles : XX-X XII.

127.Zieme, Peter. Die Stabreimtexte der Uiguren von Turfan und Dunhuang. Budapest : Studien zur alttürkischen Dichtung Akadèmiai Kiadó, Bibliotheca Orientalis Hungarica XXXIII, 1991.

128. Zieme, Peter."Alttürkische Halsketten und Andere Schmucke". Beläk Bitig. (1995) : 233-246.

129. Zieme, Peter. Altun Yaruk Sudur, Vorworte und das erste Buch. Edition und Übersetzung der alttürkischen Version des Goldglanzsütra (Suvarṇaprabhāsottamasūtra) : Berliner Turfantexte XVIII. Turnhout : Brepols, 1996.

130.Zieme, Peter. "Tibetisch Ga-nim-du=Sklave des Avalokitešvara". Türk Dili Araštïrmalarï Yïllïğï Belleten 1997. (2000) : 245-250.

131. Zieme，Peter. “Uighur Versions of the Lotus Sutra with Special Reference to Avalokitesvara's Transformation Bodies. ”. ユーラシア古語文獻の文献学的研究 Newsletter.（2005）, no：13.

132. Zieme，Peter. Magische Texte des uigurischen Buddhismus：Berliner Turfan Texte XXIII. Turnhout：Brepols，2005.

133. 阿布里克木・亚森：《吐鲁番回鹘文世俗文书动词条件式研究》,《语言与翻译》2002 年第 2 期。

134. 阿布里克木・亚森、王正良：《吐鲁番回鹘文世俗文书语言数词研究》,《新疆大学学报》（哲学社会科学版）2001 年第 1 期。

135. 伯希和：《突厥语和蒙古语中的 q（k）或不以 q（k）起首的词语》,《通报》1944 年第 37 卷。

136. 邓浩、杨富学：《回鹘文文献语言研究百年回顾》,《语言与翻译》2001 年第 2 期。

137. 杜泽逊：《文献学概要》，北京：中华书局，2013 年。

138.［德］茨默著，杨富学译：《1970 年以来吐鲁番敦煌回鹘文宗教文献的整理与研究》,《敦煌研究》2000 年第 2 期。

139.［德］茨默著，桂林、杨富学译：《佛教与回鹘社会》，北京：民族出版社，2007 年。

140. 方广锠：《敦煌已入藏佛教文献简目》,《敦煌研究》2006 年第 3 期。

141. 冯・加班著，耿世民译：《古代突厥语语法》，呼和浩特：内蒙古教育出版社，2004 年。

142. 耿世民：《维吾尔古代文献研究》，北京：中央民族大学出版社，2006 年。

143. 耿世民：《突厥语族文献学》，北京：中央民族大学出版社，2005年。

144. 耿世民：《回鹘文社会经济文书研究》，北京：中央民族大学出版社，2006年。

145. 耿世民：《关于回鹘文佛教文献和〈金光明经〉的发现和研究》，西域文献学术座谈会·中国国家图书馆，2006年。

146. 耿世民：《古代维吾尔族翻译家僧古萨里》，《图书评介》1978年第2期。

147. 耿世民：《古代突厥文碑铭研究》，北京：中央民族大学出版社，2005年。

148. 耿世民：《试论古代维吾尔语佛典的翻译》，《民族翻译》2012年第2期。

149. 耿世民、魏萃一著：《古代突厥语语法》，北京：中央民族大学出版社，2010年。

150. 靳尚怡：《高昌回鹘文文献语言的助词》，《语言与翻译》2002年第3期。

151. 李经纬：《回鹘文文献语言动词的语法形式与语法意义》（一），《喀什师范学院学报》1996年第3期。

152. 李经纬：《回鹘文文献语言动词的语法形式与语法意义》（二），《喀什师范学院学报》1996年第4期。

153. 李经纬：《浅谈高昌回鹘文献语言的连词》，《语言与翻译》2002年第2期。

154. 李经纬、陈瑜：《回鹘文文献语言名词的格范畴分析》，《语言与翻译》1996年第2期。

155. 李经纬、靳尚怡：《回鹘文文献语言动词的双功能形式》，《语言与翻译》1997 年第 2 期。

156. 李经纬：《高昌回鹘文献语言的形容词》，《语言与翻译》2001 年第 2 期。

157. 牛汝极：《七件回鹘文佛教文献研究》，《喀什师范学院学报》1993 年第 1 期。

158. 牛汝极：《法国所藏维吾尔学文献文物及其研究》，《西域研究》1994 年第 2 期。

159. 牛汝极：《国外对维吾尔文献的收藏及研究》，《西域研究》1997 年第 2 期。

160. 牛汝极：《近三年国外突厥语研究综述》，《语言与翻译》1999 年第 4 期。

161. 牛汝极：《西域语言接触概说》，《中央民族大学学报》2000 年第 4 期。

162. 牛汝极：《敦煌吐鲁番回鹘佛教文献与回鹘语大藏经》，《西域研究》2002 年第 2 期。

163. 牛汝极：《回鹘藏传佛教文献》，《中国藏学》2002 年第 2 期。

164. 牛汝极：《〈突厥语大辞典〉写本的流传》，《北方民族大学学报》2009 年第 3 期。

165. 牛汝极：《从借词看粟特语对回鹘语的影响》，《新疆师范大学学报》2015 年第 36 卷。

166. 玛力亚木·阿不都热依木：《日本研究回鹘文写本概况》，新疆师范大学硕士学位论文，2014 年。

167.［美］N. 鲍培著，周建奇译，照日格图审校：《阿尔泰语言学导论》，呼和浩特：内蒙古教育出版社，2004 年。

168. 米叶沙尔·拜祖拉：《关于回鹘文文献中名词的范畴》，《语言与翻译》1995 年第 3 期。

169. [日] 安部健夫著，宋肃瀛等译：《西回鹘国史的研究》，乌鲁木齐：新疆人民出版社，1985 年。

170. 荣新江：《欧洲所藏西域出土文献闻见录》，《敦煌学辑刊》1986 年第 1 期。

171. 荣新江、李肖、孟宪实：《新获吐鲁番出土文献概说》，《文物》2007 年第 2 期。

172. 王红梅：《元代畏兀儿北斗信仰探析——以回鹘文〈佛说北斗七星延命经〉为例》，《民族论坛》2013 年第 5 期。

173. 王红梅：《蒙元时期回鹘文的使用概况》，《黑龙江民族丛刊》2012 年第 6 期。

174. 王红梅：《回鹘文佛教文献断代考析》，《宗教学研究》2013 年第 3 期。

175. 王红梅：《元代吐蕃高僧与畏兀儿的关系述论》，《西部蒙古论坛》2012 年第 3 期。

176. 王菲：《维吾尔文献中的民族文化观》，新疆大学博士研究生毕业论文，2010 年。

177. 杨富学：《回鹘文社会经济文书研究百年回顾》，《敦煌研究》2000 年第 4 期。

178. 杨富学：《回鹘文源流考辨》，《西夏研究》2003 年第 3 期。

179. 杨富学：《新世纪初国内回鹘佛教研究的回顾与展望》，《西夏研究》2013 年第 2 期。

180. 杨富学、王朝阳：《海外元代畏兀儿人研究述评》,《中国边疆史地研究》2017 年第 27 卷。

181. 张铁山：《回鹘文〈法华经·普门品〉校勘与研究》,《喀什师范学院学报》1990 年第 3 期。

182. 张铁山：《国外收藏刊布的回鹘文佛教文献及其研究》,《西域研究》1991 年第 1 期。

183. 张铁山：《回鹘文源流考辨》,《西域研究》2003 年第 3 卷。

184. 张铁山：《回鹘文献语言的结构与特点》，北京：中央民族大学出版社，2005 年。

185. 张筱春：《近十年来回鹘宗教研究进展》,《黑龙江史志》2008 年第 15 卷。

186. 张秀清:《敦煌写〈法华经〉断代》,《科技信息》2010 年第 30 卷。

187. 赵永红:《试论回鹘文献语言名词的领属人称》,《新疆大学学报》（哲学社会科学版）2005 年第 1 期。

188. 赵永红：《回鹘文献语言词汇的特点》,《语言与翻译》2005 年第 2 期。

三、藏文《法华经》参考文献

1. F.W.Thomas：Tibetan Literary Texts and Documents Concerning Chinese Turkesta，Ⅱ, London：the Royal Asiatic Society, 1935, pp. 16-19.

2. 包和平、王学艳：《国外对中国少数民族文献的收藏与研究概述》,《情报业务研究》2002 年第 6 期。

3. 才让:《敦煌藏文佛教文献价值探析》,《中国藏学》2009 年第 2 期。

4. 陈高华：《元代内迁畏兀儿人与佛教》，《中国史研究》2011年第1期。

5. 陈庆英：《〈斯坦因劫经录〉、〈伯希和劫经录〉所省略汉文写卷中夹存的藏文写卷情况调查》，《敦煌学辑刊》1981年。

6. 达哇才让：《藏族翻译史概述》，《民族翻译》2012年第1期。

7. 杜泽逊：《文献学概要》，北京：中华书局，2001年。

8. 东主才让：《几种藏文〈大藏经〉版本的异同比较》，《中国藏学》2000年第1期。

9. 冯蒸：《近十五年来国外研究藏语情况简述》（上），《语言学动态》1979年第1期。

10. 冯蒸：《近十五年来国外研究藏语情况简述》（下）（1963—1977），《语言学动态》1979年第2期。

11. 尕藏加：《敦煌吐蕃藏文文献在藏学研究中的史料价值初探》，《中国藏学》2002年第4期。

12. 格西曲吉扎巴：《藏文辞典》，北京：民族出版社，1957年。

13. 黄维忠：《古藏文文献在线项目及其〈法国国立图书馆和大英图书馆所藏敦煌藏文文献〉》，《西藏民族学院学报》（哲学社会科学版）2011年第32卷。

14. 黄维忠：《〈国家图书馆藏敦煌遗书〉条记目录中的藏文转写问题》，《中国藏学》2011年第S2期。

15. 黄文焕：《英藏敦煌藏文文献IOLTIBJ1375译释》，《西藏民族大学学报》2016年第37卷。

16. 李芬林：《甘肃省图书馆藏敦煌文献述评》，《敦煌研究》2013年第6期。

17. 李晋有等 :《中国少数民族古籍论》，成都 : 巴蜀书社，1997 年。

18. 李晓菲等:《中国民族文献导读》,沈阳:辽宁民族出版社,1995 年。

19. 牛汝极 :《维吾尔古文字与古文献导论》，乌鲁木齐 : 新疆人民出版社，1997 年。

20. 马筑 :《国外有关英藏敦煌、和田等地出土古藏文写本的研究》，《敦煌研究》2005 年第 2 期。

21. 蒲文成、桑吉尖措 :《〈普贤行愿品〉汉藏译本异同考释》，《中国藏学》2016 年第 4 期。

22. 全知麦彭仁波切著，索达吉堪布译 :《释迦牟尼佛广传 : 白莲花论》，拉萨 : 西藏藏文古籍出版社，2012 年。

23. 萨仁高娃 :《国内藏敦煌汉文文献中的非汉文文献》，《文津学志》2007 年。

24. 萨仁高娃 :《国外藏敦煌汉文文献中的非汉文文献》，《文津学志》2010 年。

25. 桑吉东知 :《敦煌藏文文献研究综述——以藏文论文为中心（1982—2014）》，《中国藏学》2016 年第 3 期。

26. 桑德:《西藏梵文〈法华经〉写本及〈法华经〉汉藏文译本》,《中国藏学》2010 年第 3 期。

27. 沙武田 :《敦煌吐蕃译经三藏法师法成功德窟考》，《中国藏学》2008 年第 3 期。

28. 上海古籍出版社、法国国家图书馆合编 :《法国国家图书馆藏敦煌西域文献总目录》，上海 : 上海古籍出版社，1995 年。

29. 商务印书馆编:《敦煌遗书总目索引》，北京:中华书局，1983 年。

30. 圣凯 :《论中国早期以〈法华经〉为中心的信仰形态》（上），《法音论坛》2002 年第 7 期。

31. 圣凯 :《论中国早期以〈法华经〉为中心的信仰形态》(下),《法音论坛》2002 年第 7 期。

32. 史桂玲 :《关于梵文写本〈法华经〉》,《南亚研究》2012 年第 3 期。

33. 唐吉思 :《藏经蒙译简论》,《中国藏学》1996 年第 3 期。

34. 王尧 :《法藏敦煌藏文文献解题目录》,北京 : 民族出版社,1999 年。

35. 王尧 :《敦煌吐蕃文书 P. T. 1297 号再释——兼谈敦煌地区佛教寺院在缓和社会矛盾中的作用》,《中国藏学》1998 年第 1 期。

36. 王尧、陈践译注 :《敦煌吐蕃文献选》,成都 : 四川民族出版社,1981 年。

37. 王远新 :《中国民族语言学史》,北京 : 中央民族学院出版社,1993 年。

38. 王南南、黄维忠 :《甘肃省博物馆所藏敦煌藏文文献叙录》(上),《中国藏学》2003 年第 4 期。

39. 西北民族大学、上海古籍出版社、法国国家图书馆编 :《法国国家图书馆藏敦煌藏文文献》(多卷本),上海 : 上海古籍出版社,2006 年。

40. 肖杰 :《俄罗斯主要涉藏研究机构和人员概况》,《中国藏学》2010 年第 3 期。

41. 张彩娟、闫娟 :《首都博物馆馆藏出土文物整理三题》,《首都博物馆论丛》2011 年。

42. 张延清、李毛吉 :《西北民族大学图书馆藏敦煌藏文文献叙录》,《西藏民族学院学报》(哲学社会科学版)2012 年第 33 卷。

43. 张丽香 :《中国人民大学博物馆藏和田新出〈妙法莲华经〉梵文残片二叶》,《西域研究》2017 年第 3 期。

44. 张公瑾：《民族古文献概览》，北京：民族出版社，1997 年。

45. 赵青山：《5 件文书所反映的敦煌吐蕃时期写经活动》，《中国藏学》2013 年第 4 期。

46. 泽拥：《法国传教士与法国早期藏族文化研究》《中国藏学》2009 年第 2 期。

47. 曾雪梅、张延清：《甘肃省图书馆藏敦煌梵夹装藏文写经考录》（上），《中国藏学》2008 年第 3 期。

48. 曾雪梅、张延清：《甘肃省图书馆藏敦煌梵夹装藏文写经考录》（下），《中国藏学》2008 年第 4 期。

49. 中国民族古文字研究会：《中国民族古文字研究》，北京：中国社会科学出版社，1984 年。

50. 中国社会科学院民族研究所，国家民委文化司：《中国少数民族文字》，北京：中国藏学出版社，1992 年。

51. 周月亮：《中国古代文化传播史》，北京：北京广播学院出版社，2001 年。

52. 中央民大藏学系：《藏学研究（第 9 集）：汉、藏文》，北京：民族出版社，1998 年。

53. 季羡林：《敦煌学大辞典》，上海：上海辞书出版社，1998 年。

四、蒙古文《法华经·普门品》参考文献

1. А. Д. Цендина. Два монгольских перевода тибетского сочинения «Книга сына» // Mongolica V. Санкт-Петербург，2005（Two Mongolian translations of Tibetan “Bu chos”）.

2. Brief catalogue of Oirat manuscripts kept by Institute of language

and literature by G. Gerelmaa. // Corpus scriptorum Mongolorum. T. XXVII, fasc, 1, Ulaanbaatar 2006.

3. Ceval Kaya, Uygurca Altun Yaruk., Ankara, 1994.

4. Sir Gerard Clauson.An Etymological Dictionary of Pre-Thirteenth-Century Turkish. London : Oxford University Press, 1972. ——"The turkish elements in 14thcentury Mongolian", Londen, 1959.

5. D. Cerensodnom. "Die Mongolica der Berliner Turfansammlung-2", Werner sundermann der sermon vom licht-nous, 1992.

6. Clark. "Turkic loanwords in Mongol, I The treatment of non-initial s, z, š, č", CAJ, 24, 1980.

7. Catalogue of the Mongolian manuscripts and xylographs in the St. Petersburg State University library. Compiled by Vladimir L. Uspensky with assistance from Osamu Inoue. Edited and Foreword by Tatsuo Nakami. Instite for study of languages and cultures of Asia and Africa. Tokyo, 1999.

8. Damdinsuren, TS.Two Mongolian Colophons to the Suvari'japrabhasottama-Sutra. Acta Orientalia Academiae Scientiarum Hung. Tomus XXXIII (1), 1979. pp. 39-58 .

9. E.Haenisch.Altan Gerel die Westmongolische Fassung des Goldglanzsūtra. Leipzig, 1929.

10. Kowalewski. Mongol'sko-russko-francuzkij slovar'-01, kasan, 1844.

11.Kowalewski. Mongol'sko-russko-francuzkij slovar'-02, kasan, 1846.

12. Kowalewski. Mongol‘sko-russko-francuzkij slovar’-03, kasan, 1849.

13. Каталог Монгольских рукописей и ксилографов Института востоковдения РАН. т. 1-3, М. 1988-2003. (The catalogue of manuscripts and xylographs in the Instute of Oriental Studies RAS.T. 1-3. Moscow 1988-2003.)

14. Kara. Late Mediaeval Turkic Elements in Mongolian. Silk Road Studies, Brepols Publishers Tournhout Belgium, 2001.

15. Kara.“Tranlator’s Note to Damdinsuren’s two mongolian golophons to the suvarnaprabhasottama sutra”, Acta Orientalia Academiae Scientirum Hung. Tomus XXXIII (1), pp. 39-58 (1979) .

16. Kara.Az Aranyfény-Szutra. Suvarṇaprabhāsottamasūtrendrarāja1-2.Yon-tan Bzań-po Szövege. 2 vols. Budapest, 1968.

17. Kowalewski.”Mongol’sko-russko-francuzkij slovar’-01”, Kasan, 1844.

18. L, Ligeti, Catalogue des Kanjur mongol imprimé, Budapest, 1942.

19. Marcel Erdal. A Grammar of Old Turkic. London-Boston : Brill, 2004.

20. Ратнабхадра.Лунный свет.История Рабджам Зая-пандиты. Факсимиле рукописи. Перевод с ойратского Г. Н. Румянцева и А. Г. Сазыкина. Транслитерация текста, предисловие, комментарий, указатели и примечания А. Г. Сазыкина. Санкт-Петербург, 1999. (Ratnabhadra. The Moon’s light : a Biography of Rabjam Zaya-pandita.

Translation 2000.from Oirat）.

21. N.Poppe.On some Mongolian Adverbs of Turkic Origin, Acta Orientalia academiae Scientiarum Hungaricae, vol, 36. No. 1/3,（1982）, pp. 405-411.

22. N.Poppe. The Turkic Loan Words in Middle Mongolian, Central Asiatic Journal, vol. 1, No. 1,（1955）, pp. 36-42.

23. N.Poppe. Grammar of written mongolian, Wiesbaden, 1974.

24. Pentti Aal.Noutes on the Altan Gerel（The Mongolian Version of the Suvαrnαprαbhāsa-sūtra）. Helainki. Studia Orientalia Edidit Societas Orientalia Fennica, XⅣ：6, 1950, 3-26.

25. Volker Rybatzki.Classification of Old Turkic loanwords in Mongolic, Otuken, den Istanbul'a turkčenin yïlï（720-2010）, 3-5Aralïk2010, Istanbul Bildiriler From Otuken, den Istanbul 1290 Years of Turkish（720-2010）3rd-5th December 2010 Istanbul, Istanbul2011, Istanbul2011, 185-202.

26. Shogaito, Masahiro. On Uighur Elements in Buddhist Mongolian Texts, The Memoirs of the Toyo Bunko 49, s. 27-49. 1991.

27. Shogaito, Masahiro.Uighur Influence on Indian Words in Mongolian Buddhist Texts, Indian und Zentralasien. Sprach und Kulturkontakt, Vorträge des Göttinger Symposions vom 7. - 10. Mai 2001, der. Sven Bretfeld/ Jens Wilkens, s. 119-143, Wiesbaden, 2003.

28. Х. Лувсанбалдан.А. Бадмаев. Калмыцкое ксилографическое издание сутры «Алтан гэрэл» // 320 лет старокалмыцкой письменности. Материалы научной сессии. Элиста 1970.（Kh.

Lubsanbaldan. A. Badmaev. The Kalmyk blockprint edition of sutra “Altan gerel”）.

29. Tambovtsev.“The Phonological Distances Between Mongolian and Turkic Languages Based on Typological Consonantal Features”, Mongolia Studies, vol. 24（2001）, pp. 41-84.

30. 敖特根：《敦煌莫高窟北区出土蒙古文文献研究》，北京：民族出版社，2010年。

31. 崔莲：《日本出版的中国少数民族文献目录概述》，《西南民族学院学报》2000年第11期。

32. 道布整理、转写、注释，巴·巴根校：《回鹘式蒙古文文献汇编》，北京：民族出版社，1983年。

33.［德］海西希、沃尔夫冈·弗依格特著，齐木德道尔吉译：《德国收藏东方学文献目录》〈前言〉及〈文献描写〉”，《蒙古学信息》2001年第2期。

34. 哈斯巴特尔：《蒙古语、突厥语和满－通古斯语第一人称代词比较》，《满语研究》2007年第1期。

35. 高·照日格图：《以词组分析法辨别蒙古语中的突厥语借词》，《中央民族大学学报》（哲学社会科学版）2004年第5期。

36. 高·照日格图：《论蒙古语与突厥语词根中的元音交替现象》，《中央民族大学学报》，2010年。

37. 高·照日格图：《蒙古语族语与突厥语族语词汇比较研究》，呼和浩特：内蒙古教育出版社，2006年。

38. 宏林编译：《苏联对蒙古史文献的研究》，《蒙古学资料与情报》1989年第2期。

39. 卢翔 :《新疆蒙古文文献资源的收藏现状及馆藏发展研究》,《时代文学》2015 年第 9 期。

40.[蒙古] 策·达木丁苏荣编 :《蒙古古代文学一百篇》(二册),呼和浩特 : 内蒙古人民出版社，1979 年。

41. 纳古单夫 :《近年来内蒙古蒙古历史文献学研究概况》,《内蒙古社会科学》1998 年第 2 期。

42. 那顺乌日图 :《中世纪蒙古语 a–、b ü – 及其演变》,《民族语文》1990 年第 4 期。

43. 清格尔泰、那顺乌日图著，白万柱、高玉虎译 :《中国蒙古文献研究》,《内蒙古民族师院学报》(哲学社会科学汉文版) 1991 年第 2 期。

44. 王红梅 :《元代畏兀儿北斗信仰探析——以回鹘文〈佛说北斗七星延命经〉为例》,《民族论坛》2013 年第 5 期。

45. 王红梅 :《蒙元时期回鹘文的使用概况 》,《 黑龙江民族丛刊 》2012 年第 6 期。

46. 王红梅:《元代吐蕃高僧与畏兀儿的关系述论》,《西部蒙古论坛》2012 年第 2 期。

47. 武·呼格吉勒图:《古突厥语与蒙古语语音比较研究》,《民族语文》2002 年第 1 期。

48.[日] 白岩一彦、乔吉、晓克 :《 日本国会图书馆藏蒙古语研究文献目录》,《蒙古学资料与情报》1987 年第 3 期。

49.[日] 梅棹忠夫著，乌力吉图译 :《 日本早期在通古斯与蒙古研究方面的情况》,《民族译丛》1993 年第 5 期。

50.[日] 松川节 :《蒙古语译〈佛说北斗七星延命经〉中残存的回鹘语因素》,《中亚出土文物论丛》，朋友书店，2004 年。

51.［日］松井太、曹金成：《蒙古时代的畏兀儿农民与佛教教团——U5330（USp. 77）文书的再研究》，《西域研究》2017年第3期。

52.［日］佐口透：《蒙古统治时期的畏兀儿斯坦》，《史学杂志》1943年第54卷。

53. 苏日娜：《百年蒙古学综目》，中央民族大学出版社，2013年。

54. 武·呼格吉勒图：《古突厥语与蒙古语语音比较研究》，《民族语文》2002年第1期。

55. 乌力吉巴雅尔：《论藏文文献向蒙古族中流传的主要途径》，《西北民族大学学报》（哲学社会科学版）2005年第2期。

56.［匈］罗纳·塔斯著，敖特根译：《蒙古文文献目录编纂史概述》，《敦煌学辑刊》2012年第4期。

57.［匈］卡拉著，陈弘法译：《畏兀儿—蒙古文学交流》，《蒙古学资料与情报》1987年第2期。

58.［匈］卡拉著，范丽娟译：《蒙古人的文字与书籍》，呼和浩特：内蒙古人民出版社，2004年。

58.［匈］卡拉著，敖特根编译：《东方学研究所圣彼得堡分所收藏哈喇浩特及西域出土中世纪蒙古文文献研究》，北京：民族出版社，2006年。

59. 云新华：《俄罗斯收藏的蒙古文献介绍》，《内蒙古科技与经济》2011年第14期。

60. 张晓梅：《俄罗斯藏学研究之起源探析》，《中国藏学》2011年第3期。

61. 姝华译：《列宁格勒的蒙古学研究》，《蒙古学资料与情报》1989年第1期。

62. 正月：《关于回鹘式蒙古文文献中梵语借词的转写特征》,《内蒙古大学学报》(人文社会科学版) 2001 年第 6 期。